每天，都是新的起點

艾爾貝托·R·提姆 著
Alberto R. Timm
張琛 譯

365則跨越時空的啟示

Every Day
A New
Beginning

借鑑過去，活在當下，展望未來。

謹以此書

獻給我摯愛的妻子——

瑪麗・洛普斯・提姆（Marly Lopes Timm），

在我撰寫本書並為其投入各項研究的過程之中，

她毫無保留的支持於我至關重要。

致 讀者

　　一本新的靈修書總是讓人充滿期待，我相信你也會作如是觀。在我們踏上新年的屬靈旅程之前，請允許我對於寫作整本書時所遵循的方法略作說明。當我受邀編寫今年的靈修書時，有人建議我儘可能地將三個基本元素結合：神學、歷史和靈修。我覺得這是個絕妙的主意，所以在每一天的文章中，我都盡力遵循這一原則。

　　每篇短文都與當日在歷史上發生的具體事件和史實有關，其內容涵蓋世界歷史、基督教、基督復臨安息日會（簡稱「復臨教會」）、懷愛倫和其他人的生平。歷史上的日期皆以粗體加以強調。你最大的困惑或許會是：為什麼有時我會選擇寫一些不那麼重要的事件，卻將真正的大事略過不提？其實這正是我寫作的目標，將婦孺皆知的大事和無人問津的小事結合起來，期為讀者帶來驚喜；旨在幫助我們不僅從宗教事件中獲得教訓，更從日常生活中汲取靈糧。

　　為什麼我們應該關心遙遠的過去所發生的事？要知道逝者已矣，過去的已經過去了。

　　充實的人生意味著在我們所屬的過去、所生活的現在和所邁向的未來之間達至平衡。但我們應該如何看待這三種人生階段呢？阿爾伯特‧愛因斯坦（Albert Einstein）的一句話給了我們最佳答案：「以昨天為鑑，以今天為樂，以明天為盼。」西班牙哲學家喬治‧桑塔亞納（George Santayana）也說：「不能牢記過去的人，注定要重蹈覆轍。」❶

　　懷愛倫以下的這番話亦值得你我深思：

　　「要日復一日過信心的生活。不要為艱難時期擔憂苦惱，以致提前有了艱難時期。不要一直想：『我擔心我在考驗的大日站立不住。』你要活在當下，只為今天而活。明天不是你的。今天你要保持勝過自我。今天你要過祈禱的生活。今天你要打信心美好的仗。今天你要相信上帝賜福你。而當你勝過黑暗和不信時，你就會達到主的要求，且成為你周圍之人的福氣。」❷

　　願在這新的一年的每一天，你都能與我們奇妙的主和救主耶穌基督有更深刻的交通！

作者　艾爾貝托‧R‧提姆

Every Day A New Beginning

1月/01 一扇敞開的門

> 我知道你的行為，你略有一點力量，也曾遵守我的道，沒有棄絕我的名。看哪，我在你面前給你一個敞開的門，是無人能關的。
>
> 啟示錄 3：8

　　新的一年總會帶來新的期望和挑戰。不過，**1月1日**是何時成為新年第一天的呢？這要歸功於古羅馬人。西元前153年，羅馬元老院出於政治和軍事原因，將1月1日定為新年的伊始。儘管曾經出現不同意見，但這一天在儒略曆和西曆中都被保留下來，前者是在西元前46年使用，而後者在1582年首先被大多數天主教國家採用，後來被其他國家採納並沿用。

　　有歷史學家認為，一月（英文：January；拉丁文：Ianuarius）的名稱源於拉丁文的「門」（ianua），因為一月是通往新年的門。但大多數歷史學家認為一月與掌管著開始與過渡的羅馬門神——雅努斯有關。作為一位雙面神，他既可以回顧過去，也可以展望未來。無論如何，這兩種解釋都表達出一扇敞開的、通往未來之門的概念。

　　與古羅馬的神祇雅努斯不同，耶穌基督將祂自己比作「道路」（約14：6），「是阿拉法，是俄梅戛；是首先的，是末後的；是初，是終」（啟22：13），也是「在你面前給你一個敞開的門，是無人能關的」（啟3：8）。祂滿懷慈悲地為我們打開了通往嶄新365天的大門。

　　我們剛剛踏上新一年的征程，每一天都是一個新的開始。在這趟旅途中，我們並不孤單。基督在〈馬太福音〉第28章20節中應許我們：「我就常與你們同在，直到世界的末了」；或像《信息本聖經》（The Message）中所說的：「我要與你們同在⋯⋯日復一日，直到世界的末了。」這說明，在我們的人生道路上，無論晴雨，祂都與我們同在。

　　請記住，你的生命就是一連串的日子，每一天都是你生活的縮影。若毫無改變，你就始終是老樣子。如果改變是必需的，何不就從今天開始呢？為了上帝，為了那些需要救恩的失喪之人，好好善用你的生命吧！有上帝日日陪在你身邊，這將是你一生中最美好的一年。新年快樂！

1月 02　朦朧的景象

> 我們如今彷彿對著鏡子觀看，模糊不清，到那時就要面對面了。我如今所知道的有限，到那時就全知道，如同主知道我一樣。
> 哥林多前書 13：12

照片保存了我們最珍貴的記憶。它能使過去的日子再次栩栩如生，為想像插上翅膀，觸動那深埋心中的情愫。正如愛德華‧斯泰肯（Edward Steichen）所言，「一幅肖像並不是在相機中拍出來的，而是在相機的兩側。」而且，「真正的照片無須解釋，也無法用語言涵蓋。」❶ 今天幾乎人人都是攝影師，可以透過社交媒體分享所拍攝的照片。但在過去並非如此。

在1826或1827年，法國發明家賽福爾‧尼埃普斯（Nicéphore Niépce）拍攝了世界上最早的實景照片。**1839年1月2日**，另一位法國人路易士‧達蓋爾（Louis Daguerre）拍攝了第一張公諸於世的月球照片。可惜兩個月後，他的實驗室在一場大火中毀於一旦，照片也就不復存在。早期的照片都是黑白的，只能顯出模糊的影像，根本無法如實刻畫出所拍攝之人或物體的美態。從那時起，攝影相關設備不斷地發展：金屬板、玻璃板、塑膠薄膜和拍立得相紙相繼投入使用，攝影師們也學習使用不同的化學物質來捕捉光影的效果。

即便如此，最先進的現代數位照片也無法將你最愛之地的全景表現出來，或將它的美刻畫得淋漓盡致。因為照片本身沒有情感，只是能喚起回憶的圖片而已。一張日落的照片只是真實日落的影像，而身臨其境的你所能感受到的勢必更加壯麗。同樣，〈啟示錄〉中只有一幅模糊不清的天國圖景，它的描述不足以表達天國的榮耀與壯麗於萬一（林前13：12）。

當我們還在這世上時，請將季阿德‧阿卜杜勒努爾（Ziad K. Abdelnour）的名言銘記在心：「生活就好像一部相機；請把焦點放在重要的事上，捕捉美好的時光。如果一張不夠好，就再拍另一張。」但當上帝把我們從這個世界帶入天堂、從短暫帶入永恆時，我們今生所有最美好的照片都會黯然失色。那時，我們「要見祂的面」，祂要成為我們的光（啟22：4、5）。在上帝面前，我們就會發現自己存在的全部價值！

1月/03 秋天的落葉

「但聖靈降臨在你們身上，你們就必得著能力，並要在耶路撒冷、猶太全地，和撒馬利亞，直到地極，作我的見證。」
使徒行傳 1：8

　　森林可以按照不同的方式和角度進行分類。例如，按照緯度，森林大致可以分為三大類：熱帶森林、溫帶森林和北方針葉林。若按季節變化對葉片產生的影響來劃分，則可分為常綠林和落葉林。前者完全或主要由常年綠葉的樹木組成，後者則由每年都落葉的闊葉樹組成。

　　懷愛倫曾以樹木為題帶給我們深刻的屬靈教導。常綠樹體現出我們對上帝和祂的聖言應有的委身。她說：「在夏天，常綠樹和一般的樹木之間沒有什麼顯著的區別，但冬季的風霜一到，常綠樹沒有改變，其他的樹木卻葉落枝枯了。照樣，一般有名無實的基督徒現今與真實的基督徒或許難以分明，但（宗教偏見的時候要到）他們中間的區別很快就要顯明了。」❷

　　落葉林就象徵著復臨教會的文字事工在世界各地展開。**1875年**，那時的復臨教會只有一個位於密西根州戰溪（Battle Creek，另譯巴特爾克里克）的出版社；**1月3日**，懷愛倫在異象中見到了其他國家的印刷社正以不同的語言刊印著福音信息。多年後，她訪問了瑞士的巴塞爾和挪威的奧斯陸，就認出他們新建的出版社正是她在異象中見過的。十九世紀80年代，當她訪問澳大利亞的回聲出版社時，也有類似的經歷。❸ 於是在1878年她寫道，復臨「書刊要加倍印刷，如秋天的落葉散佈開來。這些無聲的使者正在各國各方啟迪和陶冶千萬人的心」。❹ 如今我們應當盡力使復臨教會的書刊遍滿全地，就如同秋冬季節的闊葉林以落葉覆蓋大地。

1月/04 科學與宗教

上帝將北極鋪在空中，將大地懸在虛空。
約伯記 26：7

　　許多當代的科學家認為，一個人絕無可能既是上帝的信徒、同時又是嚴肅的學者。但事實上，幾位奠定了現代科學基石的偉大科學家們都是創造論的支持者。以撒‧牛頓爵士（Sir Isaac Newton）就是其中的一位。**1643年1月4日**（或按儒略曆1642年12月25日），牛頓出生在英格蘭林肯郡的伍爾斯霍普莊園。人們認為他是有史以來最具影響力的科學家，因為他推動了物理學、天文學、數學和自然科學領域的發展。他因提出萬有引力、三大運動定律以及對光線折射的研究而家喻戶曉。

　　1676年，牛頓坦言：「如果我看得更遠，那是因為我站在巨人的肩膀上。」❺ 後來他又補充道，「我不知道這個世界會如何看我，但對我而言，我只是一個在海邊嬉戲的頑童，為了不經意發現一粒更光滑的石子或一枚更可愛的貝殼而歡喜，可與此同時卻對我面前浩瀚如偉大真理的海洋視若無睹。」❻

　　現代科學家認為科學對於宇宙的起源和複雜性擁有最終解釋權，但牛頓的觀點恰恰與之相反。他曾斷言，對於行星系統中觀察到的「眾多規律性運動，僅靠人為、似機械運轉的原理，是無法產生的」。❼ 他還指出：「萬有引力的確可以使行星運動，但若沒有上帝的能力，它永遠無法使行星繞著太陽運轉；有鑑於此，並考慮到其他原因，我只能將這一系統的框架歸因於一位具有智慧的創造者。」❽

　　意識到人類科學與理性之局限的牛頓，始終堅信上帝是創造主，是「宇宙的主宰」。相較於科學文章，他寫了更多關於宗教的文章。1733年，他的著名遺作《對但以理預言和約翰之啟示錄的考察》在倫敦出版。

　　在牛頓看來，「與敬虔相反的是宗教上的無神論，實踐主義的拜偶像。」❾ 換言之，沒有所謂純粹的無神論，只有崇拜對象的不同。那些不敬拜上帝的人，若不是自我崇拜，就是創造自己所喜愛的神，不管它是誰或是別的什麼。

1月/05　求智慧勝過求財富

當夜，上帝向所羅門顯現，對他說：「你願我賜你什麼，你可以求。」
所羅門對上帝說：「……求你賜我智慧聰明。」
歷代志下1：7-10

　　一個人可以既是科學家又信靠上帝嗎？對非裔美國人喬治‧華盛頓‧卡弗（George Washington Carver，約1864-1943年）來說，答案是肯定的。卡弗雖然出身卑微，但最終卻成了一位傑出的植物學家和發明家。每日清晨他都以祈禱開始新的一天，請求上帝告訴他有關植物和蔬菜的祕密。據說有次卡弗祈禱問道：「親愛的造物主，宇宙是為了什麼而創造的呢？」上帝回答說：「你想知道的太多了。」他又問：「親愛的造物主，花生能用來做什麼呢？」據說上帝的回答是：「這樣問還差不多。」❿

　　卡弗發現了花生的三百多種用途，包括製成各類食品、油、顏料、墨水、肥皂、洗髮水、面霜和塑膠。他曾用紅薯製成一百多種產品，包括麵粉、澱粉和合成橡膠。在植物學和農業方面，他屬於世界頂級的專家，有許多人向他請教，其中包括聖雄甘地（Mahatma Gandhi）和史達林（Joseph Stalin）。湯瑪斯‧愛迪生（Thomas Edison）和亨利‧福特（Henry Ford）都曾力邀他加入自己的企業。但卡弗更願意留在自己的實驗室裡——他把它稱作「上帝的小小工坊」——並在那裡繼續幫助他的同胞。⓫

　　如果他為自己的發現申請專利的話，本可以大發橫財，但他決定不這麼做，這樣窮人就可以在不用支付專利費的情況下製作他發現的產品。**1943年1月5日**，卡弗去世，為我們留下了一個毫不利己而專門利人的榜樣。他被葬在塔斯基吉大學，他的墓誌銘上寫著：「他本可以名利雙收，但這些他都不在乎，他在幫助世界的事業中收獲了幸福與榮耀。」

　　我們生命的動機是什麼？曾祈求上帝賜給他「智慧聰明」（代下1：7-10）的所羅門王也說：「美名勝過大財。」（箴22：1）善良的撒馬利亞人（路10：25-37）、多加（徒9：36-39）和喬治‧華盛頓‧卡弗的無私榜樣不應只成為過去的紀念碑供人瞻仰。他們應該激勵我們克服以自我為中心的傾向，為了人類的利益而無私地生活。在上帝的恩典幫助下，你也可以有所作為！

1月 / 06 孤兒的眼淚

> 在上帝我們的父面前,那清潔沒有玷污的虔誠,
> 就是看顧在患難中的孤兒寡婦,並且保守自己不沾染世俗。
> 雅各書1：27

1951年7月23日,《生活》雜誌刊登了一篇由邁克爾·魯吉爾（Michael Rougier）撰寫、題為《不會微笑的小男孩》的報導。這個催人淚下的故事主人公叫姜古力（Kang Koo Ri）,他與父母和哥哥住在韓國首爾以北15英里的一棟小屋裡。朝鮮戰爭期間,姜古力才五歲,他家所在的村莊被戰火摧毀,後來有一支小分隊來營救倖存的平民。當他們來到姜古力的家呼喊著是否還有倖存者時,沒有得到任何回應。經過一番仔細的搜索,一名士兵發現了赤裸的小姜古力蜷縮在遠處的牆角,他的眼睛大大地瞪著。在另一個角落的草墊上,士兵們發現了一具女屍,上面爬滿了蛆蟲和蒼蠅。那是姜古力的母親,顯然已經遇難多日。但他們並沒有發現姜古力的哥哥或父親的蹤跡。❷

文章裡寫道,「當小姜古力被抱走時,他向房子的方向伸出手,眼淚簌簌地順著臉頰滾落,瘦弱的身體不斷抽搐著。士兵們以為他想說些什麼,但什麼聲音也沒有。在回去的路上,他一直哭泣,眼淚止不住地流,但喉嚨裡一點聲音也沒有。」❸ 回到團指揮部後,軍隊牧師形容姜古力「瘦小的骨架令人心疼,只有上帝知道用什麼支撐才能把他的身體連在一起」。❹ 在孤兒院裡,他沒有表現出任何想交朋友的意願。「他茫然無語,扭過身去,背對著其他孩子走開了,眼裡始終噙著淚。他站在那裡,用手痛苦地扭著另一隻手的拇指,雙腿因瘦弱而微微下垂,眼睛始終盯著地面。」❺ 時間慢慢流逝,但姜古力依舊不斷地請求,希望能回到哥哥身邊！

姜古力只是成千上萬飽受創傷症候群折磨的戰爭遺孤中的一名。根據法國慈善組織──國際SOS兒童村倡議,每年的**1月6日**被定為「世界戰爭孤兒紀念日」。〈雅各書〉第1章27節教導我們,照顧那些無人關心的、上帝孤苦的兒女乃是我們神聖的責任。他們要在我們身上看見上帝對這個垂死世界的愛。

1月07 尼古拉・特斯拉

「你們哪一個要蓋一座樓，不先坐下算計花費，能蓋成不能呢？
恐怕安了地基，不能成功，看見的人都笑話他，
說：『這個人開了工，卻不能完工。』」

路加福音 14：28-30

　　許多專案之所以失敗，是因為創意和理想凌駕於計畫和預算之上。西方有句諺語：「伸腿要按照被子的大小。」還有類似的俗語：「伸展手臂可別超過袖子的長度。」❶ 這些諺語的目的並不是要扼殺你的夢想和雄心，只是提醒你要量力而為，不要對那些根本無法實現的事情妄想過甚。

　　尼古拉・特斯拉（Nikola Tesla, 1856-1943）是一位才華橫溢的發明家、工程師、物理學家和未來學家。他出生於奧地利帝國（現克羅埃西亞），1884年移民到美國，與愛迪生（Thomas Edison）共事。有了雄厚的資金，特斯拉很快建立起自己的實驗室和公司，開發了一系列電氣設備。憑藉他卓越的才智，「他發明、預測或推動了數百項技術的發展，它們在我們現今的日常生活中發揮著重要作用──如遙控器、霓虹燈和螢光燈、無線傳輸、電腦、智慧手機、雷射光束、X光線、機器人，當然還有交流電，這是現今電力系統的基礎。」❷

　　在一群投資者的資助下，特斯拉於1901年開始建造一座特別的實驗室，配有發電站和能夠向全球傳輸電能的高塔。然而，投資者擔心回不了本，就撤回了資金。最終，美國政府因為擔心德國間諜會利用它在第一次世界大戰期間截取情報，於是在1917年拆毀了這座未完成的高塔。這位天才發明家在社會孤立和貧困之中度過了他生命的最後幾年。**1943年1月7日**，他在紐約一間簡陋的酒店房間裡過世。

　　心懷理想並追逐偉大的夢想是好事──如果它們能夠實現的話。要規劃有可能成功的專案，並且量入為出，即使這意味著要過更加簡樸的生活。

1月/08 令人無法置信的傳統

「這就是你們藉著遺傳，廢了上帝的誡命。」
馬太福音 15：6

幾個世紀以來，有許多不符合《聖經》的傳統一直都被教會奉為絕對的真理。這種教條主義的立場扭曲了《聖經》中的教義，阻礙了人們對真理的理解，混淆了信仰與輕信。十六、十七世紀之時，在「地心說」（地球為中心）和「日心說」（太陽為中心）的鬥爭中，羅馬天主教便將這種錯誤的立場表現得淋漓盡致。

古希臘人認為地球是太陽系的中心，這一度成為主流觀點。然而與之相反，波蘭天文學家尼古拉斯・哥白尼（Nicolaus Copernicus）提出太陽才是中心。1632年，義大利天文學家和物理學家伽利略（Galileo Galilei, 1564-1642）在《關於托勒密和哥白尼兩大世界體系的對話》一書中進一步支持了日心說。儘管伽利略在科學上做出了傑出的貢獻，他仍然因為異端罪被羅馬天主教會嚴懲。1633年6月22日，這位年逾七旬的天文學家身穿悔罪者的白衣，在羅馬的宗教裁判所接受審判。他被認定「有強烈的異端嫌疑，即相信並堅持違背神聖經文的錯誤學說──太陽是世界的中心，不會從東向西移動；反之，地球是移動的，且絕非世界的中心」。❽ 接著，伽利略的書被焚燒，他也被軟禁在家**直到1642年1月8日**去世。

有些人認為《聖經》的確記載了關於地心說的教導。例如，大衛王這樣描寫太陽：「太陽如同新郎出洞房，……它從天這邊出來，繞到天那邊，沒有一物被隱藏不得它的熱氣。」（詩19：5-6）所羅門王還說：「日頭出來，日頭落下，急歸所出之地。」（傳1：5）

這些經文是否表明地球是太陽系的中心？未必。它們是以詩歌而非科學語言表達。今天的我們常常會說「日出」和「日落」，但這絕不是認同地心說。那麼日常交流中都不常用的語言，怎能指望《聖經》會使用呢？另外，我們在閱讀《聖經》時，應當避免將現代的概念、理論和傳統代入其中。

1月/09 復臨學校

「認識你 —— 獨一的真神，
並且認識你所差來的耶穌基督，這就是永生。」
約翰福音 17：3

福音和教育並駕齊驅、互為助力。透過傳福音，我們能夠觸及社會的各個層面；藉著教育，我們可以塑造新的一代。縱觀世界，我們可以說強大而健康的復臨教會在這兩方面都保持良好的發展態勢。這意味著復臨信徒的孩子們應當在本會的學校裡學習。但是，如果我們自己的教友不再重視本會教育，又將如何呢？

在**1894年1月9日**的《評論與通訊》中，懷愛倫寫道：「雖然世界的學校在藉著言傳身教教導謬論，但是當那些已屆青年和成年的人在我們的學校和世上的大學之間看不出區別，上哪個學校都無所謂時，就需要嚴密省察導致這種結論的原因了。我們的學府可能會妥協而去效法世界。他們可能會一步一步地向世界前進；但他們雖是被囚，卻有指望，上帝會糾正和光照他們，把他們帶回到與世界有別的正確立場。我以強烈的關注看著，希望看到我們的學校徹底充滿真實且沒有玷污的虔誠精神。」❶❾

一年後，即**1895年1月9日**，懷師母寫道：「一切真教育的目的都在基督的話語中表達出來：『認識你獨一的真神，並且認識你所差來的耶穌基督，這就是永生。』（約17：3）」❷⓿ 靈性永遠不應該被用來為不及格的學術表現打掩護，同樣，優異的成績也不能取代屬靈的奉獻。兩者相輔相成。如果我們的學校失去了屬靈的特質，那麼是時候恢復這一特質，因為只有這樣，它們才能實現其存在的目的！」

作為教會和家庭，我們必須齊心協力地支持復臨教會的教育，提升本會學校的屬靈和學術水準，鼓勵每個復臨信徒家庭將他們的孩子送到本會的學校中學習。讓我們少批評、多付出，為復臨教會的後代著想。我們的學生必須為今生和來世做好精心的準備。

1月/10 過河

約書亞吩咐百姓說：
「你們要自潔，因為明天耶和華必在你們中間行奇事。」
約書亞記3：5

位於義大利北部的盧比孔河，是羅馬的山南高盧行省和義大利本土的邊界，由羅馬直接管轄。任何羅馬行省的將領進入義大利都會喪失其職權。這樣做相當於犯了死罪。但在西元前49年**1月10日**，尤利烏斯・凱撒（Julius Caesar）率領軍團故意越過盧比孔河，繼而引發了內戰。龐培和許多元老院成員因恐懼而逃離羅馬。俗語「橫渡盧比孔河」便是出自該事件，意思是在沒有退路的關頭作出艱難的決定。

千百年前，以色列人也來到了一條河邊——約旦河——他們必須穿過這條河進入應許之地。當時正值河水「漲過兩岸」（書3：15）的時候。沒有橋樑，也沒有船隻。在這緊要關頭，只有一件事支撐著他們：相信上帝絕無謬誤的話語！「約書亞吩咐百姓說：『你們要自潔，因為明天耶和華必在你們中間行奇事。』」（書3：5）上帝截斷了河流，以色列人踩著乾地過了河。

過約旦河的故事激發出無數篇的佈道和數不清的詩歌。這一激動人心的奇事表明，即使是我們完全無力應付的問題，上帝都可以解決。像以色列人一樣，我們也要信靠上帝，將自己完全獻給祂，允許祂在我們的生命中實現祂的計畫。祂在我們生命中動工的果效，取決於「信心」這一基本條件。正如耶穌對馬大說：「我不是對你說過，你若信，就必看見上帝的榮耀嗎？」（約11：40）

曾有人指出，以色列人過約旦河進入迦南地，與聖徒最終被帶離世界來到天上的錫安山，二者有相似之處。「他們不再飢，不再渴；日頭和炎熱也必不傷害他們。因為寶座中的羔羊必牧養他們，領他們到生命水的泉源；上帝也必擦去他們一切的眼淚。」（啟7：16、17）終有一天，你和我也必定要到那裡去！

1月 11 　　　　　感謝

凡事謝恩；因為這是上帝在基督耶穌裡向你們所定的旨意。
帖撒羅尼迦前書 5：18

　　有了感恩這件美衣，生命也變得更有意義、更具魅力。正如威廉・亞瑟・沃德（William Arthur Ward）所說：「感恩之心能將平淡的日子變成感恩節，將例行的工作化為歡愉，將普通的機會變為祝福。」㉑ 競爭、苛求和批評之風使我們的世界變得冷酷無情。但我們可以用讚美與感恩的美好言辭溫暖整個環境——這些話能為我們周遭之人的生活帶來巨大的改變。但請記住，感恩就像一朵花，只有在我們不圖回報且對一切心存感激之時才會綻放。

　　今天**1月11日**是「國際感謝日」；請不要將它與美國、加拿大和其他一些國家所慶祝的感恩節混淆。感謝日的起源尚不明確，有人認為是賀卡公司把這個日子當作節日來宣傳以增加銷售額。不管其來源究竟為何，今天是我們反思「感謝」這一重要主題的好機會。

　　感謝至少有三個層次：第一層是最膚淺的修辭層次，即一個人雖然正式說「謝謝」，但不一定發自內心；第二層是真誠的表達，人們會為特定的禮物和行為深表謝意並鄭重表達；第三層也是最實質的生活層面：哪怕面對生活中最微不足道的細節，也始終抱有感激之心。經上說：「凡事謝恩；因為這是上帝在基督耶穌裡向你們所定的旨意。」（帖前5：18）

　　我們往往會忍住表達謝意的衝動，直到那些值得我們感謝的人永遠離開我們。今天正值感謝日，我想向你表達我的感激之情，你閱讀這本靈修書就是給了我莫大的鼓勵。但同時，我也想鼓勵你，去向那些曾給你的生命帶來改變，甚或今天仍舊影響著你的人寫一張感謝卡。你的感激可能會照亮那些愛你和關心你之人的道路。感恩今天，感恩每一天。

1月/12 上帝改變人心的聖言

> 上帝啊,求你為我造清潔的心,
> 使我裡面重新有正直的靈。
> 詩篇 51:10

　　上帝的話語具有驚人的創造和再造能力。《聖經》告訴我們,宇宙得以存在就是因著上帝的吩咐(來11:3)。實際上,上帝「說有,就有」(詩33:9)。但同樣驚人的力量也存在於上帝話語的書面形式——《聖經》之中,世人公認這本書改變了世界各地許多人的生命。

　　2013年1月12日,歷史頻道推出了一部紀錄片,名為《改變世界的101個物件》。㉒ 該節目將《聖經》列為改變世界的頭號物件,也就是說,它是影響人類生活最大的事物!

　　奧古斯丁的歸信經歷就是這一改變的範例。希波的奧古斯丁(Augustine of Hippo, 354-430)是早期基督教神學家和哲學家中最具影響力的人物之一。青年時期的他受制於「滿足貪得無厭之慾望的習慣」㉓。但在閱讀〈羅馬書〉第13章13至14節後,他的生活發生了徹底的改變:「行事為人要端正,好像行在白晝。不可荒宴醉酒,不可好色邪蕩,不可爭競嫉妒。總要披戴主耶穌基督,不要為肉體安排,去放縱私慾。」

　　信仰給我們的生活帶來了平安和穩定。奧古斯丁在他的《懺悔錄》(1.1.1)中祈禱說:「因為祢(主啊)為祢自己的緣故造了我們,我們的心浮躁不安,直到在祢裡面安息。」懷愛倫說:「我們若將自己所有的能力都降服於上帝,人生的問題就必大為簡化,從而削弱並減縮本心慾念的千般掙扎。」㉔

　　我們與上帝的關係不是某種可以脫離《聖經》的神祕經歷。耶穌基督是「道成肉身」的上帝話語(約1:14),《聖經》則是上帝「書面」的聖言(約5:39),兩者和諧一致。得救的信仰不是某種天真且毫無根據的情緒;它牢牢根植於聖言以及和基督的個人關係。請你每天都留出一段特別的時光來研讀上帝的話語,學習祂美妙的教導,並在你的生命中體驗它改變人心的驚奇力量。

1月 13 全面戰爭

> 因我們並不是與屬血氣的爭戰,乃是與那些執政的、
> 掌權的、管轄這幽暗世界的,以及天空屬靈氣的惡魔爭戰。
> 以弗所書 6:12

只有經歷過戰爭的人,才能理解戰爭的殘酷與恐怖。二戰期間,德國軍隊曾經採用過一種全新的軍事戰略——「閃電戰」,這是以速度和突襲為主的毀滅性戰術。**1943年1月13日**,阿道夫‧希特勒(Adolf Hitler)宣佈發動「全面戰爭」,情願「以犧牲生命和其他資源為代價,只為取得完全勝利」。㉕ 他以婦女替代了男性工人,使德國軍事武裝力量又增加了50萬人。

《聖經》告訴我們,我們現今也在與邪惡的屬靈勢力進行全面鬥爭(弗6:12),魔鬼「知道自己的時候不多,就氣忿忿的下到你們那裡去了」(啟12:12)。我們生命的每一層面、每一時刻,都是這場戰爭攻擊的對象。懷愛倫說,如果我們的屬靈眼光敏銳起來,就會看到「天使迅速飛來幫助這些受試探的人,擊退那包圍他們的邪惡全軍,並使他們的腳步置於穩固的根基之上。那在這兩軍之間所進行的戰爭,正如世上軍隊對峙一樣真實,而永恆的命運也取決於這場屬靈戰爭的結果」。㉖

但是我們如何能夠戰勝那邪惡的軍團呢?如果不在戰前做好充分的準備,就無法取得勝利。為此,保羅在〈以弗所書〉第6章10至20節中描述了勝利的基督精兵應當配備的全副軍裝。務要謹記,在這場宇宙大戰中,「人若忽略禱告,則沒有一日一時是安全的」㉗,而且「我們在不順從上帝的道時,沒有一刻是安全的」。㉘

對於那些毫無保留地將自己的生命交託給上帝的人,祂的承諾是:「情願差遣天庭所有的天使去保護祂的子民,而決不容一個信賴祂的人被撒但所勝。」㉙ 願這應許成為我們的保障。

1月 14　服務的生命

> 「凡要救自己生命的，必喪掉生命；
> 凡為我和福音喪掉生命的，必救了生命。」
> 馬可福音 8：35

論到無私的服務，會說漂亮話的人遠比願意真正付出的人要多得多。阿爾伯特‧史懷哲（Albert Schweitzer, 1875-1965）就是這樣一位敢於實踐自己教導的人。**1875年1月14日**，他出生在德國的阿爾薩斯–洛林，後來成為一位著名的神學家、音樂家、哲學家和醫生。荷蘭護士瑪麗亞‧拉亨迪克（Maria J. Lagendjk）說：「他是一個真正的阿爾薩斯人。他既有法國人的魅力，又有德國人的可靠。」㉚

1904年，史懷哲讀到一篇報導，說赤道非洲的法屬殖民地——加彭十分需要醫生。於是在眾人驚異的目光中，他放棄了在斯特拉斯堡大學擔任教授的輝煌事業，轉而報名進入醫學院學習。1913年4月，他和妻子前往加彭境內的蘭巴雷內，在那裡建立了一個叢林診所。他後來解釋說：「多年來，我一直在嘴上將自己奉獻給上帝，能夠回應神學教師和佈道士的呼召是一件令人喜悅的事。但這種新的形式不在於傳講愛的宗教，而是將其實踐出來。」㉛

1952年12月10日，史懷哲博士被授予諾貝爾和平獎。但當他返回非洲後，就將獎金捐給了他在蘭巴雷內的漢生病醫院。他的妻子在去世前不久曾問過他打算在非洲待多久，他的回答是：「直到我生命的最後一刻。」㉜ 他完全相信「生命中最寶貴的禮物不是為自己而活，而是為了別人的益處，為了真理和善良而活」。㉝

關於無私的服務，史懷哲補充道：「每個人都要為生活而努力工作，但人生的目的在於服務，在於表現出同情和幫助他人的意願。只有這樣，我們才稱得上是真正的人類。」㉞「榜樣不是影響其他人的主要因素，而是唯一因素。」㉟ 今天，請將這些話放在心裡，思考它們會為你的生活帶來哪些影響。

1月/15 哈德遜河上的奇蹟

「曾被殺的羔羊是配得權柄、豐富、智慧、能力、尊貴、榮耀、頌讚的。」
啟示錄 5：12

2009年1月15日的下午，紐約市拉瓜迪亞機場似乎和往常一樣。不幸的是，一架剛起飛三分鐘的全美航空1549航班，在爬升時撞到了一群加拿大黑雁鳥，導致兩台引擎同時故障。人們甚至可以看到兩側引擎都起火了。由於無法飛到附近的機場，機長切斯利・伯內特・「薩利」・薩倫伯格三世（Chesley B. 「Sully」 Sullenberger III）當機立斷，要在哈德遜河中「迫降」。當天非常寒冷，只有華氏20度（攝氏零下7度）。冰冷的河水大量湧入機艙，因此機組人員迅速地將乘客疏散到飛機的機翼上。在離開飛機之前，薩利機長檢查了機艙兩次，確保沒有人留在裡面。

這場由薩利機長領導，機組人員和地面救援人員齊心協力的救援行動堪稱團隊合作的典範。令人驚歎的是，機上155人全都毫髮無傷，只有兩人需要留院觀察。專家們高度讚揚這是「航空專業精神的一次壯舉」㊱，「航空史上最成功的迫降」㊲ 以及「英勇而獨特的航空成就」㊳。

在聽到這非比尋常的事件之後，我想起了十字架，以及基督如何為救贖我們而死。在天馬行空的想像中，我遙想未來──得救的人們置身天堂，因上帝的拯救之恩而讚美祂。〈啟示錄〉第5章讓我們瞥見了整個天堂歌頌羔羊的美妙景象，為我們在永恆時光中的讚美定下了基調。

來到天堂的亞當「觀看周圍的情景，只見蒙贖的子子孫孫都站在上帝的樂園中。於是他摘下閃爍的冠冕，放在耶穌腳前，並投身在祂的懷裡，擁抱著救贖主。隨後彈奏金琴，廣大的穹蒼便響應那凱旋之歌：『被殺而又活的羔羊，是配得榮耀的！』然後，亞當的全家都同聲歌唱，把自己的冠冕放在救主腳前，俯伏崇拜。」㊴ 我祈禱，在那個榮耀的時刻，你我都將身在其中！

1月 16 「除了凱撒，我們沒有王」

> 彼拉多說：「我可以把你們的王釘十字架嗎？」
> 祭司長回答說：「除了凱撒，我們沒有王。」
> 約翰福音 19：15

基督教興起之時，巴勒斯坦正處於羅馬的統治之下。我們知道，由於凱撒·奧古斯都（Caesar Augustus，西元前63-西元14年；原名蓋烏斯·屋大維，Gaius Octavius）的徵稅法令，約瑟和馬利亞從拿撒勒前往伯利恆（路2：1-5）。在擊敗馬克·安東尼（Mark Antony）和克利奧派特拉（Cleopatra）後，屋大維成為整個羅馬共和國的首位獨裁者。**西元前27年1月16日**，羅馬元老院投票授予他新尊號：英白拉多·凱撒·迪維菲利烏斯·奧古斯都（Imperator Caesar Divi Filius Augustus）。歷史學家通常稱他為「凱撒·奧古斯都」。

在眾人眼中，羅馬皇帝是聖人，配享神廟、祭壇和祭司。他不是被尊為神明，就是被視為神子。但「在古時的異教，絕對神性，即神聖的本質，並不受到重視。在帝王崇拜中表達更多的是相對的神性，即神聖的地位，以及相對於崇拜者的絕對權力」。❹

在耶穌受審問時，彼拉多問「我可以把你們的王釘十字架嗎」（約19：15），迫使圍觀的人決定他們要效忠的對象。大祭司是在場的——這群人的日常事奉工作正是預示基督聖潔的祭司職分。他們本應是最先尊崇基督和保護基督的人。然而，他們卻可恥地高喊著：「除了凱撒，我們沒有王！」（第15節）。

基督被叛教的祭司拒絕了，但上帝沒有棄絕祂。基督因受了最難堪的羞辱而得了榮耀（約12：23、24）。〈腓立比書〉第2章9至11節表明：「所以，上帝將他升為至高，又賜給他那超乎萬名之上的名，叫一切在天上的、地上的，和地底下的，因耶穌的名無不屈膝，無不口稱『耶穌基督為主』，使榮耀歸與父上帝。」

不同於那些效忠於凱撒的人，《聖經》稱我們的主耶穌基督是「那可稱頌、獨有權能的萬王之王、萬主之主」（提前6：15）。〈啟示錄〉第17章說羔羊將戰勝地上的諸王，「因為羔羊是萬主之主，萬王之王。」（第14節）不論周圍的人如何高呼，願我們始終忠於基督。

1月 17 午夜將近

有人聲從西珥呼問我說：「守望的啊，夜裡如何？守望的啊，夜裡如何？」
以賽亞書 21：11

人類歷史是一則有著悲劇性開端和戲劇性結局的故事。一開始，人就與上帝分離。然而到了最後，人類將在末世災難中與上帝相遇。但我們離那一刻還有多遠呢？有些在科學領域頗具影響力的人士對即將發生的世界性毀滅感到擔憂。

1945年9月26日，芝加哥原子科學家們組織起來，警告公眾關注「由核能釋放引發的科學、技術和社會問題」。㊶ 當時美國剛剛在日本的廣島和長崎投放了兩顆原子彈。1947年6月，《原子科學家公報》（第3卷，第6期）開始在其頭版刊登「末日之鐘」以警告公眾：「我們離用自己創造的危險技術毀滅世界已不遠矣！」㊷

在接下來的七十年裡，該公報先後22次或向前或向後調整了時鐘的分針。在**2017年1月17日**，分針從距離午夜還差三分鐘被移至還剩兩分半。這意味著科學家們（其中有許多人並不相信上帝會干預人類事務）確信，地球不再是一個安全的居住地，我們正處於全球性重大災難的邊緣。

值得注意的是，1949年10月的《原子科學家公報》在末日之鐘的欄目下刊登了羅伯特·雷迪（Robert Redi）的聲明：「現在已經到了事情若不儘早解決就將悔之晚矣的時候。」㊸ 科學界和環保界如今對於保護世界免遭毀滅非常關切。

當然，我們也應該愛護上帝的創造之物。但我們曉得，這世界不會毀於人類的力量，而是毀於上帝超自然的干預。上帝要來「敗壞那些敗壞世界之人」（啟11：18）。我們也知道，世界末日已經比我們接受信仰時更近了（羅13：11-14）。「基督的復臨比我們初信的時候已更近了。每過一日，就使我們少了向世界傳揚警告信息的一日。」㊹

1月/18 家是什麼？

> 你妻子在你的內室，好像多結果子的葡萄樹；
> 你兒女圍繞你的桌子，好像橄欖栽子。
> 詩篇 128：3

今天對我來說是個特殊的日子，因為在**1983年1月18日**星期二，我和瑪麗結婚了。上帝賜福我們的婚姻；而我們養育的三個可愛的孩子——蘇倫、威廉和雪莉——也給我們這個小家庭帶來許多歡樂。多年來美好溫馨的生活，全靠我的妻子辛苦付出。如果沒有她的幫助，我永遠無法從繁忙的工作中抽時間撰寫這本書。我由衷地感激她。今天請允許我利用這一特殊時刻，來探討是什麼使「房子」變成「家」。

家庭無疑是現代社會中最重要的機構，可如今它正面臨著巨大的危機。有許多人雖然同住一個屋簷下，同吃一桌飯，但卻並不是一個真正意義上的家。俗語有云：「有愛的房子才是家。」我想補充一句：穩固的家是上帝的恩賜，以祂的愛為根基，以祂的價值觀和原則為支柱。

據說，奧地利裔美國女低音歌唱家歐內斯汀·舒曼·海因克（Ernestine Schumann-Heink，1861-1936年）曾創作一首溫馨的詩歌《家是什麼？》。這篇感人的頌詞將「家」定義為：

「屋頂可以遮雨，牆壁能夠擋風，地板可以禦寒。沒錯，但家遠不止於此。它是嬰兒的笑聲，母親的歌聲和父親的力量。它是充滿愛的心所發出的溫暖，是洋溢幸福的眼睛所發出的光芒，它是善良、忠誠和友誼。它是年輕人的第一所學校，第一座教堂，他們在這裡學到了何謂正直、美好、善良。這是他們受傷或生病時尋求安慰的地方，是歡樂得以分享、悲傷得以釋放的地方。它是父母受到尊重與愛戴、孩子被接納的地方。在這裡，哪怕是最簡單的食物也足以讓國王滿足，因為它是努力得來的。在這裡，金錢不如慈愛重要，就連茶壺也因幸福而歌唱。這就是家，是上帝所賜福保佑的。」㊺

在這個犯罪的世界中並不存在完美無缺的家庭。但我們在末時的使命之一就是修復破碎的家庭，將冷漠的房子變為溫馨的家。為基督的復臨做準備，也包括使「父親的心轉向兒女，兒女的心轉向父親」（瑪4：6）。我們在地上的家庭，必須成為走向天家之旅的支援中心。

1月19日 散布亮光

> 「你們是世上的光。城造在山上是不能隱藏的。
> 人點燈,不放在斗底下,是放在燈檯上,就照亮一家的人。」
> 馬太福音 5:14、15

黑暗只是缺少了光。光芒四射時,黑暗自然會消失。透過散發出光明,我們可以幫助生命更加茁壯地成長。事實上,沒有光就沒有生命。

1883年1月19日,在紐澤西州的羅澤爾發生了一件大事,它是將電燈引入千家萬戶過程中的一座里程碑。經過多次試驗後,湯瑪斯・愛迪生(Thomas Edison)的第一個架空電線電燈系統開始投入使用。這一成就證明了使用一個共用的中央發電站就可以為整個社區提供照明。今天,全球無數的城市、城鎮、村莊和房屋都是使用類似的照明系統。

正如物理的光線對我們的生活至關重要,來自上帝話語的亮光對我們的靈命也同樣重要。《聖經》向我們保證,「上帝就是光」(約一1:5),是「眾光之父」(雅1:17)。同樣,那來到世上彰顯天父的基督,不僅稱自己為「世界的光」,還說「跟從我的,就不在黑暗裡走,必要得著生命的光」(約8:12)。由於基督和祂的教導是不可分割的,所以我們可以說,二者都是照亮世界的光。正如〈詩篇〉119篇105節所說:「你的話是我腳前的燈,是我路上的光。」

當耶穌說我們是「世界的光」(太5:14)時,祂並不是說我們應該向別人傳播自己的光。相反的,我們應該只反照出祂的光──祂話語的光──給周圍的人。這樣一來,這光永遠不會使我們得著榮耀,而是成為引導人們榮耀上帝的有力工具。基督曾宣告:「你們的光也當這樣照在人前,叫他們看見你們的好行為,便將榮耀歸給你們在天上的父。」(同上,第16節)

正如湯瑪斯・愛迪生創造了一個將光引入家庭的照明系統,我們也要將上帝的光帶入那些在這黑暗世界中淪喪的家庭。讓我們共同努力,以光明照亮這個世界!

1月/20 在服務的事上團結一致

> 「使他們都合而為一。正如你父在我裡面，我在你裡面，使他們也在我們裡面，叫世人可以信你差了我來。」
> 約翰福音 17：21

恐怖的第二次世界大戰終於結束，但冷戰的疑雲依然籠罩著。西方集團（資本主義）和東方集團（共產主義）之間的政治與軍事緊張態勢也一觸即發。在那充滿動盪的年代，約翰‧甘迺迪（John F. Kennedy）當選為美國第三十五任總統。**1961年1月20日**，他在華盛頓特區國會山莊發表著名的就職演說，呼籲美國和西方國家團結一致，支持他們共同的事業。

甘迺迪首先強調了團結的價值。他說：「我們如果團結一致，就能在許多合作事業中取勝；我們如果分歧對立，就會一事無成——因為我們絕不敢在爭吵不休、四分五裂時迎接強大的挑戰。」在演講接近尾聲時，他用令人難以忘懷的話強調了無私服務的必要性：「因此，美國同胞們，不要問國家能為你們做些什麼，要問你們能為國家做些什麼。全世界的公民們，不要問美國會為你們做些什麼，要問我們能共同為人類的自由做些什麼。」

在這場卓越的演講中所發表的政治論調是否獲得您的認同其實並不重要。重要的是看清我們都身處在一場發生在善惡之間、曠日持久的屬靈戰爭之中，而我們所持的立場必須鮮明。按照《聖經》的教導，「因我們並不是與屬血氣的爭戰，乃是與那些執政的、掌權的、管轄這幽暗世界的，以及天空屬靈氣的惡魔爭戰。」（弗6：12）

作為基督屬靈肢體的一份子（林前12：12-31），我們只有在基督裡團結一致（約17：21）並在無私服務中相互扶持，才能獲得最後的勝利。我們必須努力效法基督的榜樣，祂「來，不是要受人的服事，乃是要服事人，並且要捨命，作多人的贖價」（太20：28）。與其問教會能為你做些什麼，不如問你能為教會和你身邊那些在罪中掙扎求生的人做些什麼。無私的愛能夠、且必將為我們的社區帶來巨大的改變。

1月/21 信徒的浸禮

「信而受洗的，必然得救；不信的，必被定罪。」
馬可福音 16：16

浸禮是基督教中一項最莊重、最有意義的儀式。基督在成年時受了浸禮（太3：13-17），並吩咐追隨祂的人也要如此行（太28：18-20）。只有全身浸入水中的洗禮才能充分表達出忠實的信徒向罪而死的含義；他們先是要完全浸沒在水中，從水中出來時，便是以新生的樣式復活（羅6：3-6）。

歐洲有一些保存完好的古老浸禮池，證實了數百年來基督徒一直用全身入水的方式給成年人施洗。與此同時，後使徒時期開始出現了其他替代性的做法。到了第二世紀末，北非開始實行嬰兒洗禮。第三世紀中葉，羅馬的主教諾瓦蒂安（Novatian）在病榻上接受洗禮，由其他人向他身上倒水進行施洗。這些本該屬於例外的情況，最終卻成為基督教傳統中的官方作法。

在十六世紀，重洗派（也被稱為再洗者）主張為「成年」信徒施行浸禮。在**1525年1月21日**，他們在瑞士蘇黎世的菲力克斯‧曼茲（Feliz Manz）家進行了第一次浸禮。在禱告之後，先前曾是神父的布勞羅克（George Blaurock）站了起來，請平信徒格列伯（Conrad Grebel）為他施行基督教的浸禮。格列伯用勺子從桶裡舀了水，奉聖父、聖子和聖靈的名義倒在了布勞羅克的頭上。之後，布勞羅克繼續為參赴聚會的其他人施洗。後來，一些重洗派也恢復了「全身入水」的浸禮。此後浸禮派和一些其他基督教教派一直堅持以這種方式進行洗禮，其中就包括基督復臨安息日會。

能夠接受與基督相同的洗禮，然後忠實地履行我們在受洗時所許下的諾言是多麼美好的祝福啊！「你們奉父、子及聖靈的名受浸，這個事實就是一種保證，如果你們要求祂們的幫助，這些能力就要在每次危急之時幫助你們。凡負基督之軛，在祂門下受教，學習祂的溫柔謙卑，作祂忠實門徒的人，主必垂聽並應允他們的祈禱。」❹⓺ 今天，為什麼不重溫你在受洗時所立下的承諾呢？

1月/22 宇宙情報網

「耶和華的眼目無處不在；惡人善人，他都鑑察。」
箴言 15：3

當你聽到「間諜」一詞時，腦海中會浮現什麼景象呢？若以《聖經》為靈感，你可能會想到刺探迦南地虛實的十二個希伯來探子（民13章），或者想起在耶利哥受到喇合幫助的兩個探子（書2章）。若著眼於現代，你可能會聯想到蘇聯的國家安全委員會（KGB）或美國的中央情報局（CIA）。間諜活動的目的是收集有關敵國甚至是友邦的機密資料。

1946年1月22日，美國總統哈里・杜魯門（Harry S. Truman）設立了中央情報集團，後更名為「中央情報局」（CIA），這是世界上最強大的情報機構。如今，美國情報體系（IC）是由十七個機構和組織（包括CIA在內）組成的聯盟，它們既可獨立工作，也能相互協作，主要功能是收集和分析開展外交關係和國家安全活動所需的情報。

儘管情報體系和其他情報機構可能非常先進且高效，但它們都無法與上帝那掌控整個宇宙的情報網相提並論！難怪大衛王會高聲呼喊：「我往哪裡去躲避你的靈？我往哪裡逃、躲避你的面？」（詩139：7）所羅門王也說：「耶和華的眼目無處不在；惡人善人，他都鑑察。」（箴15：3）

與人類的機構相比，上帝的情報網是友好的，為的是拯救我們脫離邪惡的力量。「我知道我向你們所懷的意念是賜平安的意念，不是降災禍的意念，要叫你們末後有指望。」（耶29：11）這意味著整個宇宙中最精妙的情報網正在為你我服務！我們受到上帝的絕對保護，任何事情的發生都是在祂全備的知識和絕對的先見之下。讚美上帝，因祂以如此奇妙且高效的方式關心著我們每一個人！

1月23日 好品味

又願女人廉恥、自守、以正派衣裳為妝飾，不以編髮、黃金、珍珠、和貴價的衣裳為妝飾，只要有善行，這才與自稱是敬上帝的女人相宜。

提摩太前書2：9、10

人們常常以為，保羅有關衣著「廉恥、自守」（提前2：9、10）的建議是一種古老的著裝規範，僅適用於他的時代，其實未必如此。保羅是將「無論做什麼，都要為榮耀上帝而行」（林前10：31）的普遍原則，應用在著裝方式上。這說明我們應該杜絕所有會引人非議的服飾。

現今我們生活在一個一切都過於暴露的世界。時下流行的時尚設計宗旨都是為了使人看起來更性感，激發人們在感官上的慾望。請記住這句至理名言：「如果不是為了出售，就別在櫥窗裡展示。」身體上的裸露往往暴露出靈魂的赤裸。身為忠心的基督徒，我們必須確保我們所展露出的自我，正是我們想要表達的。進入教堂的時候，我們必須銘記教堂的走道是上帝的殿堂，而不是復臨教會的時裝T台秀。

有些人會走向另一個極端，認為所有現代時尚的產物都是大錯特錯、不可接受的。懷愛倫在**1900年1月23日**《評論與通訊》發表的一篇文章中談到了這些人，「他們不修邊幅，視骯髒為美德，衣冠不整，缺乏品味。他們的服裝，看上去往往如亂袍加身。他們衣衫污穢，卻又侈談反對驕傲。他們把高雅整潔與驕傲混為一談。」❹ 請千萬不要將「廉恥、自守」與漫不經心和缺乏品味劃上等號。

幾乎所有的航空公司和許多其他公司都有特定的制服或著裝規範。但作為教會，我們沒有、也永遠不應該採用此類規範。訪客無論穿什麼，我們都應當歡迎他們參赴聚會，切勿對其外表評頭論足。但是，本會的教友應當在所行的一切事上榮耀上帝，包括他們的打扮。即使其他人無法遵循這一本該遵循的原則，但你和我至少應該認真對待。

1月/24 近在咫尺的終點

> 耶和華對他說：「這就是我向亞伯拉罕、以撒、雅各起誓應許之地……現在我使你眼睛看見了，你卻不得過到那裡去。」
> 申命記 34：4

2015年11月13日，五十歲的英國退役陸軍士兵亨利‧沃斯利（Henry Worsley）開始了一段長達950英里（1530公里）的旅程，他要跨越南極洲，途經南極點。在接下來的兩個多月裡，他拉著重達150公斤（330磅）的雪橇，裡面裝著八十天的食物、燃料和生存裝備。所有其他極地探險家（包括著名的歐尼斯特‧沙克爾頓爵士，Sir Ernest Shackleton）都是以團隊形式出發的，而沃斯利距離成為第一個獨自走完全程、沒有任何外援的人，就只差了一步。

在距離終點還有30英里（48公里）的時候，沃斯利寫道：「在南極獨行的71天，超過900英里的行程，我的身體耐力逐漸下降，終於在今天讓我心力交瘁，我只能無比遺憾地宣佈：『探險之旅結束了！哪怕終點近在咫尺。』」❹❽ 在呼叫救援後，他被送往智利蓬塔阿雷納斯的麥加大診所；他的腹部感染（細菌性腹膜炎）很快發展成全身器官衰竭。亨利‧沃斯利於**2016年1月24日**去世。

帶領以色列人在曠野漂流四十年後，摩西受上帝呼召，來到了毗斯加山頂，從那裡他看到了迦南全地。由於之前缺乏信心，摩西沒能達到他盼望已久的終點——應許之地（民20：12；申34：1-6）。儘管如此，上帝仍使他從死裡復活，得著永生（猶9節），後來與以利亞一起出現在基督登山變像的過程中（太17：1-7），他也被列為信心的英雄之一（來11：23-29）。

不幸的是，就像沃斯利未能到達最終目的地一樣，許多曾經夢想、談論和歌頌過天堂的人最終也不能進入那裡。有句俗話說：「幾乎得救就等於完全滅亡。」讓我們感謝上帝，因為今天我們仍有機會重新堅定對祂的承諾，並與祂同行！祂又賜給我們機會，因為祂的憐憫「是日日更新的」（哀3：22、23），祂「不願有一人沉淪，乃願人人都悔改」（彼後3：9）。然而，我們絕不能忘記，「惟有忍耐到底的，必然得救。」（太24：13）

1月/25

風雨中的寧靜

耶穌醒了，斥責風，向海說：「住了吧！靜了吧！」
風就止住，大大地平靜了。

馬可福音 4：39

從英國到美洲的西蒙茲號像往常一樣正常航行。船上有80名英國殖民者和26名摩拉維亞信徒，以及兩兄弟──傳教士約翰・衛斯理（John Wesley）和查理・衛斯理（Charles Wesley）。摩拉維亞人（他們是德國人）的信仰簡樸，超越世俗，而且十分熱心傳道。他們所散發出的喜樂與深刻的敬虔給約翰・衛斯理留下深刻的印象。面對不公正的對待，他們並不憤怒，面對針對他們的粗魯言論，他們也不反唇相譏。

1736年1月25日是星期天，一大早約翰・衛斯理就與摩拉維亞人一同祈禱靈修。用衛斯理自己的話說，突然間，「海水湧上來，撕碎了主帆，漫過了船隻，灌入甲板之間，彷彿大海已經將我們吞噬。同行的英國人中開始發出可怕的尖叫聲。那群德國人則平靜地繼續唱著詩歌。事後我問其中一位：『你當時不害怕嗎？』他回答說：『感謝上帝，我不怕。』我又問：『但你們的婦女和孩子們難道也不害怕嗎？』他溫和地回答說：『不怕，我們的婦女和兒童不怕死。』」❹❾ 這件事給衛斯理的靈命和事工帶來了重大變化。在此之前，他曾在牛津接受過傳道訓練。到了1729年，他與其他人共同創立了「聖潔俱樂部」，致力於戰勝罪惡，提升聖潔。儘管衛斯理是一位受過按立的聖公會牧師和傳教士，但他意識到自己缺乏摩拉維亞人那種深層且觸及生命的靈性。

你的信仰根基有多穩固？當你遇到危及生命的風暴時，你會作何反應？實際上，「從事主聖工的人，需要一種比許多人所想像更高、更深、更廣的經驗。許多上帝大家庭中的人，不大明白瞻仰主的榮光、榮上加榮的意義。」❺⓿ 在為主工作的時候，我們也需要每天加深與祂的個人經歷。只有保持與主的交通和友誼，我們才能保持安寧和信心，相信無論是在風雨交加還是陽光明媚的日子，祂都緊緊地握著我們的手。

1月 26 赤腳行雪路

我們若認自己的罪，上帝是信實的，是公義的，
必要赦免我們的罪，洗淨我們一切的不義。
約翰一書 1：9

2008年五月一個陽光明媚的春日，我和妻子參觀了義大利北部著名的卡諾薩城堡。在那裡我還有幸採訪了《瑪蒂爾達與卡諾薩城堡》一書的作者馬里奧·貝爾納貝（Mario Bernabei）。他當時鄭重地向我介紹了卡諾薩女伯爵瑪蒂爾達與教皇貴格利七世之間的關係，還包括教皇羞辱德意志帝國國王亨利四世的細節。

雖然我們去參觀的那幾天天氣極好，但亨利四世來時卻是在1076至1077年的冬季，那可是那片區域最冷的一個冬天。由於亨利之前羞辱教皇並與之對抗，於是教皇宣佈將他逐出教會，廢黜王位。當亨利得知教皇正在城堡裡訪問，就立刻前來尋求他的寬恕。但教皇沒有將國王迎入溫暖的城堡，而是讓他在天寒地凍中待了三天，從**1077年1月26日**直至28日。亨利就這樣在雪地中度過了三天，他禁食、赤腳、衣衫單薄，連帽子都沒有戴。遭受了一番最嚴酷的折磨之後，教皇終於允許國王覲見，並原諒了他。

幾個世紀以來，人們認為卡諾薩象徵著羅馬教會世俗的至高權力，以及一個國家元首對其無上地位的認可。但這一事件還能帶給我們什麼其他的教訓呢？

有人注意到了貴格利七世與基督之間的對比，前者是一個自負且傲慢的基督教領袖，而後者卻是教會謙卑且憐憫的真首領。你能想像基督像教皇對待亨利國王那樣對待我們嗎？

無論你犯了什麼罪，請記住〈約翰一書〉第1章9節的應許：「我們若認自己的罪，上帝是信實的，是公義的，必要赦免我們的罪，洗淨我們一切的不義。」那麼在〈馬太福音〉第12章31至32節和〈馬可福音〉第3章28至29節中提到的不被赦免的罪又是什麼呢？就是不願意「承認我們的罪」。但因信蒙恩得救的美妙之處在於所有認真悔改並懺悔的罪都會得著饒恕！這個應許是給你和我的，我們應該趁現在就好好把握它。

1月 27 天賦

各樣美善的恩賜和各樣全備的賞賜都是從上頭來的，從眾光之父那裡降下來的；在他並沒有改變，也沒有轉動的影兒。

雅各書 1：17

1756年1月27日，沃爾夫岡‧阿馬德烏斯‧莫札特（Wolfgang Amadeus Mozart）出生於奧地利薩爾茨堡，他是公認的神童、偉大的作曲家和演奏家。四歲時，小莫札特就可以在半小時內學會任何小步舞曲。五歲時他開始創作，六歲時就成為家喻戶曉的名人。雖然莫札特在卅五歲時就英年早逝，但他留下了大約六百首不同流派的頂尖音樂作品。莫札特無疑能夠躋身有史以來最偉大的音樂家之一，甚至在有些人眼中，沒有其他音樂家能與之媲美。

著名的瑞士神學家卡爾‧巴特（Karl Barth）是莫札特的樂迷。他曾經猜測：「也許當天使們開始讚美上帝時，他們只會演奏巴哈的曲子。但我確信，當他們好似家人歡聚一堂時，他們演奏的一定是莫札特的曲子，而我們親愛的主也會特別歡喜地聆聽。」[51] 即使不將莫札特的曲子歸為此曲只應天上有，我們仍必須承認，他在音樂方面確實是天賦異稟，並且他以極大的熱情和專注將其發揮得淋漓盡致。

有一首動聽的德國歌曲名為《並非每個人都能成為莫札特》，它的歌詞裡說道不是每個人都能像這位偉大的作曲家那樣成為天才。但即使是一個孩子用一根手指彈奏的簡單曲調，也可以成為最美妙的旋律。真正重要的不是我們擁有多少天賦，或是這才能多麼了不起，而是我們是否將它們用來榮耀上帝、造福人類。

「在世人所說的『小事』上忠心盡責，會帶來人生的成功。小小的仁愛之舉，小小的克己行為，幾句簡單的勸勉，對種種小罪保持警惕，這就是基督教的本質。懷著感恩的心領受每日的福分，善用每日的機會，殷勤地培養主所賜的才能，這就是主對我們的要求。」[52] 今天，只要你願意與身邊的人分享小小的愛心之舉，就可以為他們的生活帶來改變！

1月28 最好的名人堂

「然而,不要因鬼服了你們就歡喜,要因你們的名記錄在天上歡喜。」
路加福音 10:20

名人堂、紀念碑或肖像承載著世人對名人的追憶。有些人則以自己的名字來命名設計的建築,比如位於巴黎戰神廣場上舉世聞名的艾菲爾鐵塔。最初艾菲爾鐵塔是為了慶祝法國大革命一百周年世界博覽會而建造的,現在每年約吸引七百萬的遊客慕名前來參觀。

艾菲爾鐵塔以工程師古斯塔夫·艾菲爾(Gustave Eiffel)的名字命名,當時是由他的公司設計並建造。最初的設計方案由莫里斯·科克蘭(Maurice Koechlin)和埃米爾·努吉爾(Émile Nouguier)共同制定,史蒂芬·索維斯特(Stephen Sauvestre)也補充了一些建議。**1887年1月28日**塔基開始建設,1889年全塔竣工。1957年,人們又在塔頂加裝了廣播天線。這座塔高1063英尺(324公尺),重7300噸,包含了18038塊零件,由250萬個鉚釘連接在一起。儘管一開始遭到著名藝術家和知識分子的批評和抗議,但如今艾菲爾鐵塔已然成為法國的標誌性建築。

除了艾菲爾的名字之外,這座塔上還刻有七十二位法國科學家、工程師和數學家的名字,以表彰他們的傑出貢獻。這算是世界上最傑出的名人堂之一。但請記住:「這世界和其上的情慾都要過去,惟獨遵行上帝旨意的,是永遠常存。」(約一2:17)這意味著任何屬世的名人堂,甚至所有名人堂加在一起,都不配與我們的名字被記在天國生命冊上的特權相提並論。

許多人需要的其實是他們所沒有的東西,就是真正的信仰!「口頭上說相信並沒有什麼用。名字雖然記錄在地上教會的名冊中,卻沒有寫入天上的生命冊裡。」㊾ 也許你更愛「人的榮耀過於愛上帝的榮耀」(約12:43)。我們必須捨棄那終會消失、屬人的榮耀,多追求那永存的屬天榮耀。唯有這樣,我們才能歡喜快樂,因為我們的名字是「記錄在天上」的(路10:20)。

1月/29 請慢下來

> 他就說:「你們來,同我暗暗地到曠野地方去歇一歇。」
> 這是因為來往的人多,他們連吃飯也沒有工夫。
> 馬可福音 6:31

道路和交通確實是一塊能夠考驗我們耐心和基督徒行為水準的試金石!先來回答幾個問題:當前面的車龜速行駛並且攔住你的路時,你感覺如何?其他司機犯了錯,你又會作何反應?你是否常常認為道路上整體的車速應該比現在更快?傳奇賽車手馬里奧·安德雷蒂(Mario Andretti)曾經說過:「如果你覺得一切都在掌控之中,那只是因為你開得不夠快。」

1886年1月29日,卡爾·賓士(Karl Benz)為他的電機車(Motorwagen)申請了專利,它是人類歷史上的第一輛汽車。它是一輛由汽油引擎驅動的三輪汽車。1886年7月3日,賓士在德國曼海姆的環城大道上向公眾展示了他的發明。這些早期車型的最高時速約為10英里(16公里)。經過多年的發展,汽車工業早已取得了長足的進步。如今,能夠合法上路的布加迪威龍16.4的最高時速甚至可以達到268英里(431公里)!

汽車也能反映文化。今天越來越快的車速反映出一個快節奏的社會。許多人會覺得,假如一切盡在掌控之中,就意味著少有突破。沒錯,開快車可能更令人興奮,也可以更快到達目的地。但請記住,你開得越快,就越容易錯過周圍的美景。當高速成為一種生活方式,它影響的不僅是開車,而是生活的方方面面。很有可能我們在生活中的步調太快,以致於經常忽略身邊的人。

儘管我不了解你個人的生活方式,但我依然希望你會認真考慮基督的邀請。「你們來,同我暗暗地到曠野地方去歇一歇。」(可6:31)除了奉獻自己外,你能為上帝和你所愛之人獻上的、最珍貴的禮物,就是你的時間。花費的時間能體現出孰輕孰重,表明什麼才是最重要的。不能花時間與上帝同行,就表明你有其他的「神」,而他們佔用了你更多的時間。倘若你不能花時間與自己所愛的人在一起,就表明在你心中,他們並不像其自認為的那樣重要。請捫心自問,仔細思量,並且從今天起就做出改變。

1月30 親如手足

> 猶太人和希臘人並沒有分別，因為眾人同有一位主；
> 他也厚待一切求告他的人。
> 羅馬書 10：12

我們的世界就是上帝和撒但之間的巨大戰場。一方面，上帝正在用祂無條件的愛拯救人類並將其團結在一起。另一方面，撒但試圖用他毫無底限的私心誤導並分裂人類。藉由排他主義、部落主義和種族主義等邪惡之舉，他已在全球範圍內許多社會中造成了嚴重的分裂。

在**1939年1月30日**的德國國會上，阿道夫・希特勒（Adolf Hitler）宣佈：「我今天想再次預言：若歐洲內外的國際金融猶太人再次成功地使各國陷入一場世界大戰之中，那結果將不是地球的布爾什維克化和猶太人取勝，而是猶太人就此在歐洲滅絕！」㊴ 希特勒最終以最殘忍的方式實現了他的反猶預言。

與之形成鮮明對比的是，真正的基督教克服了文化、種族和社會的障礙，人人都是人類大家庭中的一員。在舊約中，人們認為彌賽亞時代就是猶太人和外邦人將在上帝的殿中一同敬拜的時代，這殿會成為名副其實的「萬民禱告的殿」（賽56：7）。當西緬在聖殿裡看到嬰孩耶穌時，就預言祂的到來是為了給「萬民」帶來救恩，其中就包括猶太人和外邦人（路2：30-32）。保羅肯定地說：「猶太人和希臘人並沒有分別，因為眾人同有一位主；他也厚待一切求告他的人。」（羅10：12）而且，「並不分猶太人、希臘人，自主的、為奴的，或男或女，因為你們在基督耶穌裡都成為一了。」（加3：28）

上帝的愛是如此強大，能夠讓我們親如手足。那些在基督裡的人就「不再作外人和客旅，是與聖徒同國，是上帝家裡的人了」（弗2：19）。上帝的愛賦予我們愛人的能力，無論他們是猶太人、外邦人，甚至是我們自己的敵人（太5：43-48）都要一併去愛。今天，上帝邀請你成為祂的石匠，以祂無限的愛來修補種族與社會中的裂痕。只有這樣，世界才能親眼目睹我們的信仰改變人心的力量。

1月/31

無條件的信心

被石頭打死，被鋸鋸死，受試探，被刀殺，
披著綿羊、山羊的皮各處奔跑，受窮乏、患難、苦害，
在曠野、山嶺、山洞、地穴，飄流無定，本是世界不配有的人。
希伯來書 11：37、38

莎士比亞（Shakespeare）曾斷言：「製造火災的是離經叛道之人，而不是火焰本身。」(55) 這一觀點在該隱謀殺了自己的兄弟亞伯（創4：1-15）以及許多類似案例（來11：30-38）中得到了證明，包括對瓦典西人（編註：Waldenses，亦稱瓦勒度派）進行的屠殺。

強制瓦典西人改信天主教的持續高壓政策終告失敗。因此，1655年4月23日，在皮埃蒙特地區發生了一場慘絕人寰的屠殺，奪去了大約1700名瓦典西人的生命。這場種族滅絕在整個歐洲引發了強烈的反彈。更令人憤慨的是，**1686年1月31日**，薩凡依公爵（Duke of Savoy）「發佈法令，摧毀一切瓦典西人的教堂，並要求山谷的所有居民」(56) 在死亡和流放的懲罰下公開放棄他們的異端信仰。然而，儘管面臨著持續的威脅，瓦典西人仍然選擇忠於上帝。

懷愛倫寫道：「他們雖然受逼迫，被趕離自己的家園，仍本著良心研究上帝的道，並且實踐照在他們身上的亮光。當他們的財產被奪走，房屋被燒毀時，他們逃到山中，忍受了饑餓、疲勞、寒冷和赤身。但這些被分散而無家可歸的人卻願意聚在一起同聲歌唱，讚美上帝，因為他們被算作配為基督的名受苦。他們彼此鼓勵互相振奮，甚至為他們可憐的退隱之處感恩。他們的兒女多因寒冷和饑餓而患病去世，可是父母們連一刻也沒有想要放棄自己的信仰。他們重視上帝的恩愛遠過於地上的安逸和世間的財富。他們從上帝得了安慰並且愉快地期待將得的獎賞。」(57)

記住，只有值得為之而死的信仰，才值得為之而活！讓瓦典西人驚人的勇氣和對主的忠誠榜樣激勵你的信仰生活。

2月/01 「再唱一遍」

**我觀看，見天開了。
有一匹白馬，騎在馬上的稱為誠信真實，他審判，爭戰，都按著公義。**
啟示錄 19：11

《共和國戰歌》的雄壯曲調源於美國帳篷聚會的民間傳統詩歌。有一天，一位朋友向茱莉亞‧沃爾德‧何奧（Julia Ward Howe，1819-1910）提議：「何不為這首激勵人心的曲調填些好詞呢？」當天晚上，她在華盛頓特區的威拉德酒店裡休息，直到快入睡時，她還在想著朋友所說的話。突然間她清醒過來，拿起一支筆和一張紙，寫下了歌詞，之後又沉沉睡去。但讓茱莉亞想像不到的是，這首詩歌後來成了一首膾炙人口的讚美詩歌！

新的《共和國戰歌》首次發表在 **1862年2月1日** 的《大西洋》月刊上。很快它就出現在其他報紙和軍隊讚美詩集中。在美國南北戰爭期間，北方聯邦軍隊踏著它的節奏向前邁進。當一群被關押在南部邦聯利比監獄的戰俘們得知聯邦軍隊在蓋茨堡戰役取得勝利時，他們大大地歡呼，相擁而泣，唱起了這首《共和國戰歌》。後來在一次林肯總統出席的會議上，這件事被報導出來。總統聽罷，不禁淚流滿面地高呼：「讓我們再唱一遍！」

這首歌頌勝利的詩歌也叫《我眼已見主榮光》（Mine Eyes Have Seen the Glory，新版《讚美詩》第35首），與〈啟示錄〉第14章17至20節交相輝映。第一段歌詞是這樣寫的：

我的眼睛已經看見主降臨的大榮光，

祂正踏盡一切不良葡萄使公義顯彰；

祂已抽出祂的怒劍發出閃閃的光芒，

祂的真理在進行！❶

身處利比監獄的戰俘們曾唱起這首讚美詩，期待著即將到來的自由，當基督在天上的雲彩中顯現，來解救祂忠貞的子民時，凡因羔羊之血而得救的眾人也將歡呼雀躍。願你我一起在不久的將來高唱這首令人讚歎的勝利凱歌！阿們。

2月/02 我們等候的時間

> 證明這事的說：「是了，我必快來！」阿們！主耶穌啊，我願你來！
> 啟示錄 22：20

你是否參加過只有極少資源補給的前鋒會？當營會結束，可以自由地享用你最愛的食物時，是多麼輕鬆愉悅！但試想一下，如果你是孤身一人被留在營地裡，而且必須在那裡待上數天、數週、數月、甚至是數年，那會是怎樣的一番情景？很難想像，對吧？然而，這正是亞歷山大‧塞爾柯克（Alexander Selkirk, 1676-1721年）的故事，身為蘇格蘭武裝民船船員，同時也是皇家海軍軍官的他，被獨自留在了南太平洋一個荒無人煙的小島上。

年輕時的塞爾柯克在為人處事上是爭強好勝、狂放不羈的。當了海員後，他的行為依然沒有絲毫收斂，最終他也為此付出了高昂的代價。1704年，他所在的船隻在胡安費爾南德斯群島（Juan Fernándezarchipelago）的一個島上停留了幾天，補充淡水和供給，那裡距離智利海岸有420英里（677.5公里）。

塞爾柯克質疑船隻的適航性，聲稱他寧願留在島上，也不願意繼續待在一艘漏水嚴重的船上。船長斯特拉德林早就對這個麻煩製造者無比厭煩，於是接受了他的提議，任憑他留在島上，還給了他一支步槍、一把斧頭、一把刀、一口鍋、一本《聖經》以及一些被褥和衣服。於是，塞爾柯克就在孤獨、痛苦和悔恨中孤零零地在島上度過了四年零四個月的時光。最終在**1709年2月2日**，杜克號和女公爵號兩艘船抵達島上時才將他救出。

這個悲慘的故事就是丹尼爾‧笛福（Daniel Defoe）的經典之作《魯賓遜漂流記》（1719年）的靈感來源，而我們也可以從中汲取有意義的教訓。首先，塞爾柯克不應該任性地說他寧願留在島上，也不願意繼續待在船上。就像當年船長對他這番話的反應大大超出塞爾柯克的預期一樣，如今別人也可能對我們的輕率言論給予同樣的反應。所以，話語若不是發自真心，就永遠不要出口。

塞爾柯克的最終獲救帶給我們另一個教訓。我們在這個世界上的等待時間可能要比預期的長得多，但終有一天會結束。基督也將很快出現在天上的雲中接我們回家，就像杜克號和女公爵號從那個無人島上將塞爾柯克搭救出來一樣。所以，在這段等待的時間裡，切勿灰心！

2月/03 傳揚上帝的話

> 「你所看見的當寫在書上，達與……那七個教會。」
> 啟示錄1：11

《聖經》是用人類文字寫下的上帝話語。古時，上帝要求摩西（出17：14）和其他先知將祂所啟示的信息寫下來，並傳達給接受這信息的人。使徒約翰受命寫道：「你所看見的當寫在書上，達與……那七個教會。」（啟1：11）但此後，《聖經》的出版和傳播過程有了極大的演變。

約翰內斯·古騰堡（Johannes Gutenberg，約1398-1468年）是德國的一位鐵匠、金匠、印刷商和出版商。1439年，他發明了活字印刷術，這在歐洲歷史上是第一次。《聖經》雖然不是他出版的第一部作品，但無疑是最重要的作品。**1468年2月3日**，古騰堡在他的家鄉美因茨去世，為人類留下了一筆巨大的遺產。他的發明開啟了印刷革命，印刷術普遍被認為是第二個千禧年中最重要的發明，因為有了它，新教改革者的著作才得以廣為流傳。

自古騰堡時代以來，世界的變化日新月異。二十世紀的傳播理論家馬歇爾·麥克盧漢（Marshall McLuhan）曾說過：「古騰堡讓每個人都成了讀者。全錄（Xerox，亦名「施樂」）則是讓每個人都成了出版商。」❷ 近年來又有人說，電腦讓每個人都成了作者，網路則是讓每個人都成了編輯和評論家。換言之，今天我們幾乎可以身兼數職而不費吹灰之力——讀者、出版商、作者、編輯和評論家。在這個全球化的世界裡，《聖經》被翻譯成無數種語言和版本，但同時與之共存的，也有對《聖經》的合理解讀以及許多刻意的扭曲。

傳播上帝的話語是指無論是以印刷、電子檔還是音檔，聖言的內容必須傳揚開來。但更重要的一點是，傳播上帝的話語意味著要讓《聖經》自己說話，擺脫人類的扭曲和偏見。所以，人們必須了解正確解讀《聖經》的基本原則。正如當年腓利幫助衣索比亞的太監明白他所讀的經文（徒8：26-40），上帝如今也指示我們：「務要傳道，無論得時不得時，總要專心，並用百般的忍耐、各樣的教訓責備人、警戒人，勸勉人。」（提後4：2）

2月/04 飛行的裁縫

通達人見禍藏躲；愚蒙人前往受害。
箴言 22：3

弗朗茨・賴歇爾特（Franz Reichelt）是一位出生於奧地利的法國裁縫。他是跳傘界的先鋒，曾經設計過一款新型可穿戴的降落傘。在與地方員警進行了多次交涉後，賴歇爾特終於獲得許可，可以在巴黎艾菲爾鐵塔進行假人跳傘測試。**1912年2月4日**星期日早上七點，他來到艾菲爾鐵塔；不料他卻突然向眾人宣佈，他要放棄原先的計畫，自己親自跳下去。他的朋友和在場的觀眾都深感擔憂，極力想要勸阻他，卻沒有成功。當被問及是否要使用安全繩或其他預防措施時，他簡單地回應道：「我想親自嘗試這個實驗，不作任何保留，因為我要證明這一發明的價值。」❸

最初賴歇爾特想要爬到塔的一樓，但被一名警衛攔住了，後者曾經親眼目睹之前失敗的假人跳傘測試。但最終賴歇爾特還是如願以償，他和兩個朋友以及一名電影攝影師爬上了距離地面僅187英尺（約57公尺）多的一樓。賴歇爾特相信，他只要伸展雙臂就能打開身上的降落傘。到了上午8點22分，在大約三十名記者和好奇路人的目光中，他在朋友的協助下調整好裝置，檢查了風向，猶豫了大約四十秒，便從塔上一躍而下。那半開的降落傘立即裹住他的身體，迅速墜向冰冷的地面。屍檢結果顯示，就在撞擊地面之前，他心臟病發作——這就是人稱「飛行的裁縫」的悲慘結局。

人們通常認為下面這段至理名言出自羅尼・奧爾德姆（Ronnie Oldham）：「卓越就是在別人認為明智的事上關心更多，在別人認為安全的事上冒險更多，在別人認為實際的事上夢想更多，在別人認為可能的事上期望更多。」❹ 不過，「在別人認為安全的事上冒險更多」這句話需要深思熟慮。有時候這可能是最好的選擇，但並非總是如此。在我們剛開始探索的道路上，有些人或許已經無比熟悉，所以不妨更加留意他們所提供的建議和警告。即便你決定冒險，也一定要在上帝所計畫的範圍之內，永遠不要越界。

2月 05 洪水地質學

> 水勢在地上極其浩大，天下的高山都淹沒了。
> 水勢比山高過十五肘，山嶺都淹沒了。
> 創世記 7：19、20

　　大多數的科學家和許多神學家都認為，〈創世記〉第6至8章所記載的大洪水並非真有其事。在他們看來，這只是一個類似《吉爾伽美什史詩》中巴比倫洪水的神話故事。與此形成鮮明對比的是，後來的聖經作者們在《舊約》（詩104：6-9）和《新約》（太24：37-39；來11：7；彼前3：20；彼後2：5；3：6）中，都將挪亞和全球性大洪水的故事視為真實事件予以描述。

　　1867年2月5日出版的《復臨評論與安息日通訊》刊登了布林多（D. T. Bourdeau）撰寫的一篇題為〈地質學與聖經〉的文章。作者表示：「真正的地質學和《聖經》一樣真實，它們並不會互相矛盾；因為真理不會與真理相互矛盾。然而奇怪的是，有些人竟然假裝地質學與《聖經》之間存在差異；更令人難以置信的是，一些自稱相信《聖經》的人明明採納了與《聖經》內容公然相悖的地質學觀點，但卻堅稱他們的觀點與《聖經》的主張一致。」❺

　　自學成才的地質學家喬治・麥克雷迪・普萊斯（George McCready Price，1870-1963）證實了布林多的這一說法。在他的幾本著作中提供了確鑿的證據，來證明地質柱並不是藉由緩慢的進化形成的，而是一場全球性洪水所造就的。普萊斯將自己的工作定義為，「徹底清除舊有進化結構，以便其他創造論者可以進行理論構建。」❻他對洪水地質學的傑出貢獻得到了許多非復臨派創造論者的認可。

　　進化論者認為，地質柱在數百萬年中經歷了數個進化時代而形成。他們相信，在人類出現之前，就有無數更為原始的生命形式存在並死亡。如果事實果真如此，那麼早在亞當和夏娃犯罪（創3章）之前，死亡就已經存在很久了。此外，《聖經》中關於大洪水的記載與其教導是一致的，即死亡是因著亞當和夏娃犯了罪而進入世界（羅5：12）。只有這一前提成立，救贖計畫才有合理性！

2月/06 聖靈的位格

「我要求父,父就另外賜給你們一位保惠師,叫他永遠與你們同在。」
約翰福音 14:16

聖靈的本質是深刻的奧祕,我們只能根據上帝的話來理解。早期的復臨信徒在這個問題上也有許多不解之處。

直到十九世紀末,復臨信徒們才開始認識到聖靈的位格。**1896年2月6日**,懷愛倫從澳大利亞寫信給「我在美國的弟兄們」。在那封信中,她將聖靈稱為「上帝的第三個位格」❼。兩年後(1898年),她在經典著作《歷代願望》中也使用了同樣的表達方式 ❽。

在1896年6月9日出版的《復臨評論與安息日通訊》上,時任聯合編輯的喬治・特尼(George C. Tenney)這樣寫道:

「我們無法描述聖靈。鑑於〈啟示錄〉、〈以西結書〉和其他書卷中所描繪的形象以及提到聖靈時所使用的語言,我們得到的結論是:祂不僅僅是上帝思想的表現。祂被描述為有位格的,也以此被看待。在使徒的祝福中有祂的存在,我們的主說祂是以獨立的位格身分行事,是教師、嚮導和安慰者。祂是人崇拜的對象,是屬天的智慧,全在且永在。但我們是有限的存在,對於思考神性所產生的問題,我們根本無法理解。」❾

在〈羅馬書〉第8章26至27節中,當保羅堅稱聖靈「替我們禱告」時,就是在暗示聖靈有自己獨特的位格。當使徒談到「聖靈的意思」時,就排除了將聖靈視為一種來自上帝心意之抽象能量的可能性。假設聖靈真是一種能量,那我們所探討的「上帝心意的意思」,就沒有任何意義。

聖靈絕不只是一種能量,祂是大能的幫助者,使世人「為罪、為義、為審判,自己責備自己」(約16:8);祂將上帝的愛澆灌在我們心中(羅5:5),引導我們「明白一切的真理」(約16:13)。不僅如此,祂還要與我們同在,直到永永遠遠!

2月/07 我們奇妙的大祭司

因為基督並不是進了人手所造的聖所（這不過是真聖所的影像），
乃是進了天堂，如今為我們顯在上帝面前。
希伯來書 9：24

有三個關於救贖的基本問題，是每個基督徒都應該能夠回答的：首先，基督在十字架上為我們做了什麼？再者，祂如今在天上聖所正在為我們做什麼？最後，祂在復臨時將為我們做什麼？許多基督徒都能解釋第一和最後一個問題；但對於現今基督在天上的聖所為救贖我們所做的事工，卻沒有多少人了解。

針對這一教義，早期復臨派的克洛澤（O. R. L. Crosier）在**1846年2月7日**的《晨星》增刊上發表的文章《摩西的律法》，稱得上是最有深度的解釋之一。這篇文章強調了四個基本概念：首先，〈但以理書〉第8章14節中提到的「聖所」是天上的聖所或聖殿（來9：24；啟11：19）。第二，天上的聖所就如摩西的帳幕所預表的那樣，分為聖所和至聖所兩部分（來9：1-9）。第三，基督是這聖所的大祭司，祂用自己在十字架上流出的寶血為我們贖罪（西1：20；來9：11-23）。第四，在〈但以理書〉第8章14節的2300個預言日結束後，基督從聖所進入了至聖所，接受了國度（但7：9-14）。在後來的一篇文章中，克洛澤繼續解釋說，基督現在正在清理新耶路撒冷的聖殿（來9：22、23），與此同時聖靈正在清理上帝子民屬靈的殿，使他們脫離罪惡（林前3：16、17；6：19、20）。

但你也許會問：「如果基督已經在十字架上為所有人的罪付上了贖價，為什麼祂還要在天上的聖所為我們代求？」基督在十字架上受死是為了拯救全世界，但沒有人會被迫接受拯救。如今基督正將祂犧牲的果效豐豐富富地賜給凡憑著信心接受祂的人。為拯救我們所設立的計畫是多麼美好啊！

主啊，如果祢的救贖計畫對我不起作用，那對我來說就是滅頂之災。我願接受祢在十字架上為我的罪作出的犧牲，並邀請祢成為我生命中的大祭司。

2月/08 預先贖罪

> 你們一切乾渴的都當就近水來；沒有銀錢的也可以來。
> 你們都來，買了吃；不用銀錢，不用價值，也來買酒和奶。
> 以賽亞書 55：1

當你在一家高級餐廳用完餐、服務生遞上帳單，此時卻發現帶的錢不夠，這定是十分尷尬的一幕！倘若你還必須留下，到後廚洗碗來抵餐費的話，一定會覺得無比羞恥。

1949年2月8日，弗蘭克‧麥克納馬拉（Frank McNamara）在紐約一家叫梅卓的燒烤餐廳吃了一頓商業晚餐。可到了結帳時，他卻發現自己忘了帶錢包。雖然最終他想辦法付了賬，但他因此下定決心要設計一種付款方式來代替現金。在與他的律師拉爾夫‧施耐德（Ralph Schneider）和朋友阿弗雷德‧布盧明戴爾（Alfred Bloomingdale）商議過後，麥克納馬拉最終推出了大來俱樂部卡，主要用於旅行和娛樂。儘管當時一些石油公司和百貨商店已經發行了自己的專有卡，但大來卡是第一張被廣泛使用的信用卡。

根據美國人口普查局的資料，截至2000年，僅在美國就有14.3億張信用卡在使用中。信用卡的持卡人可以先購物後付款。同樣，在舊約時代，悔改的罪人真是因確信日後那全部的贖價將會在觸髏地的十字架償清而得救。舊約時代的救贖是有效的——在基督付上贖價的幾百年前，以諾、摩西和以利亞就被帶到了天堂。但人們不免要問：如果基督失敗了，他們又將如何？

我們曉得，耶穌所擁有的人性是有可能犯罪的。如果祂失敗了，「撒但就必得勝，而世界也必滅亡了。」但為了我們的緣故，祂「冒了失敗和永遠喪亡的危險」❿。「永遠喪亡」的後果有多嚴重，我們根本無法想像，也不應無端揣測。

感謝主，基督為全人類的救贖付上了代價，包括那些預先得救的舊約信徒！沒有任何罪債需要我們支付。事實上，基督所付出的比我們的贖價更高，因為「罪在哪裡顯多，恩典就更顯多了」（羅5：20）。且讓我們因祂這最慷慨、最寶貴的禮物而感恩快樂！

2月/09 靈感的遺產

> 我這代筆寫信的德提，在主裡面問你們安。
> 羅馬書 16：22

有些人認為所有靈感的著作都是由聖靈逐字逐句口授給先知的。在某些情況下確實如此；但一般來說，先知會自己選擇傳達信息的方式。懷愛倫在談到自己的經歷時這樣解釋：「雖然我在寫下所見的異象時，與領受異象時一樣，都是依靠主的靈，但我用來描述所見景象的文字，卻是我自己的，只有天使親口對我所說的話，我才加上引號。」❶

正典中的先知有使用祕書和寫作助手的先例。例如，巴錄是耶利米的祕書（耶36章）。〈羅馬書〉的作者是保羅（羅1:1），但實際上是由德丟代筆（羅16：22）。同樣，懷愛倫起初是由她的丈夫協助，後來又有其他編輯幫手。他們的任務之一是整理她之前寫過的資料，這樣在她寫新文章時可以酌情使用。懷愛倫大部分的書籍都是根據她之前的著作編纂而成的，整個過程由她親自監督。在她1915年去世後，懷著託管委員會就承擔起了這項責任。

1912年2月9日，懷愛倫簽署了她的臨終遺囑，建立了一個常設的託管委員會，最初的成員有威廉・懷特（William C. White）、克拉倫斯・克萊斯勒（Clarence C. Crisler）、查理斯・鐘斯（Charles H. Jones）、亞瑟・丹尼爾斯（Arthur G. Daniells）和法蘭克・威爾科克斯（Frank M. Wilcox）。懷愛倫的遺囑規定，受託人要負責「改進受託保管之書籍和手稿，並在此提供確保印行新的譯本，印刷我手稿的彙編」。❷ 這意味著她自己也預見了根據教會未來可能面臨的需求和挑戰，將從她的著作中編纂新的合集。

所以，當你在《聖經》的不同地方或懷愛倫的著作中發現相似之處和類似的陳述時，不用感到驚訝。它們傳達上帝之信息的方式與最初寫成時是一樣的。讓我們以尊重的態度閱讀和研究，把它們當作是上帝今天想要對我們所說的話。

2月/10 能預言的GPS

你或向左或向右,你必聽見後邊有聲音說:「這是正路,要行在其間。」
以賽亞書30:21

曾幾何時,想要找對路是一件相當令人頭疼的事。但隨著GPS技術的改進和普及,生活和旅行都變得更加簡便。這一套基於太空無線電導航的系統是由美國空軍營運,在全球範圍內提供服務。「**1993年2月10日**,美國國家航空協會(the National Aeronautic Association)將GPS團隊選為1992年度羅伯特·科利爾獎(Robert J. Collier Trophy)的獲獎者,這是美國最負盛名的航空獎項。」❸ 作為當今世上最重要和最有用的技術之一,GPS當之無愧。

GPS設備能夠顯示出我們應當走的路線,並且在有可能偏離路線時發出警告,當我們錯過轉彎時,它還能將我們領回正路。在屬靈的事上也有類似的比喻:耶穌是「道路」(約14:6),聖靈是上帝的代理人,助我們對耶穌和祂的聖言永保忠誠(約16:13、14)。按照上帝的應許,「你或向左或向右,你必聽見後邊有聲音說:『這是正路,要行在其間。』」(賽30:21)聖靈為完成這項工作而使用的、最重要的工具之一,就是預言的恩賜。

身為復臨信徒,我們相信懷愛倫的書是靈感的著作,它們就像一部會說預言的GPS,能夠引導我們走完通往天家的最後一里、也是最難行的道路。GPS只是一個保證我們行在正路上的工具,懷師母的著作也是如此,它們並不能取代《聖經》,而是要讓我們忠於《聖經》。它們為《聖經》的解讀立了界限,這樣人們就不會歪曲上帝聖言的真實含義。批評家和修正主義者不喜歡這些界限,於是對懷師母的先知權威大肆貶低,這樣他們就可以隨意扭曲經文的含義。

我們絕不應壓制或扭曲上帝奇妙的預言。正如基督曾對那七十人說的:「聽從你們的就是聽從我;棄絕你們的就是棄絕我;棄絕我的就是棄絕那差我來的。」(路10:16)如果懷愛倫是假先知,我們理應拒絕她;換言之,如果她是真先知,我們應該將她所帶來的、天啟的信息作為現今的教導,並加以接受。

2月11 死傷被醫好了

> 我看見獸的七頭中，有一個似乎受了死傷，那死傷卻醫好了。全地的人都希奇跟從那獸。
> 啟示錄 13：3

就歷史而言，復臨教會一直認為〈啟示錄〉第13章3節指的是羅馬天主教體系，而不是某位特定的教皇。法國大革命和拿破崙戰爭向羅馬天主教的權威發起了挑戰。到了1798年，教皇庇護六世被法國軍隊俘虜。在長達130多年的時間裡，教宗的世俗權力被剝奪了。但這「死傷」卻在**1929年2月11日**幾近痊癒，當時紅衣主教伯多祿‧加斯帕里（Pietro Gasparri）和義大利總理貝尼托‧墨索里尼（Benito Mussolini）簽署了《拉特朗條約》，承認梵蒂岡城是獨立的國家，而教皇是該國的元首。

1984年，美國總統隆納‧雷根（Ronald Reagan）和教皇約翰‧保羅二世（Pope John Paul II）正式建立了美國和羅馬教廷之間的外交關係，教皇的政治影響力得到進一步的強化。馬拉奇‧馬丁（Malachi Martin）在他的書《血之鑰》❹ 中，揭示了梵蒂岡為實現全球政治霸權而採取的各種策略。這樣看來，1994年《時代》雜誌將教皇約翰‧保羅二世評為「年度風雲人物」，也就不足為奇了。2015年，教皇方濟各（Pope Francis）甚至在美國國會發表了一場歷史性的演講。

梵蒂岡第二屆大公會議（1962-1965年）旨在恢復「所有基督徒之間的合一」，因為「主基督建立了一個教會，也只有這一個教會」❺，這教會「在天主教教會中存續，由彼得的繼任者和與他合一的主教們統治」❻ 自此，基督教各界和各宗教之間的對話一直致力於將各宗教團體納入羅馬天主教會的團契中。

作為教會和國家的首領，教皇無權說「我的國不屬這世界」（約18：36）。宗教和世俗權力的結合曾經重創宗教自由，在末世還會重蹈覆轍（參見啟13章）。記住，自由是一種祝福，只有等到我們失去後才會懂得珍惜。基督徒有義務促進政教分離，確保人人都能享受宗教自由。

2月/12 幸福的保證

上帝啊，我心堅定，我心堅定；我要唱詩，我要歌頌！
詩篇 57：7

人生中有些障礙似乎大到令人無法克服，有些困難似乎久到讓人無法忍受。在面對重大挑戰時，你應該捫心自問：「是要任憑自己被這些阻礙壓垮，還是願意克服它們？」

1820年3月24日，芬妮・克羅斯比（Fanny Crosby，又名法蘭西斯・簡・克羅斯比，Frances Jane Crosby）出生在紐約州普特南郡。由於醫療疏失，她在僅六周大時就失明了。然而，她克服了這個巨大的障礙，成為最能鼓舞人心的榜樣。她年僅八歲時，就已經寫下了這樣的詩句：「我是個快樂的小孩／雖然我看不見／我願一生將心敞開／凡事滿足甘甜。」❼ 她相信，雖然失明將伴隨她一生，但也會賦予她驚人的特權：「當我到了天上，我首先看見的，就是我親愛的救主那令我眼目愉悅的容顏。」❽ **1915年2月12日**芬妮去世，留下了近九千首詩歌和聖詩，影響極其深遠。

她最受歡迎的聖詩之一，名為《幸福的保證》（新版《讚美詩》第307首）。它的第一段和副歌這樣寫道：

「幸福的保證；主為我有！天榮得預嘗，神恩何深厚！

上帝施救贖，蒙恩後裔，聖靈所重生，主血洗滌。」

（副歌）「這是我信息，或講或唱，終日讚美主，歡樂無量。」❾

藉著聖歌，克羅斯比滋養了自己的靈命和他人的生命，我們也應當如此。按照懷愛倫的教導：「作為一種教育的方式，詩歌的價值不可輕視。家庭中要有純潔美妙的歌聲，少一些指責，多一些愉快、盼望和喜樂。在學校中也應當有詩歌的聲音，這樣，學生就會更靠近上帝，接近教師，並互相接近。」❿ 除了在家和學校，倘若人的心中整日縈繞著一首動聽的讚美詩，也可以使精神振奮。

2月/13 拯救所愛之人

> 我兒，要謹守你父親的誡命；
> 不可離棄你母親的法則，要常繫在你心上，掛在你項上。
> 你行走，它必引導你；你躺臥，它必保守你；你睡醒，它必與你談論。
>
> 箴言 6：20-22

許多基督教家庭曾經無比團結親密，是因為他們有著相同的信仰、價值觀和生活方式。父母和孩子們會一起去教堂，一起在家中敬拜。可惜等到孩子們上了高中或大學後，他們的價值觀往往會發生改變。父母只能懷念並回想信仰曾經帶給孩子們的意義。於是他們熱切地祈禱，希望他們的孩子能回心轉意。

1867年初，懷雅各和懷愛倫在密西根州格林維爾待了六週，後來還搬到那裡住了幾年。由於懷愛倫始終惦念著二兒子——雅各‧愛德生‧懷特的屬靈狀況，於是在**1867年2月13日**，她寫了一封感人至深的家書給他：

「比起在世界上獲得崇高的地位，我反倒更希望你成為一個謙卑的基督徒。我希望你有如金子般的品格，配得更美好的生命。在這短暫的一生中，讓自己有能力生存下去只是一樁小事。唯有將來的生活，那永恆的生命，才值得你盡力尋求。難道這短暫且多災的一生對你如此重要，以至於你寧願放棄只需忠心順服就能得到的永生嗎？愛德生，你願意毫無保留地奉獻給上帝嗎？你願意努力培養良好的基督徒品格嗎？……我所求的，無非就是你能夠成為羔羊忠心的戰士，你的名字也被寫在生命冊上。為此我日日祈禱。愛德生，你會全心全意地歸向你的救贖主嗎？會嗎？」㉑

在你的家中，是否也有人需要悔改或重新歸主？或許連你自己也需要？以上帝的視角來看，我們應該認識到，「成為謙卑的基督徒要比在這個世界上獲得崇高的地位明智得多。」如果我們的家庭能在永恆中始終團結一致，那將是多麼美好的事啊！讓我們盡最大努力，以我們曾經共同接受的聖經價值觀來重建並鞏固我們的家庭。

2月14日 情人節

最要緊的是彼此切實相愛，因為愛能遮掩許多的罪。
彼得前書4：8

愛是暖人心窩的火焰，是承載想像的微風，是滋潤靈魂的清泉。相愛的人在一起，總覺得時間永遠不夠用。正如一句浪漫的諺語所說：「如果我能重活一次，我一定要更早遇見你，這樣我才能愛你更久！」

2月14日是情人節，是一個紀念愛意與情感的特別日子。根據古老的傳說，聖瓦倫丁（Saint Valentine）想要說服羅馬皇帝克勞狄烏斯二世（Claudius II）信奉基督教，結果被判處死刑。在監獄裡，他行了一個奇蹟，讓獄卒阿斯特里斯瞎眼的女兒朱莉亞重獲光明。在被執行死刑的前一晚，據說他為她送上了第一張「情人節」卡片，署名是「你的瓦倫丁」。另一個傳說的版本是，聖瓦倫丁祕密地為那些被禁止結婚的士兵舉行基督教婚禮，因為克勞狄烏斯二世認為已婚男子無法成為驍勇善戰的士兵。

隨著時間流逝，情人節已經與浪漫的愛情和親密的友情密不可分。送卡片、鮮花、巧克力和其他禮物的習俗起源於英國，之後在世界許多國家盛行。據美國賀卡協會估計，每年在美國約有1.9億張情人節卡片被寄出。其中一半是送給除了丈夫或妻子以外的家庭成員，通常是送給孩子。若要把在學校活動中製作的情人節交換卡片計算在內，那麼卡片的數額將暴增到10億。有趣的是，收到最多情人節卡片的，其實是學校的老師。

應當銘記的是，言語只有得到行動的佐證時才有意義。所以要抓住今日的良機，向我們所愛之人表達我們的愛意與深情。你可以向那些曾在你困難時向你伸出援手的朋友表示感激，即便你們不再像往日那般親近。也許發一條簡訊，或送上一份簡單質樸的禮物，向對方表明，他／她在我們心中依然是特別的存在。無論會得到怎樣的回應，我們都要散播愛的種子！

2月/15 末時

> 「但以理啊，你要隱藏這話，封閉這書，直到末時。
> 必有多人來往奔跑，知識就必增長。」
> 但以理書 12：4

千百年來，許多解經家都研究過《聖經》中有關末世的預言。但要說近代哪一件事最能贏得人們的關注，那一定是**1798年2月15日**教皇庇護六世被法國將領路易・亞歷山大・貝爾蒂耶（Louis- Alexandre Berthier）率軍囚禁。由於教皇擔心法國大革命會對法國的基督教進行鎮壓，於是他不但譴責這場革命，甚至對反對革命的聯盟組織予以支援。為了報復，法國士兵攻陷了羅馬，剝奪了教皇的世俗權力，還把他當作階下囚押送到各地。1799年8月29日，教皇在瓦朗斯堡去世。直到1929年，梵蒂岡才完全復國。

解經家們將教皇被囚視為1260年教皇統治的「終結」（啟11：3；12：6；參見但7：25；啟11：2；12：14；13：5）和「末時」的「開始」（但8：17；11：35，40；12：4，9；參見8：19）。這一驚人的事件引發了人們對預言的極大興趣。〈但以理書〉中兩個被封印的時間性預言——象徵性的二千三百日（但8：14，19，26、27）和「一載、二載、半載」（但12：4-7）——最終被揭露。從那時起，時間不再只是「普通」時間（希臘語，kronos），而成了「末世」時間（希臘語，eschaton）。因此，時間變得莊嚴起來，人們對時間的認識也越來越深刻。

世界各地的傳道人都在強調時間性預言的應驗，以及基督即將再臨的宇宙徵兆（太24：29-31；路21：25-28）。但祂的復臨沒有世人所期待地那樣快。如今，「末時」已經延長了兩百多年。正如聰明童女和愚拙童女（太25：1-13）的比喻，新郎的姍姍來遲會讓所有的童女都打盹睡覺。但它也向我們保證，新郎的到來只是延遲，不是取消。如果在兩百多年前這一榮耀的時刻就已近在咫尺，那麼現今就更近了。如果在那個時代，復臨信徒就已熱切地期盼主的復臨，那麼今天的我們應該懷著更大的期待。我們絕不能因遲來的會面就放棄這有福的盼望。

2月16 埃及的誘惑

> 「故此，我要打發你去見法老，
> 使你可以將我的百姓以色列人從埃及領出來。」
> 出埃及記 3：10

　　看過著名電影《十誡》的人，都會對古埃及的壯麗略知一二。歷史學家們列出了大約170位曾經統治過埃及的法老。他們的墓地有許多都被盜墓賊洗劫一空。然而就在1922年11月4日，由英國埃及學家霍華德・卡特（Howard Carter）領導的一支考古隊發現了法老圖坦卡門（在位時間約西元前1332-1323年）的陵墓，他登基時只有九歲左右，卻在年僅十八歲時就去世。

　　1923年2月16日，卡特的考古隊進入了圖坦卡門的封閉墓室，其中鑲滿了黃金，並以帶有保護作用的神祕符號為裝飾。石棺裡躺著的是未經盜掘的木乃伊，身上包裹著143件珠寶，那件舉世聞名、藍金相間的陪葬面具就覆蓋在上面。在墓穴開啟近十年後，卡特才完成了5398件隨葬品的拍照和編目工作，其中包括寶座、弓箭、號角、蓮花杯、食物、酒、涼鞋、新鮮亞麻質內衣，以及一艘祭祀用的帆船，是要在法老死後載他去來世的。

　　古代神祕的埃及人認為，人體是靈魂的三部分——卡、巴和阿赫（the ka, the ba, and the akh）——的容器。若是沒有身體作為它們的交匯點，「靈魂各部分就會失去彼此，個體也將不復存在。」❷ 那伴隨著許多儀式和祈禱的木乃伊製作過程，就是為了要保持身體的完整，好供來世使用。墓穴中還保留著一些基本的物品，是為了讓逝者在來世的旅程中儘可能感到舒適。

　　針對埃及降下的十災，是上帝對迷信的埃及人的審判（參見出7-11章）。與埃及人製作的木乃伊相比，追隨上帝的人將蒙上帝賜予全新且榮耀的身體，並在天上與祂一起生活。「我們卻是天上的國民，並且等候救主，就是主耶穌基督從天上降臨。他要按著那能叫萬有歸服自己的大能，將我們這卑賤的身體改變形狀，和他自己榮耀的身體相似。」（腓3：20、21）我們所擁有的，是何等幸福的保證和奇妙的盼望！

2月/17 背道的代理人

「但必作道上的蛇，路中的虺，咬傷馬蹄，使騎馬的墜落於後。」
創世記 49：17

夏娃在伊甸園發生的事（創3：6）證明「人只要活著就一定會成為傳道者，若非傳揚上帝，就是鼓吹撒但」。❷³ 坎賴特（Dudley M. Canright，1840-1919）的一生就生動地詮釋了這一原則。他是十八世紀70至80年代最重要的復臨教會傳道人。但由於情緒和屬靈狀況的不穩定，他曾經三次離開教會，又三次回歸。最終在**1887年2月17日**，他要求將自己的名字從密西根州奧茨古教會中除籍，之後就再也沒有回到教會。

早在1880年10月15日，懷愛倫就曾寫信給他：

「聽到你的決定我感到憂傷，但我有理由料到這樣……但你若已經決定與我們這班子民斷絕一切關係，我就有一個請求要提出……：要遠離我們的人……我懇求你完全離開那些相信真理的人；因為你若已經選擇了世界和世俗的朋友，那就伴隨你自己所選擇的人吧！不要毒害他人的心思並使自己成為撒但的特別代理人，去從事毀滅靈魂的工作。」❷⁴

坎賴特無視她的請求，成了復臨教會和懷愛倫最激烈的批評者之一。批評會傷害我們的性格，摧毀我們的信仰。我們必須格外謹慎。懷愛倫警告說：

「我見到有些人正是陷於靈性枯萎的地步。他們一時留心觀察弟兄們是否正直——注意他們的每一過失，為難他們。這樣行時，他們的心思既不在上帝身上，也不在天國，更不在真理之上，乃是在撒但所要他們在的地方——亦即在其他人身上。他們自己的靈性被忽略了，很少看到並覺察自己的過失，因他們正是明於責人，昧於責己，忙著翻找別人的過錯，而無暇留心自己的靈性，及省察己心了……這等人若不改善，天國就沒他們的分，因為他們在那裡也要找主的差錯。除非他們改過自新，否則在天堂將沒有他們的地方，因為他們會對主自己都找錯。」❷⁵

記住，信心和批評無法共存。所以我們要止住批評，樹立信心！

2月18日 戰溪的火災

「凡我所疼愛的，我就責備管教他；所以你要發熱心，也要悔改。」
啟示錄 3：19

美國密西根州戰溪的消防隊隊長維克斯說：「復臨教會的這場火災的確有些蹊蹺，澆上去的水反而像汽油一樣助燃。」㉖

為什麼戰溪的消防隊沒能及時撲滅1902年的這場大火呢？廿世紀初，約翰‧凱洛格（John H. Kellogg）醫生正傳播他的泛神論觀點，認為自然就是上帝的延伸，此舉引發了許多動盪。凱洛格和他的同工們想要掌控整個教會。那時的戰溪已經是個承載過多教會活動、也出現大量問題的教會中心。在這個小鎮上，集中設有復臨教會的全球總會總部、評論與通訊出版社、頗具規模的戰溪療養院、學院和一間帳幕教堂。

懷愛倫擔心機構過於集中，於是建議教會領袖將總會總部和其他機構遷至別的地方。1901年11月，她發出警告：「除非進行一番改革，否則災禍將臨到出版社，世人將看出其原因。」㉗可惜沒有人在意這一番忠告。

1902年2月18日清晨，戰溪療養院被燒毀。凱洛格並不打算在不同的地區建立更多較小的健康改良機構，而是決定建造更大規模的療養院。為了籌集建設資金，他委託評論與通訊出版社將他的《活殿》一書印刷五千冊。不過還沒來得及完成印製，1902年12月30日的一場不明原因的大火也將出版社毀於一旦。

1903年1月5日，懷愛倫寫信給戰溪的弟兄們：「今天我收到了丹尼爾斯長老的來信，講到評論與通訊出版社被大火燒毀。我想到聖工的重大損失，心裡很難過⋯⋯可是這個不幸的消息並不令我感到奇怪，因為我曾在夜間的異象中看見一位天使手拿火劍，伸在戰溪之上。」㉘

上帝常常用悲劇來喚醒祂的子民。但如果我們能在沒有遭受任何懲罰的情況下，積極主動遵循祂的預言，那該是多麼大的福分啊！

2月19日 我們的潛能

凡你手所當做的事要盡力去做。
傳道書9：10

有些人為世界帶來了巨大的變化，可有些人卻幾乎沒有產生任何影響。你認為天才是靠遺傳還是靠環境造就呢？人自身的能力在多大程度上是靠遺傳和發展得來？從那些名垂青史的人身上，我們或許可以找到一些答案。

1878年2月19日，湯瑪斯·愛迪生（Thomas Edison）的留聲機獲得了第200521號美國專利，這是一種可以將音樂記錄下來並播放的設備。而這只是他一生所獲得的1093項專利之一。

愛迪生奉行著一種有趣的人生哲學，從一些廣為流傳的名言中就可見一斑。例如，他堅信如果我們把自己力所能及的事情都做到，就連我們自己都會大吃一驚。在談到努力工作的價值時，他曾說：「天才是百分之一的靈感加上百分之九十九的汗水。」

人們常常引用愛迪生有關毅力的名言：「我們最大的弱點在於放棄。獲得成功最可靠的方法就是再試一次。」此外，「許多在生活中遭遇失敗的人，在放棄時都沒有意識到，他們離成功究竟有多近。」他相信，即便是失敗的經歷，也可以帶給我們深刻的教訓。

記住，誠實、創新、細心和毅力都是成功的基本要素。所羅門王的勸勉是：「凡你手所當做的事要盡力去做。」（傳9：10）。先知耶利米發出的警告則是：「懶惰為耶和華行事的，必受咒詛。」（耶48：10）

現代文明更喜歡享樂和安逸，不在意努力工作，取得重大成就。生活本身似乎已成為一種目的。很少有人想到要為後代留下積極的遺產。但是，那些打破平庸和膚淺的人是有福的！如果我們想用自己的行動來榮耀上帝，就應當始終竭盡全力，就好像我們是受雇於上帝，為祂工作一樣。

2月/20 換偶婚姻

但要免淫亂的事,男子當各有自己的妻子;
女子也當各有自己的丈夫。
哥林多前書7:2

上帝創造亞當和夏娃時,就將婚姻確立為一種神聖、一夫一妻、持久的制度(創2:24;太19:4-6)。但是在歷史的長河中,有些人或團體扭曲了婚姻制度,只為滿足自己的慾望。約翰・韓弗理・諾伊斯(John Humphrey Noyes)就是個典型的例子,他是一位備受爭議的基督教傳教士和思想家。1844年初,他在佛蒙特州的普特尼組織了一個烏托邦式的宗教團體。1848年,諾伊斯將社團搬到了紐約州北部的奧奈達。

在耶魯神學院學習期間,諾伊斯主張在西元70年基督就已經第二次降臨,而我們現在生活在聖靈時代。㉙ **1834年2月20日**,他宣稱自己沒有罪,不久之後又開始宣揚一種擺脫一切奴役和自私的生活方式,其中包括在他眼裡也算為奴役的一夫一妻婚姻制度。對他來說,「既然生活在一個神聖的社團裡,那麼性行為自然不受法律的限制,這就像飲食不受法律限制一樣──而且無論在哪一種情況下,都沒有必要感到羞恥。」㉚ 普特尼社團和奧奈達社團推崇自由相愛或換偶的婚姻制度,一個男人可以是任何女人的丈夫,一個女人也可以是任何男人的妻子。在那裡出生的孩子都屬於社團。他們不必知道自己的父親是誰,只要母親停止哺乳,嬰兒就會立即被帶走。在1880年遭解散之前,該社團共吸收了三百多名成員。

諾伊斯不明白,真正的宗教不是人類努力接近上帝,而是上帝給人類的啟示。「只有來自於上帝的宗教才會引領人們走向上帝。」㉛ 諾伊斯建立的這一所謂無罪的社團,只是為了滿足他罪惡的本性!

宗教的本質是單單忠於一位上帝(出20:3)。同樣,婚姻的本質也是長久單純地忠於一位配偶(林前7:2)。對上帝的忠誠和對配偶的信實是屬靈的美德,不能與自私混為一談。它們是愛的表達,需要精心呵護。

2月/21 渴望主的救恩

「當趁耶和華可尋找的時候尋找他，相近的時候求告他。」
以賽亞書 55：6

得救是個人的選擇，但它會對社交關係帶來深遠的影響。你是否曾經想過，有多少家人和朋友希望在天堂見到你？也許現在的你正在為一個親近的人禱告——他/她是一個還沒有接受耶穌或是已離開祂的人。

懷愛倫和她的雙胞胎姐姐伊莉莎白・班斯（Elizabeth Bangs，也叫「莉齊」）關係親密，但二人卻踏上了不同的道路。懷愛倫把自己的一生都奉獻給了耶穌，但莉齊卻對信仰沒有多大興趣。多年來，懷愛倫曾多次向她發出邀請。其中最感人的一封信寫於**1891年2月21日**，也就是莉齊去世的那一年。

「我喜歡講述耶穌和祂無與倫比的愛，我整個人都投入到這項工作中。對於上帝的愛、祂的關懷、憐憫和祂拯救一切歸向祂之人的能力，我沒有半點懷疑。我看到祂寶貴的愛都是無比真實的⋯⋯你不相信耶穌嗎，莉齊？不相信祂是你的救主嗎？祂已經證明了祂對你的愛，祂捨棄了寶貴的生命，為要使你得救。你唯一要做的就是接受耶穌為你寶貴的救主⋯⋯

「親愛的姐姐，你所要做的並不是什麼大不了的事。你覺得自己貧窮、受苦、被折磨，但耶穌邀請的就是這樣的人來歸向祂⋯⋯那雙為你釘在十字架上的手要來拯救你。當你躺在病榻上奄奄一息時，不需要害怕。你的朋友們可能會感到悲傷，但他們救不了你。你的醫生也不能救你。但有一位曾經受死、為了使你能夠永遠活著的上帝能夠拯救你。你只要相信耶穌會聆聽你的懺悔，接受你的悔改，寬恕一切罪惡，使你成為上帝的兒女。耶穌為你懇求。你願意把自己交託給耶穌嗎？我渴望展開雙臂擁抱你，把你放在耶穌基督的懷裡⋯⋯有耶穌作為你可親的朋友，你就不需要害怕死亡，因為對你來說，這就是在此時閉上眼睛，再睜開眼睛時就在天堂。那時我們會相見，永不分離。」㉜

讓我們細細品味這動人的呼求，把它當作是一封寫給你我的信！

2月/22 我們完美的信條

> 聖經都是上帝所默示的,於教訓、督責、使人歸正、教導人學義都是有益的,叫屬上帝的人得以完全,預備行各樣的善事。
> 提摩太後書 3:16、17

　　信條是一種簡短而權威的宗教信仰公式和原則,它會對人們的思維和生活方式產生巨大影響。可惜許多本應基於《聖經》的基督教信條卻破壞了《聖經》的權威和教導。一位十九世紀的佈道士對此表示擔憂,他強調要恢復《聖經》作為唯一真正之基督教信條的地位。

　　1846年2月22日,在美國印第安那州韋恩堡第二長老會教堂的獻堂典禮上,查理斯・比徹(Charles Beecher, 1815-1900)以《聖經是完美的信條》㉝ 為題,發表了兩場演講。比徹談到:①《聖經》是完美的信條;②用任何其他信條來代替它都是一種背叛。他指出,在我們研讀《聖經》時,可以使用一些有用的工具和資源,但要「始終銘記,最有力的證據就在於經文本身」。㉞

　　比徹指出,根據〈提摩太後書〉第3章16至17節,《聖經》要用於①「教訓」,包括真理教導的全部範疇;②「督責」,涵蓋了「預防或根除錯誤」的各個方面;③「使人歸正」,包括了「教會紀律的整個範疇,包括教會管理的架構」;④「教導人學義」涵蓋了「培訓、學校教育和個人聖潔教育的全部內容,通常被稱為經驗性宗教」。㉟ 在比徹看來,「真理教授得越透徹,謬誤就滅亡得越徹底。」㊱ 他要求作父母的要「將上帝聖言的力量置於孩子們柔順的天性之上」,還要「將這些生命的話語深深地植入他們心中」。㊲

　　與羅馬天主教和新教的固定信條相比,基督復臨安息日會只有可修訂的基本信仰聲明。對信條作出的任何修訂必須以我們唯一的信條——《聖經》為基礎。《聖經》具有獨一無二之改變人心的力量,這是任何教會的文件檔案都無法與之媲美的。

2月/23 耶穌愛那不值得祂愛的人

> 惟有基督在我們還作罪人的時候為我們死，
> 上帝的愛就在此向我們顯明了。
> 羅馬書 5：8

威廉‧普萊斯考特（William W. Prescott，1855-1944）是一位深具影響力的教育家、編輯和管理者，在他的幫助下，復臨教會的教育體系得以成型。在 **1893年2月23日** 的《全球總會公報》中，普萊斯考特表示，「我們所有的教義都是以對福音之正確認識為基礎的，都是從耶穌基督是永活之個人救主的信念中產生的。」❽ 在名為《在基督裡得勝》的小冊子中，他作出以下深刻的論述：

「這就是觸動我心靈的東西。對我來說，相信上帝愛世人，耶穌愛祂的教會是很容易的事，但我始終不明白祂為何要愛我。然而我發現，就我而言，的確找不出任何理由。但當我仰望祂而不是自己時，這一切就變得簡單明瞭。祂就是愛。愛是祂本質的體現，是祂的生活，是祂生命的氛圍。祂愛是因為祂活著。祂的愛並不尋找值得被愛的人，而是尋找不值得被愛的人。因此祂愛我。

「耶穌與每個人相交。祂的心足夠寬廣，祂的愛足夠偉大，祂的知識足夠全面，足以和每一個人有個人的接觸。祂知道我的名字，就像祂知道無數星星的名字一樣。祂知道我的經歷。在我受試煉和誘惑時，祂同情我的遭遇。祂愛我，就像我是祂唯一所愛的一樣……

「……每天早晨，我選擇接受祂的愛，我選擇愛祂並為祂工作；我對祂說：『祢的愛環繞著我，吸引著我，我屬於祢。』我有隨時離開祂的自由，但我被不會傷害我的慈繩愛索牽引著。凡不能與祂合作的事，我都不想做。祂以愛的權杖統治著我，在與祂親密的交通中，我發現了生命的快樂和甜蜜。」

你知道祂愛你嗎？如果你的心不是祂愛的聖殿，那麼你會錯失人生中最美好的東西。❾

2月/24 使人和睦的人

「使人和睦的人有福了!因為他們必稱為上帝的兒子。」
馬太福音5:9

亞西西的方濟各(Francis of Assisi),是羅馬天主教歷史上最受尊崇的「聖人」之一,他出生在一個富有的義大利商人之家。**1208年2月24日**,方濟各參加了一次彌撒,那天神父宣讀了耶穌對十二使徒的指示(太10:5-10)。從那天起,方濟各就立志過著貧困的生活,成了一名巡迴佈道者,後來他創立了「方濟各會」。著名的「聖方濟各禱文」歷來被認為是出自他的手筆,對每位信徒都有啟發:

「主啊!使我做你和平之子;
在仇恨之處,播下愛;
在傷害之處,播下寬恕;
在懷疑之處,播下信心;
在絕望之處,播下盼望;
在幽暗之處,播下光明;
在憂愁之處,播下歡愉。

「主啊!使我少為自己求;
少求得安慰,但求安慰人;
少求被了解,但求多了解人;
少求愛,但求全心付出愛;
因為在捨去時,我們便有所得;
在赦免時,我們便蒙赦免;
在死亡時,我們便得重生,進入永恆。」❹

今天,上帝又賜下機會,好叫你成為「世上的鹽」和「世上的光」(太5:13、14),你可以改變周遭之人的生命。願上帝的愛在今天和每一天都能藉著你的生命而閃耀!

2月/25 耶穌受難記

**耶穌大聲喊著說：「父啊！我將我的靈魂交在你手裡。」
說了這話，氣就斷了。**
路加福音 23：46

　　基督的十字架是上帝之愛在整個宇宙中最偉大的紀念碑。史蒂芬‧赫斯格（Stephen N. Haskell）寫道：「即便是永恆也無法測透髑髏地十字架所彰顯的愛有多深。在那裡，基督無窮的愛和撒但無限的自私面對面地站立著。」㊶ 儘管如此，人們還是嘗試著揭開耶穌基督為我們的罪所付上的代價，哪怕所能理解的程度不足萬一。

　　馬丁‧亨格爾（Martin Hengel）在他的著作《十字架》中對羅馬的十字架酷刑進行了詳細的闡釋。㊷ 這的確是一種極端殘忍的處決方式，不能用在羅馬公民身上，只能用在叛亂的外國人、暴力犯罪分子和強盜身上。受刑者要全身赤裸來承受這種最殘忍、可恥、侮辱的刑罰。難怪保羅提到耶穌釘十字架時說，這「在猶太人為絆腳石，在外邦人為愚拙」（林前1：23）。

　　2004年2月25日，梅爾‧吉布森（Mel Gibson）的著名電影《受難記》上映，生動地再現了基督從被猶大出賣、直到被釘十字架的整個受難過程。《受難記》是有史以來最暴力、最震撼人心的電影之一，它從頭到尾所有的畫面，都是為了要吸引觀眾的注意力。但是這部電影將更多的鏡頭投入在耶穌被釘十字架的殘酷場面上，卻忽略了十字架真正的意義。請記住，基督之所以被釘在十字架上，不是因為那些刺穿祂手腳的釘子，而是因為祂極度渴望拯救人類！

　　從十字架上，一股使人改變的驚人力量奔湧而出。因此，「我們應該每天用一個小時來默想基督的生平，將祂一生的事蹟逐一加以研究，讓我們的想像力把握住每一幕景象，尤其是祂臨終時的變故。如果我們能夠如此詳盡地思索耶穌基督為我們所付出的偉大犧牲，我們對祂的信心就更加堅定，我們的愛心也必振奮起來，並能更加深刻地被祂的精神所感化。如果我們最終想要得救，就必須在十字架腳前學習痛悔謙卑的功課。」㊸

　　為什麼不接受這一屬天的召喚呢？

Every Day A New Beginning

2月/26 公開的羞辱

主啊，慈愛也是屬乎你，因為你照著各人所行的報應他。
詩篇 62：12

凡是人手做的事，沒有一件是完美的。但有些公開的錯誤是絕對不可原諒的。**2017年2月26日**星期日，加州洛杉磯的杜比劇院（原柯達劇院）名流雲集，他們都是應邀出席第89屆（2017年）奧斯卡頒獎典禮的。全球約有3300萬觀眾觀看了這場萬眾矚目的盛會。在頒獎臺上，主持人華倫·比提（Warren Beatty）和費·唐娜薇（Faye Dunaway）宣佈各類獎項的得主。當他們宣佈《樂來樂愛你》獲得該年度的最佳影片獎時，電影團隊興奮地衝上舞臺，從頒獎嘉賓手中接過屬於他們的小金人。

正當主創們在臺上相互擁抱並感謝家人和朋友時，《樂來樂愛你》的製片人喬丹·霍洛威茨（Jordan Horowitz）突然走到麥克風前說，其實最佳影片的真正得主是《月光下的藍色男孩》。接下來，他和團隊把手中的小金人交給了真正的獲獎者。這場事故的原因是粗心的辦事員布萊恩·卡里南（Brian Cullinan）錯把最佳女主角的信封遞給了比提。此後人們會記得2017年的這場奧斯卡頒獎典禮，很可能不是因為獲獎者，而是因為這場烏龍。

另一件尷尬事發生在2015年12月20日，那是在內華達州拉斯維加斯舉行的環球小姐大賽。在比賽即將進入高潮時，主持人史蒂夫·哈維（Steve Harvey）宣佈來自哥倫比亞的阿里亞德娜·古鐵雷斯（Ariadna Gutiérrez）獲得冠軍。在掌聲中，上一屆的環球小姐寶林娜·維加（Paulina Vega）為她戴上了后冠。但幾分鐘後，哈維承認他搞錯了，於是在眾目睽睽之下，寶林娜只好將象徵榮譽的后冠從阿里亞德娜的頭上取下，戴在了來自菲律賓的皮婭·沃茨巴赫（Pia Wurtzbach）的頭上。阿里亞德娜本不該承受這些。

相較於上述錯誤的決定和公開的羞辱，我們確信「上帝是公義的審判者」（詩7：11），「按公義審判世界」（詩9：8）。使徒保羅有十足把握，「我們眾人必要在基督臺前顯露出來。」（林後5：10）這說明在基督復臨之前，每個案件都將得到公平的裁決，不會出現不公平的現象或不必要的意外。公平和忠誠是上帝審判的基礎。你可以放心，祂永遠不會濫用懲罰，也不會剝奪應得的獎勵。每個人都將根據自身的行為得到公正的報賞。

2月 27 永恆的賞賜

他必看見自己勞苦的功效,便心滿意足。
有許多人因認識我的義僕得稱為義;並且他要擔當他們的罪孽。
以賽亞書 53:11

1988年2月27日,星期六,倫敦。一檔熱播的英國廣播公司電視節目《這就是生活!》講述了尼古拉斯・溫頓(Nicholas Winton, 1909-2015)的故事,當時他就坐在觀眾席的第一排。在節目中,主持人埃斯特・蘭岑(Esther Rantzen)向觀眾展示了一本舊剪貼簿,這是溫頓的妻子格蕾特在家中的閣樓裡發現的。在這本被遺忘的剪貼簿裡,有溫頓在納粹佔領期間所拯救的捷克猶太兒童的記錄、照片、姓名和檔案。

故事要從1939年說起,當時29歲的溫頓從家鄉倫敦來到捷克斯洛伐克的布拉格。白天他做股票經紀人,晚上救助兒童,將他們送上前往英國的火車。他一共救出了669名兒童,直到最後戰爭爆發,孩子們再也無法逃離。近五十年來,他對自己的英雄事蹟隻字未提。就連與他結婚四十年的妻子也不知道這件事,直到她發現了那本剪貼簿。

到了節目尾聲,主持人蘭岑邀請觀眾中曾接受過溫頓救助的人站起來。這時溫頓才發覺,坐在攝影棚裡的,大多都是他當年拯救過的孩子,一時間他激動不已。從那時起,這些早已長大成人的孩子們把溫頓視為自己的父親。2002年12月31日,英女王伊莉莎白二世授予溫頓爵士稱號,以表彰他的善舉,他也因此成為尼古拉斯・溫頓爵士。2014年10月28日,他被授予捷克共和國的最高榮譽。他於2015年7月1日去世,享年106歲。

這個感人的故事讓我們想起了基督,祂離開天上的寶座,來到這個黑暗且罪惡的世界,將我們從永恆的死亡中拯救出來,應許很快將我們領入天堂。在祂的代禱中,祂甚至請求上帝:「父啊,我在哪裡,願你所賜給我的人也同我在那裡,叫他們看見你所賜給我的榮耀;因為創立世界以前,你已經愛我了。」(約17:24)。時候將到,我們要面對面地與祂相見,相談甚歡。來自各個國家和時代的得贖之民也將歡聚一堂,這是多麼盛大的場面!《聖經》說:「他必看見自己勞苦的功效,便心滿意足。」(賽53:11)到那時,祂也會見到你嗎?

2月/28 永遠的約

> 「故此，以色列人要世世代代守安息日為永遠的約。」
> 出埃及記 31：16

微小的開端可以帶來巨大的成果！復臨教會有關安息日議題的各類出版品就是這樣漸漸豐富起來的。

威廉・米勒耳（William Miller）在《偉大安息日之講座》中說：「人們應當在每週的第一天遵守流傳下來的安息日，作為永久的記號。」❹ 米勒耳派的傳道人湯瑪斯・普里布林（Thomas M. Preble）在 **1845年2月28日** 的《以色列的盼望》上發表了一篇名為《安息日》的文章，對這一說法作出了回應。不久之後，普里布林擴寫該篇文章，並以小冊子形式出版，題為《按照誡命，第七日（而非第一日）才是安息日》（1845年）。

在文中，普里布林提出了六項觀點：一，「上帝只賜給亞當一種安息日，今天也只為我們保留一種」（來4：4-11）；二，在十字架上，被廢除的只有儀文律法中的安息日，而不是最初誡命中的安息日；❺ 三，「門徒顯然將每週的第一天作為『慶祝的日子』，為的是紀念基督的復活，但從未將其作為『安息日』」；❻ 四，後使徒時期將安息日改為星期日，這是小角的作為，改變了「節期和律法」（但7：25）；❼ 五，「如果上帝的子民是真以色列」，那麼我們也應該守安息日；❽ 最後，我們應該從「星期五晚上開始守安息日，直到星期六晚上結束」。❾

普里布林的文章打動了來自麻省費爾黑文的貝約瑟（Joseph Bates），他不但接受了第七日安息日，後來還撰寫了一本關於安息日的小冊子。貝約瑟帶領其他前米勒耳派信徒接受安息日，成了最具影響力、守安息日的復臨信徒之一。受他影響的人還有當時新婚的懷雅各和懷愛倫，以及最終成為復臨教派中最負盛名的安息日神學家——安得烈（J. N. Andrews）。

第七日安息日，作為上帝與祂忠誠子民之間的永約，跨越了歲月的鴻溝，成為上帝對人類祝福的永恆管道。您也受邀來守這日為聖，作為對上帝創造和救贖的紀念（伯4：4-11），以及在永恆歲月中遵守這日的預嘗（賽66：22、23）。安息日可以為我們忙碌的生活賦予新的意義！

3月/01 令人讚歎的奇觀

因為我們成了一臺戲,給世人和天使觀看。
哥林多前書4:9

美國黃石國家公園絕對稱得上是我到過最獨特和迷人的地方之一。它由美國國會成立,**1872年3月1日**總統尤利西斯‧格蘭特(Ulysses S. Grant)將其設立為國家公園。「世界已知的地貌特徵,在黃石公園裡可以找到一半」,地球上三分之二的間歇泉都位於公園裡面。❶ 在公園裡遊覽的人們總是一次次發出讚歎:「真希望能將這壯麗的自然景色,土地中所蘊含的情感和迸發出的生命力,全都用鏡頭全部記錄下來。」❷

「間歇泉」一詞來自冰島語中的動詞「噴湧」(geysa)❸,它指的是一種定期向空中噴射蒸汽和沸水的天然熱泉。黃石公園最負盛名的間歇泉是「老忠實泉」(Old Faithful),由亨利‧沃什伯恩(Henry D. Washburn)在1870年命名。「老忠實泉每44到125分鐘噴發一次」,❹ 可以將「4,701到9,401加侖的沸水噴射至高達186英尺」❺ 的高度。每天都有許多慕名而來的遊客觀看這個會按時間上班的間歇泉,而它也從未讓人失望過。

《聖經》說我們也「成了一臺戲,給世人和天使觀看」(林前4:9)。世人對我們同樣抱有期望,正像他們對老忠實泉有期望一樣。他們希望基督徒行事為人能有基督徒的樣式,我們不應該讓他們失望。「請記住,對於某些人來說,我們的生活是他們唯一能讀到的《聖經》。基督徒應該是一封封活的書信,由上帝書寫,被世人閱讀。」❻

花俏的修辭手法可能會給大眾帶來一時的說服力和感動。但只有我們活生生的榜樣才能為我們的話語帶來持久的、變革性的影響。「那聖潔生活所具有的、自然而然、不知不覺的感化力,乃是能有利於基督教最令人折服的說教。辯論即使令人無從辯駁,卻可能僅招人反對;但一個敬虔的榜樣卻具有一種不可完全抗拒的力量。」❼

如果你是世界上唯一的一位基督徒,那麼基督教會是什麼樣子?請思考這個問題,並允許聖靈改變你的生命。

3月/02 盼望的基石

> 我們從前將我們主耶穌基督的大能和他降臨的事告訴你們，
> 並不是隨從乖巧捏造的虛言，乃是親眼見過他的威榮。
> 彼得後書 1：16

1937年3月2日，由弗蘭克・卡普拉（Frank Capra）執導的電影《消失的地平線》，在加州舊金山首映，這是一部難得的佳作，令許多人著迷。電影改編自詹姆斯・希爾頓（James Hilton）1933年的同名小說，講述了一架飛機因燃料耗盡，最終在終年積雪的喜馬拉雅山脈墜毀，飛行員喪生，但有少數倖存者被一群藏族人從殘骸中救出，被護送到如世外桃源般的香格里拉。在這個與世隔絕的地方，人們在愛與智慧中成長，過著充滿和諧與快樂的完美生活。

對香格里拉的美好幻想突顯了人類生存的兩個基本價值：一是意識到個人價值和人際關係要比轉瞬即逝的物質財富來得更重要。正如馬丁・布伯（Martin Buber）所說，雖然經驗世界是以「我–物」為基礎，但關係世界卻是以「我–你」為基礎。❽ 因此，著重「我–物」的物質主義，應該透過對「我–你」的強調來平衡。畢竟，只有在我們與上帝和他人的關係中，才能找到生命最真實的意義（太22：36-40）。

電影強調的第二個基本價值，是人類對更美好世界的深切嚮往。埃米爾・布倫納（Emil Brunner）曾說：「氧氣之於肺，就像希望之於人類生命的意義。若無氧氣，人會窒息而死；若無希望，人性就被扼住了頸項；絕望隨之而來，由於感到生存失去了意義和目的，人的智力和精神力量也將陷入麻痺。」❾

與《消失的地平線》中虛無縹緲的香格里拉相比，我們對永生的希望「並不是隨從乖巧捏造的虛言」（彼後1：16）；它基於上帝值得信賴的應許，即一個不再有眼淚、痛苦和死亡的完美世界（啟21：1-5）。這應許為我們的今生賦予了意義和目的，它向我們保證，所有在基督裡逝去的親人最終將從死裡復活，得享永生。我們所擁有的，是多麼榮耀的盼望啊！

3月/03 上帝的引領

耶和華啊，求你將你的道指示我，將你的路教訓我！
求你以你的真理引導我，教訓我，因為你是救我的上帝。我終日等候你。

詩篇 25：4、5

上帝會以令人意想不到、無法預測的方式引領我們的生活。但我們如何區分上帝的聲音與單純的直覺，甚至是那想誤導我們的、來自撒但的聲音呢？懷愛倫解釋說：「主用三種辦法向我們顯明祂的旨意，引領我們，並使我們有資格引領他人。」❿ 第一是透過祂的話──《聖經》，我們必須將查閱《聖經》放在第一位。第二種方式是透過祂天意的作為，如果我們與上帝保持保持一種聖潔的關係，我們就能分辨出祂的聲音。第三種方式是「藉著祂聖靈的呼求，啟迪人心，並以此展現在人的品格之中」。⓫

當年，經濟大蕭條仍在繼續，時任總會會長的沃森（C. H. Watson）和副司庫威廉姆斯（W. H. Williams）突然受感，兩人便去了銀行進行非定期的轉帳。**1934年3月3日**星期四，威廉姆斯半夜乘坐火車從華盛頓特區前往紐約市。第二天──1934年3月4日星期五上午，他在沒有告知任何人的情況下獨自去了兩家不同的銀行，向復臨教會在海外的大部分傳教區預付了三個月的資金。當天下午，他回到了馬里蘭州塔科馬公園。

第二天早晨（安息日），報紙頭條報導了全國銀行即日關門。日落後，總會司庫肖恩（J. L. Shaw）召開緊急會議，討論應對金融危機的策略。威廉姆斯在會上解釋了他在星期五所做的事情，與會人員終於鬆了一口氣。但要如何支付總會職員的工資呢？威廉姆斯接著說，他已經定期留出了一筆資金，用信封裝好，每個信封裡都有一千元美金，就放在銀行的保險箱裡。這筆儲備金足以支付未來三個月的工資。

那位啟示了《聖經》的聖靈絕不會做與《聖經》相抵觸的事。因此，「你若對任何事有任何疑問，應先查考聖經。」⓬ 在《聖經》的不斷影響下，你的良心將對聖靈的啟迪越來越敏銳。

3月/04 瓦器

> 我們有這寶貝放在瓦器裡，
> 要顯明這莫大的能力是出於上帝，不是出於我們。
> 哥林多後書4：7

　　許多人會對靈感著作的原創性產生質疑：真先知能否將非靈感的著作納入寫作來源？如果真這樣做了，那麼出現在靈感著作中的這部分內容是否不該被視為是上帝所啟示的？此外，如果先知參考了文獻，卻沒有標明資料來源，是否屬於剽竊行為？

　　數百年來，文人們常常引用他人觀點卻不標注原始文獻。大名鼎鼎的莎士比亞（William Shakespeare）就是個典型的例子，愛默生（Ralph W. Emerson）曾如此評價莎翁：「他將『拿來主義』奉行到底，只要他看到了，他就拿來用。」❸ 但到了現代，許多地區和國家法律在版權問題上變得更加嚴格。美國**1909年3月4日**頒佈的版權法（於1909年7月1日生效）是第一部有效保護文學、藝術、戲劇和音樂版權的聯邦法律。若用現代的版權法和慣例來評判經典作家（包括先知），顯然是有失公允的。

　　隨著對《聖經》的深入研究，人們發現聖經作者們也曾使用非上帝啟示的作品。例如，保羅引用過埃庇米尼得斯（Epimenides of Crete，徒17：28；多1：12）、西里西亞的阿拉圖斯（Aratus of Cilicia，徒17：28）和米南德（Menander，林前15：33）。猶大曾引用次經《以諾一書》（猶1：14、15）。〈約伯記〉裡有幾段話指責約伯做了惡事，這顯然不是來自上帝。《聖經》還引用了撒但的謊言（創3：1-5；太4：3-11）。因此，先知的靈感之作並不意味著絕對的原創，只是透過聖靈的幫助如實傳達真理，並客觀地敘述事實。

　　我們至少要對靈感的運作有基本的了解，以免出現歪曲和誤解。我們不應該把焦點放在那用來傳遞信息的、不完美的「瓦器」上，而是應該放在絕無錯謬的「內容」上。「真理的財寶雖是放在瓦器裡的，但它畢竟是從天上來的。所作的見證雖然是用世人不完全的語言表達出來，但它總是上帝的見證。」❹《聖經》不只是包含上帝話語的一部書，實際上它就是祂的話語！

3月 05 我親愛的孩子們

> 我兒,要謹守你父親的誡命;
> 不可離棄你母親的法則,要常繫在你心上,掛在你項上。
> 箴言 6:20、21

作兒女的可以有許多朋友,但父母只有各一位。由於作朋友的通常不談紀律,只談支持,所以有些青少年會期望父母能似年長的朋友那般對待他們。不過相較於朋友,父母還肩負著教導兒女並使他們為自己的人生做好準備的神聖使命。葛理翰牧師(Billy Graham)曾說過:「若一個孩子可以對自己的父母不敬,那他絕不會將任何人放在眼裡。」❶

1862年3月5日,在美國威斯康辛州羅迪市的懷愛倫,給她在密西根州戰溪的孩子們寫了一封情真意切的信。她鼓勵他們要在日常生活中養成好習慣。她寫道:「我渴望你們養成有秩序的習慣。讓每件東西都各歸其位。要花時間去整理你們的房間,並保持其井然有序。」她敦促他們要合理地利用時間,因為「撒但會佔用懶惰人的手和思想」。❶ 在這封短信的結尾,她發出動人的屬靈請求。她寫道:「最重要的是,要尋求上帝……你們的父母最深切地關懷你們。但是我們無法替你們悔改你們的罪。我們無法把你們帶進天國。只有上帝以祂的愛和無限的恩慈才能救你們。親愛的救主耶穌邀請你們來到祂慈愛的懷抱。你們若是願意信靠祂,愛祂,並獻上樂意的順服,祂就必白白地賜給你們救恩。」❶

許多父母天天為他們心愛的孩子禱告,希望他們能信主或再次歸向主。我認識一些人,他們都是在父母過世後才滿懷悲痛地回到上帝面前。當然,晚一點接受基督總比永遠不接受祂要好得多。但如果這些孩子能早些做決定,他們本可以讓自己的父母心中充滿喜樂。

不妨想想你的人生,也許你應該慎重考慮上天的建議:「我兒,要謹守你父親的誡命;不可離棄你母親的法則。」(箴6:20)也許你需要再次把生命交託給上帝,允許祂引導你走上那條正確的道路。若是如此,今天就是你作出決定的時刻!

3月/06 毫無作為的罪

人若知道行善，卻不去行，這就是他的罪了。
雅各書 4：17

愛爾蘭政治家艾德蒙‧伯克（Edmund Burke）曾說過：「邪惡獲勝的唯一條件，就是好人什麼也不做。」[18] 同樣的擔憂也驅動著馬丁‧尼莫勒（Martin Niemölle, 1892-1984年）的事工，他是一位德國路德宗牧師和反納粹神學家。他最初是支持希特勒的，但很快就成為納粹堅定的反對者，他反對納粹對種族主義的宣傳，並其反猶太主義，以及國家對教會的控制。1937至1945年間，他被關押在集中營，險些喪命。**1984年3月6日**，尼莫勒逝世，享年92歲。

尼莫勒寫過一首著名的懺悔詩，敘述了德國的知識分子在納粹上臺後的怯懦，他們眼睜睜地看著納粹對特定種群不斷肅清卻沉默不語。在這位路德宗牧師的一生中，他為下面這首詩創作了不同版本，最著名的一版寫道：

「起初，納粹抓走共產黨員時，我保持沉默——因為我不是共產黨員。

當他們抓走工會成員時，我保持沉默——因為我不是工會成員。

當他們抓走猶太人時，我保持沉默——因為我不是猶太人。

最後當他們來抓我時——已經再也沒有人站起來為我說話了。」[19]

耶穌曾說：「因為多給誰，就向誰多取；多託誰，就向誰多要。」（路12：48）懷愛倫論到這句話時說：「我們所做的，如果低於我們力所能及，就得自己負責。上帝準確地衡量每個人服務的能力。人的才能不論已用未用，主都把它算在裡面。上帝要我們為藉著善用才幹而能取得的成就負責。我們將按照我們所應做、卻因沒有運用自己的才能榮耀上帝以致沒有做的事而受審判。」[20]

那些不在關鍵問題上採取明確立場，只想以此來取悅所有人的人，最終可能把每個人都得罪了，而且也沒有任何人會為他們說話。不作為的罪包括應當反對邪惡卻不反對，應當行善卻不行善。願主賜予我們智慧，讓我們的言詞合宜——既不誇大，也不貶低，並且始終按照祂的期望行事。

第一道星期日法令

3月/07

> 「他必向至高者說誇大的話，必折磨至高者的聖民，必想改變節期和律法。」
> 但以理書 7：25

《聖經》既然教導要守第七日安息日（出20：8-11；來4：4-11），為什麼還會有這麼多基督徒守星期天呢？最常見的答案是，耶穌在星期日從死裡復活，因此，這一天就成了新的敬拜日。儘管這一理論看起來頗受歡迎且具吸引力，但它既沒有《新約》的佐證，也沒有可靠的歷史來源。要解釋這個問題，我們需要將《新約》和後期的歷史發展結合起來。

〈但以理書〉其實預言了有一股可怕的勢力會「將真理拋在地上」（但8：12），並且「改變節期和律法」（但7：25）。基督在世時曾提到「先知但以理所說的『那行毀壞可憎的』」（太24：15），但那仍是未來之事。這一預言的最終實現是在後使徒時代，那時基督教將許多異教信仰和儀式收入囊中，其中就包括星期日崇拜，這一點無可置疑。

西元321年3月7日，羅馬皇帝君士坦丁頒佈了第一部正式的星期日法令，這在很大程度上推動了將星期日變為基督教敬拜日的進程。法令中寫道：「在可敬的太陽日，城裡居住的一切官員和百姓都當休息，店鋪關門歇業。不過在鄉間，農人仍可自由合法的從事耕種；因為別的日子常常不適於撒下穀種或栽植葡萄；免得因錯過良機而失去了天國的恩惠。」㉑ 很快，一系列強調遵守星期日的教會法令相繼出現；並規定凡不遵守這些法律的人都是異端。

儘管時光流逝，但無論是耶穌在星期日復活，還是所有遵守星期日的律法，都沒有像許多人宣稱的那樣，將星期日變為新的主日。今天，第七日安息日依然聖潔，就像上帝在結束創造週時所設立的一樣（創2：2、3），也像祂在西乃山宣佈安息日是十誡的一部分時一樣（出20：8-11）。讓我們繼續守聖安息日為聖日！

3月/08 永保忠心

「你務要至死忠心，我就賜給你那生命的冠冕。」
啟示錄 2：10

　　2013年11月，我和妻子參觀了位於日本東京澀谷火車站前的忠犬八公銅像。❷ 澀谷車站以及這座銅像不禁讓我想起了電影《忠犬八公的故事》中的動人場景。這部電影取材自上個世紀二十年代的一個故事，東京大學的農學部教授上野英三郎收養了一隻狗，給牠取名為八公。從那時起，八公每天都會跑到澀谷車站，高興地迎接下班回家的主人。

　　1925年5月的一天，一如往常的生活發生了變故，上野教授突發腦溢血去世。但在上野去世後、逾九年多時間裡，八公每天都會在主人本該下車的時間準時來到車站等待。即便有人想要趕牠走，牠也從未放棄。**1935年3月8日**，八公離世，為世人留下了一個永遠忠心的溫情典範。

　　站在這個著名景點，我的腦海閃過幾個念頭：為什麼這隻狗願意一生忠於牠的主人，即使是在他過世之後？為什麼我們人類卻能如此輕易地違背婚姻的誓言，割捨友情，甚至斷絕我們與上帝之間的關係？為什麼我們能在教堂裡自由地唱著寫滿對上帝委身的詩歌，但我們的言行舉止和生活方式卻不能與我們的信仰相符？

　　我們既是有罪的人，勢必更關注自己和自己的想法，做不到以關心他人的感受為優先。但八公的故事就是一個克己、忠心以及對他人信守承諾的絕佳典範。我們應當以此為激勵，對配偶、家人和朋友保持忠誠，最重要的是，「要在凡事上以基督為始、為終、為至善。」❷

　　如果我們能少一點以自我為中心，多一些體貼、多一份忠誠，那麼我們的世界會有多麼大的變化啊！亞當·克拉克（Adam Clarke）說，「如果你忠心，你將會得到上帝的讚譽：祂的靈將在你心中說，『好，你這又良善又忠心的僕人。』」❷ 而且到了末日，主會親自對你說，「你們這蒙我父賜福的，可來承受那創世以來為你們所預備的國。」（太25：34）

3月/09 歷史可以改寫

> 「等你知道至高者在人的國中掌權,要將國賜與誰就賜與誰。」
> 但以理書 4:32

2014年5月,我參觀了莫斯科的克里姆林宮和列寧陵墓,心中思緒萬千。我想像著俄國革命(1917年)和蘇聯(1922至1991年)強盛時期的情景。弗拉基米爾·列寧(Vladimir Lenin,1870年-1924年)在1905年曾堅定地指出:「宗教是人民的鴉片」,是「一種精神上的劣質酒」。他堅信他們的無神論能夠成功將所謂「壓在人類頭上的宗教枷鎖」㉕ 取而代之。但列寧想像不到的是,最終他的許多無神論思想會被連根拔起,甚至在克里姆林宮國會大廳,宗教也被傳揚。

俄羅斯《消息報》的一篇頭版文章稱,**1992年3月9日**俄羅斯聯邦最高蘇維埃代表大會宣佈:「前蘇聯人民代表大會代表們計畫在老地方——克里姆林宮國會大廳舉行會議。……根據克里姆林宮的排程,3月14日至25日還要舉辦另一場名為《通往新生活的聖經之路》的活動。該活動將由美國基督復臨安息日會承辦。」㉖

於是,按照計畫,復臨教會在設有6500個席位的克里姆林宮國會大廳(曾是共產黨代表大會的中心)舉行一場連續多日且內容全面的福音佈道會。每日兩場的大會由馬克·芬尼(Mark Finley)擔任主持,近1萬2千人參加,超過1,400人受洗。但這僅是復臨教會在俄羅斯體制改革後計畫實施的佈道策略之一。

在1992年6月18日的《復臨評論》中,威廉·詹森(William G. Johnsson)提到復臨教會在俄羅斯建立了①第一所基督教神學院,②第一家基督教出版社,③第一家私立診所,④第一個全國宗教廣播節目,⑤第一家宗教電視網,並且⑥在克里姆林宮舉辦了第一場福音佈道活動。在這個充滿挑戰的地方,聖工一開啟就大獲全勝!

永遠不要失去希望。上帝「能使人的心好像隴溝的水隨意流轉」。㉗ 祂在俄羅斯所成就的事,在任何地方都能做到——在你的生活中也是如此。

3月/10 奇異恩典

> 「只是你這個兄弟是死而復活、失而又得的,所以我們理當歡喜快樂。」
> 路加福音 15:32

　　幾天以來,灰狗號在大西洋的巨浪衝擊下,已經遍體鱗傷。當時約翰・牛頓(John Newton)就在船上,他是個道德敗壞的水手,篤信無神論,就算是在一群墮落的同僚中,他也稱得上是臭名昭著;他稍有不順心就破口大罵,褻瀆上帝。一天,約翰無意間拿起了一本基督教經典《效法基督》(作者托瑪斯・肯皮斯,Thomas à Kempis),並以一貫無所謂的態度讀了起來。但就在次日清晨,**1748年3月10日**,他被一陣猛烈的海浪衝擊聲驚醒,巨浪將船舷撕開了一個大洞。每個人都以為這艘船注定要沉沒。之後有一名水手提議,要最後一次嘗試加固船身。約翰很擔心,於是他說:「如果這樣還是行不通,就求主憐憫我們吧!」㉘

　　說完這話,就連約翰自己也感到驚訝。他並沒有像平常那樣咒罵、褻瀆、粗魯地拒絕上帝,而是帶著尊重與敬畏說出了上帝的名字。在從事西非奴隸貿易的那段時間裡,約翰患上了熱病,最終完全信靠了基督。1764年,約翰・牛頓被任命為英國聖公會的牧師,成了史上舉足輕重的廢奴主義者。身為一名作曲家,他創作了大約280首讚美詩。那首舉世聞名的自傳體詩歌《奇異恩典》(新版《讚美詩》61首)就講述了他信主的故事,詩歌的第一段這樣寫道:

　　「奇異恩典,何等甘甜,我罪已得赦免!
　　前我失喪,今被尋回,瞎眼今得看見。」㉙

　　也許你的生活並不像約翰・牛頓或《聖經》中的浪子(路15:11-32)那樣跌宕起伏。但請記住,我們都是罪人,同樣需要上帝救贖的恩典(羅3:23)。

　　感謝主,感謝祢滿有仁慈的恩典,它惠及我們每一個人,使我們成為天國的子民。阿們。

3月11 羅密歐與茱麗葉

> 因為愛情如死之堅強,嫉恨如陰間之殘忍;所發的電光是火焰的電光,是耶和華的烈焰。愛情,眾水不能熄滅,大水也不能淹沒。
> 雅歌 8:6、7

愛是一種令人驚奇、使人動容且能改變一切的力量。它容易被滋養,卻難以被約束。但人類表達愛的方式眼花撩亂,也有奇特的表現方式。當愛得到回應時,它可以變得無邊無際;在遭到背叛時,又極易轉為強烈的仇恨。當我們遭人背叛時,往往曾經的愛有多濃,後來的恨就有多深。

威廉・莎士比亞的劇作《羅密歐與茱麗葉》(1597年)可能是世界上最著名的愛情故事。這對愛侶甚至可以象徵愛情本身。故事的內容是基於羅密歐・蒙托奇奧(Romeo Montocchio)和茱麗葉・卡佩萊托(Juliet Capelletto)在義大利切塔德拉的方濟各會堂舉行的婚禮。儘管存在一些爭議,但大多數史料都將這場婚禮的日期定在**1302年3月11日**。其實我們並不曉得為何莎翁要將結局寫得如此悲慘,劇中的二人為了死後同葬不約而同地選擇結束自己的生命。但至少這部悲劇傳達出這樣一個信息:即便面對最嚴苛的環境,真愛也一定能經得起考驗。

這部劇中還蘊含著某些頗具見地的觀點。例如,羅密歐的台詞裡包含著對同理心的渴望:「沒有受過傷的人才會嘲笑他人的傷疤。」修士哀歎年輕人總是高估外貌的吸引力,錯把它當作真愛:「年輕人的愛不是發自內心,而是全靠眼睛。」羅密歐提到一位紳士時說他「就喜歡聽自己說話」,這是在諷刺嘮叨這一令人討厭的習慣。

整部劇中最動人的一句話,卻是出自茱麗葉之口:「我的慷慨如同大海,無邊無際,我的愛情亦如大海,高深莫測;我給予你的越多,我擁有的就越多,愛情與慷慨於我無盡又無休。」這美妙的引言表達了無私之愛的真正本質:我們給予的愛越多,我們擁有的愛就越多!真正的愛是上帝賜予我們的禮物,我們要培養這種愛,以便可以傳遞給周圍的人。愛是主動的。正如上帝在我們還作祂仇敵之時就主動愛我們(羅5:8),所以我們也應該主動去愛我們的兄弟姐妹(太5:43-48)。

3月 12 遵守安息日

「但第七日是向耶和華——你上帝當守的安息日。這一日你和你的兒女、僕婢、牲畜，並你城裡寄居的客旅，無論何工都不可做。」

出埃及記 20：10

十誡中的第四誡（出20：8-11）將每週的第七天定為上帝的聖安息日，並從個人和社會層面對聖日的遵守都作了規範。我們和家人都應該按照上帝的命令來遵守安息日。誡命中特別提到了我們的僕婢、牲畜和與我們同住的寄居者，表明所有為我們工作的人也都應該被允許守安息日。

在位於紐約州博爾斯頓的傑西·湯普森（Jesse Thompson）家舉行的一場週末聚會上，守安息日的復臨信徒對這一原則進行了慎重的探討。會議始於**1852年3月12日**星期五。那天下午，與會者一致投票決定購買一部手動印刷機來印刷《復臨評論與安息日通訊》（Advent Review and Sabbath Herald）。之所以做出這一決定，主要原因是為了避免在安息日的時間段且在不是復臨信徒自己的印刷社裡印刷宣揚安息日的期刊。

當然，人們很容易矯枉過正，將原本合理的關注變為對律法主義的執念，並效法猶太拉比在兩約之數百年間中所做的那樣，開始對遵守安息日的法則添油加醋。耶穌甚至發出警告，不要將《聖經》所沒有教導的內容算作聖經道理，更不可因人的傳統，而「廢了上帝的誡命」（太15：3-13）。然而，人們最常犯的錯誤正是忽視安息日的真正含義，輕看遵守安息日的深遠影響。

早期復臨信徒對持守安息日的重視也應成為我們今天關注的焦點。在不陷入法律主義的前提下，在遵守安息日的問題上，您和您的家人是否有可以改進的地方呢？在猶太人被擄回歸後，尼希米在耶路撒冷著手實施的安息日改革（尼13：15-22）也許可以帶給您和您的家人（包括孩童）一點激勵，在家庭內部執行守安息日。無論是在家中還是其他地方，我們都應該謹守安息日，將其視為在特定時間裡上帝聖潔而有福的聖所。

3月13日 祂的腳蹤

> 你們蒙召原是為此；因基督也為你們受過苦，
> 給你們留下榜樣，叫你們跟隨他的腳蹤行。
> 彼得前書 2：21

當耶穌說「跟從我」（太4：19），祂是什麼意思？僅僅是接受祂為我們的個人救主嗎？亦或有更深層的實際含義？

查理斯・謝爾敦（Charles M. Sheldon，1857-1946年）是美國堪薩斯州托皮卡市中央公理會教堂的牧師。1896年，他以《跟隨祂的腳蹤行》為題寫了一篇感人的故事，在每週日晚上，他都會為教堂的年輕人讀一章。這篇故事最先是以31篇短文形式在《芝加哥宣導者》週刊連載，之後付梓且被譯成多種語言，成為著名暢銷書。

1900年，《托皮卡每日資本報》的編輯兼老闆波普諾（Frederick O. Popenoe）將該報全權交給謝爾敦負責，為期一週，從**3月13日**開始。在這一週中，謝爾敦想按照他心目中耶穌的作法來出版這份報紙。結果令人咋舌，發行量從每天1.5萬份增加到了35萬份以上。為什麼他寫的故事和他發行的報紙都能取得極大的成功呢？

《跟隨祂的腳蹤行》講述了一個名叫亨利・麥斯韋爾（Henry Maxwell）的牧師的故事，他決定以〈彼得前書〉第2章21節（「你們跟隨他的腳蹤行」）為題準備一篇佈道。當他正構思內容時，一名失業的飢餓男子敲響了他的門，請他幫幫忙。亨利牧師並沒有伸出援手，而是把他打發走了。就在他與會眾分享完這寶貴的證道信息後，一名男子站了起來，正是當初那個求助未果的人，他的提問振聾發聵：「若只在口頭上跟隨耶穌的腳蹤，有什麼實際意義呢？」從那時起，亨利牧師無論在事奉工作還是個人生活中，都以「耶穌會怎麼做？」（What Would Jesus Do，WWJD）為指導核心。

這個問題絕不是簡單主觀的修辭而已。它具有深刻而廣泛的實際含義。這意味著要放棄所珍視的偶像，並在我們思考、說話和行動的方式上都效仿耶穌。它也會引出其他的問題；例如，我們可以思考：「如果耶穌與我易地而處，祂會成為一名怎樣的學生、員工、配偶或孩童？」、「面對各種不同的情況，祂會怎樣做？」請牢記，想要成為一名真正的基督徒，就要全心全意地投身於基督及和祂的事業當中，跟隨祂的腳蹤行。

3月14 幕後的故事

在天上就有了爭戰。
米迦勒同他的使者與龍爭戰，龍也同牠的使者去爭戰。
啟示錄 12：7

懷雅各夫婦參加了一場在一所公立學校為新信徒舉行的聚會，該校位於俄亥俄州拉維茨格羅夫。**1858年3月14日**星期日下午，有一場告別式安息禮拜。當懷雅各結束他鼓舞人心的佈道時，懷愛倫站了起來，開始談論基督的復臨和聖徒榮耀的產業。不久，她被帶入上帝的異象當中，異象持續了兩個小時。會眾們滿懷熱切地看著她，直到她從異象中出來，聚會才結束。有些人護送靈柩去了墓地，餘下的人則留在學校。他們聽懷愛倫講述那異象的要點，那後來成為她所見到的最全面、最重要的異象——基督和撒但之間、包含全宇宙的爭戰並其來龍去脈。該異象首先發表在《屬靈的恩賜》第八卷 ❸⓿ 中，後來被收錄在《早期著作》的第三部分。❸❶

世界上有許多其他宗教和基督教派別也相信善惡之間的鬥爭；不同的是，懷愛倫強調這場戰爭始於天上，路錫甫對上帝在其道德律法中所表現的品格提出控告。自從在伊甸園誘騙了亞當和夏娃以來，撒但一直在迷惑人類，要他們離棄上帝的律法，轉而敬拜偶像，違反安息日。在成為巴比倫之囚後，上帝的選民矯枉過正，從偶像崇拜轉向了法律主義。既然無法阻止救贖計畫的進行，撒但和他的惡天使便引導那自稱為基督徒的人相信上帝的道德律法——十誡——已經同耶穌一起被釘死在十字架上了。然而到了末世，上帝其餘的兒女將要「守上帝誡命和耶穌真道」（啟14：12）。

懷愛倫說：「這世界乃是一個劇場；演員就是世上的居民。」❸❷ 每個人的心思都是善惡勢力相爭的戰場（弗13：17-27）。在這場戰鬥中，絕不能浪費時間。每一刻都具有永恆的後果。如果你的生命只限於今天，那麼你將如何度過呢？請記住，每一天都是你生命的縮影。

3月15日 在祂的臂膀下

古時耶和華向以色列顯現，
說：「我以永遠的愛愛你，因此我以慈愛吸引你。」
耶利米書 31：3

你見過有人打著赤腳，獨自走在崎嶇的石子路上嗎？我們這個世界光怪陸離，有人願意花天價買上一大堆鞋子，而全球卻有5億多人連一雙鞋子也沒有。**3月15日**是美國的「全國捐鞋日」；這是一項幫助解決該問題的創舉，旨在引起人們對這一全球性需求的關注，鼓勵人們將自己的舊鞋捐出來。這樣，一個人用過的舊鞋就可以成為其他人的第一雙鞋子！

除了將運動鞋送給需要的人以外，我們還應當向這些有需要的人保證，他們不會孤獨前行，就像《沙灘上的腳印》這首詩所描寫的那樣。這首詩至少有三個版本，作者各不相同。但最有可能的出處，是由一位14歲、家境貧困的女孩——瑪麗‧史蒂文生（Mary Stevenson）於1936年創作㉝。內容如下：

「有一天晚上，我夢到自己與主一起走在沙灘上。人生中的許多過往在天空中閃現。在每一幕場景中我都看見沙灘上的腳印。有時是兩排，有時只有一排。

「我很傷心，因我看見當我的生活陷入低谷，受盡痛苦、悲傷或失敗時，沙灘上只有一排腳印。所以我對主說：『主啊，祢曾經答應過我，如果我跟隨祢，祢就永遠與我同行。但我明明看到，在我生命最困難的時期，沙灘上只有一排腳印。為什麼在我最需要祢時，祢卻不在我身旁呢？』

「主回答我：『孩子，你看到只有一排腳印的那些年，是我把你背起來前行的時候。』」

這首詩告訴我們一件奇妙的事：上帝在最重要的時刻總是與我們同在。在最黑暗的日子裡，祂張開臂膀懷抱我們，沒有人能將我們從祂慈愛的懷中奪去。你可以信靠祂。

3月/16 智慧設計論

諸天述說上帝的榮耀；穹蒼傳揚他的手段。
詩篇 19：1

2016年5月，我從莫斯科飛往伊斯坦堡。坐在我旁邊的是一位來自埃及路克索的醫生。他告訴我，前段時間有一位德國的無神論醫生來到他的醫院，質疑上帝的存在。後來，他們一起去了鎮上一家頗具規模的購物中心，德國醫生便問這購物中心是誰設計建造的。埃及醫生簡單地說：「沒有人。」

「怎麼可能，」德國醫生回答說，「只要商場存在，就肯定有建造它的人！」於是埃及醫生不慌不忙地說：「如果比商場複雜得多的生命都可以是『無中生有』，那為什麼商場就不能憑空出現呢？」

創造論的擁護者歷來高舉的論點是：每只手錶都預設了一位製錶匠人的存在。**1998年3月16日**，美國期刊《旗幟》刊登了威廉・丹布斯基（William A. Dembski）的一篇見解獨到的文章——《智慧設計：新貴登場》；它是最早介紹智慧設計基本理論的文章之一。該理論認為，某些被歸類到「不可簡約之複雜性」和「特定複雜性」、且具有生物性和資訊之生命特徵「過於複雜，不可能是自然選擇的結果」。㉞ 並非所有支持這一理論的人都相信宇宙中有一位有位格的創造主，但他們至少承認確實有一位智慧設計的實體存在。

雖然這些論點在一定程度上有所幫助，但並不能解決所有問題。有些批評者雖然認同手錶的存在就代表製錶匠人的存在，但他們也會提出另一觀點：每位製錶人都有自己的父親。所以他們就問：「所以，上帝的父親是誰呢？」若揪住這一點，那爭論就會變得無止無休了。最根本的是，我們只有兩種合理的選項：若不是有一位自有永有的上帝創造並維繫著整個宇宙，不然就是物質本身就如上帝一般、具有自有的特性。無論是哪一種選項，都必須依靠信心來接受！

上帝是無限強大、榮耀神聖的，無法用人類的理性來解釋。祂的存在並不是基於我們對祂的看法。接受上帝關乎信心，就是給我們的生活帶來充滿希望之未來的信心。沒有上帝，就沒有希望；沒有希望，生命自然也就沒有未來。我們是被祂創造，也是為祂而造的，只有在祂裡面，生命才能找到真正的意義。

3月17日 全心全意愛基督

因我活著就是基督，我死了就有益處。
腓立比書1：21

1893年3月17日，身在紐西蘭奧克蘭的懷愛倫寫信給南非的商人韋塞爾（P. W. B. Wessels），因他的信仰動搖不定。在信中，她懇切地說：「請仔細審視你自己的內心，這樣你就能知道自己是否行在安全的道路上。如果你以祈禱的心研究那作為道路、真理和生命之主的生平，並將祂的話付諸實踐，你就會成為一股行善的力量。」

後來在同一封信中，她寫下了一段佳句，表明整個復臨信息應當圍繞基督展開，被基督充滿；她寫道：「基督，祂的品格和工作，是一切真理的中心和範圍，祂是一條鏈子，真理的寶石都繫於其上。在祂裡面有完整的真理體系。」❸❺

在其他書中，她斷言：「第一要緊的事，就是藉著把我們的主耶穌基督呈現為赦罪的救主，來軟化並馴服人心。任何的講道或是聖經教導都永遠不要忽略把聽眾指向『上帝的羔羊，除去世人罪孽的』（約1：29）。每個真實的道理都以基督為中心。每個教訓都從祂的話得到力量。」❸❻

懷愛倫全心全意地愛著基督，希望其他人也有同樣的經歷。因此，她堅持說：「你們在體驗基督對於你們的意義之前，不要擅自講下一堂課。」❸❼「你當在凡事上以基督為始、為終、為至善。你若時常仰望祂，則你愛祂的心在受試驗的時候，就必能日益加深加強。當你愛主之心增進時，你們彼此之間的愛也就必更深更強了。」❸❽

你如何評價自己與基督交通的經歷？你與祂的關係是否僅僅停留在知識層面？如果是，為什麼不真真切切地與祂親密交通，讓基督的「真道」刻在你的心中呢？真正的教義表明了你對上帝的信心，而真實的經歷卻能揭示你對祂的委身。

3月/18 講道王子

我傳福音原沒有可誇的，因為我是不得已的。若不傳福音，我便有禍了。
哥林多前書9：16

有些人說，當代基督教（甚至包括復臨教會）的傳道正處於危機之中。太多的文過飾非，以至於無法在人們心中引發深切的悔改，歸向基督。也許我們應該從那位被譽為「講道王子」的偉大傳道人——查理斯·司布真（Charles Spurgeon, 1834-1892）的教導中，重新發掘傳道的真正含義。**1861年3月18日**，他與信徒們遷入在倫敦新落成的大都會會幕堂，並且之後在那裡持續事奉了三十多年。

在一次題為《講道：它們的題材》的佈道中，司布真說：

「『講道』的內容應該要有實在的教訓；它們的教義應當牢固、實在和豐富。我們上了講臺不是為說話而說話；我們有至關重要的教訓要傳達。我們不能講一些無關緊要的漂亮話，我們能講的題目範圍不是無邊無際的，所以，如果我們的講論單薄，缺少實質內容，這就不可原諒了！如果我們是作為上帝的使者說話，就不需要埋怨缺乏講道的題材，因為我們的信息是豐富以至滿溢的。我們一定要在講壇上講明完整的福音；我們一定要傳揚那從前一次交付聖徒的全部真道。在耶穌裡的真理一定要帶著教導被傳揚出來，好使人不止聽見，而且還『明白』這好消息。」❸❾

在這場佈道中，司布真總結道：「在一切的講道中，我要以此為總括；我的弟兄，要傳講基督，要無時不刻、永遠地傳講祂。祂就是福音的整體。祂的位格、職分和工作必須成為我們一個極大且包含一切的偉大主題。世界仍需要認識它的救主，以及到祂那裡的方法……我們不是被神呼召來傳揚哲學和形而上學的，而是傳揚簡單的福音。墮落的人需要新生，要藉著贖罪得赦免，因著相信得拯救，這是我們的戰斧，我們的武器。」❹⓿

司布真將認知與現實結合在一起。我們切勿拿他的忠告來對其他傳道人評頭論足，而是要在有人邀請我們與他人分享上帝的話語時，給自己一個提醒。

3月/19 現代的嗎哪

他的糧必不缺乏；他的水必不斷絕。
以賽亞書 33：16

我們往往會抱有這樣的想法：上帝只在聖經時代施行神蹟。但真正的神蹟今天仍在發生；這就是我個人在2014年3月，訪問位於安哥拉南巴的復臨宣教部時親身經歷的事。

75年前，這一大片產業上居住著大約一百位信徒。有一年遇上大旱，顆粒無收，人們完全沒有食物可以果腹。**1939年3月19日**，傳道部幹事的妻子邀請信徒們參加一次特別的聚會。她向他們解釋了當前的情況，並向他們保證上帝必會供應他們的需要，就像祂在舊約時期供養在曠野的以色列人那樣（出16章）。禱告結束後，她五歲的女兒出去又很快回來，雙手一邊捧著滿滿的白色小物，嘴巴裡一邊嚼著。詢問之下，她說剛才在屋外看到了六個歐洲人，他們告訴她，上帝回應了他們的禱告，已經送來了嗎哪給他們作食物。

就這樣，在那片地方，嗎哪不斷豐豐富富地降下，直到人們迎來下一次的收成。當糧食的產量恢復正常後，嗎哪還是繼續降下，只是數量很少。但當復臨宣教部被安哥拉革命軍接管後，就再也找不到嗎哪了。直等到後來安哥拉政府將這片產業歸還給教會，嗎哪竟又開始降下來！當我在2014年有幸訪問當地的宣教部時，每逢週三和週五早晨，仍然能在教堂後面的一小塊地方找到飄落的、小小的嗎哪。它入口即化，味道甜美（出16：31）。

格爾松・皮雷斯・德・阿勞霍（Gerson Pires de Araújo）曾將一些嗎哪樣本寄給巴西坎皮納斯州立大學的質譜實驗室。經分析表明，它「主要由糖類（低聚糖）組成，還有適合人類消化的氮和氧化合物以及少量的金屬元素」。

上帝從不拋下祂的兒女。正如懷愛倫所說，「我們的天父有上千種方法來幫助我們，是我們所不知道的。凡以上帝的工作和尊榮為首要的人，必能看見困難消散，腳前顯現出一條康莊大道。」㊶ 讓我們堅信，上帝必眷顧我們！

3月/20 「世界就是我的教區」

「田地就是世界；好種就是天國之子；稗子就是那惡者之子。」
馬太福音 13：38

傳揚上帝之國的福音不能被地理、種族或社會障礙所限制。衛理宗的共同創始人之一約翰‧衛斯理（John Wesley, 1703-1791年）曾是英國聖公會的神職人員和神學家，後來他成為周遊各地的佈道家。作為牛津大學林肯學院的院士，他不受教區的限制。既然沒有自己的教區，也不受其他教區牧師主動歡迎，衛斯理便在露天場地向大批群眾佈道。

1739年3月20日，約翰‧衛斯理寫了一封信給詹姆斯‧赫維（James Hervey），他說：「我現在沒有自己的教區，也許永遠不會有。既是這樣，我就將『全世界當做是我的教區』——意思是無論身在何處，我都堅信向凡願意聽的人傳揚救恩的福音是合宜且正確的，這是我不可推卸的責任。」❷ 據說在他的一生中，衛斯理獨自騎馬行經了大約25萬英里（40萬公里），講道四萬多次，其中大多數都是在戶外進行的。

但是在1777年8月6日，衛斯理給亞歷山大‧馬瑟（Alexander Mather）寫了一封短信，表達了他對衛理公會未來的擔憂。他指出，許多衛理公會的傳道人不再屬靈，「不向著上帝而活」，變得「軟弱、疲憊，並且害怕羞恥、勞苦和困難」。在信的最後，他的心聲振聾發聵：「給我一百個除了罪惡別無所懼、除了神別無渴望的傳道人，不管他們是正式的傳道人或是平信徒——他們將要震動地獄之門，在地上建立天國。」❸

身為復臨信徒，我們肩負著向全世界傳講三天使信息的使命（啟14：6-12）。缺乏對救靈的熱忱和激情可能會嚴重危害使命的達成。試想，如果每一位復臨信徒都「除了罪惡別無所懼，除了神別無渴望」，將整個世界視為自己的教區，那麼這場復臨運動將是何等轟轟烈烈！人的本性總是期望別人做得更多，而自己落個輕鬆。請不要坐等別人來帶頭。委身要從你我開始，就趁現在！

3月/21 春季的大失望

> 「所以,你們要警醒,因為不知道你們的主是哪一天來到。」
> 馬太福音 24:42

數百年來,許多基督徒都盼望著基督會在他們有生之年復臨。一些重大歷史事件的發生使得人們的期望更加迫切。1798年2月,法國士兵囚禁了教皇庇護六世,此一事件也重燃了人們對聖經預言研究的興趣。

威廉‧米勒耳(William Miller,1782-1849年)花了兩年的時間(1816年至1818年)深入研究聖經預言,他相信基督會在「西元1843年左右」復臨。他發現〈但以理書〉第8章14節中的二千三百日始於西元前457年,即亞達薛西王頒佈詔令重建耶路撒冷城牆之時(拉7章;但9:25),並且將在西元1843年結束。但到了1842年底,他的一些朋友敦促他要將預言時期結束的時間計算得更準確。因此,在1843年初,米勒耳專門就此問題寫了一篇文章,發表在《時兆》雜誌上,他表示,「按照猶太人計算時間的方式,基督復臨的時間就落在**1843年3月21日**到1844年3月21日之間」。並非所有的米勒耳派復臨信徒都同意米勒耳的觀點,但接受的人還是很多。

米勒耳並沒有為基督的復臨設定「一個特定的日子」,只是算出了「一段時期」。但當這段時期在1844年3月21日正式結束時,許多米勒耳派復臨信徒經歷了所謂「春季的大失望」;他們失去了先前屬靈的熱情和期望。正如〈馬太福音〉第25章中十個童女的比喻,「她們都打盹,睡著了。」(第5節)直到1844年8月中旬,在新罕布夏州埃克塞特舉行的米勒耳派聚會才打破了這種屬靈的倦怠。在會上,撒母耳‧斯諾(Samuel S. Snow)提出了他的觀點,即二千三百日將在1844年10月22日結束。斯諾的信息就是我們所熟知的「夜半呼聲」,「新郎來了,你們出來迎接他。」(第6節)事實上,他的觀點為復臨運動注入了前所未有的熱切期望。

米勒耳派復臨信徒未能認清,二千三百日並不是有關基督復臨的預言,而是關於基督在天上事工中的重大轉變(但7:9-14)。《聖經》提醒我們要「警醒」,因為我們不知道主會在哪一天來到(太24:42)。復臨信息的核心並不是主將在「何時」復臨,而是「誰」將要復臨,那正是我們的主耶穌基督!

3月/22 現代兒童宣教士

耶穌說：「是的。經上說『你從嬰孩和吃奶的口中完全了讚美』的話，你們沒有念過嗎？」

馬太福音 21：16

幾個世紀以來，上帝使用了許多兒童作為祂的特使。在基督進入耶路撒冷和聖殿時，眾多孩童高聲呼喊：「和散那歸於大衛的子孫！」（太21：15、16）。在十九世紀的瑞典，兒童佈道士們向成千上萬的人傳揚了復臨信息。有人見證說，這些年幼的孩子在上帝超自然的影響下，「在傳道時所展現的能力和尊嚴與成年人無異。」❹❹ 在我們所處的時代，有許多孩童正在世界各地傳揚基督復臨的美好盼望。

安德莉莎‧巴拉迦納（Andressa P. Barragana, 1993-2008年）出生於巴西佩洛塔的一個非復臨信徒家庭，幼時的她與家人一起學習《聖經》，在年僅九歲時就受了洗。之後不久，她便成立了一個小組，此舉促進了其他二十個小組相繼成立。每週的外展事工都是以她的小組為中心，其中包括管理手工藝合作社以支持貧困兒童，每週一次的聖經研究廣播節目，探訪養老院，舉行禱告會和佈道會等等。

不幸的是，安德莉莎的傳道生涯在**2008年3月22日**星期六上午7點35分戛然而止，在她前往附近一個小鎮傳道的途中，一場交通意外事故奪去了她的生命。但她的榜樣激勵了更多孩子獻身於上帝的事工。

「作父母的要藉著教訓和榜樣，教導自己的兒女去為未悔改的生靈工作。應該教育兒女同情年老和受苦的人，並盡力減輕貧窮和不幸之人的痛苦。要教導他們勤於從事傳道的工作；並勉勵他們自最幼時起就實行克己犧牲，以造福他人並推進基督的聖工，使他們成為與上帝同工的。但願作父母的都將那在耶穌裡的真理教導自己的孩子們。兒童必天真地將自己所學到的複述給他們的友伴聽。」❹❺

如果所有的孩子都能接受培訓成為主的宣教士，那將是多麼大的福氣啊！

3月/23 奇妙的樹

> 耶和華上帝使各樣的樹從地裡長出來，可以悅人的眼目，其上的果子好作食物。園子當中又有生命樹和分別善惡的樹。
> 創世記2：9

〈創世記〉中描述了上帝為亞當和夏娃創造的伊甸園。園中有許多樹「悅人的眼目，其上的果子好作食物」（創2：9）。《聖經》並沒有提及最初園中樹木的種類和數量。儘管這世界在罪的影響下逐漸破敗（創3：17、18），依然有許多森林和種類繁多的樹木存世。

2017年3月23日，《可持續林業雜誌》發佈了一個線上資料庫，名為「全球樹木搜索：全球首個完整收錄樹木種類和分布地區的資料庫」。㊻ 研究表明，全球已知的樹木種類超過七萬；而樹木種類最多的國家分別是巴西（21728種）、哥倫比亞（18789種）和印尼（5142種）。

美國加州有著世界上最大和最高的樹。最大的樹是美洲杉國家公園內的「薛曼將軍樹」，高275英尺（83.8公尺），底部周長102英尺（31公尺）。最高的樹則是紅木國家公園的亥伯龍樹，高達379.7英尺（115.7公尺）。

不過，最令人印象深刻的樹當屬世界上最大的腰果樹，它位於巴西的納塔爾附近。這棵巨樹相當於七十棵普通腰果樹的大小，每年結出約六萬顆堅果。它的主幹撐起整個樹冠，許多枝條垂到地上，也生根發芽。

巴西堅果樹是亞馬遜雨林中最高的樹之一。它驚人的果實有著堅硬的木質外殼，裡面有8到24個長三角形的種子（果仁）。每顆種子也都有自己的木質殼，它們就像一瓣瓣橘子一樣被包裹在大大的外殼中。

這些樹木，還有許多其他的堅果和水果，都是為了滋養我們的生命而存在。但生命樹上的果子要比它們美味且有營養得多。它「結十二樣果子，每月都結果子」（啟22：2）。憑藉上帝的恩典，我們都可以成為得贖之民，基督會將永生賜給我們，也會允許我們接近那美好的生命樹。

3月/24 悲慘的結局

> 希律見自己被博士愚弄,就大大發怒,
> 差人將伯利恆城裡並四境所有的男孩,
> 照著他向博士仔細查問的時候,凡兩歲以裡的,都殺盡了。
> 馬太福音 2:16

2016年4月2日的德國報紙《韋斯特瓦爾德日報》(Westerwälder Zeitung)刊載了一則由安德烈亞斯·盧比茲(Andreas Lubitz)的父母和兄弟發出的特別聲明。一年多前,安德烈亞斯不幸墜機身亡,而他的家人們要感謝當地社區在這場悲劇發生後所給予的支持。不過這則聲明也引來了一些讀者的批評,並不是因為其中的表述,而是因為它沒有提及的內容。這則聲明只提到了安德烈亞斯,卻對於在那場事故中與他一同罹難的其他149人隻字未提。

2015年3月24日,德國之翼9525航班從西班牙巴賽隆納起飛,飛往德國杜塞道夫。在飛越法國阿爾卑斯山時,機長派翠克·松德海默(Patrick Sondenheimer)離開駕駛艙去洗手間。這時,副駕駛安德烈亞斯·盧比茲卻趁機鎖上了駕駛艙,關閉密碼鎖,駕駛飛機開始了長達十分鐘的俯衝,最終飛機撞山,機上所有乘客無一倖免。後來的調查顯示,盧比茲生前因為嚴重的抑鬱症和自殺傾向正在接受治療。

現在,許多航空公司出於安全考量,都會要求在整個飛行過程中至少要有兩名機組成員始終待在駕駛艙,而其中至少要有一名飛行員。但我們仍應記住,任何不負責任的行為都可能導致悲慘的結局。俗語說:「一棵樹可以造出一百萬根火柴,但毀掉一百萬棵樹只需一根火柴。」正如〈馬太福音〉第2章16節所講述的故事,瘋狂的希律王一聲令下,「伯利恆及其周邊地區所有無辜的男嬰」便無端喪命。

如果說「沒有人是一座孤立無援的孤島,在大海裡獨居」㊼,那麼我們也應該認識到,只要活著就必定會對他人產生影響。微不足道的舉動和不經意說出的言語都可能產生持久且影響永恆的後果。願主賜予我們恩典,使我們或說或做都能榮耀祂的名,使我們身邊的人也能得到祝福。

3月/25 有靈的活人

> 耶和華上帝用地上的塵土造人,將生氣吹在他鼻孔裡,
> 他就成了有靈的活人。
> 創世記2：7

圍繞著人類的本質和命運問題,一直存在著許多探討和困惑。許多基督徒相信,一個人肉體死亡後,靈魂會直接進入天堂或墮入地獄,也可能進入煉獄。有些宗教則主張,藉著無盡的輪迴或轉世能實現永恆的存在。對他們來說,死亡只是一個肉體被另一個肉體取代的過程。

對於該問題,基督復臨安息日會最重要的貢獻之一是由讓‧祖謝爾（Jean Zurcher）作出的。**1953年3月25日**,瑞士日內瓦大學文學院評審委員會批准了他優秀的博士論文（《L'homme, sa nature et sa destin.e. Essai sur le probl.me de l'union de l'.me et du corps》）。❹❽ 後來論文的英譯版問世,名為《人的本質和命運：試從基督教人類觀的角度論靈魂與身體的結合》。❹❾

祖謝爾指出,許多基督徒對死亡的誤解來自希臘哲學家（主要是柏拉圖和亞里斯多德）以及他們在解釋靈魂與身體的結合時所遇到的困難。根據〈創世記〉第15章20節,完整的人就是一個「有靈的活人」,所以並沒有什麼靈魂能在肉體消亡後仍然保持存活的狀態。由於犯罪的人必死（結18：20）,所以並沒有本質上不朽的靈魂。祖謝爾解釋說,死亡是「一種類似於睡眠的無意識狀態」,「隨之而來的是重新覺醒和復活。」「人類的本性中並沒有永生,只有那些憑信心抓住永生,並按照耶穌基督的樣式塑造自己的人,才能得到永生。」❺⓪

《聖經》教義並非孤立存在,它們彼此相互關聯。有條件性之靈魂不朽的概念不僅僅是一種理論,它佐證了復臨教會對於基督再來和死人復活的理解。它開啟了永恆的榮耀之門,罪和罪人將不復存在,上帝忠誠的兒女永遠活在祂的面前。

3月/26　垂死的小女孩

「王要回答說：『我實在告訴你們，這些事你們既做在我這弟兄中一個最小的身上，就是做在我身上了。』」

馬太福音 25：40

善良是必不可少的；但只有善心沒有善行，恐怕也是遠遠不足的。1993年3月，凱文・卡特（Kevin Carter）前往蘇丹，在那裡拍下了「新聞攝影史上最具爭議的照片之一」。(51) 這張照片最初的標題是《垂死的小女孩》，後來改為《禿鷲和小女孩》。就在阿約德村附近通往聯合國救援中心的路上，卡特發現一個饑腸轆轆的小女孩趴著一動不動，而一隻禿鷲正盯著她。卡特等了二十分鐘，就為了等禿鷲漸漸靠近小女孩，好找到一個絕佳的拍攝角度。他拍下了這張照片後又拍了幾張，然後趕走了禿鷲 (52)，之後便逕自離開了。

「他將照片賣給了《紐約時報》，於**1993年3月26日**首次刊登。」(53) 因著這張震懾人心的照片，卡特獲得了2007年的普立茲新聞攝影獎，然而，因為拍攝當下沒有對小女孩伸出援手，他飽受世人非議。從專業角度來看，他沒有做錯什麼，因為當時攝影記者被要求「不要觸摸饑荒受害者，以免傳播疾病」。(54) 但從道德角度來看，即便這女孩已得到幫助，他也不應該對她的苦難無動於衷。公眾輿論的批評和內心的困擾讓卡特陷入深深的抑鬱。2007年7月4日，年僅33歲的他自殺身亡。(55)

試想，倘若基督對我們這些罪人漠不關心，我們會如何？我們應該思考〈馬太福音〉第25章31至46節中萬民受審判的場景。基督面對著兩群人，而他們對他人的需求有著截然不同的反應。王讚揚右邊的人說：「我餓了，你們給我吃；我渴了，你們給我喝；我作客旅，你們留我住；我赤身露體，你們給我穿；我病了，你們看顧我；我在監裡，你們來看我。」（第35、36節）。祂對左邊的人說：「我餓了，你們不給我吃；渴了，你們不給我喝；我作客旅，你們不留我住；我赤身露體，你們不給我穿；我病了，我在監裡，你們不來看顧我。」（第42、43節）。在這兩種情況下，耶穌將我們為有需要的人所做的一切都算成是做在祂身上。我們真的應該將上帝的愛傳遞給最需要的人。

3月/27 娛樂

弟兄們,我還有未盡的話:凡是真實的、可敬的、公義的、清潔的、可愛的、有美名的,若有什麼德行,若有什麼稱讚,這些事你們都要思念。

腓立比書4:8

今天是「世界戲劇日」。它是由國際戲劇協會於1961年發起的,將每年的**3月27日**定為世界戲劇日。在1962年首屆的慶祝活動上,讓·科克托(Jean Cocteau)在獻詞中提出,戲劇孕育著一種悖論:隨著時間流逝,歷史會變得扭曲,神話卻會被奉為經典。在他看來,一名優秀的劇作家應該讓觀眾們陷入「一種集體的催眠狀態」,使他們保持「近乎孩童般的輕信」。雖然這一慶祝活動試圖突顯戲劇藝術的文化價值和重要性,但作為基督徒,我們應該對各種娛樂和休閒活動進行反思。

許多人認為宗教只是一種美好的屬靈活動,只須每週在教堂裡花上一點時間。但對於真正的基督徒來說,信仰是持續不斷的,是對基督的委身,並不局限於任何特定的時間或地點。如果我們有「基督的心」(林前2:16),那麼凡是基督不喜悅的地方,或是會將祂從我們的心思意念中趕出的地方,我們就永遠不會涉足。我們反而要不斷地用一切真實的、可敬的、公義的、清潔的、可愛的、有美名的事物來充滿我們的心靈(腓4:8)。我們必不將邪僻的事擺在我們面前,也不會允許說謊話的人立在我們眼前(詩篇101:3,7)。

生而為人(不是機器),我們偶爾也需要卸下令人疲憊的例常事務,花些時間放鬆和娛樂。就連基督也向門徒發出邀請,「你們來,同我暗暗地到曠野地方去歇一歇。」(可6:31)。但是,刺激人眼目的大眾娛樂和令人神清氣爽的基督徒康樂活動之間是有明顯差別的。❺❻

保羅對我們的勸勉是,「無論做什麼,都要為榮耀上帝而行。」(林前10:31)藉著今天的機會,不妨思考應當如何善用你的休閒時間,怎麼才能讓它更接近上帝為你繪製的生命藍圖。

3月/28 合法但無益

> 凡事我都可行，但不都有益處。
> 凡事我都可行，但無論哪一件，我總不受它的轄制。
> 哥林多前書6：12

被允許的（合法的）事和可取的（有益的）事，二者之間是有顯著區別的。使徒保羅就充分認識到這一點，他說，「凡事我都可行，但不都有益處。凡事我都可行，但無論哪一件，我總不受它的轄制。」（林前6：12）許多人為了捍衛自己的「權利」而忽視了他人的權利。身為基督徒，我們應該清楚地認識到，我們的言行舉止哪些只是合法，而哪些卻是有益。

2003年3月28日，邁爾斯．金頓（Miles Kington）在英國《獨立報》上說，「知識就是明白番茄是一種水果，而智慧則是不將它加在水果沙拉裡。」當然，我們有權在水果沙拉裡放番茄，但這既不是常規料理的做法，人們通常也不會喜歡這種味道。在待人處事上，我們都應該具備文化敏感度，還要有常識。我們的行為舉止可以遵循文化和倫理的模式，前提是它們必須與上帝話語的普世標準不衝突。

在言語上也應當遵循同樣的原則。語言是有力量的，既可以帶來鼓勵，也可以製造破壞。即便傳達的資訊是正確的，也很容易出現使用的語言不當，或強調的重點出現錯誤等問題。曾有哲人說過，「有知識的人知道該說什麼話；有智慧的人知道該在何時說話；尊重他人的人則是知道該如何說話。」正如所羅門王所言，「謹守口與舌的，就保守自己免受災難。」（箴21：23）「一句話說得合宜，就如金蘋果在銀網子裡。」（箴25：11）

那麼，對於那些不遵循這一原則的人，我們應該持什麼態度呢？在耶穌的福山寶訓中已經給出了明確的答案（太5-7章）。祂說我們不要「與惡人作對」，應該以愛心對待他們，即便是面對敵人，也要給予愛的尊重（太5：38-48）。所羅門王說得好，「回答柔和，使怒消退；言語暴戾，觸動怒氣。」（箴15：1）。只有將這樣的信仰付諸實踐，才能使世界相信福音改變人心的大能。

3月/29 祕方

往來傳舌的，洩漏密事；心中誠實的，遮隱事情。
箴言 11：13

長久以來，恐怕沒有其他祕密能夠像著名的可口可樂配方這樣，引發眾多人士的好奇和猜測。**1886年3月29日**，藥劑師約翰・彭伯頓（John Pemberton, 1831-1888）在自家的後院進行了初步實驗後，釀造了一種新飲料，這就是後來的可口可樂。第一批的飲料中含有可樂果（含咖啡因）和古柯葉。到了5月初，這種飲料已經在亞特蘭大的雅各藥房開始銷售，當時人們宣稱它可以治療多種健康問題，包括消化不良、頭痛、宿醉，甚至陽痿。

今天，可口可樂的瓶子和罐子上都印有成分表，但對其中的「天然香料」──也就是「20X」草本植物萃取物──仍然三緘其口。這個配方被譽為是「世界上最高級別的商業機密之一。據稱，無論何時，世界上只能有兩個人知道這個配方，而且他們絕不能同時乘坐同一架飛機，以防不測」。❺⓻ 若其中一人去世，另一個人就負責與可靠的人分享配方。儘管保密工作如此嚴密，還是有許多人聲稱已經發現了可口可樂的真實配方。

但人們可能會問：哪些祕密應該守，哪些祕密不該守？祕密有好壞之分嗎？許多工業、貿易和軍事策略都被嚴格保密，但我們的人際關係呢？有人曾說：「對別人保守祕密和對他們撒謊沒有什麼區別，仍然是不誠實。」雷吉娜・布雷特（Regina Brett）補充道：「如果一段關係必須保密，那麼你就不該參與其中。」❺⓼ 身為基督徒的我們，生活應該是通透的，沒有什麼隱藏的動機。但這可不是為喜歡說閒話的人散播流言找藉口。

法律規定，心理學家和顧問有義務為客戶保守祕密。〈箴言〉第11章13節警告我們說：「往來傳舌的，洩漏密事；心中誠實的，遮隱事情。」誠然，上帝最終會揭露人類所有的祕密（箴12：3），但我們也應該記住，「許許多多的認罪都絕不應叫凡人聽見；因為其結果是有限之人狹隘的判斷無法預期的。」❺⓽ 無論待人還是待己，我們都要遵循道德標準！

3月 30 鎮痛

> 有一個器皿盛滿了醋,放在那裡;
> 他們就拿海絨蘸滿了醋,綁在牛膝草上,送到他口。
> 耶穌嘗了那醋,就說:「成了!」
> 約翰福音 19:29、30

如果醫生將你的一條腿從膝蓋以上截斷,卻沒有使用麻醉劑,你會有什麼感覺?這就是來自新罕布夏州基恩的著名外科醫生阿莫斯・特維切爾(Amos Twitchell)對四歲的烏利亞・史密斯(Uriah Smith)所做的事情。這場手術持續了二十分鐘,是在史密斯家的餐桌上進行的。感謝上帝,隨著時代的進步,今天我們有了麻醉藥,在類似的外科手術中至少可以在一定程度上減輕疼痛。

美國外科醫生和藥劑師克勞福德・朗(Crawford W. Long, 1815-1878)注意到,人們在乙醚的作用下,即使受傷也不會感到疼痛。於是他開始考慮將硫醚作為麻醉劑。**1842年3月30日**,朗醫生使用乙醚麻醉了詹姆斯・文納布林(James Venable),為他切除了兩個小腫瘤,結果他沒有感到任何疼痛。1846年10月16日,威廉・莫頓(William T. G. Morton)在波士頓麻州總醫院的一次公開醫學手術中將乙醚引入,當時朗醫生的研究還不為人知。直到1849年,朗醫生才公佈了他的發現,所以在他有生之年,也從未得到應有的讚譽。

被釘十字架的耶穌在臨死前說:「我渴了!」於是有人將蘸了醋的海綿遞到耶穌的嘴邊(約19:28-30)。〈詩篇〉第69篇21節已經預言:「我渴了,他們拿醋給我喝。」懷愛倫解釋說:「當時在十字架上受刑的人,可以服一種麻醉劑,以消除疼痛。這藥也有人拿給耶穌,祂嘗了就拒絕喝。祂不願喝任何麻痺心靈的東西。祂的信心必須緊緊握住上帝,上帝是祂唯一的力量。如果受麻醉,就會給撒但留下可乘之機。」❻

從生理的角度來看,疼痛是一種警示,表明身體的某些部位出了問題需要治療。但我們也希望在問題解決時疼痛便消失。從靈性的角度上講,在解決罪的問題時,我們不應該試圖掩蓋自己的痛苦。想要真正解決罪帶來的痛苦,唯一的方法就是悔改,並在上帝無限的恩典中得著寬恕!

3月/31 關懷與保護

他必用自己的翎毛遮蔽你；你要投靠在他的翅膀底下；
他的誠實是大小的盾牌。你必不怕黑夜的驚駭，或是白日飛的箭。
詩篇 91：4、5

我們的世界是善惡鬥爭的巨大戰場。如果不是上帝從不間斷的保護，我們一定會被邪惡力量擊潰。〈詩篇〉91篇描述了夜間的驚駭和白天箭矢飛射的情景。但上帝保護祂的兒女，無論在何種境況下都與他們同在。

1847年12月，福克斯一家搬到了紐約州海德斯維爾鎮。幾個月後，他們就在夜間聽到了一種無法解釋的神祕撞擊聲，就像移動家具會發出的聲音。這種聲音逐漸增強，到了**1848年3月31日**，三姐妹中最小、年僅12歲的凱特注意到，這神祕的聲音會對她們發出的聲音做出回應。凱特和她15歲的姐姐瑪姬稱這個神祕的靈魂為「裂足先生」，這是魔鬼的綽號。她們透過一種代碼與這靈魂交流，他自稱是一個31歲的小販，被謀殺後埋在這所房子的地下室裡。

1850年8月24日，懷愛倫看到，「那『神祕的敲擊聲』是撒但的力量；有一些是直接從他來的，有的是間接從他的爪牙而來的。但都是從撒但來的。」她指出這種現象就是現代招魂術的開端，它將以「閃電般的速度」❻¹ 佔領整個世界。在海德斯維爾紀念公園——即福克斯家所在地，可以看到一塊基石，上面刻著「現代招魂術的誕生地和聖地」。自從福克斯一家與撒但打了交道，招魂術和神祕主義的發展如火如荼，以各種不同的形態佔據了西方世界眾多的娛樂產業。

我們既是相信《聖經》的基督徒，就應該遠離這些被大眾文化所接受的末世幻象，「倘若能行，連選民也就迷惑了。」（太24：24）請永遠不要進入「撒但蠱惑人心的範圍之內」，哪怕只是出於好奇和好玩的心態。記住，在上帝的關懷與保護之下，我們無比安全，不需要擔心那惡者的力量。救主大能的天使會保護我們。

4月/01 說謊的節日

人欺凌鄰舍，卻說：「我豈不是戲耍嗎？」
他就像瘋狂的人拋擲火把、利箭，與殺人的兵器。
箴言 26：18、19

人們為什麼要說謊並散播謠言呢？多數情況下只是出於個人的無知，或是在沒有查核其可靠性的情況下就將資訊分享出去。但精心編造的謊言和謠傳通常都是為了欺騙他人並從中牟利，或者單純為了嘲笑他人的天真和輕信。許多國家都將**4月1日**作為愚人節，在這一天，人們會先編造假故事，然後澄清，就是為了愚弄那些信以為真的人。

令人驚訝的是，這種以愚弄人為樂的「說謊藝術」甚至還有專門的比賽。例如，每年在英格蘭的坎布里亞都會舉辦「世界上最厲害的騙子」大賽，參賽者都要在此較量說謊之能。政治家和律師不能參賽，因為他們「被公認為在說謊技巧上爐火純青」。❶ 此外，巴西諾瓦布雷西亞小鎮被稱為謊言之都，那裡每兩年都會舉辦一次說謊節。參賽的故事必須原創，要儘可能接近事實，讓觀眾自己猜測它們的真實性。

無論是專業或業餘的說謊，都是以受眾的社會心理反應為關注的重點。從更廣泛的角度來看，我們可以說，通常開一些無關乎道德的玩笑，或是講些沒有惡意的故事的確無傷大雅。但是，當它們變成一種欺凌或貶低他人的手段時，問題就產生了。而當某人處心積慮地利用謊言來造成傷害時，情況就會變得一發不可收拾，德語中的「schadenfreude」（編註：字面意思即「傷害—快樂」），就是專門用來描述這種從他人的不幸獲得愉悅或滿足感的動機。

《聖經》談到說謊時態度極為嚴厲。首先，基督稱聖靈為「真理的聖靈」（約16：13），稱撒但為「說謊的，也是說謊之人的父」（約8：44）。所羅門王對開玩笑而說謊的行為也予以嚴厲的譴責（箴26：18、19）。當亞拿尼亞和撒非喇向使徒撒謊時，他們的行為被認為是對聖靈說謊，當即死亡（徒5：1-11）。《聖經》教導我們，說謊的人都無法進入天國（啟21：27）。請記住，無論採取什麼形式，謊言就是謊言，要堅決避免撒謊。

4月/02 引發爭議的猜測

……不可傳異教，也不可聽從荒渺無憑的話語和無窮的家譜；
這等事只生辯論，並不發明上帝在信上所立的章程。
提摩太前書1：3、4

上帝將一道以耶穌為中心的特別信息託付給我們，要我們傳揚給這個岌岌可危的罪惡世界。與此同時，魔鬼挖空心思利用一些無關緊要的猜測不斷佔據我們的心思，好讓我們的注意力從福音信息的核心和完成傳福音的使命上轉移。猜測誰將成為「最後一任」教皇就是其中一種干擾手段。

約翰·保羅二世曾擔任教皇長達26年（1978至2005年）之久，一些人別出心裁地將預言建構在他身上。有些人認為他最終會請辭，由另一位教皇暫時接管梵蒂岡，然而約翰·保羅二世會重掌大權，成為最後一任教皇。但事實證明，這些理論是錯的。約翰·保羅二世還一直擔任教皇，直至**2005年4月2日**去世。可這些人拒絕承認錯誤，又提出教皇本篤十六世會在短期內擔任教皇，之後撒但會親自偽裝成復活的約翰·保羅二世，以教皇的身分統治世界。事實再次證明它的荒謬性。本篤十六世擔任教皇將近八年（2005年至2013年）後，法蘭西斯接任了他的職位。

這只是多年來人們天馬行空之猜想的其中一例而已。格哈德·哈瑟（Gerhard F. Hasel）說，「對於未實現的預言，解讀的人很有可能會妄加揣測，甚至不自覺地以先知自居。」❷ 耶穌關於假先知的警告（太24：24）主要是針對那些自稱是先知的人，但他們卻不是上帝所差遣的。進一步說明，它也可以指那些扭曲聖經預言含義的人，他們不是將自己人為的解釋強加在預言之上，就是忽視預言的部分內容（啟22：18、19）。

難怪保羅勸告我們遠離「辯論」，因為這會分散我們的精力，無法推進上帝的工作（提前1：4）。與其在這些爭議性的猜測上浪費寶貴時間，倒不如堅持《聖經》確實的預言及其啟示的力量！

4月/03 天氣預報

耶穌又對眾人說：「你們看見西邊起了雲彩，就說：『要下一陣雨』；果然就有。起了南風，就說：『將要燥熱』；也就有了。假冒為善的人哪，你們知道分辨天地的氣色，怎麼不知道分辨這時候呢？」
路加福音 12：54-56

　　在耶穌生活的時代，人們主要透過觀察雲和風來預報溫度和天氣。現代氣象技術的問世使得全球天氣預報變得更加精確可靠。例如，在**1995年4月3日**，一顆名為「微型實驗室1號」的低軌道衛星被發射到了高度約450英里（724公里）的環形軌道上，該衛星攜帶著一台筆記本大小的全球定位系統接收器。它可以透過無線電波反覆探測大氣層，以獲取重要的溫度、壓力和水蒸氣的資料。地基全球定位系統氣象學可以監測低層大氣中的水蒸氣，顯示天氣的濕度和潛熱。

　　在〈路加福音〉第12章54至56節中，耶穌責備眾人，因為雖然他們能準確預測天氣和溫度，卻無法分辨他們所處的「這時候」（56節）。當耶穌問門徒們人認為祂是誰時，他們回答：「有人說是施洗的約翰，有人說是以利亞，又有人說是耶利米或先知裡的一位。」（太16：14）也就是說，人們根本沒有意識到，在耶穌基督裡，彌賽亞的時代已經到來，他們對祂的國度性質漠不關心（約18：36）。

　　同樣，我們這一代人擁有先進的氣象系統，卻也分辨不出時代的徵兆。譏諷的人會說：「主要降臨的應許在哪裡呢？因為從列祖睡了以來，萬物與起初創造的時候仍是一樣。」（彼後3：4）在我們自己的隊伍中是否也有一些「冷血兩棲」的復臨信徒呢？說他們「冷血」，是因為他們無法清晰地感知溫度；而「兩棲」是指他們既想待在教會，又想抓住世界。

　　末世風雲正以迅雷不及掩耳的速度逼近，不久基督將駕著天雲顯現。願主開啟我們的眼睛，讓我們看清時代的預兆和今日莊嚴的日子！

4月 04　救贖主基督

有基督耶穌已經死了，而且從死裡復活，
現今在上帝的右邊，也替我們祈求。

羅馬書 8：34

每年都有許多來自世界各地的遊客前往巴西的里約熱內盧，這座城市以它美麗的風景、眾多的景點和熱情的社交生活聞名於世。在科爾科瓦多山頂上矗立著救世基督像，那張開的雙臂環抱著整座城市。**1922年4月4日**是這座巨大紀念碑奠基的日子。九年後雕像竣工。1931年10月12日，雕像正式落成，象徵著基督疼愛並擁抱所有來到祂面前的人。2007年，該雕像被譽為世界新七大奇蹟之一。

多年來，人們定期對救世基督像進行清潔、維修和翻新。儘管雕像頂部安裝了避雷針，但也無法完全避免閃電和雷暴。根據巴西國家太空研究所的資料，雕像平均每年遭受六次雷擊。2008年的一次雷擊損壞了雕像的頭部和部分手指，必須進行修復。

這座巨像以及世界各地其他類似的基督像，都是以一種毫無生氣的方式來表現救主，而且還需要定期維護。相比之下，我們所事奉的真基督是「無瑕疵、無玷污的」（彼前1：19），也「沒有犯罪」（來4：15）。道成肉身的祂也是無罪的。愛德華・赫本斯托爾（Edward Heppenstall）表示：「亞當和夏娃的罪，雖然影響了祂的肉體，但在道德和靈性上卻沒能像影響我們一樣影響到祂。」❸ 不然，祂就無法成為我們的救主，因為祂自己也需要救主。

雖然雕像需要維護，但永活的基督卻始終為我們代禱並關心我們。「祂從肉身的經歷中深知人類的弱點在哪裡，知道我們的需要是什麼，也知道我們所受試探的力量主要在哪裡，因為祂也曾凡事受過試探，與我們一樣，只是祂沒有犯罪。你這戰戰兢兢的上帝兒女啊，如今祂正在顧念你。你受了試探嗎？祂必拯救你。你覺得軟弱嗎？祂必加給你力量。你愚昧無知嗎？祂必光照你。你受了創傷嗎？祂必醫治你。」❹ 我們所擁有的，是多麼美好的一位救主！

4月/05 昂貴的恩典

「我的恩典夠你用的。」
哥林多後書 12：9

　　人們對於恩典眾說紛紜。但恩典究竟意味著什麼呢？德國路德宗牧師、神學家和殉道者迪特里希·潘霍華（Dietrich Bonhoeffer，1906-1945）曾對恩典作出了最佳詮釋。當大多數德國宗教領袖對希特勒政權選擇保持沉默時，潘霍華公開提出反對，毫不畏懼自己將為此處於極端危險的境地。**1943年4月5日**潘霍華被蓋世太保逮捕，1945年4月9日被判處絞刑，那時距離他被關押的集中營迎來解放僅不到兩星期。他死時年僅39歲，卻為人類留下了寶貴的文學遺產。

　　在潘霍華的書《追隨基督：作門徒的代價》（1937年）的第一章中，他比較了廉價的恩典和昂貴的恩典：

　　「廉價的恩典是我們教會的死敵……這就是我們所說的廉價的恩典，這種恩典只是使罪得到稱義，而不是使悔罪的罪人離開罪，使罪離開罪人，從而稱義……廉價的恩典宣揚的是無須悔罪的赦免，是沒有教會約束的洗禮，是沒有懺悔的聖餐，是沒有親自懺悔的赦免。廉價的恩典是不以門徒身分為代價的恩典，是沒有十字架的恩典，是沒有活生生和道成肉身之耶穌基督的恩典。❺

　　「相比之下，昂貴的恩典之所以昂貴，是因為它呼召我們去追隨，它是『恩典』，因它呼召我們去『追隨耶穌基督』。它昂貴，因為它要人以生命為代價，它是恩典，因為它給人唯一真實的生命。它昂貴，因為它定罪，它是恩典，因為它使罪人稱義。最重要的，它之所以昂貴，是因為它使上帝付出了自己兒子的生命作為代價：『你們是高價買來的』，上帝付出昂貴代價的東西對我們來說不是一文不值……恩典是昂貴的，因為它強迫人服從於基督的軛下並跟隨祂；它是恩典，因為耶穌說：『我的軛是容易的，我的擔子是輕省的。』」❻

　　上帝拯救的恩典除了昂貴之外，也是一種積極的恩典，使我們擺脫罪惡的束縛，賜予我們真順服的正確動機。正如保羅所說，因信蒙恩得救「不是出於行為」，而是「行善」（弗2：8-10）。基督是上帝恩典的化身。因此，擁有基督就意味著有上帝奇妙的恩典與我們同在。

4月 06 永不朽壞的冠冕

> 凡較力爭勝的，諸事都有節制，他們不過是要得能壞的冠冕；
> 我們卻是要得不能壞的冠冕。
>
> 哥林多前書 9：25

1998年6月，我參觀了希臘的雅典、科林斯和奧林匹亞。在奧林匹亞附近遊覽時，古代奧林匹克運動場的建築群遺址映入我的眼簾，其中就有奧林匹亞宙斯神廟和古老運動場的廢墟。據史料記載，第一屆奧林匹克運動會於西元前776年舉行，每四年舉辦一次，是一場向希臘眾神之王宙斯致敬的宗教活動。奧林匹克運動會是古代所有體育比賽中最重要的賽事。但最後一次舉辦是在西元393年，之後羅馬皇帝狄奧多西一世（Theodosius I）禁止了此類慶典。

1500年後的**1896年4月6日**，第一屆現代奧林匹克運動會在雅典開幕。從那時起，每四年舉辦一次，每次都由世界上不同的城市承辦。代表女祭司的十一位女子會來到古奧林匹亞遺址，然後用聚光鏡匯聚陽光來點燃奧林匹克聖火。聖火要先從奧林匹亞傳遞到泛雅典體育場，再從那裡傳遞到主辦奧運會的城市。

保羅在〈哥林多前書〉第9章24至27節中，以古代奧運會來比喻基督徒的賽跑。首先，他敦促基督徒要成為得勝的參賽者。在奧林匹克運動會上，「在場上賽跑的都跑，但得獎賞的只有一人」（第24節），但在基督徒的比賽中，所有人都可以得勝。其次，保羅強調基督徒的獎賞是值得為之付出努力的。在奧林匹亞，獲勝者的獎品是一頂橄欖葉編成的花冠；而在科林斯，獎品則是一個用乾癟的芹菜做的冠冕，更易腐爛。但是獲勝的基督徒要得的，是「不能壞的冠冕」（第25節）。

在〈希伯來書〉第11章39節至12章2節中，所有過去得勝的基督徒選手都成了看臺上的觀眾，他們正為我們加油打氣。我們不是在希拉神廟（宙斯的妻子）的神殿前燃起我們的聖火，而是在髑髏地十字架的祭壇上，我們所期望得到的也不是一頂會壞的花冠，而是永不朽壞的「公義的冠冕」（提後4：8）。向著勝利奔跑吧！

4月 07 大有前景的投資

> 所以，你們或吃或喝，無論做什麼，都要為榮耀上帝而行。
> 哥林多前書 10：31

健康就像一個儲蓄帳戶，我們往往會等到投資景氣不佳時才想起要往裡面存錢，卻又想從中得到豐厚的收益。著名的加拿大牧者馬泰里（A. J. Reb Materi）有句話說得好：「很多人用健康為代價來換取財富，最後又耗盡財富想重獲健康。」

世界衛生組織（WHO）成立於**1948年4月7日**，總部位於瑞士日內瓦。每年4月7日是「世界衛生日」，此舉一是為了紀念世界衛生組織的成立，二是要引導人們關注當前全球重要的健康問題。但，健康是什麼？我們又該如何促進健康呢？根據世界衛生組織的說法，「健康不僅為疾病或羸弱之消除，而系體格、精神與社會之完全健康狀態。」❼

懷愛倫在她的著作《服務真詮》（新版書名：論健康佈道）中解釋道：「一般人太不注意保護健康。疾病的預防要比發病後的治療好得多。每一個人都有責任為自己和他人的緣故了解生命的定律，並憑著良心遵行。大家都需要熟悉最奇妙的組織——人體。他們應該知道各器官的功能，及其為保持人體健康而相互依賴的關係。他們必須學習思想對身體、並身體對思想的影響，以及管理身心的一切定律。」❽

懷愛倫還說：「新鮮的空氣、陽光、節制、休息、運動、適宜的食物、水的應用、信靠上帝的能力——這一切都是真正的療法。每一個人都要了解自然的療法及其應用……凡堅持順從自然定律的人，必收穫身心健康的報酬。」❾

這些「真正的療法」是新起點（NEWSTART®）健康計畫的基礎，其中包括①營養、②運動、③水、④陽光、⑤節制、⑥空氣、⑦休息以及⑧信靠上帝。❿既然明白了這些知識，何不慎重考慮使用這八項健康原則改善你的生活方式呢？

4月/08 宗教歧視

> 我們四面受敵,卻不被困住;心裡作難,卻不至失望;
> 遭逼迫,卻不被丟棄;打倒了,卻不致死亡。
> 身上常帶著耶穌的死,使耶穌的生也顯明在我們身上。
>
> 哥林多後書 4：8-10

「歧視」一詞不難說出口,但卻是一個痛苦難當的經驗。它可能表明你被排斥或不受歡迎,你出現還不如消失。在某些更惡劣的情況下,有人可能會覺得你死了比活著要好。無論如何,歧視摧毀的向來都是人的尊嚴。

「國際人權協會」（ISHR）是一個非宗教組織,最初於**1972年4月8日**在德國法蘭克福成立,當時的名稱為「人權協會」。九年後,該組織獲得了國際地位[11],目前關注的領域包括宗教自由和新聞自由。[12] 2009年,據國際人權協會估計,世界上80%的宗教歧視行為針對的是基督徒。一項相當保守的研究表明,每天會有20位基督徒因他們持守的信仰而被殺害。

新宗教研究中心創始人馬西莫‧英特羅文奇（Massimo Introvigne）指出,雖然信奉無神論的共產主義政權是二十世紀對基督徒最大的迫害勢力,但到了廿一世紀,伊斯蘭極端原教旨主義者已取其而代之。一位不願透露姓名的伊拉克基督徒透露:「對基督徒的襲擊仍在繼續,而世界對此勢力依然保持沉默。就像我們被黑夜吞噬了一樣。」《針對基督徒的全球戰爭》(2016年出版)的作者小約翰‧艾倫（John L. Allen Jr.）把對教會信徒的全球性迫害視為「我們這個時代未被報導的災難」。[13]

讀了上述報導後,我們的心裡應充滿了對歧視者和迫害者的憎恨和歧視。但是歧視不能勝過歧視,因為它只會加劇邪惡;唯有愛能克服它。我們應為世界各地因信仰而受苦的人祈禱,盡力消除各種形式的歧視,從自身做起。要愛所有人,切勿因為別人沒有同樣的信仰就藐視他們。

4月/09 說方言

> 他們就都被聖靈充滿,按著聖靈所賜的口才說起別國的話來。
> 使徒行傳2:4

今天有許多基督徒堅信,受了聖靈洗禮的人就應該像使徒時代的人一樣說方言(徒2:1-13;10:44-48;19:1-7)。但早期基督徒說的方言究竟是怎樣的?是一種令人極端興奮且無法理解的方言,還是人類已知的語言?

儘管在一些古代異教宗教中已經存在令人狂喜的方言,後來在一些小眾的基督教圈子裡也出現過,但說方言的熱潮是從加州洛杉磯著名的阿祖薩街發起的。**1906年4月9日**,威廉‧西摩(William J. Seymour)在幾戶人家舉行靈恩禱告會,當時愛德華‧李(Edward Lee)和其他幾個非裔美國人說了方言。自此,現代方言運動在世界各地傳播開來。但這種方言是否就是早期基督徒所說的方言呢?

根據使徒保羅的教導,真正的方言恩賜乃是由聖靈賜予信徒的,目的就是為了「傳福音」,而不是為了讓他們在某個單一語言社群中獲得特殊地位(林前14:9,18、19,22,27、28)。在五旬節那天,門徒們實際上是用已知的人類語言說話,好使在場的外邦人都能以自己聽得懂的語言聽見福音(徒2:4-13)。在哥尼流的故事中,方言的恩賜表明福音也應該傳給外邦人(徒10:44-48)。說方言的恩賜幫助信徒們得以在以弗所這一當時重要的商業中心傳福音,因為那裡有許多外國居民和遊客(徒19:1-7)。

即便在今天,方言的恩賜依然可能存在,譬如在一些沒有翻譯員的傳教地。但聖靈在一個人生命中的存在並不是透過屬靈恩賜來證明的,因為撒但也可以模仿這些恩賜(出7:8-13,20-22;8:6、7),聖靈的同在要靠聖靈的果子來表現(加5:22、23)。懷愛倫說,「凡接受基督作個人救主的人,就有聖靈使他們成聖,並作他們的策士、嚮導和見證。」⓮ 不管你的技能或恩賜如何,你都可以被聖靈充滿,結出聖靈的果子。

4月/10 關愛罪人

「經上說：『我喜愛憐恤，不喜愛祭祀。』這句話的意思，你們且去揣摩。我來本不是召義人，乃是召罪人。」
馬太福音9：13

人們往往更願意關心成功人士，喜歡把最好的禮物送給最富有的人。但有些人打破了這一慣例，致力為因貧因受壓迫的社會階層服務。卜維廉（William Booth，1829-1912）就是如此，他是救世軍創始人和第一任救世軍大將。

1829年4月10日，卜維廉出生在英國諾丁漢。1844年，他悔改信主，兩年後成為一名平信徒復興派傳道者。1865年，卜維廉和他的妻子凱薩琳創立了基督復興會——後來成了救世軍——旨在幫助最貧困和最需要幫助的人；其中包括酗酒之人、罪犯和妓女。在救世軍成立初期，他們遭到製酒業的強烈反對，因為窮人不再借酒消愁就斷了他們的財路。據卜維廉的妻子說，他「常常晚上疲憊不堪地回家，衣裳破破爛爛，頭上被石頭砸過的地方纏著血淋淋的繃帶」。

但卜維廉沒有放棄！1912年5月19日，卜維廉在倫敦皇家阿爾伯特音樂廳的最後一次公開演講中（這時距離他去世僅三個月）宣佈：「當女人仍在哭泣，如現在一樣，我要戰鬥；當孩子扔在挨餓，如現在一樣，我要戰鬥；當男人仍舊進出監獄，如現在一樣，我要戰鬥；當仍有一個醉漢，當仍有一個可憐少女迷失街頭，當仍有一個黑暗靈魂缺乏上帝的光，我要戰鬥——且戰鬥到底！」[15] 接下來的這句話也常被認為是出自卜維廉之口：「將來的世紀所面臨的最大危險將是沒有聖靈的宗教，沒有基督的基督教，沒有懺悔的寬恕，沒有重生的救贖，沒有上帝的政治和沒有地獄的天堂。」[16]

懷愛倫讚賞救世軍的工作，也強調上帝之所以興起復臨教會，就是為了在末世恢復聖經真理。這意味著它莊嚴的使命不能被任何單純的社會福音所取代。[17] 我們關心人們在身體和社會方面需求的同時，也必須引導他們「明白一切的真理」（約16：13；參見太4：24；28：20）。

4月11日 欺哄人的外表

> 耶和華卻對撒母耳說：「不要看他的外貌和他身材高大，我不揀選他。因為，耶和華不像人看人：人是看外貌；耶和華是看內心。」
> 撒母耳記上 16：7

無論我們願意與否，都會被別人依照外表來評斷——身高和體重、容貌和衣著、工作和行為都是評判的標準。而且，理論物理學家萊納德‧姆洛迪諾（Leonard Mlodinow）說得沒錯，「外貌可以作為性格的判斷基礎。」❶ 好看的外表固然重要，但我們絕不能忘記「外表可能具有欺騙性」，而且「第一印象會欺騙很多人」。

當主派遣先知撒母耳去耶西家膏抹以色列家中的新王時（撒上16：1-13），先知對以利押印象極好，便以為「耶和華的受膏者必定在他面前」（第6節）。但耶和華警告撒母耳說：「不要看他的外貌和他身材高大，我不揀選他。因為，耶和華不像人看人：人是看外貌，耶和華是看內心。」（第7節）

即使是被公認在復臨教會預言解釋領域的權威——烏利亞‧史密斯（Uriah Smith，1832-1903年），也會在類似的問題上栽跟頭。當密西根州的戰溪出現第一輛汽車時，幾匹馬受驚狂奔，導致一名婦女受傷。史密斯深信問題出在汽車的外型，於是設計了一個能安裝在汽車前的木製馬頭。**1899年4月11日**，他的「汽車外形設計」獲得了美國專利D30551 S，有效期為七年。但他的發明並沒有達到預期效果。事實證明，馬匹受驚並不是因為車輛的外形，而是因早期汽車所發出的噪音。

草率的判斷可能會使我們對內在美視而不見。在平凡無奇的臉龐後，往往隱藏著一顆充滿仁愛的心，以及閃閃發光的性格。比外表更重要的是我們在品格上所彰顯的、一如創造主和救贖主的美。如果我們能用基督的眼光看待他人，看到的就不會只是他們現在的模樣，而是看見他們被祂奇妙的恩典改變後可以成為的樣式（腓3：12-16）。

4月/12 從伊甸到伊甸

> 但我們照他的應許，盼望新天新地，有義居在其中。
> 彼得後書3：13

由畫面產生的長久記憶是時間無法抹去的。中國有句諺語說：「百聞不如一見。」英文中也有類似的俗語：「一幅畫勝過千言萬語。」基於這一原則，多年來，復臨教會的藝術家們也使用畫筆，將救贖計畫的諸多重要元素一一描繪出來。

其中最具深意、也最有啟發性的作品之一，是名為「從伊甸到伊甸」的藝術畫廊，它位於復臨教會全球總會大樓主廳。該展廳於**2015年4月12日**落成，展出來自多位藝術家的七十多幅畫作。低層大廳擺放著幾幅與舊約時期相關的畫作。高層大廳及其走廊的藝術作品描繪了新約時代的景象。而中庭的畫作則展示了天庭中得贖之民的形像。整個展覽在納森‧格林（Nathan Greene）的畫作《有福的盼望》中達到高潮，這幅畫描繪了基督復臨的壯觀景象，令人歎為觀止。每個畫面都蘊含著深刻的視覺信息，但整個主題顯明了我們如今正處在永恆的邊緣。

「從伊甸到伊甸」的畫展是對救贖計畫的微觀展示，到了千禧年結束之時，當新耶路撒冷和上帝的寶座臨到地球，救贖計畫將以空前宏觀的方式展現（啟21：1-3）。懷愛倫這樣描述屆時的情景：

「在寶座之上有十字架出現。於是亞當受試探與墮落的情景，以及救恩的偉大計畫各階段的發展，像一幕幕的活動電影放映出來。……這殘酷的情景要原原本本地出現。撒但以及他的使者和子民不能不看這暴露他們罪行的描繪。其中的每一分子都要回想自己所充當的角色。」⓳

人類歷史正走向終結，每個人都是人生舞臺上的一名演員。按照上帝的計畫，救贖人類的事宜已準備就緒。現在天地都在關注著我們的表現（林前4：9；來12：1、2）。願你我在通往伊甸的旅途上堅持下去。永遠不要因任何事、任何人而分了心神！

4月13日 天上的敬拜

> 第七位天使吹號，天上就有大聲音說：
> 世上的國成了我主和主基督的國；他要作王，直到永永遠遠。
> 啟示錄 11：15

喬治・韓德爾（George F. Handel）的《彌賽亞》是有史以來最宏偉的音樂作品之一，其中舉世聞名的便是《哈利路亞》合唱曲。在填入查理斯・詹寧斯（Charles Jennens）以《聖經》為基礎並以基督為中心的歌詞後，韓德爾僅用了24天便創作出了這部曠世巨作。在樂譜結尾處，他寫下了「SDG」的字樣，這是「Soli Deo Gloria」的縮寫，意思是「榮耀唯獨歸於上帝」。這部作品於**1742年4月13日**在愛爾蘭都柏林首演，受到在場七百位觀眾的熱烈讚賞。

聽《哈利路亞》演奏時要起立是廣為人知的傳統，據說這個傳統始於1743年3月的倫敦首演，當時喬治二世國王聆聽時感動得站了起來，於是其他觀眾也紛紛效仿。由於缺乏史料記載，有些評論家也對此提出質疑。但不管起源為何，這傳統已流傳了數百年，如今依然被奉行，以表對尊貴基督的敬意。

《哈利路亞》是根據英王欽定版《聖經》，描繪約翰在〈啟示錄〉中所描寫之讚美天堂的盛景。例如，「世上的國成了我主和主基督的國；他要作王，直到永永遠遠。」（啟11：15）「哈利路亞！因為主——我們的上帝、全能者作王了。」（啟19：6）基於約翰對天堂的啟示，韓德爾的合唱曲讚美了「萬王之王，萬主之主」的基督（啟19：16）。在人們眼中，這部作品是對天國樂音的預嘗。

整個救贖計畫的構想和實施是為了讓我們能夠活在上帝的臨格之中，「享受上天的光明及榮耀，傾聽天使的歌聲，並與他們合唱。」❷ 但比起僅僅了解天堂的讚美，更為重要的是，我們要為能夠在天堂讚美上帝做好準備！畢竟，「天國是我們的無價之寶。我們失去天國就失去了一切。」❷ 如果我們錯失了天堂，我們就失去了存在的意義。我們必須憑著上帝的恩典進入天國。

4月/14 生命的奧祕

> 我要稱謝你，因我受造，奇妙可畏；
> 你的作為奇妙，這是我心深知道的。
> 詩篇 139：14

人體裡有眾多器官和相互作用的系統，你是否曾因其複雜性而驚歎不已？人體是極其複雜的，有隨意肌和非隨意肌，有驚人但合理的強大免疫系統，以及一個令所有科學研究都黯然失色的、極其神祕的大腦。人的思想和情感是如何產生的？是什麼使每個人獨一無二、與眾不同？

數百年來，科學家們一直試圖理解人體及其功能。例如，DNA研究揭示了與生物體的發育、生長和功能有關的基本遺傳指令。而備受矚目的人類基因組計畫則試圖對人類整個基因組進行定序。在**2003年4月14日**，研究人員宣佈定序已全部完成。然而，按照歐盟人腦計畫負責人的說法，「理解人類大腦是廿一世紀科學所面臨最艱巨的挑戰之一。」❷

2014年4月2日，英國《獨立報》解釋說：「每個人的大腦中大約有1千億個神經元（比銀河系中的恆星數量還多）。每個神經元可以直接與大約1萬個其他神經元相連接，如此一來，總計有約1百萬億個神經連接。如果將單單一個人腦中的每個神經元首尾相連，它們可以繞地球兩圈。相比於這個最複雜器官所帶來的生物難題，解讀基因組不過是小兒科罷了。」❷

難怪詩人大衛說上帝創造他是何等可畏、何等奇妙（詩139：14）。儘管精妙的設計已使我們價值不菲，但是當上帝用「基督的寶血」贖回我們，使我們成為「聖靈的殿」（林前6：19）時，我們的身價就更加無與倫比。既然上帝在我們每個人身上都投入了如此之多，我們豈不更應珍視自己，關心自己的健康呢？「因為你們是重價買來的。所以，要在你們的身子上榮耀上帝。」（林前6：20）

4月 15 過分自信

> 有人靠車，有人靠馬，但我們要提到耶和華 —— 我們上帝的名。
> 詩篇 20：7

20世紀上半葉，各航運公司之間的競爭日漸白熱化。1908年，白星航運公司委託位在愛爾蘭貝爾法斯特的哈蘭‧沃爾夫船廠，建造世界上最大、最豪華的蒸汽船。1912年4月10日，新郵輪「鐵達尼號」（編註：Titanic，亦稱泰坦尼克號，意為體積大、馬力大）從英國南安普頓出發，展開了前往紐約的首航。但在四天後的夜晚11點40分，郵輪駛過北大西洋，撞上了冰山，船的右舷被撞出一個大洞。**1912年4月15日**凌晨，在事故發生不到三個小時後，鐵達尼號就斷成了兩截沉沒海底。

曾有船隻透過無線電警告鐵達尼號要注意沿途的冰山，但是船長愛德華‧史密斯（Edward J. Smith）仍然下令全速前進，並且在晚上9點20分左右回房就寢。這艘被世人譽為「永不沉沒」的鐵達尼號，僅攜帶了二十艘救生艇——本來是打算營救其他沉船的倖存者的。儘管船上的乘客人數最終無法確定，但最終獲救的大約只有710人，而有超過1500人在這場災難中喪生。看過1997年電影《鐵達尼號》的人，應該都對這場悲劇略知一二。

這場災難帶給我們飽含血淚的教訓。一艘號稱「永不沉沒」的船沉沒了，它警告我們千萬不要對人類的成就（包括我們自己的成就）過度自信。當大衛說出「有人靠車，有人靠馬，但我們要提到耶和華我們上帝的名」（詩20：7）之時，就已充分意識到這種錯誤的傾向。我們最好的努力遲早會消逝並死亡。只有我們與上帝一起同工的工作才能永遠持續。

史密斯船長自信滿滿，漠視來自其他船隻的警告，最終帶來災難性的後果。當我們不聽從可靠的建議和指導時，悲劇就會發生。看似微小的決定可能會產生嚴重的後果。回想當年夏娃決定吃下禁果，亦是一個看似不起眼的舉動，但卻貽害無窮。

主啊，祈求祢在今天和每一天，都幫助我們做出符合祢旨意的正確決定！

4月/16 讚美的聲音

> 耶和華——我的磐石,我的救贖主啊,
> 願我口中的言語、心裡的意念在你面前蒙悅納。
> 詩篇 19:14

我們受上帝呼召,要在一個雄辯滔滔的世界中宣揚永恆的福音。為了有效地完成這項使命,我們不僅應該思考說什麼(內容),還要注意如何說(方法)。按照懷愛倫的教導:「我們雖或有學問,但若不知道怎樣正確地運用聲音,我們的工作就要變得失敗。我們若不能用適當的話語來表達意見,所受的教育有什麼用處呢?假使不培養說話的才幹,所有的學問就沒有多大益處。」㉔

1999年,巴西的喉科學與聲音學會將每年的**4月16日**作為慶祝聲音現象的日子。到了2002年,時任歐洲喉科學會主席的葡萄牙喉科專家——馬里奧·安德烈教授(Mario Andrea),提出4月16日應受到更廣泛的關注,於是這一天便成為「世界語音日」,其宗旨是為了展示聲音在人們日常生活中的重要性,鼓勵人們對自己嗓音的健康狀況進行評估,說服人們改善或養成良好的發音習慣。

古希臘最偉大的演說家德摩斯特尼斯(Demosthenes,西元前384-322年)就是一個憑藉個人努力克服語言障礙的典範。希臘歷史學家和傳記作家普魯塔克(Plutarch)說過:「德摩斯特尼斯有語言障礙,他『口齒不清,結結巴巴』。」為了克服這些問題,他「建造了地下書房,在那裡練習自己的發音。他還把頭髮剃掉一半,這樣他就不能去公共場合了」。在此期間,他「嘴裡含著小石頭練習說話,在跑步或上氣不接下氣時背誦詩句,還在大鏡子前練習演講」。㉕

你的聲音和說話技巧有沒有需要改進的地方?儘管我們無法擺脫人的局限和弱點,但上帝仍然可以使用我們。只要有良好的技巧並持之以恆,許多言語上的不足都可以克服。我們都應該將自己的聲音獻給上帝,切莫自高自大,要用聲音來榮耀上帝、鼓舞他人。

4月 17 因祂的道得復興

> 禱告完了，聚會的地方震動，他們就都被聖靈充滿，放膽講論上帝的道。
> 使徒行傳 4：31

預言之靈告訴我們，「在我們一切的需要中，最重大而迫切的需要，就是要在我們中間復興真實的敬虔。」㉖ 鑑於這一迫切需要，2011年復臨教會全球總會年度理事會投票通過了一項名為「因祂的道得復興」的計畫。該計畫於**2012年4月17日**啟動，預計在2015年7月的全球總會上結束，它鼓勵每位教友每天讀一章《聖經》。到了2015年代表大會期間，全球總會又推出類似的計畫——「相信祂的先知」；這是一項為期五年、旨在引導教友通讀《聖經》以及指定懷著的計畫。

基督教歷史上每一次真正的復興，都是以人們熱切祈禱懇求上帝並認真研究祂的聖言展開。我們應當明白「讀經離不開祈禱」㉗；並且我們也該認識到「讀經乃是為禱告而預備心靈」㉘。因此，「我希望你逐漸成為一名熱切真實的基督徒，在禱告中尋求上帝。不要太忙碌，以致沒有時間讀經並且在謙卑的祈禱中尋求上帝的恩典。」㉙

我們必須認識到，復興與改革是相輔相成的。「復興」激發對改革的精神動力，「改革」則是真正復興帶來的必然結果。沒有改革的復興只是空虛的精神幻想，沒有復興的改革也不過是倫理上的形式主義。如果說過去有許多傳道人只強調改革而忽略復興，那麼今天的主流則成了宣揚復興卻不兼顧改革。人人都希望基督成為自己的救主，但卻不一定願意讓祂作主。

真復興的另一個特徵是它會使人產生深刻的謙卑與悔改。每當人們自我感覺良好，並對他人評頭論足時，就可以確定他們沒有受聖靈引導。制定上述計畫旨在鼓勵我們尋求主。不要指望別人來激勵我們在屬靈上成長，應當下定決心現在就來尋求主！

4月 18 「這是我的立場」

> 「人帶你們到會堂,並官府和有權柄的人面前,不要思慮怎麼分訴,說什麼話;因為正在那時候,聖靈要指教你們當說的話。」
> 路加福音 12：11、12

　　新教改革中最引人注目的一幕發生在1521年德國的沃木斯市。馬丁‧路德（Martin Luther）對《聖經》的闡釋削弱了羅馬天主教的權威和教義。1月3日,教皇利奧十世宣佈要將路德逐出教會;三個月後,這位改革家被傳訊,要他在沃木斯議會上,在神聖羅馬皇帝查理五世面前出席聽證會。4月16日路德抵達該市,次日準時出席大會。有人出示了一摞書並質問他：⑴是否承認這些書是出自他的手筆;⑵是否願意撤回書中的內容。他承認這些書是他寫的,但對第二個問題,他要求給予思考的時間。

　　1521年4月18日下午稍晚,路德再次出現在會議上,準備回答第二個問題。在聽完他解釋他的著作涉及不同主題後,審問者咄咄逼人地質問道：「馬丁,你怎麼能認定你是唯一能理解聖經意義的人?難不成你將自己的判斷凌駕於眾多名人之上,聲稱自己比所有的人更高明嗎?」

　　路德被要求給出直截了當的回答,於是他說：「既然陛下和諸位都希望得到簡單的答覆,我將毫無保留地回答。除非有《聖經》或明顯的理由說服我,否則我無法撤回。我不信任教皇或教會會議,因為他們經常出錯,也常常互相矛盾,這是眾所周知的。我受《聖經》的束縛,就是我所引用的《聖經》;上帝的話語約束著我的良心,所以我不能、也不願撤回任何東西,因為違背良心是既不正確也不安全的。願上帝幫助我。阿們。」㉚

　　後現代主義,甚至後後現代主義的世界,催生了一個無根基、無承諾的社會。今天,無論堅持《聖經》的立場會帶來怎樣的結果,已經沒有多少人願意為《聖經》的權威辯護了。但在這末世,世界和教會都需要更多具有這般堅定信念的人。您願意成為其中的一員嗎?

4月19日 人類的智力

> 上帝賜給所羅門極大的智慧聰明和廣大的心,如同海沙不可測量。
> 列王紀上 4:29

儘管人類已經進行了大量的科學研究,也有豐富的知識可供利用,但神經科學家仍然承認,想要重塑人類智力並完全掌握大腦的運作方式幾乎是不可能的。儘管如此,科學家們依舊開發出了幾種心理測試來評估人的智力。

廿世紀初,阿爾弗雷德‧比奈(Alfred Binet)和西奧多‧西蒙(Théodore Simon)提出了一個「智力測驗量表」來測量兒童的智力。**1912年4月19日**,在德國柏林召開的第五屆實驗心理學大會上,威廉‧斯特恩(William L. Stern)發表了一篇題為《智力測試的心理學方法》的論文。在文中他使用了「IQ=智力商數」(IQ = Intelligence Quotient)這一表達,並提出相應的計算公式。但即使是更現代的測試也有其局限性。有些批評者甚至認為IQ本身就代表「殘缺不全和值得懷疑」(Incomplete and Questionable)!

1983年,霍華德‧加德納(Howard E. Gardner)提出七種不同的多元智慧(Multiple Intelligences),超越了將智力局限於理性思維的概念。㉛ 到了1999年,加德納將多元智能增加至八種:語言、邏輯數理、音樂、空間、肢體動覺、人際關係、自省和自然辨識。然而在2003年,加德納自己也承認,「當我試圖解讀從遺傳學到網路空間等各個領域發生的事件時,我真希望自己擁有更多的智慧!」

今天,人工智慧也大受吹捧。但這種智慧仍然來自於構思並開發這些機器的人類大腦。如果有一天我們真能繪製出自己大腦的神經突觸圖,那麼等到我們真正掌握它們之時,大腦就已經形成了新的配置。這是一個永無止境的過程。

許多現代心理學家認為,複雜的人類智慧只是自然進化的結果。但作為基督徒,我們知道這一切都來自於上帝,「各樣美善的恩賜和各樣全備的賞賜都是從上頭來的」(雅1:17),應該為祂的尊貴和榮耀而使用(耶9:23、24)。那麼你是否正在為上帝的尊貴和榮耀使用自己的智慧和才能呢?

4月/20 天國才是我們的家

「於是王對使喚的人說：『捆起他的手腳來，把他丟在外邊的黑暗裡；在那裡必要哀哭切齒了。』」

馬太福音 22：13

2014年9月，我參觀了位於上奧地利邦的歷史古蹟。在布勞瑙市，一座老房子吸引了我的注意，它矗立在拐角處，門前立著一塊大石碑，上面用德文刻著：「為和平、自由和民主，莫再帶給人類法西斯主義，千萬人的犧牲已是最大的告誡。」因為正是在這座房子裡——大約136年前的**1889年4月20日**——一名男嬰出生，他的名字是阿道夫・希特勒（Adolf Hitler）。當他的母親克拉拉・希特勒（Klara Hitler）第一次將他擁入懷中時，大概從未想過她的寶貝會對世界產生何種影響，還有他將以何種方式被歷史銘記。

就在希特勒的出生地，我憶起2004年參觀奧斯維辛集中營時，那些深深震撼我的二戰時期的暴行。後來，我又想起〈啟示錄〉20章所描述的千禧年結束時的最後一幕，那時歷代的惡人（希特勒也在其中）將要復活。他們「遍滿了全地」，要圍住「聖徒的營和蒙愛的城」（9節）。那將是史上首次、也是唯一一次，所有的惡人和一切惡魔的勢力都聚在一處，結成邪惡的聯盟。

還有一件事令人震驚，但我們無法逃避：那失喪的人不僅會錯失天國的幸福生活，還會淪為惡魔軍團中的一分子，遠比二戰期間臭名昭著的納粹軍隊更為可怕。難怪耶穌警告說，那時「必要哀哭切齒了」（太22：13）。對於救贖的事我們絕不能掉以輕心！無論是財產還是事業，亦或是這世上的任何東西，都無法與天堂的祝福相提並論。

懷愛倫曾這樣懇求道：「我見到天庭全體無不關心我們的得救；我們豈可冷淡不顧呢？我們豈可疏忽，而把自己是否得救或沉淪的問題看為小事呢？我們豈可輕視那為我們所作的犧牲呢？」㉜ 我們必須去往天堂！那才是我們的家園。

4月/21 失去我們的身分

「然而有一件事我要責備你，就是你把起初的愛心離棄了。」
啟示錄 2：4

宗教社會學研究表明，宗教運動通常源於人們對於改變所置身之文化的渴望。但經過二、三百年之後，在改革先驅以及他們的同工離世後，這些運動往往會失去其特性，反倒被最初想加以改革的文化所吸收。這種現象在後使徒時代的基督教和宗教改革後的新教中比比皆是。

美國衛理公會是十九世紀中葉最具活力和最富生命力的基督教教派之一。可惜隨著時間的推移，最初的熱情也消失殆盡。**1972年4月21日**，美國衛理公會大會正式接受了教義多元化。「唯獨聖經」（Sola Scriptura）這一新教的偉大原則被四種平等的教義權威所取代。衛理公會宣稱，「基督教信仰在《聖經》中得著啟示，由傳統闡明，在個人經驗中得以活化，並由理性加以證實。」這樣一來，美國衛理公會就向各種自相矛盾的教導和文化價值觀敞開了大門。傑瑞‧沃爾斯（Jerry L. Walls）所著的《多元主義問題：重塑美國衛理公會的身分》❸一書頗有見地，講述了多元主義是如何重傷了衛理公會的特性。

今天，復臨教會正在當代文化的劇烈影響下度過它的第二個百年。我們應當比以往更加重視保羅在〈羅馬書〉第12章2節中給出的建議。《信息本聖經》寫道：「不要一味適應你所處的文化，不要不假思索地融入其中。你反而應當把注意力放在上帝身上。你會由內而外地發生改變。隨時意識到祂對你的要求，並迅速做出回應。上帝並不會像你周遭的文化那樣，拉低你的水準來迎合它的不成熟，上帝會使你表現出最好的自己，幫助你養成成熟的品格。」

作為復臨信徒，我們活在一個真實的世界中，也和其他人一樣生活。但我們必須謹慎，不要讓文化破壞上帝話語中的普遍原則和價值觀。

4月/22 關愛地球

上帝看著一切所造的都甚好。
創世記 1：31

地球是我們目前的家園，我們應該愛護。但地球上的許多自然資源正在遭受肆意的破壞，其原因有「石油洩漏、排污的工廠和發電廠、未經處理的污水、有毒廢料棄置、殺蟲劑、高速公路、荒野的消失以及野生動物的滅絕」。❹

1969年初，美國加州聖芭芭拉海岸發生了一起重大的石油洩漏事故，導致一萬多隻海鳥、海豚、海豹和海獅死亡。這場災難刺痛了環保人士的心，於是他們推動了環境法規的訂立，環境教育的推廣，以及「世界地球日」的設立。**1970年4月22日**，美國慶祝了第一個地球日，大約有兩千萬人攜手促進環境改革。這一運動獲得了長足的發展。到了1990年，有141個國家、大約兩億人攜手推動回收事業，為「1992年在里約熱內盧舉行的聯合國地球高峰會鋪平道路」。❺

在《有關環境保護的聲明——管家》一文中，復臨教會對不負責任破壞地球資源的行為嚴正譴責，並提出要對生活方式進行實質性的改變。文中聲稱，「復臨信徒主張一種簡單、健康的生活方式。人們無需再被放縱的消費主義、囤積商品以及廢物的產生所轄制。基於對大自然的尊崇，我們呼籲改革生活方式，合理節制地利用地球資源，重新評估個人需求，並重申被造之物的尊嚴。」❻

復臨信徒相信，世界是上帝所創造，並非偶然產生的（創1：2）。最初創造的世界「都甚好」（創1：31），上帝也命令亞當「修理、看守」（創2：15）。每一代人——包括我們自己——都是上帝創造之物的管家，應當盡我們所能地保護地球。我們應該銘記，大自然所彰顯的是造物主的品格，而破壞大自然會使上帝的啟示變得模糊不清。雖然上帝終將創造「新天新地」（啟21：1），但這絕不能成為我們未善盡管理之責的藉口。讓我們一起努力，使這世界成為一個更美好的生活之地，這也是對將來榮耀世界的小小預嘗。

Every Day A New Beginning 115

4月/23 競技場中的人

> 因為，義人雖七次跌倒，仍必興起。
> 箴言 24：16

名留青史的人通常兼具才華和毅力。據說美國著名的發明家湯瑪斯・愛迪生（Thomas Edison）在被問及失敗經驗時，他的回答是：「我並沒有失敗。我只是找到了一萬種行不通的方法。」㊲

1910年4月23日，西奧多・羅斯福（Theodore Roosevelt）在巴黎索邦大學的演講──《共和國的公民》中，強調了毅力的價值。其中最廣為人知的片段是「競技場中的人」，內容摘錄如下：

「榮譽不屬於批評者，就是那些指出強者如何跌倒、或實作之人哪裡本可以做得更好的人。榮譽屬於真正在競技場上拼搏的人，屬於臉龐沾滿灰塵、汗水和鮮血的人，屬於頑強奮鬥的人，屬於屢戰屢敗卻又屢敗屢戰的人，因為任何成就都伴隨著錯誤和缺陷。榮譽屬於實際拼搏的人，顯出極大熱情和投入的人，投身於有價值之事業的人，最終或如願取得偉大成就，或遭遇失敗也不乏膽量的人，因此其站立之地將永不同於冷漠膽小、未經勝敗洗禮的人。」㊳

你我都生活在善惡大鬥爭的競技場上，與「天空中屬靈氣的惡魔」（弗6：12）進行永不停歇的鬥爭。就算我們才華出眾、毅力超群，只要沒有上帝大能的幫助與引導，再多的努力終歸徒勞。懷愛倫曾寫道：「成功的祕訣乃在乎神的能力與人的努力相互配合。凡是成大功立大業的人，都是最能信靠全能之膀臂的人。」㊴

上帝給了我們新的一天。請不要憑自己的力量來面對它。在你一切的言行舉止上，你都需要上帝的能力和指導。有了上帝作伴，你今天就能大獲全勝。願主時時刻刻與你同在！阿們。

4月 24 探索宇宙

> 你們向上舉目,看誰創造這萬象,按數目領出,他一一稱其名;
> 因他的權能,又因他的大能大力,連一個都不缺。
> 以賽亞書 40:26

1990年4月24日,經過漫長的建造和測試,美國國家航空暨太空總署(NASA)和歐洲太空總署聯合研發的哈伯太空望遠鏡,終於被成功發射到地球低軌道上。這個懸浮在地球大氣層外、以太空為基地的觀測站,為我們傳回了更遙遠之宇宙的圖像,令人歎為觀止。有一些照片甚至拍到了距離地球132億光年的星系。

外太空的科學研究(天文學)的擴展得益於望遠鏡的發展,以及發現了控制天體在各自軌道上運行的物理定律。這些不斷取得的成就使今天的我們能看到前人從未見過的景象。隨著時間的推移,宇宙探索將帶給我們更加清晰的太空圖像。但在永恆的歲月裡,上帝的得贖之民甚至不用借助望遠鏡,也能探索宇宙的奧祕。

「宇宙的全部寶藏都要開啟,以供上帝所救贖的子民研究。他們不再受必死之身體的捆綁,卻要展開不知疲倦的翅膀,一直飛翔到天外的諸世界,那些世界的居民曾看見這個世界人類的禍患並為之憂傷驚懼,也曾因聽到世人得救的喜訊而歡唱。那時地上居民的心中要充滿莫可言宣的快樂,與那些從來沒有犯罪的生靈共享喜樂和智慧。他們要分享知識與聰明的寶藏,就是那世世代代因思念上帝的作為而得的收穫。他們要以清晰的目光觀察創造物的榮美,就是千千萬萬的太陽、星辰和天體環繞著上帝的寶座,在指定的軌道上運行。在萬物之上從最小到最大的,都寫有創造主的尊名,無不顯示祂豐盛的權能。」❹

人類有限的大腦還是無法完全理解宇宙和永恆的含義。上帝紆尊降貴來到這個罪惡的星球,以祂的厚恩拯救了你我,並賜予我們永恆的生命來探索祂的傑作!這樣的事難道不奇妙嗎?

4月25 基本信仰

> 只要心裡尊主基督為聖。有人問你們心中盼望的緣由，
> 就要常作準備，以溫柔、敬畏的心回答各人。
> 彼得前書 3：15

　　早期的復臨教會並未打算推出任何正式的基本信仰宣言。但經過多年的發展，越來越多的人開始詢問教會的信仰，而且某些錯誤的說法也扭曲了復臨派信息的完整性。因此在1872年，烏利亞·史密斯（Uriah Smith）撰寫了《基督復臨安息日會教導和實踐的基本原則宣言》，其中包含了廿五條聲明。1889年，人們將上述聲明略加修訂後擴充為廿八項主張。在1931年《基督復臨安息日會年鑑》中刊印了新的廿二條「基本信仰」。到了**1980年4月25日**，全球總會在德州達拉斯市召開的代表大會上，投票通過了第一份正式的廿七條基本信仰。

　　這份新文件在導言部分就闡明其性質：「基督復臨安息日會接受《聖經》為唯一的信仰根基，並將某些基本信仰視為聖經的教導。以下的信仰表白，包含著教會對聖經教導的理解和表達。當教會在聖靈的引導下對聖經真理有更全面的理解，或有更恰當的語言來表述上帝聖道的教導時，可以透過全球總會對要道進行修訂。」㊶

　　宣言的關鍵之處在於它將唯一不變的信條──《聖經》，和可被修訂的基本信仰區分開來。教會已經有了修訂基本信仰的先例。2005年的全球總會大會在密蘇里州聖路易斯市召開，出於對泛靈論和邪惡勢力的擔憂，大會決定增加一條新的基本要道：「在基督裡成長。」（第11條）2015年在德州聖安東尼奧市召開的全球總會大會上，人們對幾條基本信仰的措辭也進行了修改，使其更加清晰易懂。

　　雖然刊載在《教會規程》中的廿八條基本信仰從未打算取代《聖經》成為我們唯一信條的地位，但它可以幫助我們簡明扼要地解釋《聖經》基本的教導和我們心中盼望的緣由（彼前3：15）。你應該熟讀基本信仰，做好準備與他人分享。

4月/26 不朽與復活

> 「你們不要把這事看作希奇。時候要到，凡在墳墓裡的，都要聽見他的聲音，就出來：行善的，復活得生；作惡的，復活定罪。」
>
> 約翰福音 5：28、29

許多人好奇：如果人類的靈魂真是不朽的，為什麼《新約聖經》會教導死人最後會復活呢？對於這個問題，歐洲著名的新教神學家和新約學者奧斯卡‧庫爾曼（Oscar Cullmann, 1902-1999），**在1955年4月26日**，於哈佛大學安多弗教堂每年舉辦的一系列、以「永生」為主題的英格索爾講座（Ingersoll Lecture）上，提出了十分精彩的回答。他的演講以《靈魂不朽和死人復活：新約的見證》為題，首次發表在《哈佛神學公報》㊷上，後來以小冊子的形式出版。

庫爾曼認為，希臘人對靈魂不朽的觀念與基督教關於死人復活的信條之間存在著無法相融的矛盾。在他看來，希臘哲學中靈魂不朽的概念無法與新約中死人最終復活的教義相吻合。有趣的是，約在西元150年左右，殉道者游斯丁（Justin Martyr, 100-165年）已提出警告說，那些「聲稱死人沒有復活，他們死後靈魂被帶到天堂」的人不能被視為基督徒。㊸

在〈哥林多前書〉第15章16至18節中，保羅爭辯說，「死人若不復活，基督也就沒有復活了」，因此，「在基督裡睡了的人也滅亡了。」如果義人死後靈魂就被帶到天上（如許多人相信的那樣），那麼連基督自己的復活也沒有存在的必要了。若真如此，保羅也不可能將那些在基督裡睡了的人說成是滅亡的，因為他們已經與基督同在天堂了。

死亡雖然充滿殘酷和悲哀，但新約帶給我們的好消息是：基督已經用自己的復活徹底戰勝了死亡。「我們若信耶穌死而復活了，那已經在耶穌裡睡了的人，上帝也必將他們與耶穌一同帶來。」（帖前4：14）我們所有在基督裡睡去的親人最終都將從死裡復活，得享永生，這是多麼美好的祝福啊！

4月/27 傳道士的妻子

才德的婦人誰能得著呢？她的價值遠勝過珍珠。
她丈夫心裡倚靠她，必不缺少利益；她一生使丈夫有益無損。
箴言 31：10-12

當我們讀到諸如威廉・凱里（William Carey，1793年前往印度）、羅伯特・莫法特（Robert Moffat，1816年被派往南非）和大衛・李文斯頓（David Livingstone，1841年前往非洲）等勇敢傳教士的事蹟時，他們奉獻與犧牲的精神深深打動著我們。但有誰聽過他們的妻子和孩子呢？許多傳教士的妻子付出了高昂的代價——也許比她們的丈夫還要高——在遙遠的傳教地為主服務。由於生活在異教文化中，且要應對長久的孤獨，有些作妻子的甚至會因此遭受嚴重的精神創傷。

瑪麗・莫法特（Mary Moffat，1821-1862）是著名蘇格蘭傳教士羅伯特・莫法特（Robert Moffat）的女兒，她出生在南非的格里夸鎮，當時她的父母在當地傳教。1845年1月2日，瑪麗嫁給了一位名叫大衛・李文斯頓（David Livingstone）的傳教士。後來，她一方面想要跟隨丈夫在非洲傳教，另一方面又希望用幾年的時間在英國陪伴孩子讀書，陷入兩難的她糾結不已。在陪伴丈夫來到贊比西河的舒潘加營地時，瑪麗病倒了，**1862年4月27日**她撒手人寰。她墓碑上的銘文寫著：「醫生李文斯頓的愛妻瑪麗・莫法特在此安息，滿懷對我們救主耶穌基督的忠心盼望，期待著喜樂的復活。」瑪麗和她的丈夫一樣，為非洲的傳教工作獻出了自己的生命。

懷愛倫說：「母親的工作在她自己看來往往似乎是一種無足輕重的服役。這種工作很少受人重視。他人也不知道她許多的掛慮和重擔。她整天在家忙碌，從事許多日常瑣事，而且必須顯示忍耐、自制、機敏、智慧和自我犧牲的慈愛；然而她還不能誇述自己的工作為偉業。……她認為自己是毫無所成的……她的名字或許沒沒無聞，但已記在羔羊的生命冊上了。」❹ 對於那些曾經以及現今仍在幕後默默努力，支援作傳教士的丈夫並其工作的女性，我們應當珍而重之並給予大力支持！

4月/28 太空之旅

> 我觀看你指頭所造的天,並你所陳設的月亮星宿,
> 便說:人算什麼,你竟顧念他!世人算什麼,你竟眷顧他!
> 詩篇 8:3、4

德國哲學家伊曼紐爾·康得(Immanuel Kant,1724-1804年)曾說過:「有兩樣東西,越是經常且持久地對它們進行反覆思考,它們就越使心靈充滿常新且日益加深的讚賞和敬畏:一是我頭上的星空,二是我心中的道德法則。」㊺ 人類對太空的傾慕和好奇驅使著天文學家和太空科學家們盡力探索上帝所創造的宇宙奇蹟。但到目前為止,太空人只到過月球,並止步於此。

1961年,蘇聯太空人尤里·加加林(Yuri Gagarin)成為第一個進入外太空的人。目睹了這一切的鄧尼斯·蒂托(Dennis Tito,生於1940年)大受震撼,生出了前往太空的夢想。最終在**2001年4月28日**,他參加了聯盟TM-32飛船的飛行任務,在太空度過了7天22小時4分鐘,繞地球轉了128次。於是,億萬富翁鄧尼斯·蒂托成為第一位自費前往太空的太空遊客。這次冒險花了他多少錢呢?僅是登上飛船一項,就花了他二千多萬美元。,但其實這還沒讓他離開過地球的軌道呢!

當基督復臨時,來自世界各地、各時代上帝忠心的兒女將穿越星際到達天堂(約14:1-3)。預言之靈告訴我們,從地球到天堂的太空之旅需要「七天」㊻。有人推測之所以需要一個星期,是為了讓那些從未守過安息日的人在進入天國之前守安息日。按照他們的設想,那個安息日會在另一個星球上過。但無論《聖經》亦或懷愛倫的著作都沒有提到這一點。懷愛倫只說升到天堂需要七天。那麼我們需要為這次太空之旅付多少錢呢?一毛錢也不用——上帝已經為我們付過了!

飛向太空時,太空人只能待在飛船狹小的空間裡,與他作伴的只有幾位同事。相比之下,聖徒將乘坐上帝的交通工具去往天堂。他們將與地球上所有得贖之民為伴,還有聖天使和耶穌基督陪伴左右。任何人類的努力或成就都無法與這至高無上的獎賞相提並論。因著上帝的恩典,你我都會在天家相聚!

4月/29 婚禮禮服

> 我們要歡喜快樂,將榮耀歸給他。因為,羔羊婚娶的時候到了;新婦也自己預備好了,就蒙恩得穿光明潔白的細麻衣。
> (這細麻衣就是聖徒所行的義。)
> 啟示錄 19:7、8

　　婚禮本來就是朝著盡善盡美的目的而設計的——裝飾、賓客、儀式,尤其是新娘和婚紗。說到最華麗的婚禮,當屬**2011年4月29日**劍橋公爵威廉王子(Prince William)和凱薩琳‧米德爾頓(Catherine Middleton)在倫敦西敏寺舉行的婚禮。凱特的婚紗出自高級時裝品牌亞歷山大‧麥昆(Alexander McQueen)的創意總監薩拉‧伯頓(Sarah Burton)之手。婚紗的主體由象牙色和白色緞子製成,背部嵌有58顆用亮面絲質布料和歐根紗製成的扣子。胸衣上飾有由機織蕾絲剪裁而成的花卉圖案。套用設計師馬克‧巴德利(Mark Badgley)的話:「這是一款經得起時間考驗的婚紗。不是隨便什麼婚紗都能做到這一點。全世界的新娘都會想要穿上它。」❹ 果然,就在婚禮後不久,王妃婚紗的仿品就在市面上出售了。

　　《聖經》用各種婚禮的意象來描述基督與祂忠心的教會之間的關係。在婚筵的比喻中(太22:1-14),教會並非國王之子的新娘,而是參赴婚宴的賓客。在這個歡慶的場合,所有客人都必須穿上婚禮禮服。沒有禮服的客人會被趕到外面的黑暗中去。在羔羊婚禮的末世場景中(見啟19:7-10),「細麻布就是聖徒所行的義。」

　　如果「所有的義都像污穢的衣服」(賽64:6),那麼婚禮禮服又怎能被視為「聖徒所行的義」(啟19:8)呢?懷愛倫說,那件禮服是「王的恩賜」。「基督的義,是祂自己無瑕疵的品德,要因信分給一切接受祂為個人救主的人。」❹ 基督就像浪子比喻中的父親一樣(路15:11-32),希望用祂自己毫無瑕疵的公義的衣裳披戴在我們身上,讓我們為參赴婚宴做好準備。

4月/30 文化誘惑

> 不要效法這個世界,只要心意更新而變化,
> 叫你們察驗何為上帝的善良、純全、可喜悅的旨意。
> 羅馬書 12:2

　　幾個世紀以來,上帝的子民所面臨最大的挑戰之一,就是如何在自己的信仰與當代社會價值觀發生衝突時,仍舊保持對基督的忠誠。文化一直在試探上帝的子民,但廿世紀六、七十年代的反文化運動,則是對傳統價值觀的極度反叛。

　　許多美國年輕人因對當代文化感到失望,尤其厭倦了越戰(1955-1975年),於是喊出了「做愛,不作戰」的口號。有些年輕人逃離家庭,住在嬉皮公社裡,試圖尋找一個能讓他們用自由戀愛、毒品和迷幻搖滾樂來表達罪惡慾望的理想之地。1969年8月15日至18日在紐約貝瑟爾舉行的胡士托音樂節便成為反文化運動的標誌。

　　1975年4月30日西貢淪陷,漫長且悲慘的越戰也隨之結束,戰爭造成5萬8千多名美國人死亡。嬉皮文化最終消失了,但廿世紀六、七十年代的反文化風潮至今仍在繼續。當代社會受到聲音和影像的過度刺激,其文化也對性推崇備至。此外,後現代主義也對《聖經》中的絕對價值觀嗤之以鼻。

　　面對眾多的文化誘惑,我們應當重視〈詩篇〉第119篇9節所說的話:「少年人用什麼潔淨他的行為呢?是要遵行你的話!」《信息本聖經》中的〈羅馬書〉第12章2節寫道:「不要一味適應你所處的文化,不要不假思索地融入其中。你反而應當把注意力放在上帝身上。你會由內而外地發生改變。隨時意識到祂對你的要求,並迅速做出回應。上帝並不會像你周遭的文化那樣,拉低你的水準來迎合它的不成熟,上帝會使你表現出最好的自己,幫助你培育成熟的品格。」

　　耶穌在祂的大祭司禱文中向天父求告:「我不求你叫他們離開世界,只求你保守他們脫離那惡者。」(約17:15)願祂的禱告也成為我們在今天和未來每一天的禱告!

5月 01 深愛非洲之心

> 原來基督的愛激勵我們；因我們想，一人既替眾人死，眾人就都死了；
> 並且他替眾人死，是叫那些活著的人不再為自己活，
> 乃為替他們死而復活的主活。
> 哥林多後書 5：14、15

大衛・李文斯頓（1813-1873）將福音的火炬傳到非洲大陸最偏遠的地方，整個基督教歷史也因他這樣勇敢的傳教士們而熠熠生輝。1841年，李文斯頓抵達開普敦，不久後北上，在當地人的陪伴下傳播福音。三年後，他被一頭獅子襲擊受了傷。❶ 但他並沒有因此放棄！

「1845年1月2日，李文斯頓與羅伯特・莫法特的女兒瑪麗結婚，她陪伴他攜手走過許多地方」❷，直到1862年她因病過世。但「他對非洲的奉獻如此執著，以至於他作為丈夫和父親的責任退居其次」❸。

李文斯頓為他深愛的非洲服務超過三十年之久，最後因患瘧疾和痢疾於**1873年5月1日**在邦圭盧湖（今尚比亞）東南部逝世。他忠心耿耿的僕人喬瑪和蘇斯取出他的心臟，埋在他去世之地附近的一棵樹下，然後護送他的遺體直到巴加莫約（今坦尚尼亞），接著運往倫敦，最終安葬在西敏寺。但他的心臟仍然留在他生前所在之地──非洲！

李文斯頓的成功並不在於他直接引導人改變信仰，而是他深入探索了傳教禾場，他散播了福音的種子供後來的傳教士們收穫靈魂。他宣稱，「我們的工作和成效都是累積的。我們的工作是為了達到另一種境界。那將來的傳教士們會因每次的佈道得到鼓勵，因為有人信而悔改。而我們就是先驅和幫手。請他們勿要忘記夜間的守望者──我們；當一切黯淡無光，沒有任何人心回轉的跡象使我們腳下的路輕省時，我們仍在不懈地作工。不用說，他們會比我們擁有更多光明，但我們仍忠心事奉我們的主，宣講他們也要講述的同一福音。」❹

為非洲服務這麼多年，李文斯頓後悔嗎？完全沒有。他勇敢地說：「人們談論我在非洲這麼多年所做的犧牲。要知道我們欠上帝的，是永遠無法償清的巨債，而我所做的只不過是償還了一丁點兒，這能算是犧牲嗎？」❺ 如果基督都能為我們犧牲祂自己，那我們為什麼不能在最需要福音的地方犧牲自己呢？

5月/02 反文化挑戰

你該知道，末世必有危險的日子來到。
提摩太後書3：1

科技進步和道德衰退並存乃是現代文明的特徵。我們應該對此感到驚訝嗎？完全不必，因為耶穌曾提到在祂復臨之前，人類的狀況將不亞於洪水滅世之前的墮落景況（太24：37-39）。〈提摩太後書〉第3章1至7節和〈彼得後書〉第2章1至22節已將末世人類的行為（實際上是惡行）描寫得淋漓盡致。類似的衰退在廿世紀六、七十年代變得更加明顯，特別是在1968年的動盪時期。

那時，巴黎楠泰爾大學的學生與校方之間衝突不斷。**1968年5月2日**星期四，校方下令關閉學校，結果引發了全城大規模的抗議活動。而布拉格、柏林、芝加哥和世界其他地方也發生了類似的社會政治騷亂。同年馬丁·路德·金恩（Martin Luther King Jr.）和羅伯特·甘迺迪（Robert Kennedy）遇刺身亡，反戰運動、黑人權力抗議以及婦女解放運動亦是風起雲湧。

歷史學家稱1968年是動搖和改變世界的一年，也是永不結束的一年。事實上，世界將不再是原來的模樣！在那個轉捩點刮起的反文化風潮如今仍未停歇，而且愈演愈烈。基本的宗教和道德價值觀被棄如敝屣。各種權威都受到挑戰。我們既身為基督的追隨者，面臨的挑戰越大之時，信念就應該越堅定。現今正是所有真基督徒應當站起來的時候，要作這「地上的鹽」和「世界的光」（太5：13-16）。

「看哪，黑暗遮蓋大地，幽暗遮蓋萬民，耶和華卻要顯現照耀你；他的榮耀要現在你身上。」（賽60：2）讓我們向世界展示上帝奇妙恩典改變人心的力量！

5月03 宗教雕塑

「要用金子錘出兩個基路伯來，安在施恩座的兩頭。」
出埃及記 25：18

「十誡」中的第二誡曰：「不可為自己雕刻偶像，也不可做什麼形像彷彿上天、下地，和地底下、水中的百物。」（出20：4）。但我們應當如何理解這句話呢？

復臨派最著名的雕塑家之一，是出生於英國的艾倫‧柯林斯（Alan Collins，1928-2016）。他的幾件作品被陳列在英國的吉爾福德大教堂和美國復臨教會的幾所大學裡。**1981年5月3日**星期日下午，柯林斯的青銅雕塑《好撒馬利亞人》在羅馬琳達大學揭幕。1998年4月25日，另一座令人印象深刻的青銅雕塑《領導者的榜樣》——描繪1874年復臨傳道先驅安得烈（J. N. Andrews）和他的兩個孩子動身前往歐洲的景象——座落於安得烈大學先導紀念堂前。

2000年全球總會大會在加拿大多倫多舉辦期間，維克多‧伊薩（Victor Issa）的青銅群像《王之降臨》揭幕。雕像中的十個人分別代表世界各大洲，他們容光煥發地望向基督復臨的方向。大會結束後，這座雕塑被永久擺放在馬里蘭州銀泉市的總會大樓裡。

有些人質疑這些雕塑是否違反了第二條誡命。但請別忘了，刻上這條禁令的石版被放在約櫃裡，而約櫃的蓋子上就有兩座精金製成的雕像。因此，這條誡命並不是要禁止視覺輔助工具，甚至在地上的聖所中也有許多類似的裝飾。這條誡命的本意是「不可為自己雕刻偶像」（出20：4）。

上帝曾吩咐摩西製造「一條銅蛇」（民21：9）。但後來當以色列人開始向銅蛇燒香時，希家西王便將它摧毀（王下18：4）。問題不在於我們看到了什麼，而是我們如何看待它。即使是好人和有用的事物也可能成為人們崇拜的對象。只要是偶像，都必須從我們的生活中除去，但在我們等待著重見耶穌之時，一些視覺輔助工具可以幫助我們，為我們帶來啟發。

5月/04 「我的拔摩島」

> 我——約翰就是你們的弟兄，和你們在耶穌的患難、國度、忍耐裡一同有分，為上帝的道，並為給耶穌作的見證，曾在那名叫拔摩的海島上。
> 啟示錄1：9

你是否有過這樣的經歷：本來對你而言是一件令人沮喪的事，但最終卻成了你生命中真正的祝福？你是否見過陽光穿透烏雲照射大地的那一瞬間？請記住，只有當我們最珍貴的夢想受挫時，上帝才能將更美好、更有價值的東西賜給我們。這就是1521年馬丁·路德（Martin Luther）在參加完著名的沃木斯會議後的經歷。

4月18日，路德在大會上表示，他的良心「受上帝的話約束」，❻ 他不會改變信仰。八天後，他和一行人踏上歸途。薩克森選侯——智者腓特烈（Frederick the Wise）很清楚路德所面臨的危險，於是制定了一個祕密計畫，好讓他遠離敵人的加害。5月3日晚上路德進入一片樹林，有四、五個全副武裝的騎士襲擊了馬車，將路德抓起來。他們先是把他裝扮成騎士，然後就將他送往艾森納赫附近的瓦特堡，**1521年5月4日**路德到達目的地。從此，他好像是個危險的罪犯，被軟禁在一個上鎖的房間裡，直到他長長的頭髮和鬍鬚足以隱藏他的身分。那時他給自己起了個綽號名叫「喬治騎士」（Junker Jörg）。

就這樣，路德在瓦特堡待了十個月。他稱那裡為「我的拔摩島」❼，暗指約翰寫〈啟示錄〉時居住的地方。在這個與世隔絕、遠離威登堡忙碌生活的地方，路德有足夠的時間完成他在其他地方無法完成的事。他用了短短十一週就將整部希臘文新約聖經翻譯成德文。雖然沒有圖書館，但他仍然完成了幾部著作，因此這些書都有著極為堅實的聖經基礎。

上帝能將令人懊惱的經歷轉化為真正的祝福，這是千真萬確的。在遙遠的拔摩海島上，使徒約翰寫下了〈啟示錄〉。在瓦特堡隱居時，路德將新約聖經翻譯成德文。在遙遠的澳大利亞，懷愛倫寫下了她的經典著作《歷代願望》。永遠不要懷疑上帝的能力和祂的引導——無論祂將你安置在哪裡，祂都能祝福你，使用你！

5月/05 鋼鋸嶺

> 「上帝怎樣以聖靈和能力膏拿撒勒人耶穌,這都是你們知道的。他周流四方,行善事,醫好凡被魔鬼壓制的人,因為上帝與他同在。」
> 使徒行傳 10:38

1945年5月5日的安息日,日本沖繩島硝煙彌漫。日本軍隊死守著最後一道屏障——沖繩和前田懸崖,士兵稱這座巨大的懸崖為「鋼鋸嶺」。當美國士兵攻上崖頂時,遭到敵人負隅反抗。美國軍官下令立即撤退。所有士兵都服從了,除了一個人——戴斯蒙·杜斯(Desmond Doss),他冒著生命危險重返戰場,拼盡全力將受傷的士兵救出來。就在那天,他至少拯救了七十五條生命。

幾天後,杜斯被一枚日軍投出、落在他腳邊的手榴彈炸傷,同時狙擊手射出的一顆子彈還擊中了他的手臂。血流不止的他忍受劇痛,依然讓其他傷患先離開戰場。為了讓其他人活下去,他寧願犧牲自己。杜斯為自己的英勇行為付出了終生的代價。在戰爭中感染肺結核使他花了長達五年半的時間接受治療,最終也只能切除一邊的肺部和五根肋骨。然而,他的良心卻無比安寧。

作為一名手無寸鐵的復臨信徒軍醫,杜斯從未開過槍,甚至連槍也不帶。他拒絕殺戮,只願醫治,在安息日也是如此(太12:12)。1945年10月12日,美國總統哈瑞·杜魯門(Harry S. Truman)授予杜斯榮譽勳章。事實上,杜斯是第一個因良心拒絕服兵役卻獲此殊榮的人,之後他還獲得了其他幾項榮譽。他的故事被寫入《不戰的英雄》(2016年重印為《鋼鋸嶺的救贖》),作者是布頓·赫恩登(Booton Herndon),以及《戴斯蒙·杜斯:因良心拒絕兵役者》,作者是法蘭西斯·杜斯(Frances M. Doss)❽。最終,他的英勇事蹟被搬上了大銀幕,拍成了著名電影《鋼鐵英雄》(又譯:血戰鋼鋸嶺)。

不是非要將敵人趕盡殺絕才是真正的戰爭英雄。英雄也可能是像戴斯蒙·杜斯那樣拯救生命的人。他之所以成為戰爭英雄,是因為他效法了基督的榜樣,基督「周流四方,行善事,醫好凡被魔鬼壓制的人,因為上帝與他同在」(徒10:38)。這個世界需要更多這樣的英雄!

5月/06 沒有宗教

> 「因為上帝知道，你們吃的日子眼睛就明亮了，
> 你們便如上帝能知道善惡。」
>
> 創世記 3：5

一個讓心理學家們絞盡腦汁的問題是：究竟是上帝創造了人類，還是人類創造了上帝？**1856年5月6日**，西格蒙德‧佛洛伊德（Sigmund Freud，1856-1939年）出生在奧地利帝國摩拉維亞弗萊堡的一個猶太人家庭，他後來成為心理分析學派的創始人。作為廿世紀最有影響力且頗具爭議的思想家之一，佛洛伊德向上帝的概念和宗教的本質發起了挑戰。他設想了一個成熟的社會，其中的人們過著沒有宗教束縛的道德生活。

佛洛伊德認為，孩童需要「父親的保護」，而上帝的概念正是人類對這種需求的投射，也就是說，上帝是「一個被極度崇高化的形像」。佛洛伊德將宗教歸結為「一種幻覺」，是人類「童年精神官能症」的殘留❾。當其他無神論者堅決否認上帝的存在和宗教的意義時，佛洛伊德卻提出了一種頗令人信服的心理過程，使人們從幼稚的「宗教營區」遷移到成熟的「非宗教社會」中去。

難怪托尼‧坎波洛（Tony Campolo）稱佛洛伊德為「沒有信仰的使徒」，並宣稱：「在啟蒙運動的衝擊下，宗教無疑已經走向衰落，但正是佛洛伊德所提出的對人性的嶄新理解，使得任何關於人類本質和原因的宗教解釋變得無比天真。」❿

然而從《聖經》的角度來看，想要透過遠離上帝和祂的聖言來達到成熟的目的，不過是伊甸園中那古蛇花言巧語的迴響。蛇先是巧舌如簧地埋怨上帝的話有諸多限制且不合理，然後提出了一種似乎更加自由且合理的辦法。在〈創世記〉第3章5節中，蛇辯稱：「因為上帝知道，你們吃的日子眼睛就明亮了，你們便如上帝能知道善惡。」

1939年，佛洛伊德逝世，但他的眾多擁護者依然效法他，繼續給上帝和宗教貼上標籤。也許你正在承受社會帶給你的心理壓力，想要放棄那所謂「幼稚的宗教」。請永遠不要因為忠於上帝和祂的話語而感到羞恥（路9：23-26）！

Every Day A New Beginning

5月/07 快樂的崇拜

來啊，我們要向耶和華歌唱，向拯救我們的磐石歡呼！
詩篇95：1

想像自己身處**1824年5月7日**的奧地利維也納，一位朋友不由分說地將你帶到了克恩頓劇院。一走進音樂廳，你就能感受到觀眾們無比的欣喜和熱切的期待。管弦樂隊的規模比往常還大。時間一到，指揮走上舞臺——他不是別人，正是偉大的貝多芬（Ludwig van Beethoven），這是他第九號交響曲的首演。然而他在交響曲的最終章中加入的合唱和獨唱卻引來了一些人的批評。

當時的貝多芬已完全失聰！他連自己的作品也聽不到。另一位協助指揮（邁克爾·烏姆勞夫，Michael Umlauf）坐在觀眾看不到的地方，暗中為音樂家們打節拍。演奏結束時，貝多芬還落後了幾小節，因此他仍在指揮。看到這一幕，女低音獨唱家走上前，扶他轉過身來，接受觀眾熱情的歡呼和掌聲。即使聽不到掌聲，他也能看到台下觀眾歡呼鼓掌的盛況。離開舞臺時他眼中飽含淚水，深受感動。

第九號交響曲的歌詞最初來自著名德國詩人弗里德里希·席勒（Friedrich Schiller）的《歡樂頌》（1785年）。這首詩描述了所有人在普世的深厚情誼中團結一致，並以莊嚴的詞語作為結束：

「兄弟們，星空的高處，定住著慈愛的天父。

萬民，可曾跪倒？可曾認識造物主？

越過星空尋找吧！祂定在星際的盡頭。」

後來，亨利·范·戴克（Henry van Dyke）為這首曲子填詞，寫成了《歡樂頌》。今天，它被公認為是有史以來最優美的讚美詩之一。

面對真正的造物主，受造之物總會懷著敬拜的心，但由於眾多使人分心的瑣事，我們很容易將祂拋諸腦後。但〈詩篇〉第95篇1節邀請我們：「來啊，我們要向耶和華歌唱，向拯救我們的磐石歡呼！」《歡樂頌》呼喚所有被造物，甚至是整個創造，都要快樂地敬拜造物的上帝。❶ 如果你聽過這首讚美詩，為什麼不現在就高歌一曲？與你的造物主和救贖主一起同享快樂的時光！

5月/08 王子與乞丐

> 既有人的樣子，就自己卑微，存心順服，以至於死，且死在十字架上。
> 腓立比書2：8

生活充滿了反差和悖論。有時即便計畫得天衣無縫，最終的結果也會適得其反，就像電影《王子與乞丐》那樣。該片於**1937年5月8日**正式上映，之後曾經歷多次翻拍。該電影是根據馬克·吐溫（Mark Twain）1881年同名小說改編而架構出的想像場景。「在都鐸王朝時代的英格蘭，兩個男孩在同一天出生，但成長環境卻有著天壤之別；湯姆是窮凶極惡的罪犯約翰·坎蒂的兒子，而愛德華·都鐸則是英格蘭國王亨利八世的繼承人（王子）。他們偶然遇見，因彼此長相極為相似而震驚不已。出於玩鬧，他們換了衣服，但是侍衛隊隊長卻誤以為王子是乞丐，於是將他趕出了皇宮。除了哈特福伯爵，沒有人相信湯姆不是王子。僕人們議論紛紛，認為王子瘋了。亨利八世去世後，哈特福威脅湯姆要按他的指示行事，否則就是死罪。為自己前途的利益著想，哈特福還威脅侍衛長，命令他找到真正的王子愛德華後把他殺掉。」❷

但是，「愛德華遇到了一位儘管懷疑他的身分卻願意保護他的人──邁爾斯·亨頓。在他的幫助下，愛德華設法進入皇宮，恰好趕上了加冕儀式，證明了自己的身分。於是愛德華登基成為國王愛德華六世，而湯姆被任命為新國王的近臣；哈特福被終身放逐，亨頓則因他的貢獻受到嘉獎。」❸

這個膾炙人口的故事讓我們對保羅在〈腓立比書〉第2章5至11節中所描述的道成肉身的奧祕有了模糊的概念。這段美妙的經文講述了基督離開天庭，來到這個罪惡的世界，甚至承擔了我們的人性。祂的生活與當時卑微之人的生活並沒有什麼兩樣。祂本是來拯救世人，卻被世人拒絕。與故事中的王子不同的是，基督一直謙卑地活著，直到被釘在十字架上與盜賊同列。但後來祂得勝了，祂從死裡復活，升到天上，登基成為「萬王之王，萬主之主」（啟19：16）。

我們要揚聲讚美這驚人的謙卑和尊崇，這也將是我們在永恆歲月中要研究的課題！

5月/09 祂手上的釘痕

「必有人問他說：『你兩臂中間是什麼傷呢？』
他必回答說：『這是我在親友家中所受的傷。』」
撒迦利亞書 13：6

2013年5月9日的《復臨評論》封面是一幅令人難以忘懷的耶穌畫像。在略顯模糊的畫面上有幾副眼鏡，讀者能夠透過鏡片更清晰地看到耶穌局部的面容。這幅插圖是誰畫的呢？正是哈里·安德森（Harry Anderson），一位極具天賦的著名復臨派插畫家，有些最美麗的耶穌肖像畫就是出自他的手筆。

1906年8月11日，哈里·安德森（1906-1996年）出生於伊利諾州芝加哥，父母是瑞典人。1944年，他加入復臨教會，不久後開始為評論與通訊出版社繪製插畫。他為教會繪製了大約三百幅宗教題材的插圖。1945年，安德森完成了名為《你的手怎麼了？》的畫作，這可以說是他最知名的作品。畫中描繪了耶穌與三個現代兒童。

《你的手怎麼了？》這幅畫中的現代感曾經引發不少異議，就連出版社美編部門的職員也表示不認同。不過當一位職員分享了一次啟迪人心的經歷後，這種偏見就消失了。那位職員說，一天晚上，他的小女兒正在家裡讀《兒童時光》。當她看到那幅畫時，便跑過來對他說：「爸爸，我也想坐在耶穌的腿上。」他立刻意識到，這幅現代插畫可以幫助兒童對耶穌產生更深刻的認同感。

懷愛倫解釋說，在最後的審判中，耶穌將向惡人展示「祂那有釘痕的雙手。祂要永遠帶有這個殘忍的記號。每一個釘痕都要講述人類奇妙蒙救贖的故事，以及贖回他們所付上的昂貴代價」。❶❹ 但即使是現在，「祂也為我們的緣故在祂父的面前展示祂永遠保留的釘痕。」❶❺

主對錫安說：「看哪，我將你銘刻在我掌上。」（賽49：16）同樣，在耶穌的雙手上，也有祂對我們無條件之愛的印記，以及祂永遠不會離棄我們的保證。

5月/10 蒙福的逆境

軟弱變為剛強。
希伯來書 11：34

德國軍隊剛剛入侵了荷蘭。**1940年5月10日**星期五下午，荷屬東印度總督透過廣播宣佈，在殖民地內凡十六歲以上的德國男性都將被逮捕。西格弗里德‧霍恩（Siegfried H. Horn, 1908-1993年）是德國復臨教會在該地區的傳教士，得到消息的他知道自己可能隨時會被捕入獄。儘管如此，他還是騎著摩托車去了教堂，在安息日晚上傳講耶穌受難的信息。夜晚他前腳剛到家，員警後腳就上門。他被逮捕之後，有整整六年多都無法見到心愛的妻子！

在二戰期間，霍恩成了戰俘，先是被荷蘭人關押在印尼，後來又被英國人關押在印度。好在監獄裡有書可以讀，於是他自修了聖經原文語言，還給獄友上課。戰爭結束後，他移民到美國，在那裡完成了學業。他在約翰‧霍普金斯大學短暫進修，師從威廉‧奧爾布賴特教授（Professor William A. Albright），並於1951年在芝加哥大學獲得埃及學博士學位。

如今霍恩博士已在安得烈大學復臨神學院任教廿五年，教授考古學和古代史。他為《基督復臨安息日會聖經註釋》中的〈創世記〉、〈出埃及記〉、〈以斯拉記〉和〈尼希米記〉撰寫了多篇文章和註釋。他是《基督復臨安息日會聖經詞典》的主要撰稿人。此外，他還創建了神學院的博士課程，建立了安得烈大學考古博物館，擔任《安德烈大學神學研究》期刊的創刊編輯，發起並指導了在約旦的赫斯班（Hesbon，聖經中的希實本）的考古挖掘工作。

危機不一定總是帶來負面結果。危機也可以帶來新的開始或人生的新方向。雖然有些人仍然是悲慘環境的受害者，但總有人能找到方法利用環境來謀求最大的利益。對於霍恩來說，在牢獄中度過的那些年重塑了他整個職業生涯。你不應將生活中的危機視為阻礙，它們可以成為通往更光明之未來的階梯。記住，「我靠著那加給我力量的，凡事都能做。」（腓4：13）

5月/11 母親節

法老的女兒對她說：「你把這孩子抱去，為我奶他，我必給你工價。」
婦人就抱了孩子去奶他。
出埃及記2：9

　　上帝的愛在人類中間的體現，就是充滿愛心的母親。亞伯拉罕・林肯（Abraham Lincoln）曾坦言：「我所擁有的一切，或我希望擁有的一切，都來自我的母親，——願上帝保佑她。」❶ 1908年5月10日星期日，母親節的發起人安娜・賈維斯（Anna Jarvis）舉行了一場紀念儀式，向她於1905年5月9日去世的母親安妮以及所有母親致敬。人們將這場儀式視為美國第一次正式慶祝母親節。

　　1914年5月9日，美國總統伍德羅・威爾遜（Woodrow Wilson）將**每年五月的第二個星期日**定為母親節。這一天，所有政府大樓、私人住宅和其他適當場合都要懸掛美國國旗，「以公開表達對美國母親的敬愛和崇敬。」❷

　　約基別是聖經時代作母親的典範（出26：59）。她用了十二年的時間為上帝教育她的孩子摩西。「她盡力把敬畏上帝和喜愛誠實公義的意念灌輸到他心中，並懇切地祈求上帝保守他脫離各種敗壞的影響。她向孩子指明拜偶像的愚妄和罪惡，很早就教導他跪拜祈求永生的上帝，叫他知道唯有上帝能垂聽他的禱告，並在一切危急之中幫助他。……這小孩子就從簡陋的茅舍，被領到法老女兒的宮裡去，『作了她的兒子。』然而，就是在這裡，他也沒有失去幼年時代所得到的印象。」❸

　　同樣，我們也應該幫助孩子們做好準備面對當今世界的挑戰。**2025年5月11日**，有許多國家共同慶祝母親節。我希望借此機會感謝上帝賜給我三位偉大的母親——我的母親弗里達，是她把我帶到這個世界，在我幼年時期照顧我；我的岳母塞尼拉，她是我的第二位母親；以及我的妻子瑪麗，她是我們三個孩子的母親。我將她們視若珍寶！你也可以向你心愛的母親致以特別的敬意。

　　願主保佑所有閱讀這篇晨鐘課的母親們。願妳們健康快樂，願妳們的家庭在基督裡合一。母親節快樂！

5月 12 提燈女士

「上前用油和酒倒在他的傷處，包裹好了，
扶他騎上自己的牲口，帶到店裡去照應他。」

路加福音 10：34

活出以他人、而非以自我為中心的生命才有價值。懷愛倫說：「我們經歷這個世界只有一次；我們能做的任何善事，都應該十分懇切、不知疲倦地去做，帶著基督做工時的精神。」❶⓽

1820年5月12日，佛蘿倫斯・南丁格爾（Florence Nightingale，1820-1910年）出生在義大利的佛羅倫斯。她的名字也是取自出生地。她在德國的凱塞斯韋爾特學習護理，曾在倫敦工作。克里米亞戰爭（1853-1856年）期間，她和她的護士團隊極大地改善了英國戰地醫院的衛生條件，將死亡率降低了三分之二。她們蓋了一間廚房來滿足病人的飲食需求，修建了一間洗衣房為病人提供乾淨的床單，還設立了一間教室和圖書館供病人讀書和娛樂。南丁格爾不知疲倦地照顧著士兵們。晚上，她會提著燈逐一照看病人。傷患們被她的同情心感動，也倍感安慰，於是親切地稱她為「提燈女士」和「克里米亞的天使」。

她將真摯的敬業精神與無私的愛相結合。她的策略改善了護理實踐，她的關愛激勵了一代又一代的護士。今天，有些護理院校仍以點燃護理蠟燭和朗誦南丁格爾的誓言來作為畢業典禮的高潮，以紀念佛蘿倫斯・南丁格爾這位「提燈女士」。

南丁格爾說：「我成功的原因在於——我從不找藉口，也絕不接受藉口。」❷⓪ 她建議說：「所以，我從不錯失任何開始實踐的機會，哪怕這樣的開始小如芥菜種，也終會生根發芽。」❷① 她還強調了同理心與合作的重要性。「讓我們本著友好競爭的精神，為他們的進步歡喜，我相信若我們進步，他們也會做同樣的事情。人人都能贏得獎賞。一所培訓學校的水準不會因其他學校獲勝而降低。相反，如果其他學校都失敗了，那麼所有學校的水準都會降低。」❷② 南丁格爾的榜樣應該激勵我們今天走出去，為耶穌發光發熱。你也能夠為他人的生活帶來巨大的改變！

5月 13 聖母顯靈

> 天使對她說:「馬利亞,不要怕!你在上帝面前已經蒙恩了。你要懷孕生子,可以給他起名叫耶穌。」
> 路加福音 1:30、31

《聖經》宣稱,上帝選擇馬利亞成為道成肉身的、上帝之子的母親,她所懷的孕是從聖靈來的(太1:20、21)。但羅馬天主教會卻欽定了馬利亞無原罪聖母的教義,他們認為她「在完成了今世生命之後,肉身和靈魂一同被提升至天上的榮福」。❷❸ 在這種信念的影響下,對於多年來聖母馬利亞有超自然的顯現,人們也就更容易相信了。

據稱**1917年5月13日**星期日,聖母瑪利亞首次出現在葡萄牙法蒂瑪附近,一共六次向三名葡萄牙牧童顯現:露西亞·桑托斯(Lucia dos Santos)和她的表妹哈辛塔·瑪爾托(Jacinta Marto)以及表弟弗朗希斯科(Francisco)。第一次顯現時,「聖母」要求他們每天詠誦《玫瑰經》;第二次顯現時,她委託露西亞在世界上傳揚對馬利亞無玷聖心的虔誠;到了第三次,孩子們在異象中被帶到地球的邊緣,在那裡他們看到了地獄,有無數的惡魔和人形的靈魂在巨大的火海中被焚燒。

在第三次顯現中,孩子們得到警告:「你們看到了那些可憐罪人去的地獄。要拯救他們,天主希望整個世界崇拜我無玷的心。假如我對你們說的事情達成了,那麼許多靈魂將會得救,並且將迎來和平。」❷❹

對於那些信奉天主教關於靈魂不死和聖母馬利亞是人類在天上中保之教義的人,聖母的顯靈顯然是可以接受的。但對於那些相信《聖經》的教導,明白死人(包括馬利亞)毫無所知、直到最終復活的道理的人來說,聖母的顯靈就是無稽之談。

如今的世代,超自然現象越來越多,我們唯一的保障就是《聖經》的真理(賽40:8;啟22:18、19),絕非聖母馬利亞所說的話。畢竟,「百姓不當求問自己的上帝嗎?豈可為活人求問死人呢?人當以訓誨和法度為標準;他們所說的若不與此相符,必不得見晨光。」(賽8:19、20)願主保護我們,不被幻象所欺騙!

5月/14 在基督裡完全

> 這不是說我已經得著了，已經完全了；我乃是竭力追求，或者可以得著基督耶穌所以得著我的。
>
> 腓立比書3：12

今天有許多基督徒對《聖經》中聖潔和完全的概念感到困惑。有人認為我們能夠、且應該在這一生中達到完全的標準，因為若是我們做不到，上帝絕不可能要求我們去做。也有些人認為達到完全是不可能的，因為只有上帝和未墮落的生靈才是完全的。既然談到這個主題，就不得不提拉隆戴爾博士做出的神學貢獻。

1929年4月18日，漢斯・拉隆戴爾（Hans K. LaRondelle，1929-2011年）在荷蘭出生。20歲時，他讀了懷愛倫撰寫的《善惡之爭》，於是接受了復臨教會所傳揚的信息。後來他成為復臨教會最具影響力的神學家之一。拉隆戴爾在阿姆斯特丹自由大學取得了神學博士學位。

1971年5月14日，他的博士論文《完全與完美主義：聖經中的完全和表像上完美主義之神學倫理研究》通過了答辯。這項大有裨益的研究強調，《聖經》中真正的完全，是人在效法基督的形像和樣式上不斷成長。但它始終以基督而不是以自我為中心。真正的完美「存在的方式與上帝的國度相同；它既存在於現在，又存在於將來」。㉕ 懷愛倫就曾說過：「你越親近耶穌，就越看出自己的過錯。」㉖

我們只需仔細思考基督所講的關於法利賽人和稅吏的故事（參見路18：9-14），就能在實踐的層面上解決成聖和完全的真偽問題。法利賽人對自己的屬靈表現非常滿意，就開始對其他人（包括與他信仰相同的人）評頭論足。反觀稅吏，他更看重自己的缺點，不像法利賽人那樣樂於揭別人的瘡疤。換言之，真正的成聖會產生嚴以律己、寬以待人的果效。虛偽的成聖則會滋養自我傲慢和對他人的批評，哪怕是對信徒也不例外。

5月/15 布坦坦研究所

上帝使那無罪的，替我們成為罪，好叫我們在他裡面成為上帝的義。
哥林多後書5：21

人遇到蛇總有不同的反應。有些人喜歡蛇，有些人卻對牠懼而遠之。在上世紀80年代末，我和妻子參觀了位於巴西聖保羅市著名的布坦坦研究所，這是拉丁美洲首屈一指、亦是全世界最大的免疫生物學研究中心和生物製藥公司之一。這座成立於1901年2月23日的研究所，以其收集的毒蛇聞名於世，此外，它還收集各種有毒的蜥蜴、蜘蛛、昆蟲和蠍子，歷時百年之久。

研究所透過提取爬行動物和昆蟲的毒液，研發出針對如結核病、狂犬病、破傷風和白喉等多種疾病的疫苗。該中心還生產抗蛇毒血清。可惜，**2010年5月15日**收藏標本的大樓發生火災，燒毀了超過7萬種蛇類和超過45萬種節肢動物的標本，包括蠍子、盲蛛、多足類動物和蜘蛛。

我們可以用提取蛇毒來製造被蛇咬傷之解毒劑的這個過程，來說明基督在十字架上所做的事情。基督沒有犯罪，卻承擔了我們的罪，為我們提供了對抗罪惡的有效解毒劑（林後5：21）。那在曠野中重創以色列人的火蛇，和掛在杆上為了給看見它的人帶來生命的銅蛇，就將這一原則體現得淋漓盡致（民21：4-9）。耶穌說：「摩西在曠野怎樣舉蛇，人子也必照樣被舉起來，叫一切信他的都得永生。」（約3：14、15）

2010年布坦坦研究所大量毒蛇標本付之一炬的事件讓我們想起，到了千禧年結束時，「那古蛇，名叫魔鬼，又叫撒但」的以及追隨他的邪惡天使將被毀滅（啟12：9；20：7-10）。那在伊甸園中首次出現（創3：15），並在十字架上得到確保（約12：31）的應許——上帝戰勝邪惡——將最終且永遠得以實現。之後，罪的遺毒將從宇宙中徹底根除，永遠不會再感染任何人。

5月 16 最崇高的動機

無論做什麼，都要從心裡做，像是給主做的，不是給人做的。
歌羅西書3：23

威爾・杜蘭特（Will Durant）曾說過：「卓越不是一種行為，而是一種習慣。」㉗ 它是一種讓我們在一切所做之事上日臻完美的習慣。偉大的義大利製琴師（製作小提琴）安東尼奧・史特拉第瓦里（Antonio Stradivari，約1644-1737年）的人生哲學也是如此，出自他手的小提琴以其完美的音色聞名於世。

2006年5月16日，在紐約的一場拍賣會上，史特拉第瓦里在1707年製作的一把小提琴拍出了350萬美元的高價。在英國阿什莫林博物館展出的另一把史特拉第瓦里琴價值更是直逼1500萬美元；為什麼一把史特拉第瓦里的真琴會如此昂貴呢？

根據專家的解釋，凡是手工製作的樂器，若要品質高就必須選擇合適的木材、絕佳的工具、最適宜的樂器外型以及上好的清漆。匈牙利制琴匠蒂博爾・塞梅爾維斯（Tibor Szemmelveisz）在談到木材的取用時說：「即使是同一棵樹的切片，品質也會有巨大差異，既要看木材取自樹的陽面還是陰面，也要看這棵樹長在山坡的上方還是下方。」㉘ 許多人都羨慕史特拉第瓦里所獲得的讚譽，但鮮少有人願意付出同等的代價。想做出有價值的貢獻，我們就必須克服懶惰和平庸的天性，不斷地進步。

一位不知名的作者曾說：「卓越就是當別人認為已經足夠時，你更加嚴謹；當別人認為有風險時，你繼續冒險；當別人認為不切實際時，你仍堅持夢想；當別人認為不可能時，你期待更多。這是對高品質表現的承諾，能產生價值持久的傑出成果。卓越是相信不斷進步，對於不完美的事物永不滿足。它是一種追求品質的生活方式。」

有些人天生就有更強的自我激勵能力。無論我們在這方面表現如何，我們都有一個更崇高的動機以督促我們不斷提升自己：要榮耀上帝。用保羅的話來說，「無論做什麼，都要從心裡做，像是給主做的，不是給人做的。」（西3：23）無論上帝做什麼，祂總是做得盡善盡美；而我們作為祂的使者，也該始終竭盡全力。

5月17 以色列的節期

> 「耶和華的節期，就是你們到了日期要宣告為聖會的，乃是這些。」
> 利未記 23：4

人們大多喜歡與親朋好友一起歡慶生日和節日。還有人會在完成某項特別的工作專案後大肆慶祝一番。古時，上帝為以色列人設立了許多一年一度的節期，它們大致可以分為兩個主要週期（見利23章）：先是「春季」的節期——逾越節、無酵節和五旬節；之後是「秋季」的節期——吹角節、贖罪日和住棚節。按照律法，有三個節日是全體以色列男丁應該前往耶路撒冷慶祝的——它們是逾越節、五旬節和住棚節。

威廉‧米勒耳（William Miller）在**1843年5月17日**的復臨派期刊《時兆》上發表的一封信，在解釋希伯來節期意義上頗有建樹。他指出，既然春季的節期在基督第一次降臨和祂的受難中得以應驗，那麼秋季的節期也應當在基督復臨時應驗。新約中，基督死在十字架上，祂是「上帝的羔羊」（約1：29），是「我們的逾越節」（林前5：7），這都與上述第一組節期息息相關。祂從死裡復活，成為「睡了之人初熟的果子」（林前15：20）。聖靈降在門徒身上也正是五旬節那天（徒1：8；2：1-4）。

同樣，第二組節期會在基督復臨的末時開始應驗。正如吹角節宣告贖罪日即將到來一樣，偉大的復臨運動也宣告〈但以理書〉第8章14節中的二千三百日將在1844年結束，屆時聖所要被潔淨。那一年標誌著真正贖罪日的開始。最後，住棚節會在千禧年應驗，那時聖徒會居住在天上（啟20章），直等到禧年過後，在新的地球上永久定居（啟21：1-4）。

我們今天正處於贖罪大日中。古時的以色列人在這日要「刻苦己心」（利16：29；23：27），我們也應當將自己的生命全然奉獻給主，為祂近在咫尺的復臨做好準備。

5月18日 什一和奉獻

> 耶穌叫門徒來，說：「我實在告訴你們，這窮寡婦投入庫裡的，比眾人所投的更多。因為，他們都是自己有餘，拿出來投在裡頭；但這寡婦是自己不足，把她一切養生的都投上了。」
> 馬可福音 12：43、44

上帝設立什一和奉獻制度有三重目的：打破我們的自私自利，維持福音事工並促進宣教。即使如此，有些人仍舊認為，若是教會濫用這些資金，那麼奉獻者就有理由將所獻的財物直接用在其他「更可靠的」項目和事工上。

1869年5月18日，《復臨評論與安息日通訊》刊載了一篇由復臨傳道先驅安得烈牧師（J. N. Andrews）所撰寫、題為〈什一制度〉的短文。就其起源來說，安得烈認為「什一奉獻制度並非起源於利未人的祭司制度，而是源於麥基洗德的祭司制度，我們現在也是在這個制度之下（〈希伯來書〉第7章）。因此，作為基督徒，我們理應盡到這一義務；如果有人願意像那位窮寡婦一樣奉獻，他們必定得獎賞。」㉙

在耶穌生活的時代，祭司制度已經極度腐敗。耶穌本可以勸阻那位貧窮的寡婦不要再奉獻給祭司。可祂卻讚揚了她所做的事（可12：41-44；路21：1-4）。懷愛倫解釋說：「那些自我犧牲、甘心奉獻的人，按著上帝的要求，將那原本屬於上帝的財物歸還給祂，他們將來必要按著自己的行為得到報賞。即使他們奉獻的財物被濫用，沒有達到捐獻者所期望的目的，就是榮耀上帝並拯救生靈，但那些真誠奉獻的人，只要一心仰望上帝的榮耀，就必得到自己的賞賜。」㉚

此外，她也勸勉眾人：「無論何人，切莫以為可以隨便扣留十分之一，照自己的判斷而用。」、「上帝沒有改變，十分之一仍需用以供養傳道人！開闢新的地點，必須有比現在更大的傳道效率，所以庫中必須有充分的經費。」㉛ 因此，我們應當忠心地將所有什一和奉獻帶到上帝所指定的倉庫中（瑪3：10）。

5月/19 黑日

> 「在那些日子,那災難以後,日頭要變黑了,月亮也不放光,眾星要從天上墜落,天勢都要震動。」
> 馬可福音 13：24、25

比起下雨和多雲的日子,人們通常更喜歡晴天。許多異教徒和神祕主義者甚至將太陽視為萬星之星,是整個世界的光源。而上帝卻在人類歷史的某些關鍵時刻,遮住了太陽的光。例如,上帝在埃及降下的第九災,就使得整個國家陷在黑暗中整整三天（出10：21-23）。當耶穌被釘在十字架上時,「日頭變黑」了三個小時（路23：44、45）。當第五位降災的天使將盛滿上帝憤怒的碗倒在地上時,獸的國就「黑暗了」（啟16：10）。

談到祂復臨之前的兆頭時,耶穌提到「日頭要變黑了,月亮也不放光」（可13：24、25；參見珥2：31）。復臨信徒認為發生在**1780年5月19日**的黑日現象就應驗了這一特殊預兆,這一點在懷愛倫的《善惡之爭》❸❷ 中得到證實。在新英格蘭各州和加拿大部分地區的人們都看到了黑日。據目擊者描述,明明是白天卻黑得伸手不見五指,這種情況一直延續到第二天早上。而到了夜晚,升起的月亮卻呈現血紅色。有些人則認為,黑日是因為森林大火產生的煙霧、濃霧和雲層共同造成的。

如果黑日是由自然因素引起的,又如何能成為末日的預兆呢？還記得嗎？在第六印揭開的時候,〈啟示錄〉說,「地大震動,日頭變黑像毛布,滿月變紅像血,天上的星辰墜落於地,如同無花果樹被大風搖動,落下未熟的果子一樣。」（啟6：12、13）而1755年11月1日發生的里斯本大地震和1833年11月13日的獅子座流星雨恰好應驗了這預言,而這兩種現象都是由自然因素引起的。那麼為何1780年的黑日就不能有類似的原因呢？

上帝充分利用自然和超自然的事件,將我們從漫不經心的安全感和屬靈的冷漠中喚醒。過去,祂曾無數次如此行；只要有其必要,祂今天仍然可以持續這樣做。

5月 20 基督的神性

因為上帝本性一切的豐盛都有形有體地居住在基督裡面。
歌羅西書2：9

　　許多神學的爭論和誤解，都是因人類總是過分強調事物的某一面而忽略了另一面而引起的。古代教會對於基督的爭論就是如此。許多人都不明白，基督怎麼可能既是上帝又是人呢？祂的神性佔了多少，而人性的部分又有多少？

　　阿利烏（Arius，256-336）是埃及亞歷山大的一位長老，他認為基督雖然超越了人類，但也不能稱之為神，這一觀點使人們對基督的認識更加模糊。阿利烏認為，在遙遠的永恆之中，是上帝創造了聖子，而聖子又創造了世間萬物。西元**325年5月20日**召開的尼西亞大公會議，最困難的問題就是如何處理「阿利烏異端」。在會議進行了一個月後，大會頒佈了原本的《尼西亞信經》，肯定了耶穌基督是「受生，而非被造，與父同質」㉝，並且對那些認為「有一段時間還沒有聖子」㉞ 的人除籍。

　　按照改革宗傳統，1647年的《西敏信條》表示，「上帝是獨一的上帝，但祂裡面有三個位格，同屬一個本質，權能相同，同樣永恆，這三個位格就是：父、子、聖靈上帝。父既不屬於、也不受生於、更不出於任何其他來源；子在永恆裡為父所生；聖靈在永恆裡由父和子而出。」㉟ 但我們能說我們的主耶穌基督是「在永恆裡為父所生」的嗎？

　　在〈約翰福音〉第3章16節中，希臘原文「monogenēs」被錯誤地翻譯為「獨生子」，而其真正的含義其實是「唯一」或「獨一無二的」。由於祂本身就有生命且生命一直在祂裡頭，所以基督可以自稱為生命的源頭（約14：6）。在〈以賽亞書〉第9章6節中，祂被稱為「全能的上帝」和「永在的父」。保羅說，「因為上帝本性一切的豐盛都有形有體的居住在基督裡面。」（西2：9）懷愛倫也證實，「在基督裡有生命，這生命是他自己本來就有的，不是借的，也不是衍生出來的。」㊱

　　我們的救主是多麼奇妙而偉大啊！作為永恆而崇高的神，祂能重新掌管「天上地下所有的權柄」，並且應許我們，「我就常與你們同在，直到世界的末了。」（太28：18，20）祂的照顧和引導是我們可以完全信任的。

5月/21 教會組織

> 摩西從以色列人中揀選了有才能的人,立他們為百姓的首領,
> 作千夫長、百夫長、五十夫長、十夫長。
> 出埃及記 18:25

　　守安息日之復臨運動的迅速增長讓人們意識到,他們需要一個能夠將分散在各地的復臨教會社群整合起來的組織機構。但有一些復臨運動的先驅依然奉行喬治・斯托爾斯(George Storrs)的觀點,他是一位頗具影響力的米勒耳派傳道人。他曾在1844年2月說:「任何按照人的方式組織起來的教會,一旦成立就會變成巴比倫。」❸ 作為回應,懷愛倫指出,有些人擔心「他們若是組織起來,就會變成巴比倫」,但其實正是因為缺乏組織,才使得許多教會「完全是巴比倫了,非常混亂」。❸

　　教會組織架構有三個基本層面:第一是地方教會的組織。守安息日的復臨信徒早在十九世紀40年代中期就形成團體,但選舉執事、地方教會長老和司庫直到50年代中期才開始。第二是各區會的形成。1861年,復臨教會第一個區會在密西根州成立;1862年又成立了六個新區會。早期組織發展的第三個層面發生在**1863年5月21日**,總會在密西根州的戰溪市成立。直到廿世紀初,聯合會、聯合差會以及分會的組織才開始形成。

　　可能有人會問:「我們仍然需要一個有組織的教會架構嗎?」懷愛倫宣稱:「任何人都不應以為我們可以取消組織。我們經過大量的研究和多次祈求智慧,知道上帝已經回答,才將這個組織建立起來。這個組織是在上帝指導之下,經過重大犧牲與奮鬥才建立起來的。但願我們的弟兄中沒有人受騙試圖將它拆毀。因為你若這樣做,就必造成一種你所想像不到的局面。我奉主的名向你聲明,這個組織是一定要成立、加強、堅定、鞏固的。」❸

5月22 約翰・威克里夫

「並且你們要為我的名被眾人恨惡。惟有忍耐到底的必然得救。」
馬太福音 10：22

　　基督教的真英雄們即使面對天大的壓力，也會無條件地忠於基督和祂的聖言。牛津大學的神學教授約翰・威克里夫（John Wycliffe, 1320-1384）就是這樣一位英雄人物。他勇敢地宣揚基督的領袖地位、《聖經》的權威和因信上帝的恩典得救的教導。由於擔心這些教導帶來的影響，教皇貴格利十一世於**1377年5月22日**發佈了五道訓諭來譴責威克里夫的作品，指責他宣揚「錯誤且虛假的主張和結論，甚至帶有異端邪說的味道，企圖削弱並推翻整個教會乃至世俗政府的地位」。❹

　　針對教皇的訓諭，威克里夫表示：「我宣告，蒙上帝的恩典，我是一個健全的（即真實、正統的）基督徒；只要還有一口氣在，我就要宣揚並捍衛基督教的法則。我已做好準備，要為我的信念辯護，直至死亡。在我得出的結論中，我已遵循了神聖的《聖經》和聖賢的教導，如果有人能夠證明這些結論與信仰相悖，我非常願意收回我的言論。」❹

　　1415年5月4日，康士坦斯大公會議沒有放過已經過世的威克里夫，它宣佈將他逐出教會，禁止人閱讀他的作品。他的書要被焚燒，就連他的遺體也要從教會墓園中移走。此舉得到了教皇馬丁五世的批准，於1428年執行──當時離威克里夫去世已經43年了！在幾位教會權威人士的見證下，他的遺體從拉特沃斯的墳墓中被挖出，燒成灰後丟到附近的史威福溪中。有人在他以前的墓上刻了碑文，污衊他是「魔鬼的工具，教會的公敵，人民的亂源」。❹

　　在《不列顛教會史》（1655年首次出版）中，湯瑪斯・富勒（Thomas Fuller）寫道：「這個河濱（史威福溪）將他的骨灰送入雅芳河，從雅芳河流入塞文河，從塞文河再注入滄海，最後進入大洋之中。如此威克里夫的骨灰便象徵他的教義，現在已經散布到全世界。」❹ 因著上帝的恩典，我們也繼承了這一美好的真理遺產。雖然我們無需付出如此高昂的代價，但我們也應該有與威克里夫同樣的決心。讓我們接過他的火炬，傳承到底！

5月/23 怎能如此

「你們必歡歡喜喜而出來,平平安安蒙引導。
大山小山必在你們面前發聲歌唱;田野的樹木也都拍掌。」
以賽亞書 55：12

歸信基督是如此深刻而奇妙,甚至連撒但及其爪牙都無法完全理解箇中滋味。❹ 查理・衛斯理（Charles Wesley, 1707-1788）的信主歷程令人讚歎,他在1738年5月21日星期日歸主。他坦誠：「我現在發現自己已經與上帝和好了,並且因愛基督的盼望而喜樂。」❺

成了新造之人的他,心中迸發出一首新歌,描繪了他的屬靈旅程。在**1738年5月23日**星期二的日記裡,他寫道：「我在基督的保護下醒來,把我的全身心都獻上給祂。九點鐘時,我開始把歸信的經歷寫成一首讚美詩,卻因害怕驕傲而中斷了。布雷先生來訪,他鼓勵我不要理會撒但,繼續寫下去。我祈求基督與我同在,接著寫完了這首詩歌。」❻

查理・衛斯理並沒有言明他當時創作的是哪一首讚美詩。但很明顯他說的正是那首膾炙人口的《怎能如此》（And Can It Be？）。這首詩歌溫柔地描述了一個罪人如何因基督的公義而稱義,得以坦然無懼地走向永恆寶座。這首歌的第一段和副歌唱道：

「怎能如此,像我這罪人,也能蒙主寶血救贖？
因我罪過使祂受苦,因我罪過,使祂受死,
奇異的愛,何能如此,我主我神,竟為我死。」❼

舊約中有許多詩篇,都是能充分反映出詩人靈程經歷的祈禱之歌。那麼今天,何不將《怎能如此》或任何一首你喜歡的讚美詩作為默想的內容呢？當然也可以將它們當作你的禱告或讚美。在你繁忙的日常生活中,你仍然可以把心思放在上帝身上。

5月/24 曼哈頓

「天國好像寶貝藏在地裡，人遇見了就把它藏起來，歡歡喜喜地去變賣一切所有的，買這塊地。」
馬太福音 13：44

曼哈頓島每天要接待的遊客超過13萬7千名，試想你就是其中之一。作為紐約市中心的曼哈頓，是世界資本主義的中心。如果你對經濟和國際事務感興趣，你不妨參觀聯合國總部和兩所世界頂尖的股票交易所：紐約證券交易所和納斯達克證券交易所。無論你來曼哈頓的目的是什麼，你肯定也會想去時代廣場、百老匯、中央公園、中央車站和帝國大廈參觀一下。不過，相信很少有人會去找當地的房地產仲介買房。因為該島每平方英尺的房產價格通常超過1400美元！

曼哈頓的意思是「多山之島」。最初它是美洲印第安人萊納普部落的領土。據估計，**1626年5月24日**，彼得‧米努特（Peter Minuit）當時是以價值60吉爾德（荷蘭的舊貨幣）的貨物為荷蘭西印度公司買下了這座島嶼。有些作者提出，購買整個島嶼的價格相當於當時的24元美金。就算將通貨膨脹計算在內，也只是比今天的一千美金略高而已。米努特怎麼也想不到，他買下的島最終會變得寸土寸金。

在〈馬太福音〉第13章44節這個篇幅很短、有關隱藏之財寶的比喻中，耶穌將天國比作藏在地裡的寶藏，其價值遠超過世上一切財產之總和──當然也包括整個曼哈頓島。有些人讀了這個比喻，可能從中得出真正的基督徒不應該擁有任何世俗財產的結論。但〈路加福音〉第14章15至24節的大筵席比喻提出了澄清，問題的癥結並不在於人是否買了塊新地，或添了幾頭牛，或是人是否應當結婚。問題在於是否允許這些事物取代我們毫無保留地接受上帝國度的堅定決心。

正如彼得‧米努特投資曼哈頓島一樣，上帝期望我們將自己的才能投資於上帝的事業中，即便我們不知道結果會如何（太25：14-30）。為上帝盡心盡力，將結果交給祂；你永遠不會失望。

5月/25 禱告的力量

「你們若奉我的名求什麼，我必成就。」
約翰福音 14：14

禱告是上帝讓我們與祂步調一致，並接受祂最寶貴祝福的方法。從《聖經》中可以看到，有些祝福是無論我們是否祈求上帝都會賜下的（太5：45）。但大多數祝福是留給那些用純潔的心祈求的人（箴28：9）。基督就曾強調過這個條件：「你們若奉我的名求什麼，我必成就。」（約14：14）

若論到過完全依靠上帝的生活，喬治‧慕勒（George Müller，1805-1898）絕對是優秀的榜樣。他出生在德國，23歲時搬到倫敦，成為一名以猶太族群為主要宣教對象的傳教士。但事情的發展卻不如他所願。**1832年5月25日**，他搬到了英格蘭的布里斯托，創立了阿什利唐孤兒院，他一生中照顧的孤兒總人數高達1萬多人。他還開辦了117所學校，為超過12萬名兒童提供基督教教育。他開設的幾所孤兒院完全依靠禱告運作——慕勒從不向外界募捐。他記錄了五萬多次得到回應的禱告，並表示他從未有過未得回應的禱告。

最廣為人知的一次禱告發生在一天早晨，有三百個孩子準備去上學，但沒有食物做早餐。於是慕勒吩咐孩子們坐在空桌前，為這頓飯獻上感恩。禱告結束後，一位麵包師來敲門，他帶來的新鮮麵包足夠分給每一個人吃。此外，送牛奶工人的車子恰好在孤兒院門口拋了錨，於是他也將十大桶牛奶送給了孤兒院的孩子們。

在去往美國的船上，慕勒告訴船長下個星期六他在魁北克有一場聚會。船長說，由於霧太大，不可能會按時到達。慕勒回答道：「並非如此。我的眼目不會放在這濃霧上，而是放在永活的神身上，是祂掌控我生活中的各種環境。」㊽ 接隨後他獻上禱告，不到五分鐘，天空中的濃霧消失了；於是船長也信了主。

慕勒一生都不停地獻上禱告，我們也可以這樣做。上帝可能不會總以我們喜歡的方式回應我們的禱告，但每一個真誠的禱告祂都不會忽略。你可以相信祂！

5月/26 心靈的宗教

> 「我已經與基督同釘十字架,現在活著的不再是我,乃是基督在我裡面活著;並且我如今在肉身活著,是因信上帝的兒子而活;他是愛我,為我捨己。」
> 加拉太書 2:20

宗教信仰遠不止從理性上接受某些教義,也不僅僅是在敬拜和禱告會上零星的情感表達。信仰是一種真正的轉變,能使我們日日無條件地委身於基督。它代表向著世界而言我們已是被釘在十字架上的人,但在基督裡我們展開了全新的生活,允許祂透過祂的話語掌控我們的思想、言語和行動。

這種敬虔的生活是尼古勞斯‧馮‧青岑多夫(Nicolaus von Zinzendorf,1700-1760年)所強調的。**1700年5月26日**,他出生於德國德勒斯登,是摩拉維亞兄弟會中一位頗具影響力的虔敬派主教。由於不滿當時路德宗枯燥的正統教義,青岑多夫強調心靈的信仰,這對衛理公會(Methodism)的創始人約翰‧衛斯理(John Wesley)產生了極為深刻的影響。

正如使徒保羅將他的整個生命交託給基督一樣(加2:20),青岑多夫也是如此。當這位偉大的摩拉維亞復興主義者思考基督在十字架上犧牲的意義,並將其與自己的救贖聯繫起來時,他說:「多虧了羔羊的寶血。感謝上帝,是祂藉著我們的主耶穌基督,將勝利賜給我們。祂已經救贖了我們。我們犯了再多的罪,都會淹沒在基督的寶血之海中。」㊾

正因為對基督的崇敬,青岑多夫無法接受被動或孤立的宗教。他強調:「沒有社群就沒有基督教。」他對基督的愛使他對傳教懷有極大的熱忱。青岑多夫常被人傳頌的一句話就是:「說到底,所謂的使命就是:每個心裡有基督的人都是宣教士,每位心裡沒有基督的人都是宣教地。」

我們應當反覆思量青岑多夫的話並捫心自問:耶穌為我們所受的苦,我們是如何回應的呢?我們如何回應基督為我們所受的苦難呢?也許你的信仰更多源於理性的考量,而不是靠著基督將生命全然改變。無論目前的狀態如何,請記住你不是屬於自己的。你是被基督所贖買的,你應該為祂而活、為祂工作。祂應該引領你生活中的每一刻。

5月/27 上帝的管弦樂團

> 為要藉著教會使天上執政的、掌權的，現在得知上帝百般的智慧。
> 以弗所書 3：10

如果請你描繪地方教會的狀況，你會把它比作什麼呢？例如，保羅將教會比作人體，有各種器官和肢體（林前12：12-31）。還有人將教會比作接收許多病人的屬靈醫院。我的一位朋友曾將他所在的教會比作隨處可見的7-11便利商店——因為教友們只在第七日上午11點鐘參赴聚會。

當基督教失去其原有特性時，約翰・加爾文（John Calvin，1509-1564）領導並親自監督了在瑞士日內瓦的教會、教育和政治結構的改革。馬丁路德在德語區宗教改革中也扮演關鍵角色，而加爾文對法語區改革的貢獻也不相伯仲。**1564年5月27日**，加爾文在日內瓦逝世，但他為基督教留下了寶貴的遺產：一個行之有效的教會組織。

加爾文曾將教會比作管弦樂團，這是他最具洞察力的比喻之一。在他對〈詩篇〉第135篇13至14節的註釋中，他寫道：「整個世界是展示神善良、智慧、公義和能力的舞臺，但教會就像管弦樂團一樣——是最顯著的部分；上帝越是親近我們，祂對我們的恩惠越是親密和謙遜，我們就越要用心去體會。」[50]

這句話發人深省。試想，你的教會就是一個管弦樂團。那麼，這樂團的樂器音調是否和諧？樂團中的樂手們是否在同一個調上演奏同一首曲目？此外，觀眾對於所演奏的音樂印象如何？根據馬克・迪弗（Mark Dever）的說法，「教會是讓人看得見的福音。」[51] 你的教會所彰顯的又是怎樣的福音呢？

地方教會是上帝為社區所設立的交響樂團。也許你應該採取確實可行的策略來幫助教會改善，使之能夠以最優美的方式演奏出最美妙的音樂。記住，上帝值得我們獻上最好的給祂。

5月/28 喜樂的力量

喜樂的心乃是良藥；憂傷的靈使骨枯乾。
箴言 17：22

笑臉是大眾媒體中最受歡迎的表情符號之一。人們在發簡訊時，常常會用笑臉來傳達寄件者當下的情緒，這幾乎成了一種強迫症。但往往臉上帶著微笑，心裡卻在哭泣。因此，我們除了在簡訊中使用笑臉之外，更應該培養一顆充滿喜樂的心。愉快的表情既可以使人變得更美，也可以促進身心健康（箴15：13；17：22）。

1945年5月28日，亨特‧多爾蒂‧亞當斯（Hunter Doherty Adams，暱稱派奇‧亞當斯）出生在華盛頓特區，日後成為美國著名的醫生、講師和社會活動家。十幾歲時，他因人們的貪婪、對金錢的狂熱以及社會不平等而感到沮喪。他只有透過參與社會活動來撫平個人的創傷，並為遭受極度痛苦的病人——特別是兒童——帶來快樂。在朋友的幫助下，他創辦了康健醫院，這是一家提倡向患者表同情、強調幽默和遊戲的免費社區醫院。1998年的電影《心靈點滴》描繪的便是他創新的健康實踐。

亞當斯解釋說：「研究表明，笑聲會增加天然化學物質兒茶酚胺和內啡肽的分泌，讓人感覺精力充沛、心情愉悅。它還會減少皮質醇的分泌，降低血沉，這說明免疫反應受到刺激。血液的氧合增加，肺部殘留氣體減少。心率最初加快，血壓升高，之後動脈舒張，導致心率和血壓降低。由於外周迴圈增加，皮膚溫度也隨之升高。」❷ 但對於孤獨的人來說，「友誼顯然是最好的藥物。」❸

請記住，人可以幽默但不友善，也可以滿面笑容卻漠不關心。有人曾經說，「一個微笑勝過千言萬語，但一句冷言卻能凍結千萬個微笑。」我們不應只為自己而活，而是要給他人帶來快樂，讓世界變得更美好。在這個冷漠且競爭激烈的世界中，我們必須培養一顆充滿愉快和關愛的心靈，滿溢著對身邊之人的同情。微笑的確可以點亮心靈的燈，但只有友誼才能讓這盞燈持續照亮。願我們能更加喜樂，也更友善待人！

5月/29 群山之巔

我要向山舉目；我的幫助從何而來？我的幫助從造天地的耶和華而來。
詩篇 121：1、2

技術攀登者（alpinists）是指喜歡攀登終年被積雪覆蓋的高山之人。聖母峰（亦稱：珠穆朗瑪峰）是世界第一高峰，在登山家（在此指技術攀登者）的心目中，它代表的就是終極挑戰。聖母峰海拔8,848公尺（29035英尺），攀登的過程極其危險。攀登者們除了要經歷嚴寒，避免墜落懸崖或掉入冰縫之外，還要忍受極高海拔引發的高山症。

早期嘗試攀登聖母峰的人若非中途放棄，就是一去不復返。**1953年5月29日**上午11點30分，紐西蘭登山家艾德蒙・希拉蕊（Edmund Hillary）和他的尼泊爾導遊丹增・諾蓋（Tenzing Norgay）在經歷了七週的艱苦攀登後，成為首批成功登頂聖母峰的人。兩人在世界之巔只停留了15分鐘。他們欣賞了聖母峰的美景，並拍照留念。在下山途中，希拉蕊向登山隊中的另一個紐西蘭人得意地炫耀：「看吧，喬治，我們打敗它了！」[54]

高山和登山都可以帶給我們有益的教訓。在攀登社會階梯時，我們應該記住這樣一句名言：「山越高，風越猛。」群山之巔是個孤獨的地方。摩西在曠野中帶領以色列人的經歷表明，即使是正直合格的領袖也會面臨誤解、批評和反對。成功的領袖必須具備創新性，但革新通常也會引發反對聲浪。

從屬靈的角度出發，我們知道在猶大的歷史上曾有這樣一個時期，人們在「各高岡上」為自己建造了異教神廟（王上14：23）。但在〈詩篇〉121篇1至2節中，詩人說：「我要向山舉目；我的幫助從何而來？」然後，他宣告他的幫助不是來自高山，而是來自「造天地的耶和華」。儘管高山雄偉險峻，但它們本身並沒有任何能力。只有那位「用秤稱山嶺，用天平平岡陵」（賽40：12）的主能夠幫助你面對最具挑戰性的需求。請把你的困難交託給那位造天地的主吧！

5月/30 卡塔・拉戈索

> 「我不以福音為恥；這福音本是上帝的大能，
> 要救一切相信的，先是猶太人，後是希臘人。」
> 羅馬書 1：16

復臨教會歷屆的全球總會代表大會都是一次獨一無二的盛會，來自世界各地的代表、特邀嘉賓和來賓齊聚一堂。1936年和1954年的兩屆大會都在加州舊金山市舉行，而兩次大會都在卡塔・拉戈索（Kata Ragoso，也拼寫為Rangoso）的演講中推向高潮。他是來自南太平洋所羅門群島的代表，後來被按立為牧師，擔任了區會會長。

1936年5月30日，拉戈索對聽眾說，他和他的同胞曾陷入異教的深淵。他們「過著罪惡的生活」，「所思所想盡是邪惡」❺。他們崇拜邪靈，沉溺於各種惡習，甚至包括獵人頭的暴行。但就在廿五年前，傳教士鐘斯（G. F. Jones）來到島上，傳揚了復臨教會的信息。如今，他們憑著上帝的恩典，「擺脫了異教的枷鎖」❻，經歷了徹底的轉變——在飲食和衛生方面也是如此。

拉戈索作見證時說：「我們現在能夠平安快樂的生活，全是因為得著了這奇妙的福音。今天下午，我要明確地告訴你們，我的同胞中凡接受了這一榮耀信息的人，沒有一個願意回到偶像崇拜和異教的生活中。今天，我們有五千人與你們一起，為即將復臨的救主歡欣鼓舞。其中有一百多位是我們的至親，他們作了牧師、教師和教會部門的職員。」❼

永恆的福音不僅僅是一種美妙的理論，更是上帝奇妙的改變之能。懷愛倫在論到基督藉著祂的憐憫和豐盛的恩典在人的生命中所做出的轉變時，說到這些變化「是非常驚人的，以致那氣充志驕，夥同他的邪惡同盟敵擋上帝和祂政權律法的撒但，也視他們為他的詭辯與欺騙所無法攻克的堡壘。對於撒但而言，他們真是不可思議的奧祕」❽。奇妙的恩典改變了古往今來無數人的命運。你和我每天都需要這種改變人心的大能！

5月/31 斷了的弦

「我豈沒有吩咐你嗎？你當剛強壯膽！不要懼怕，也不要驚惶；因為你無論往哪裡去，耶和華——你的上帝必與你同在。」
約書亞記 1：9

精彩的音樂表演通常是三個基本要素的結合：演奏的曲目、樂器的品質以及演奏者的技巧。製作精良的樂器若是落在技巧平平的音樂家手中，也不會有什麼效果。反之，普通的樂器若是由技藝高超的音樂家進行演奏，卻可以產生很大的不同。

尼科洛‧帕格尼尼（Niccolò Paganini，1782-1840年）是義大利的一位小提琴家和作曲家，他琴藝之高超堪稱魔幻。有人甚至將他奉為有史以來最偉大的小提琴演奏家。**1794年5月31日**，年僅十一歲的帕格尼尼在他的家鄉熱那亞首次公開亮相。也許是因患有馬凡氏綜合症，他的手指細長又靈活，反而使他能夠發揮嶄新且難度極高的表演技巧。帕格尼尼也很喜歡在舞臺上炫技來取悅觀眾。比如，他在一次演出時曾用一把剪刀剪斷三根弦，然後用僅剩的一根弦演奏了他的《女巫之舞》。無論如何，他的精彩演出總能給人留下深刻的印象。

可能有些人在各自領域中的成就登峰造極，甚至能與帕格尼尼相媲美。但大多數人可能更像他手裡那把斷了弦的小提琴。審視自己，我們只能看到弱點和局限。我們甚至懷疑上帝能否使用我們。而其他人的回饋可能強化了我們的疑慮，將我們本就低落的自尊心進一步推向深谷。

從帕格尼尼的故事中，我們看到真正重要的不是還剩幾根弦，而是藝術家的雙手。即便只剩下一根弦，上帝也可以使用你。就算所有的弦都斷了，祂也可以為你的生命再添新弦。想要表現優異，唯一的條件就是將自己置於祂的手中，允許祂在你的生活中實現祂的旨意，然後將你的成就所帶來的所有榮耀都歸給祂。今天，上帝對你的應許是：「你當剛強壯膽！不要懼怕，也不要驚惶；因為你無論往哪裡去，耶和華你的上帝必與你同在。」（書1：9）

6月/01 我們最迫切的需要

上帝啊,我的心切慕你,如鹿切慕溪水。
詩篇 42:1

1926年6月1日,諾瑪‧珍‧莫滕森(Norma Jeane Mortenson,她受洗後改名為Norma Jeane Baker)在加州洛杉磯出生。不幸的是,她被生母遺棄,生父的身分亦不明,領養她的養父母還患有精神疾病。諾瑪的童年時光泰半是在孤兒院和不同的寄養家庭中度過的。一些傳記作者相信,她在幼年時遭受過性虐待。在嫁給詹姆斯‧多爾蒂(James Dougherty)時,諾瑪只有十六歲。後來她的丈夫應徵入伍,參加第二次世界大戰。童年的創傷和動盪的生活給她的性格刻上了難以磨滅的印記。

紀錄片攝影師大衛‧康諾弗(David Conover)是發掘諾瑪的伯樂;本‧里昂(Ben Lyon)則為她安排了廿世紀福斯公司的試鏡。二十歲時,她有了藝名:瑪麗蓮‧夢露(Marilyn Monroe)──瑪麗蓮是取自女演員瑪麗蓮‧米勒(Marilyn Miller)的名字;夢露則是她母親的姓氏。多年之後,瑪麗蓮‧夢露成了好萊塢的性感象徵和電影巨星,在事業上取得了巨大的成功。可惜紅顏薄命,1962年8月5日的早晨,她被人發現死在了洛杉磯的家中,死因是服用藥物過量。夢露的一生恰恰突顯了一個無法否認的事實:外在的美麗和公眾的知名度也無法滿足人深層的情感和生存需求。1951年,夢露在日記中寫道:「孤獨!我很孤獨──無論怎樣,我總是孤單一人。」❶

雷蒙多‧科雷亞(Raimundo Correia)在他的詩《祕密的邪惡》(《Mal Secreto》)中說,如果我們能穿透面具,看到「蘊藏在人類靈魂深處那足以摧毀所有夢想的痛苦」,也許「現在那些令我們羨慕的人,屆時就會讓我們心生憐憫」。❷ 事實上,許多人的心正因道德和社會帶來的創傷而流血不止,拒絕癒合。

懷愛倫在《歷代願望》的前言中談到了每個人心中那「難以形容的渴望」,是無法透過「宴樂、財富、安逸、名譽、權力來滿足」的。❸ 這些渴望源自於上帝,引導我們走向耶穌基督,因為只有祂才能給我們的生命帶來真正的意義。如果你的過去非常痛苦,現在也依然不穩定,就連未來都尚未明確,那麼請將你的生命交託給耶穌,讓祂來承擔你所有的重擔。

6月/02 取悅人的讓步

> 「你到了耶和華——你上帝所賜之地，
> 那些國民所行可憎惡的事，你不可學著行。」
> 申命記 18：9

人人都知道，下坡比上坡容易。同樣，生活在這社會上的我們在信仰價值觀上作出讓步往往要比堅守來得容易。正因如此，在以色列人進入迦南地之前，摩西警告他們說：「你到了耶和華——你上帝所賜之地，那些國民所行可憎惡的事，你不可學著行。」（申18：9）但是，妥協這件事是怎樣不知不覺發生的呢？

懷愛倫在**1881年6月2日**的《時兆》上寫道：「許多人覺得需要作出讓步，才能討不信之親友們的歡心，但是分寸是很難掌握的。一次的遷就可能為下一次預備了道路，直至那些曾一度作基督真門徒的人，在生活與品格上竟隨從了世俗的習慣。他們與上帝的聯繫就中斷了。他們只是名義上的基督徒。一旦考驗臨到，他們的盼望就顯得無根無基。他們把自己與自己的子女出賣給仇敵了。他們羞辱了上帝。所以在祂施行公義的審判時，他們必收穫他們所撒的種子。基督對他們如同對古以色列民說：『你們竟沒有聽從我的話，為何這樣行呢』？」❹

人們的本意是好的，只是為了「討不信之親友們的歡心」，甚至還有傳福音的意圖。他們以為，只要遷就親朋好友的生活方式，就更容易將復臨信息傳給他們。但我們永遠不能忘記，「隨從世俗只能使教會世俗化；而絕不能使世界基督化。」❺ 後果顯而易見——「一次的妥協就為下一次」鋪平了通往「世俗」的下坡路。

當信仰的標準和道德價值觀受到威脅時，我們的立場應該像但以理和他在巴比倫宮廷中的朋友們那樣堅定不移（但1：3）。你必須受原則的驅使，絕不能僅僅為了取悅親友而出賣靈魂！

6月 03 客西馬尼

> 於是離開他們約有扔一塊石頭那麼遠，跪下禱告，說：「父啊！你若願意，就把這杯撤去；然而，不要成就我的意思，只要成就你的意思。」有一位天使從天上顯現，加添他的力量。
>
> 路加福音 22：41-43

耶穌在地上工作即將結束，祂很快就要面對死在十字架上的殘酷結局。在客西馬尼，祂與邪惡勢力展開了最激烈的鬥爭。**1897年6月3日**的《時兆》刊載了懷愛倫的一篇感人至深的文章《客西馬尼》。請以禱告的心默想以下的引文：

「就是在這裡，神祕的杯在基督的手中顫抖。在這裡，淪喪世界的命運懸於一線。祂該拒絕作人的中保嗎？撒但用可怕的黑暗包圍了祂的人性，引誘祂認為上帝已經拋棄了祂……

「未曾墮落的諸世界和天上的眾使者，都全神貫注地觀看這將要結束的鬥爭。撒但和他罪惡的黨羽，就是叛逆的全軍，也都切切注意著這救贖工作中的最大危機。善與惡兩大勢力都等著看基督重複三次的祈禱將有什麼答覆。在這千鈞一髮、危急存亡之際，當那神祕的杯在受難者手中搖搖欲墜的時刻，天開了，有一線光明射入那危機四伏、風暴滿布的黑暗中，於是，那在撒但墮落之後、代替他侍立在上帝面前的大能天使來到基督身邊。他帶來了什麼口信？難道他要告訴祂不必喝那苦杯，不必擔當人的罪嗎？

「他來並不是要從基督手中把苦杯挪去，乃是要以天父慈愛的保證加強祂的力量來喝那苦杯。他來，要將能力帶給這神性與人性兼具的懇求者。天使向祂指出那敞開著的諸天，並向祂說明，因祂的受苦，將有無數的生靈得蒙拯救……天使強調祂的父比撒但更大、更有能力。基督捨命的結果，必使撒但全然敗亡。世上的國必賜給至高者的聖民。天使又告訴祂，祂必看見自己勞苦的果效，便心滿意足；因為祂將要看見許許多多的人得救，永遠得救。」❻

6月/04 永恆的愛

愛是永不止息。
哥林多前書 13：8

一提起美國工業家亨利・福特（Henry Ford，1863-1947），人們總會想起福特汽車公司，以及流水線這一工業大規模生產方式的發展。但對於默默支持他長達近六十年之久的妻子，卻鮮少有人提及。

1888年4月11日，亨利・福特與克拉拉・簡・布萊恩特（Clara Jane Bryant）結婚，最初小倆口住在亨利的父親贈予的農場裡。1891年，他們搬到了密西根州底特律，福特開始在愛迪生照明公司擔任工程師。由於工作時間靈活，福特便開始研發他的四輪車，這是一部裝有燃氣引擎的四輪自行車。早年間，福特一家居無定所，搬家不下十次。但克拉拉相信她的丈夫，並且無條件地支持他，即使沒有任何跡象表明他的發明能大獲成功。

1896年6月4日，在底特律的大河大道，福特終於迎來了四輪車的試駕。他的首席助手詹姆斯・畢曉普（James Bishop）騎著自行車為他開路，提醒過往的馬車和行人注意駛來的第一輛汽車。1903年，福特汽車公司成立，1908年，福特推出了福特T型車。這只是這個極其成功之商業帝國的開端。

如果沒有愛妻的支持，亨利・福特就無法取得這般輝煌的成就。談起她時，他說：「如果有人認為我小有成就，那麼他們應該記得，我的妻子一直是我的好幫手。我知道如果沒有她，我不可能走得這麼遠。她一直相信我，無論我做什麼，她都支持。」❼ 1940年，當詹姆斯・伯恩（James Bone）問福特若能有「下輩子」他想做什麼時，他毫不猶豫地回答：「唯一的願望就是我要娶同一位妻子。」❽ 亨利和克拉拉・福特不僅推動了汽車工業的發展，他們穩固的婚姻也是一段佳話。

真愛不是一種在逆境中搖擺不定、無法依靠的感覺，而是一種無條件的承諾。路得向婆婆拿俄米許下的就是這般承諾：「不要催我回去不跟隨你。你往哪裡去，我也往那裡去；你在哪裡住宿，我也在那裡住宿；你的國就是我的國，你的上帝就是我的上帝。你在哪裡死，我也在那裡死，也葬在那裡。除非死能使你我相離！不然，願耶和華重重的降罰與我。」（得1：16、17）願這無條件的愛使教會中的婚姻都能和諧！

6月/05 全面的健康

親愛的兄弟啊，我願你凡事興盛，身體健壯，正如你的靈魂興盛一樣。
約翰三書1：2

1863年，復臨教會面臨著嚴峻的挑戰！年初，懷雅各和懷愛倫的兩個孩子患了白喉病，引發喉嚨劇痛和高燒。與此同時，美國南北戰爭（1861-1865年）進入了白熱化階段；1863年3月3日頒佈的《徵兵法》給所有拒絕加入聯邦軍隊的人帶來災禍。不僅如此，在那一年，復臨信徒們在發展教會的組織架構上投入了大量精力。最終在1863年5月，復臨教會總會成立。面對各種內憂外患，無怪乎懷雅各和其他教會領袖會積勞成疾，健康狀況堪憂，急需得到改善。

1863年6月5日星期五晚上，懷愛倫在密西根州奧齊戈的阿倫‧希利亞德（Aaron Hilliard）家中，上帝給了她有關健康改革最全面的異象。異象大致描繪出一項「普遍的計畫」，旨在「改革習慣和做法」。❾ 她看到「照顧我們的健康是一個神聖的責任」，要反對「任何一種不節制──在工作、吃喝及用藥上的不節制」。上帝特別強調要以「一種愉快、希望和平靜的心境」來增強健康。異象中還提出保持健康的其他方法，包括純淨的軟水是「上帝偉大的藥物」。❿

復臨教會新的生活方式以該異象為起點，並在隨後的異象和科學發現的不斷完善下得以發展。改變習慣和口味絕非易事，相信我們中間大多數人都深有同感。懷愛倫原本是「很喜歡吃肉的」；為了放棄肉食，她只好忍耐嚥下麵包。在面對誘惑時，她雙手交叉護住胃，對自己說：「我絕對不嘗一片肉。我要讓自己吃簡單的食物。要不就乾脆不吃。」⓫

人的罪性往往會扭曲上帝的原則來迎合自己的習慣和口味，但我們必須控制自己的食慾。上帝希望我們在生命的各個層面都保持健康（約三2）。何不靠著上帝的恩典來適應祂的原則呢？畢竟，保持健康是「一項神聖的責任」！

6月/06 高舉聖經

因此,他已將又寶貴又極大的應許賜給我們,
叫我們既脫離世上從情慾來的敗壞,就得與上帝的性情有分。

彼得後書1:4

1909年,全球總會代表大會在華盛頓特區的華盛頓傳道學院(現為華盛頓復臨大學)舉行。懷愛倫專程從加州聖海倫娜趕來參赴這次大會,並在大會上發表了十一次談話。當時已高齡81歲的她明白這將是她最後一次在全球性的教會會議上演講。

1909年6月6日星期日下午三點,懷愛倫以《與上帝的性情有份》為題,向聽眾們講道。她說:

「在這裡我們已經有過許多寶貴的聚會了,要充分利用這樣的特權。在世上,我們這些人可能永遠不會再相聚了;但我希望在上帝的國度中與在座的各位相遇⋯⋯

「願主幫助我們按照祂的聖言而活。我們都需要按照耶穌裡的真理行事。讓我們無論走到哪裡,都代表基督和祂的真理,這樣我們就能榮耀上帝⋯⋯當上帝的羔羊將得勝者的冠冕戴在贖民頭上時,那是何等歡樂的場面啊!你們再也不會受到引誘而犯罪了。你們必目睹大君的榮美。你們曾經幫助過的前往天鄉的人,要在那裡與你們相會。他們必伸出手臂擁抱你們,感激你們為他們所做的一切⋯⋯

「弟兄們,我們暫時分開,但不要忘記我們在這次會議上所聽到的⋯⋯惟願我們記住:我們要與上帝的性情有分,有上帝的天使在我們周圍,我們不必為罪惡所勝。⋯⋯我向上帝禱告,願這是我們每一個人的經歷,在上帝的大日,我們都能一同得榮耀。」❷

講道結束後,懷愛倫走向她的座位。突然她又轉身回到講臺,拿起那本她讀過的《聖經》,打開來,由於上了年紀,她的手有些顫抖。她勸勉道:「兄弟姐妹們,我向你們推薦這本書。」❸ 她沒有再多說什麼,合上《聖經》,走下了講臺。這是她在全球教會的聚會上所說的最後一句話。

6月/07 無法測度的愛

「上帝愛世人，甚至將他的獨生子賜給他們，
叫一切信他的，不致滅亡，反得永生。」
約翰福音3：16

你有最喜歡的《聖經》經文嗎？如果有的話，它對你來說意味著什麼？〈約翰福音〉第3章16節是《聖經》中最被廣泛引用的經文之一。蘇格蘭教會的牧師威廉‧巴克利（William Barclay）稱其為「福音的精華」，也有人稱它為「迷你《聖經》」。

1885年6月7日晚上，在倫敦大都會禮拜堂，查理斯‧司布真（Charles H. Spurgeon）以〈約翰福音〉第3章16節為主題進行了一場感動人心的佈道。他說：「這個世界有什麼值得上帝去愛的呢？荒漠中長不出芬芳的花兒。對祂的敵意，對祂真理的憎惡，對祂律法的漠視，對祂誡命的反叛；這些都是覆蓋荒原的荊棘和蒺藜；就是沒有任何可愛的東西在這裡盛放。」但是，「在人類的廢墟中，耶和華展示出祂對人類的深愛……當至高的上帝賜下祂的兒子時，祂其實是賜下了祂自己，因為耶穌在祂永恆的本性中並不比上帝遜色。當天父將聖子賜給我們時，就是將自己給了我們。祂還保留了什麼不給我們嗎？祂把自己的一切都賜下了：就是祂自己。誰能衡量這份愛呢？」❶❹

J‧愛德溫‧哈蒂爾（J. Edwin Hartill）從〈約翰福音〉第3章16節中延伸出十二個「最」字：

①「上帝」：最無與倫比的愛人；②「愛」：最深切的程度；③「世人」：最廣大的受眾；④「甚至將……賜給」：最無私的行為；⑤「他的獨生子」：最美好的禮物；⑥「叫一切」：最唾手可得的機會；⑦「信」：最簡單的要求；⑧「他」：最無法抗拒的吸引；⑨「不致滅亡」：最偉大的應許；⑩「反」：最明顯的反差；⑪「得」：最無可置疑的確定；以及⑫「永生」：最豐厚的財富。❶❺

短短的一句話中，包含了多少令人讚歎的深意啊！如果你用自己的名字來替換以上章節中的「世人」和「一切信他的」，讀起來就會有更切實的意義。因為，上帝也深愛著你！

6月/08 眾多神祇

「除了我以外,你不可有別的神。」
出埃及記 20:3

我們所在的世界可謂滿天神佛,它們都在與唯一的真神競爭。古希臘人認為,奧林匹斯山上住著十二位天神,除此以外還有許多低等神明,無論是形態還是情慾,他們都與人類相似。亞里斯多德說:「人們用自己的生活來描繪神的生活——就像他們按照自己的樣子來設想神的樣子一樣。」❶ 在此之前的一個世紀,色諾芬尼(Xenophanes)也曾說過:「如果馬或牛或獅子有手,或者能像人一樣用手畫畫,那麼馬畫神的時候就會畫出與馬相似的形像,牛畫神時就會畫出與牛相似的形像,它們會以各自的樣子為藍本設計出類似的形像。衣索比亞人會說他們的神有著扁鼻子和黑色皮膚;色雷斯人則說他們的神生著藍眼睛和紅頭髮。」❶

這兩位希臘哲學家對於人類為自己創造神明和偶像的看法句句在理(賽44:9-20)。可當一個人被長久以來創造出的眾多神祇所迷惑並挫敗,且認為那獨一的真神只不過是另一種人類的投射時,問題就產生了。

凱倫・阿姆斯壯(Karen Armstrong)在她的著作《上帝的歷史》中提出,以色列的先知們將「他們自己的感受和經歷歸於上帝」,「一神論者在某種程度上為自己創造了一位上帝」。❶ 羅伯特・賴特(Robert Wright)於**2009年6月8日**出版的《上帝的進化》也論及類似的人文主義觀點。賴特說:「亞伯拉罕式的一神教是從『原始』中自然成長起來的,其過程與其說是革命,不如說是進化。」❶

整個討論的關鍵在於一個問題:《聖經》對上帝的論述,究竟是「人類對上帝的創造」,還是「上帝的神聖啟示」?阿姆斯壯和賴特都認為是前者,但《聖經》卻主張是出自後者。我們堅信「因為預言從來沒有出於人意的,乃是人被聖靈感動,說出上帝的話來」(彼後1:21)。

那些影射《聖經》中的上帝是出自人的臆想之人,如今正在創造他們自己的神——就是他們自己。結果必定如此,因為任何取代了上帝位置的人或事物,都會成為神。而上帝的誡命非常明確:「除了我以外,你不可有別的神。」(出20:3)避免偶像崇拜的唯一方法,就是信仰獨一真神。

6月/09 向皇帝作見證

「因我所屬所事奉的上帝，他的使者昨夜站在我旁邊，說：『保羅，不要害怕，你必定站在凱撒面前，並且與你同船的人，上帝都賜給你了。』」

使徒行傳27：23、24

歷史乃是由有著堅定信念和無愧膽識之人塑造，使徒保羅就是這樣的人。他在給羅馬教會的信中說：「我不以福音為恥。」（羅1：16）他向以弗所教會的長老們表明心志，他致力於「證明上帝恩惠的福音」，哪怕犧牲性命也在所不惜（徒20：24）。保羅身體力行，實踐他自己的教導，在他向凱撒提出上訴時也是這樣表態的（徒25：11、12）。

保羅上訴的羅馬皇帝凱撒，正是那位大有權勢且為人殘酷的尼祿（西元37-68年）。在懷愛倫所著的《使徒行述》中，記載了保羅在這位威震世界的皇帝面前接受審判的場景。❷⓪ 在那一刻，保羅孤身一人（提後4：16、17）。這是何等鮮明的對照啊！一個是有史以來最卑劣的統治者，一個是最偉大的基督徒！保羅雄辯滔滔，講述了福音和神聖審判。甚至有那麼一瞬間，尼祿的心也被福音的信息觸動。

短短幾年之後，二人的命運皆已注定。西元67年，尼祿判處保羅斬首，使徒因此喪命，但他堅信最終自己會從死裡復活，得到「公義的冠冕」（提後4：6-8）。尼祿則因激怒了元老院和禁衛軍，在西元**68年6月9日**倉皇逃離羅馬，最終自殺身亡。與保羅不同，尼祿的最終命運將是與其他惡人一同被消滅。

懷愛倫指出：「教會在現今危險的時日中所需要的，乃是一大隊工人，正像保羅一樣，已造就自己成為有用的人，在上帝的事上具有深切的經驗，並且是充滿誠懇與熱心的。現今所需要的乃是一班聖潔而自我犧牲的人，不至規避患難與職責的人，勇敢而真誠的人。」❷① 你願意成為其中的一員嗎？

6月/10 亞歷山大大帝

「人就是賺得全世界,賠上自己的生命,有什麼益處呢?」
馬可福音 8:36

有些人會因為無法自控而毀了他們輝煌的事業。亞歷山大大帝（Alexander the Great,西元前356-323年）就是一個典型例子。他師從著名的希臘哲學家亞里斯多德,在世人眼中向來是成功的征服者形像。二十歲那年,亞歷山大成了馬其頓國王。此後不久,他入侵並成功征服了希臘城邦。他先是擊敗了東方的波斯帝國,隨後攻下了南方的埃及,並建立了以他個人名字命名的城市——亞歷山大港,從而大大擴張了自己的領土。他還想向東進軍征服印度,但疲憊不堪的部隊拒絕再戰,於是他不得不放棄了這個雄心勃勃的計畫。**西元前323年6月10日**,身患熱病的亞歷山大在與病魔鬥爭了十二天後,在巴比倫尼布甲尼撒二世的宮殿中去世,死時年僅三十二歲。

亞歷山大患病的真正原因迄今依然成謎。有些現代學者認為他可能感染了傷寒或瘧疾,甚至是天花。但有些歷史學家堅信,他參加了一個名叫梅迪烏斯的朋友舉辦的荒淫派對,而席上的酒被人下了毒。其他歷史學家則反對這種說法,認為一個中毒的人不可能還存活十二天之久。古希臘歷史學家迪奧多羅斯（Diodorus）說,亞歷山大是在「喝了很多未經稀釋的酒來哀悼赫拉克勒斯的死」❷ 之後,才感到疼痛的。無論真相如何,亞歷山大用了十二年征服了世界,但一場熱病卻只用了十二天就奪走了他的性命!

亞歷山大的悲慘結局給我們帶來重要的教訓。耶穌提出一個至關重要的問題:「人就是賺得全世界,賠上自己的生命,有什麼益處呢?」（可8:36）記住,「一個聰明人不會受自己的食慾和情慾控制,而會控制和管制它們。」❷

6月/11 以祈禱為支持

門徒暗暗地到耶穌跟前，說：「我們為什麼不能趕出那鬼呢？」
耶穌說：「是因你們的信心小。……至於這一類的鬼，
若不禱告、禁食，他就不出來。」

馬太福音 17：19-21

真正的傳教士是聖靈所使用的工具，用以將罪人從撒但的國中引到耶穌基督的國度（西1：13、14）。就許多老練的傳教士和佈道家而言，他們的才幹讓人印象深刻，手中也不乏最好的資源，但他們的工作卻失敗了。我們該如何解釋這種現象呢？

1883年6月11日，懷愛倫寫信給她的兒子威利，著重講述了教會的傳道工作在加州所面臨的挑戰。她強調，由於我們身處上帝與撒但之間的善惡鬥爭之中，傳道工作只有藉著不斷的祈禱才能獲得真正的成功。她寫道：

「我們告訴工人，他們必須帶著禱告的精神去做宣教工作，他們必須走近人群，不要覺得分發了報刊或記錄了名字，工作就完成了。在他們旁邊，撒但和他的惡天使虎視眈眈，想要消除他們所做的一切努力。當他們走在街上時，必須祈求上帝的恩典，祈求上帝的天使環繞著他們。他們若不這樣做，魔鬼的詭計就會使他們的努力付諸東流，真理將無法進入人心，向整個城市發出的警告很可能會徒勞無功……

「在蘇格蘭的國教正要透過某些決議案危害信仰，放棄他們原有堅定原則的時候，有一個人（John Knox，約翰‧諾克斯）下定決心：就連一點一劃也絕不讓步。他跪在上帝的面前懇求說：『求祢將蘇格蘭賜給我，不然，就讓我死了吧！』他堅決強求的禱告竟然蒙垂聽得應允了。但願出於信心的懇切禱告從各地獻上：『求將現今埋在謬論垃圾中的生靈賜給我，不然就讓我死了吧！要引導他們認識耶穌裡的真理。』」㉔

如今的傳道者們更願意依賴複雜的佈道策略，卻忽略了聖靈的力量。甚至有些靈恩派的傳道人試圖操縱聖靈的工作。與其試圖利用聖靈，何不允許祂使用我們呢？像約翰‧諾克斯那樣，帶著祈禱的心以謙卑的態度工作，必能產生永恆的結果！

6月/12

每一天都是最好的

「然後要對我的靈魂說：『靈魂哪，你有許多財物積存，可作多年的費用，只管安安逸逸地吃喝快樂吧！』上帝卻對他說：『無知的人哪，今夜必要你的靈魂；你所預備的要歸誰呢？』」

路加福音 12：19、20

　　設想今天是**2005年6月12日**星期日，你正在史丹佛大學體育場參加該校第114屆畢業典禮。令人驚訝的是，擔綱主講的卻是一位連大學文憑都沒有的嘉賓。就在幾年前，他被迫離開自己一手創辦的公司，最近又被診斷出罹患胰腺癌。他只講了自己人生中的三個故事，但這短短十五分鐘的演講，卻成為這所聲譽卓著之學府有史以來最著名的演講之一。

　　這位演講者是誰呢？你可能已經猜出他的名字──史蒂夫・賈伯斯（Steve Jobs，1955-2011），蘋果公司和皮克斯動畫工作室的首席執行長兼聯合創始人。美國記者沃爾特・以撒森（Walter Isaacson）這樣評價他：「他是一位極富創造力的企業家，他對完美的追求和強烈的動力徹底改變了六大行業：個人電腦、動畫電影、音樂、手機、平板電腦和數位出版。」❷❺ 蘋果的多款產品皆來自他的靈感，其中就有iMac、iPhone、iPad、iPod、iPhoto、iMovie和iTunes。

　　賈伯斯在史丹佛大學演講時說：「提醒自己人的生命有限，令我一生都受益匪淺，令我能在人生重大問題上做出抉擇。因為一切的一切──所有外在的期望，榮耀，對尷尬或失敗的惶恐──在死亡面前都顯得微不足道，剩下的才是最重要的事情。」❷❻ 他坦誠，「在過去的33年裡，我每天早上都會站在鏡子前，問自己：『如果今天就是我生命中的最後一天，我會不會願意做我今天要做的事情呢？』」❷❼ 2011年10月5日，賈伯斯去世，享年56歲，但他為人類留下了極其豐富的技術遺產。

　　懷愛倫敦促我們，「我們應當警醒、工作並禱告，就好像今天是賜給我們的最後一天。這樣，我們的生活就要變得何等的熱切！我們也要在一切的言行上，多麼緊密地跟從耶穌啊！」❷❽ 為了將這些建議付諸實行，你能夠在生活中做出哪些改變呢？

6月/13 祂來拯救我們

> 「人子來，為要尋找、拯救失喪的人。」
> 路加福音 19：10

2016年3月，我參觀了瑞士伯恩自然歷史博物館。此行的主要目的就是要看到巴里（Barry, 1800-1814年）的標本，牠是歷史上最著名的山地救援犬。巴里是一隻公聖伯納犬，出生於瑞士和義大利之間、阿爾卑斯山的大聖伯納德修道院。該地海拔8200英尺（約2500公尺），氣溫嚴寒，時有暴風雪肆虐，給穿越峽谷的旅行者帶來巨大的挑戰。修道院裡的人每天都帶著狗出去尋找迷路的旅人。其中搜救犬巴里是最不知疲倦的，據說牠曾經拯救過四十多人。

多年來，牠的故事被繪製成畫，寫成書，給人們留下深刻的印象。相傳牠的脖子上總掛著一個裝滿烈酒的小桶，還說牠曾經發現了一個凍得半死的男孩，並把他背到了修道院，而在牠營救第41名傷者時，這位拿破崙的士兵卻誤以為牠是一匹狼，於是用刺刀將它刺死。儘管這些傳說可能造成負面影響，但它們不能削弱巴里的卓越貢獻。**2014年6月13日**，在牠死去兩百年後，伯恩博物館開設了題為《巴里——傳奇聖伯納犬》的常設展。

凝視著巴里的標本時，我的思緒也回到了兩百多年前。我彷彿看到牠在白雪皚皚的阿爾卑斯山中拯救旅人的景象。隨後，我的眼光投向了另一次偉大的救援行動——大約兩千年前，上帝的兒子離開了天庭，降臨到危險的人間，以祂拯救的大恩來奪回這個世界。想到這裡，我獻上默禱，先是感謝上帝藉著那隻救援犬來拯救迷失的旅人，之後感謝祂藉著愛子拯救全人類。

《聖經》向我們保證，基督的救援任務絕對有效，「罪在哪裡顯多，恩典就更顯多了」（羅5：20），「凡靠著他進到上帝面前的人，他都能拯救到底」（來7：25）。無論我們過去犯了什麼罪，基督都已「救了我們脫離黑暗的權勢，把我們遷到他愛子的國裡；我們在愛子裡得蒙救贖，罪過得以赦免」（西1：13、14）。

6月/14 高舉安息日

這樣看來，必另有一安息日的安息為上帝的子民存留。
希伯來書4：9

少年時代的撒母耳・巴喬奇（Samuele Bacchiocchi）在他的家鄉羅馬，常常因自己是守安息日的復臨信徒而被視為「異端」，而遭到嘲笑和排斥。這一經歷促使他對安息日的歷史、神學和意義展開了廣泛且深入的研究。**1974年6月14日**是他研究生涯的頂峰，當時的他正在義大利羅馬的宗座額我略大學為其博士論文進行答辯，他的研究主題正是早期基督教對遵守主日的高舉。而這所著名的學府由依納爵・羅耀拉（Ignatius of Loyola）在1551年創辦，巴喬奇是第一位（也或許是唯一一位）以非天主教徒身分畢業的學生。

透過對《聖經》和史料的仔細研究，巴喬奇得出結論：「用主日代替安息日並非源自耶路撒冷初期教會的使徒權威，而是大約一個世紀後在羅馬教會中產生的。猶太教、異教和基督教各樣因素的相互作用導致了棄用安息日，並以主日代替。」㉙

儘管如此，仍有許多基督教作者認為，使徒教會在耶穌復活後不久就開始遵守主日了。然而，人們在閱讀四福音書（寫於耶穌復活多年後）中有關耶穌復活的記載時，只能找到「七日的頭一日」（太28：1；可16：1、2；路23：54-24：1；約20：1，19，26）這種表述，完全沒有提及主日崇拜。門徒在這一天聚在一起，關上門，不是為了慶祝復活，而是因為他們害怕猶太人（約20：19，26）。

以上和其他《聖經》中的證據證實了第七日安息日永遠是上帝與祂子民之間立約的記號。安息日最初是在創世結束時為全人類所設立的（創2：1-3），它每週都會來到我們身邊，成為上帝在時間中永恆不變的聖所（賽58：12-14）。在世界重回最初的完美後，人們仍要遵守安息日（賽66：22、23）。每個安息日，我們都被邀請進入上帝喜樂的安息之中，領受它美好的祝福（來4：4，9-11）。

6月/15 變色龍症候群

> 「他們要使我的民知道聖俗的分別,又使他們分辨潔淨的和不潔淨的。」
> 以西結書 44:23

許多動物會透過融入周圍環境來偽裝自己。獵物這樣做是出於本能,好避開捕食者。但是,捕食者也會偽裝自己,好出其不意地抓住獵物。有些變色龍為了自保,會根據威脅牠們的捕食者的視覺特性來改變自己的顏色。同樣,許多基督徒也會試圖融入周圍的文化,儘量減少與這世界的對抗。他們既這樣做,就模糊了罪的邪惡。

1876年6月15日,《時兆》刊登了懷愛倫撰寫的文章,這篇以《基督的教導》為題的文章見解頗為犀利。她在其中發出警告:

「世界上最大的危險是,罪並不顯得有罪。教會裡最大的罪惡,是自滿掩蓋了罪惡。那些擁有敏感良心的人有福了;他們會為自己屬靈的貧乏,為離開上帝的流浪而哭泣悲哀。虛心的人有福了;他們能領受上帝對他們的責備,懷著懺悔和破碎的心,懊惱謙恭地站到基督的十字架跟前。上帝知道,人若走艱難謙卑的道路,遭遇困難,經歷失望,忍受苦難,是有好處的。信心就因為與懷疑鬥爭而強化,並靠著耶穌的力量來抵制不信。」

為罪辯解並不能改變它罪惡的本質,這樣做只會使我們更容易受到罪的影響。懷愛倫指出,「隨從世俗只能使教會世俗化;而絕不能使世界基督化。與罪惡親近,就必使人覺得罪惡不是那麼可憎。」㉚ 談及隨從世俗,〈以西結書〉第44章23節說,上帝子民的領袖們必須讓他們「知道聖俗的分別,又使他們分辨潔淨的和不潔淨的」。但在我們能夠準確有效地教導他人之前,我們自己必須有能力認清罪惡,並且立場堅定。

6月16 使人稱義的信心

> 我們既因信稱義，就藉著我們的主耶穌基督得與上帝相和。
> 我們又藉著他，因信得進入現在所站的這恩典中，
> 並且歡歡喜喜盼望上帝的榮耀。
> 羅馬書 5：1、2

耶穌基督為整個世界而死，祂的救贖恩典惠及所有人。既然如此，為什麼不是所有人都會得救呢？因信稱義是得贖之民與失喪之人之間的分界線。唯有憑著信心，我們才能擁有耶穌基督救贖的恩典。但什麼是使人稱義的信心呢？

德國神學家阿圖爾・韋澤（Artur Weiser）寫道：「信心一直是人對上帝先前行動的反應。」㉛ 換句話說，上帝先向我們顯明祂自己，然後我們憑著信仰接受祂的啟示。懷愛倫說，「信心是上帝所賜的，但運用信心的能力在於我們。信心乃是人用來握住上帝恩典和憐憫的那隻手。」㉜

馬丁・路德（Martin Luther）在**1539年6月16日**的桌邊談話中說：「信心使人稱義，並不是因為他們的努力、品質或知識，而是因為內心的認同和對上帝憐憫的堅定信念。假如信心只是知識，那麼魔鬼必能得救，因為他對上帝、對創世以來上帝的一切作為和奇事都瞭若指掌。」㉝

記住，沒有教義裝備的信心只會帶來毫無根基且不穩定的輕信，好像一艘沒有舵的船，漂浮在茫茫大海之中。另一方面，囿於教義的信仰會變得枯燥且傲慢。由此也會產生名義上的基督徒，頭腦聰明但內心空虛。相比之下，使人稱義的信心以正確的教義為「前提」，但它「超越」了教義層面，直達上帝的面前，在那裡有我們的大祭司耶穌基督正向每個真信徒提供救贖的恩典。

人所面臨的最大誘惑之一，是認為正確的救贖教義可以拯救我們。但我們必須將有關基督的正確教義以及與耶穌建立的救贖經歷相結合。如果你曾有過這般經歷，請別忘記讚美上帝。如果還沒有，你可以效法〈馬可福音〉第9章24節中那位父親對耶穌說：「我信！但我信不足，求主幫助。」

6月/17 剖開的石頭

「加利利人哪，你們為什麼站著望天呢？這離開你們被接升天的耶穌，你們見他怎樣往天上去，他還要怎樣來。」

使徒行傳 1：11

　　許多忠心的復臨教會傳教士犧牲自己的性命，只為了將福音傳到世界最偏遠的地方。**1909年6月17日**《復臨評論與安息日通訊》的一期報導稱，總會代表大會經投票選出了俄亥俄州的斐迪南·斯托爾（Ferdinand A. Stahl），差派他前往玻利維亞傳教。❸❹ 幾天後，他和妻子就帶著兩個孩子踏上了征程。他們住在的的喀喀湖，以及玻利維亞和秘魯其他地區的印第安人之中，開展了令人讚歎的醫藥佈道和教學工作。

　　在他的書《在印加的土地上》之中，斯托爾講述了他在一個叫烏姆喬的地方與當地人相處的經歷。當斯托爾告訴他們，耶穌即將復臨，要接回祂忠誠的子民時，當地人的反應非常積極。當他宣教期滿時，酋長問斯托爾何時能回來，再教導他們更多知識。斯托爾有些猶豫，但酋長堅持。於是，斯托爾答應他：「如果我不回來，也會有其他人來。」❸❺

　　酋長問：「但我怎麼知道別人也會教我們同樣的東西呢？」❸❻ 斯托爾撿起一塊小石頭，把它剖成兩半，將其中一半交給了酋長。他說，無論誰來教導他們，都會帶著另一半的石頭。❸❼ 三年後，斯托爾回到烏姆喬，去拜訪酋長，正巧趕上他出門幾個星期。但他的妻子來了並且問道：「噢，你為什麼離開這麼久？」❸❽ 部落裡的人們十分渴望理解復臨教會的信息。

　　不久之後，斯托爾宣佈：「玻利維亞肯定是一個潛力巨大的傳教地，因為它是極度貧困的地方。我有幸進行了一次鄉村之旅，到處都看到相同的情況──遍地黑暗，人們不知道為什麼而活……但是這些困難激勵著我們。困難越大，我們就越能向上帝求助。艱辛越大，我們就能越緊密地依靠基督，那位曾經為我們承擔一切的全知救主。」❸❾ 這種無私的精神也應激勵著我們繼續努力！

6月/18 鐵絲柵欄

> 但願賜忍耐安慰的上帝叫你們彼此同心，效法基督耶穌，
> 一心一口榮耀上帝——我們主耶穌基督的父！
> 羅馬書 15：5、6

柵欄通常是用來將人分隔——在柵欄一邊的人會與另一邊的人分隔開來。但換個角度看，柵欄也可以成為團結的象徵。

1918年6月18日，米契・郭安（Michel Quoist, 1918-1997）生於法國勒阿弗爾。長大後的他成了一名羅馬天主教神父和作家，他的暢銷書《生命的祈禱》於1954年首次出版。郭安在他的祈禱文《鐵絲網》中強調了合一：

「鐵絲繞著孔洞，緊握著彼此的手，

為了避免弄破這個環，它們握緊彼此的手腕，

就這樣，它們用一個又一個的洞做成了柵欄。

主啊，我的生活中也有許多洞。

鄰居的生活中也有許多洞。

但如果你願意，讓我們牽起手，

我們要緊緊握住彼此，

讓我們一起做一個漂亮的柵欄，妝點天堂。」㊵

但真正的團結無法靠人的努力來實現。懷愛倫說，只有藉著基督才能實現合一。她解釋道：

「家庭與教會中的隔閡與不睦，全都是由於與基督分離而造成的。與基督親近，彼此就必親近。教會與家庭中真正團結的祕訣，並不是權術或操縱，也不是超人般克服困難的努力——雖然必有不少這一類的行動——而是與基督聯合。試著想像一個大圓圈，自邊緣有許多條線通向圓心。這些線愈接近圓心，彼此也就愈接近。基督徒的人生往往也是如此。我們愈接近基督，彼此也就愈靠近。當上帝的子民在行動上團結合一，祂就得著榮耀了。」㊶

願我們與基督的聯合，能使我們以家人和教友的身分，更加緊密地團結在一起！

6月19 1888年的信息

如果你們聽過他的道，領了他的教，學了他的真理。
以弗所書4：21

有幾項復臨教會的獨立事工致力於宣揚「1888年的信息」。這些主張是指1888年10月17日至11月4日，在美國明尼蘇達州明尼阿波利斯舉行的總會代表大會會議期間、以及一週前展開之教牧人員會議上所涉及的教義論述和討論。探討的主題包括〈但以理書〉第7章預言中的十個角、〈加拉太書〉第3章中的律法以及因信稱義。但我們應該如何理解1888年的信息呢？

1888年8月5日，懷愛倫寫了一封公開信給即將參加當年大會的代表們；信的開頭說：「我們深深地感悟這次大會將是你們所參加的最重要的會議。這應該是一段懇切尋求上帝，在祂面前謙卑己心的日子。我盼望你們將此次大會視為祈禱及彼此勸勉的絕佳機會。」信的後面，她補充說：「正確地解釋《聖經》並不是上帝的全部要求。祂吩咐我們不僅要明白真理，而且要實踐在耶穌裡的真理。」❷

在會議期間，懷愛倫熱情地支持了阿隆佐・鐘斯（Alonzo T. Jones）和埃萊特・瓦格納（Ellet J. Waggoner）所提出的、以基督為中心的信息。但有些人過度解讀了她的支持。她的背書是針對所呈現的「信息」，而不是人類的「信使」。

1889年6月19日，懷愛倫在紐約州羅馬鎮的一次佈道中談到了這個問題。她解釋說：「有人曾問我，你對這些人正在傳講的這個亮光怎麼看？唉，在過去的45年中我一直在向你們宣講它——基督無比的吸引力。這正是我一直努力要向你們的心思呈現的。當瓦格納弟兄在明尼阿波利斯說出這些想法時，乃是我在自己和我丈夫之間的談論之外，第一次從人的口中聽到有關這個題目的清楚講解。」❸

對懷愛倫來說，1888年信息的核心與她一直闡述的主題是一致的：「基督無與倫比的魅力」和「在耶穌裡的真理」。因信稱義的核心，就是要與基督有著深刻的個人經歷。

6月20 關心健康

> 豈不知你們的身子就是聖靈的殿嗎？
> 這聖靈是從上帝而來，住在你們裡頭的；並且你們不是自己的人，
> 因為你們是重價買來的。所以，要在你們的身子上榮耀上帝。
> 哥林多前書 6：19、20

教會財政已經負債累累。既是如此，為什麼還要在南加州建立第三個療養院呢？1901年10月10日，懷愛倫在日記中寫道，她在異象中看到南加州有一處風景宜人的療養院，院子裡有許多果樹。病人坐在輪椅上，還有些人在戶外的樹蔭下，有鳥兒在歡唱。這個地方似曾相識，好像她在那裡已經度過了好幾個月一樣。1904年，復臨教會在聖地牙哥附近購買了一處產業，後來在這裡興建了天堂谷醫院和格蘭代爾醫療中心。但這兩個地方都不是懷師母在異象中看到的那個地方。

在懷愛倫的指引下，約翰・伯登（John A. Burden）牧師以個人名義借了1千美元，買下了羅馬琳達酒店及周圍的物業，並於1905年5月29日付清首款。兩週後，即6月12日，懷愛倫第一次來到羅馬琳達。「威利，我以前來過這裡。」她對兒子說。他回答說：「不，媽，妳從來沒有來過這裡。」她又說：「那麼，這就是上帝讓我看過的地方。因為我對這一切很熟悉。我們一定要買下這地方。我們應該從聖工的利益來考量。上帝給我們這塊土地，是為了特殊的目的。」㊹

1905年6月20日，來自南加州區會22個教會的代表，幾乎都同意購買該地，於是最終以38,900美元的價格成交。同年11月，療養院開幕。但懷愛倫對它的期望遠不止於此──她敦促要在此處建成一所醫學院。她指出，「醫治病人和傳道事工，要攜手同行。」㊺ 她補充道：「羅馬琳達的醫科學校應當是高品質的」，並且務要使其畢業生「通過法律規定所有具正規資格的醫師都必須經過的考試」。㊻

多年來，羅馬琳達大學一直秉持著追求卓越的崇高理想。它的歷史提醒我們，如果我們能跟隨上帝的引導，那麼即便身處逆境，祂也能為我們行大事。雖然我們看不清未來，但上帝都知道！

6月/21 不受時間影響的信息

「但那日子，那時辰，沒有人知道，連天上的使者也不知道，子也不知道，惟有父知道。你們要謹慎，警醒祈禱，因為你們不曉得那日期幾時來到。」
馬可福音 13：32、33

耶穌警告世人不要預測祂再來的時間。但許多人忽視了這警告，偏要作出種種臆測。在1844年10月的大失望過後，守星期日的復臨信徒重新算出了至少21個基督復臨的日子。就連在守安息日的復臨信徒當中，貝約瑟（Joseph Bates）也提出大祭司在施恩座前彈血七次（利16：14）應代表七年，所以要從1844年秋天計算到1851年秋天。但沒有任何一種猜測成真！

到1850年11月，懷愛倫寫道：「主向我顯明，自從1844年以來，『時間』已不再成為信心的試驗，今後也不會是。」❹❼ **1851年6月21日**，她在紐約州的卡姆登看到異象，警告她不要將任何有關時間預言的實現放在1844年之後。她解釋說：「主向我顯明，信息必須發出，而且不可依靠時間；因為時間絕不會再成為一個考驗了。我看到有些人因傳講時間而引起了一種虛假的興奮；第三位天使的信息能堅立在自己的根基上，並不需要用時間去加強它，而且它必以大能力出去，做它的工，且要秉持公義速速完結。」❹❽

儘管懷愛倫不只一次出言告誡，總有人為癡迷於定出時間的做法找理由。有人辯解說，耶穌只是禁止我們知道祂再來的「日子和時辰」（太24：36；可13：32），但具體的年份不在禁止之列。還有人聲稱，我們的確無法獲知基督復臨的具體日期，但有些時間預言，如1290日和1335日（但12：11、12），其應驗是在未來。

有些對預言的解釋可能聽起來合乎邏輯且令人信服。但凡是認真看待基督的警告和懷愛倫勸告的人，是不會冒險追求這些毫無根據的幻想的。復臨教會的信息也不需要以此為杖向前邁進。

6月 22 「天主之母」

> 耶穌基督降生的事記在下面：他母親馬利亞已經許配了約瑟，還沒有迎娶，馬利亞就從聖靈懷了孕。
> 馬太福音1：18

試想，如果耶穌的母親馬利亞復活了，那麼面對數千年來人們對她的種種說法，她會作何反應？在福音書中，我們只看到一位天使對她說：「蒙大恩的女子，我向你問安，主和你同在了！」（路1：28）但基督教傳統在此基礎上卻衍生了眾多教導，並且得到了教會的認可。

對馬利亞的尊崇源於四項重要的教會決議：首先，她被授予「天主之母」的稱號。**西元431年6月22日**，第三次普世大公會議在安納托利亞以弗所的馬利亞教堂召開。大會正式承認馬利亞為「天主之母」，並譴責那些把她僅僅視為「基督孕育者」的人。

後來的教會宣言高舉了馬利亞的永貞。西元553年召開的第二次君士坦丁堡大公會議稱其為「聖潔光榮的天主之母和永貞的馬利亞」。

第三次教義的發展是有關聖母無玷始胎。1854年的教皇通諭《莫可名言之天主》宣佈，從她始孕的那一瞬間，「至聖童貞馬利亞」就已「免染原罪的諸般玷污」。❹⁹

第四個主張是承認馬利亞為「神恩中保」。1894年發佈的教皇通諭《永遠充滿愉快的期待》指出，「我們在祈禱中求助於馬利亞，是因為她一直在上帝的寶座旁充當神恩中保。」❺⁰ 此外，天主教的紅衣主教和眾主教已向梵蒂岡請願，要求承認馬利亞是與基督同工的救贖者和中保。

儘管身為耶穌母親的馬利亞是大為蒙福的，但《聖經》並沒有為以上的任何一種主張背書。而且它們都是建立在靈魂不朽這一違背聖經原則的觀念之上。《新約聖經》從未將馬利亞尊為上帝之母。如果未墮落的天使都不能受人的崇拜（啟22：8、9），更何況是人呢？我們「在上帝和人中間，只有一位中保，乃是降世為人的基督耶穌」（提前2：5）。正如彼得所說，「除祂以外，別無拯救。」（徒4：12）

6月/23

雙面人生

你們親近上帝，上帝就必親近你們。
有罪的人哪，要潔淨你們的手！心懷二意的人哪，要清潔你們的心！
雅各書 4：8

有些人過著雙面人的生活：一種是公開的生活——即他們想在別人面前展現的樣貌；另一種則是隱祕、不為人知的生活。但人們為何會有這種行為呢？詹姆斯・哈威・羅賓遜（James Harvey Robinson，1863-1936年）認為：「言語賦予了人過雙重生活的獨特能力；他可以說一套，做一套。」(51) 但雙重生活通常是從人想要掩蓋罪惡和不道德行為演變而來的。

一直以來，人們用各種方式維持隱祕的生活。但**2003年6月23日**，第二人生（Second Life）網站上線。此類沉浸式網站可以讓人從現實世界逃到虛擬世界，在那裡他們可以開始全新的、令人興奮的各種「關係」，並滿足他們心心念念的各種幻想。然而對多數人來說，這種平行關係可千萬不能讓父母、配偶和子女知道！

在查爾斯・司布真（Charles H. Spurgeon）的書《約翰・普拉夫曼談話錄》中，有一章的標題就是〈雙面人〉。在文中他警告道：「有些人可能只有在你親眼見到他們的情況下才值得信任；不可盲目，因為置身於新的環境可能使他們成為不同的人。他們就像水一樣，會根據不同的溫度沸騰或結冰。」(52) 他還補充道：「不是所有去教堂或參赴聚會的人都認真祈禱，也不是歌聲最響亮的人最會讚美上帝，更不是拉長了臉看似嚴肅的人態度最認真。」(53)

當然，我不曉得你是否正過著雙面人生。也許沒有。但如果你允許罪惡腐蝕你的靈性和德行卻無法放棄，那麼我邀請你今天就把你的生活交給主。祈求祂賜你力量克服弱點。你可以私下這樣做，不需要讓別人知曉。

今天我們所得到的寶貴忠告是：「你們親近上帝，上帝就必親近你們。有罪的人哪，要潔淨你們的手！心懷二意的人哪，要清潔你們的心！」（雅4：8）上帝可以使你矛盾的生活變得一致，使你的私生活與公眾形像完全和諧。與你將擁有的心靈上的平靜相比，你為放棄罪惡所付上的代價根本微不足道！

6月24日 謙遜帶來成功

耶和華如此說：「智慧人不要因他的智慧誇口，
勇士不要因他的勇力誇口，財主不要因他的財物誇口。」
耶利米書9：23

人生最大的挑戰之一是如何將成功與謙遜相結合。賽車手胡安·曼努埃爾·范吉奧（Juan Manuel Fangio）似乎深諳此道。**1911年6月24日**，范吉奧出生在阿根廷的巴爾卡塞。在廿世紀50年代，他曾經五次奪得一級方程式賽車世界冠軍。❺ 他的座右銘對其職業生涯影響頗深：「你必須堅信自己會成為最好的，但你絕不能相信自己已經做到了。」❺

萊昂內爾·梅西（Lionel Messi）是有史以來最成功的足球運動員之一。**1987年6月24日**出生於阿根廷的羅薩里奧的他，憑藉高超的球技賺得大筆財富。梅西贏得金球獎──足球界的最高獎項──的次數比任何人都多。在接受《理財週刊》雜誌採訪時，梅西表示：「賺錢並不是我踢球的動力。錢不會讓我興奮，我也不會因金錢能夠帶來巨大利益而在球場上發揮得更出色。腳下有球，我就很開心。我的動力源自我所熱愛的比賽。哪怕我不能獲得職業足球運動員那般豐厚的薪水，我也願意踢球，不計報酬。」❺

無論我們是活躍於體育賽事或是醉心於任何事業當中，都應當時刻捫心自問：「歸根究柢，我的行為動機是什麼？為什麼我要比別人做得更好？」按照〈耶利米書〉第9章23節的教訓，擁有「智慧」、「勇力」甚至「財物」都沒有錯，只要不把它們作為癡迷和自我抬舉的源頭就好。懷愛倫勸勉我們，「不要抬舉和吹捧人，而應當崇揚上帝。」❺ 再者，「獻己乃是基督教訓的要領。」❺

在基督裡成長意味著要儘可能不以自我為中心，而是以基督為中心。我們絕不應當把自己看作是會發光的星星，而是要反映基督這位「公義的日頭」（瑪4：2）的奇妙光芒。一切的才能和成就都應該為上帝──我們生命的創造者和維護者──帶來榮耀和尊貴。用保羅的話來說，「你們或吃或喝，無論做什麼，都要為榮耀上帝而行。」（林前10：31）

6月/25 墨菲定律

> 我雖然行過死蔭的幽谷,也不怕遭害,
> 因為你與我同在;你的杖,你的竿,都安慰我。
> 詩篇 23:4

你是否曾遇過諸事不順的一天?如果只是一天,那麼你應該心存感激。對於有些人來說,「倒楣之日」似乎永遠都不會結束。

羅伊・克利夫蘭・沙利文(Roy Cleveland Sullivan,1912-1983)出生在美國維吉尼亞州格林縣。1942年,三十歲的他首次被雷擊中;第二次發生在1969年;第三次在1970年;第四次在1972年;第五次在1973年;第六次在1976年,最後一次在**1977年6月25日**。這七次雷擊事件都被仙納度國家公園的管理員記錄在案。據沙利文說,他幼年時就曾經被雷擊中過,但沒有官方記錄作證。如果你想知道這件事的概率,那麼一個人被雷擊中七次的概率是 $1:10^{28}$。

迷信的人可能會認為沙利文定是被詛咒了。其他人可能會說他是墨菲定律的受害者。墨菲定律指出,任何可能出錯的事情最終都會出錯。該定律是由美國人埃德華・墨菲(Edward A. Murphy,1918-1990年)提出的,1949年,他與工程師團隊合作參與了美國空軍的項目,要確定人在碰撞中能夠承受多大範圍內的突然減速。當時有一位工程師將電纜和導線都安裝錯了,墨菲責備他:「只要有機會能出錯,他都會出錯。」不過在此之前,也有人發表過類似的言論。

無論墨菲定律有多少真理的成分,它都太籠統且悲觀了。是的,我們可以說墨菲定律在羅伊・沙利文身上成立,但世界上絕大多數人一輩子也沒有被雷擊中過一次,這又該如何解釋呢?而且,墨菲定律也沒有將上帝對受造之物的愛的管教(啟3:19)考慮在內。

即使事情出了差錯,我們也應牢記,無論晴雨,上帝都時時刻刻關心著我們。正如大衛王所說的,「我雖然行過死蔭的幽谷,也不怕遭害,因為你與我同在;你的杖,你的竿,都安慰我。」(詩23:4)且讓我們欣賞沿途嬌豔的玫瑰,而不要把刺放在心上!

6月/26 質子療法

> 因為世人都犯了罪，虧缺了上帝的榮耀；
> 如今卻蒙上帝的恩典，因基督耶穌的救贖，就白白地稱義。
> 羅馬書3：23、24

　　世界衛生組織將癌症列為全球第二大死因。癌症泛指一大類疾病，其特徵是細胞出現超出其邊界的異常增長。癌細胞可以侵入人體內臨近的部位，甚至擴散到其他器官。❺❾ 而美國南加州的羅馬琳達大學，目前在癌症治療方面則是處於世界領先地位。

　　1970年，詹姆斯・斯萊特博士（James M. Slater）和他的癌症治療團隊開始研發一種系統，可以充分發揮出重荷電粒子的治療潛力。其目的是為了能精確引導外部輻射束到達患者體內的隱形標靶上。1985年，雄心勃勃的斯萊特博士計畫並向學校提議，要打造世界上第一台醫院內質子加速器，以便進行更精確的放射治療。

　　儘管最初遭到了強烈的反對，但耗資四千五百萬美元的質子治療中心最終還是建成了——這是全美第一所質子治療中心。1990年10月23日，中心迎來了第一位患有眼部腫瘤的患者。1991年3月，腦部腫瘤的治療工作啟動。**1991年6月26日**，旋轉機架投入使用。直至今日，每天都有150多人在該中心接受治療。

　　在治癒癌症或至少控制癌症方面的不懈努力，可以帶給我們寶貴的屬靈教訓。癌症之於身體的傷害，就如同罪對我們的屬靈和道德生活的摧殘。葛培理（Billy Graham）牧師曾說過：「罪就像癌症。它一步步將人毀滅。慢慢地，它的陰險攻擊在不知不覺間大肆侵襲，直到最終確診：不治之症。」❻⓪

　　但值得慶幸的是，基督為治癒我們的罪而作出的犧牲遠比質子療法對抗癌症來得更加有效。保羅曾說，「因為世人都犯了罪，虧缺了上帝的榮耀」，但他繼續歡喜地說，「如今卻蒙上帝的恩典，因基督耶穌的救贖，就白白地稱義。」（羅馬書3：23、24）雖然有些癌症仍然無法治癒，但藉著基督在十字架上的犧牲，任何悔改的罪都可以百分之百地得到治癒。讚美主！

6月/27 「瞎子必看見」

> 那時,聾子必聽見這書上的話;瞎子的眼必從迷矇黑暗中得以看見。
> 以賽亞書 29:18

在上帝永恆的國度中,我們有這樣奇妙的應許:「聾子必聽見……瞎子的眼必……看見。」(賽29:18)從基督在世的事工中,我們就可瞥見這一幕(太11:2-5)。但即使在今天,我們也可以為那些有特殊需要之人的生命帶來改變。

1880年6月27日,海倫・亞當斯・凱勒(Helen Adams Keller,1880-1968)在美國阿拉巴馬州的塔斯庫姆比亞出生。她只有19個月大時就被診斷患了「腦熱」,導致她失聰又失明。到了1887年,安妮・蘇利文(Anne Sullivan)開始陪伴海倫,成為她的啟蒙老師,逐漸培養她的交流能力。1904年,凱勒成為第一位獲得文學學士學位的聾盲人。她以戰勝失明和聾啞的英雄形像訪問多國政要並周遊世界,以樂觀和希望為題發表演說,推動了人道主義事業向前發展。

長久的歷練讓凱勒變得樂觀積極,也使他人感受到極大的鼓勵。她的話語蘊含著豐富的生活經歷。談到克服困難,她說:「雖然這個世界充滿了苦難,但也充滿了很多解決和克服苦難的方法。」[61] 談起自己的掙扎,她會說:「品格在安逸寧靜中得不到發展。只有經歷考驗和苦難,靈魂才能強化,視野方能清晰,雄心才被激發,成功方可實現。」[62]

凱勒還強調了發現和利用機會的價值。她誠懇地勸勉人們:「當一扇幸福的門關上時,另一扇幸福的門也會因此開啟,但我們卻經常注視著這扇關閉的門太久,以至於忘了注意到那扇已經為我們開啟的幸福之門。」[63] 論到自己的態度,她說:「向善的事物,我敞開心扉,對惡的事物,我緊鎖心門。」[64] 她也認識到,「世上最美好的事物是看不見、摸不著的,只能用心靈來感受。」[65]

如前所述,海倫・凱勒之所以能克服自身的局限,主要歸功於安妮・蘇利文;是她的眼睛和耳朵為凱勒提供了視覺和聽覺。在我們滿懷希望,等待著我們的身體擺脫一切局限的時候(啟21:4),我們也可以為那些有特殊需求之人的生命帶來改變。

6月/28 解讀服裝

> 王女在宮裡極其榮華;她的衣服是用金線繡的。
> 她要穿錦繡的衣服,被引到王前;隨從她的陪伴童女也要被帶到你面前。
> 詩篇 45:13、14

1837年6月28日,年僅十八歲的維多利亞女王加冕成為權傾一時的大不列顛及愛爾蘭君主。身高不過5英尺(152公分)的她在位63年,影響了整個維多利亞時代的生活方式(包括服裝風格)。在她統治(1837年至1901年)之前,「男人是時尚的焦點,但隨著女王執政,女性躍居主流。妻子擔起了向公眾展示丈夫地位和財富的角色,而丈夫本人則退到了幕後。」❻❻

還有許多領袖人物和明星也在影響著人們的生活方式。但有關時尚和服裝的宗教對話往往是激烈的,容易造成分歧,甚至出現競爭。有些人認為真正的基督徒不應該追求世俗的時尚。另一些人則認為人可以按照自己的喜好來穿著,因為重要的是內在而非外表。顯然,一個人的內在是其外在行為的根源(可7:21-23)。可見衣服絕對不只是一種遮蓋身體的手段。它能展示出我們的個人品味、社會地位和道德價值觀。

艾莉森・盧瑞爾(Alison Lurie)在她的著作《解讀服裝》一書中指出:「幾千年來,人類首先是透過服裝語言進行交流的。譬如在街上、會議或派對上,在你我還沒有交談之前,你的穿著就已經向我宣告了你的性別、年齡和階級,也可能向我提供了有關你的職業、出身、個性、觀點、品味、性慾和當下的心情等重要資訊(或錯誤資訊)。我可能無法用言語表達出所觀察到的資訊,但我的潛意識已經記錄了這些資訊;與此同時,你也在對我做同樣的事。」❻❼

那麼如果基督徒是「世上的鹽」和「世上的光」(太5:13-16),他或她應當如何穿著?《聖經》中給出了相關的原則(提前2:9、10;彼前3:3、4)。簡言之,真正的基督徒在選擇服裝時,應考慮自身所處的文化環境,並以在特定文化中道德高尚、聲譽良好之人的衣著作為參考。

6月/29 佈道倫理

保羅說：「無論是少勸是多勸，我向上帝所求的，不但你一個人，就是今天一切聽我的，都要像我一樣，只是不要像我有這些鎖鏈。」
使徒行傳 26：29

傳福音是教會的心跳，也是其存在的根本原因。但是，在不侵犯他人信仰自由的前提下，傳福音的工作能做到多深入呢？在《基督復臨安息日會關於宗教自由、福音和傳教的聲明》中，簡要地回答了這一關鍵問題，這是**2000年6月29日**，在加拿大安大略省多倫多市召開的總會大會上所通過的一份聲明。該聲明承認「宗教自由是人類的基本權利」❻⓼，說明我們絕不應使用脅迫性的方法來傳福音。復臨教會相信，「信仰和宗教最好的傳播方式，就是當一個人的生活與所宣講的信息一致，並以謙卑和尊重的態度表達和教導，如此便能喚起人們欣然地自願接受福音。」❻⓽

在邀請他人加入自己的教會時，復臨信徒應對其他教派表現出應有的尊重。馬思威（C. Mervyn Maxwell, 1925-1999）宣稱：

「當復臨信徒邀請一位朋友離開原本的教派，加入復臨教會時，不可鼓勵他放棄以前身為衛理公會、浸信會、長老會或天主教信徒所知道的一切。恰恰相反！他在以前的教會了解到的有關耶穌的每一美好真理，都應該在復臨教會中更加珍視，應當將復臨教會發現的偉大真理添加到他已知的榮耀事物當中。

「當復臨信徒說他有『真理』時，並不是在吹噓。這不是他的真理，而是上帝的真理，是上帝已經揭示的真理；不是為了滿足好奇心，而是為了傳給每個願意傾聽的人，給每個基督為之獻出生命的人，給每個基督降世為要拯救的人。」❼⓪

有些人過分強調宗教自由，甚至到了破壞基督的偉大福音使命的地步（太28：18-20）。還有些人過於看重改信他教，以至於人們無法自由地做出決定。我們應該懷著像保羅一樣堅定的信念和目的去傳揚福音，但必須允許人們自由地做出決定。

6月/30 牆和橋

因他使我們和睦,將兩下合而為一,拆毀了中間隔斷的牆。
以弗所書2:14

中國擁有許多震驚全世界的人造建築,其中之一就是著名的萬里長城;它始建於西元前221年,由秦始皇下令修建。為了防止北方蠻族入侵中原,這道城牆也隨著時間的推移不斷擴建。初期的研究表明,它只有5,500英里(8,851公里)長。但在2012年,一項更精確的考古研究顯示,城牆的結構(包括一系列防禦工事)實際上長達13,170英里(21,195公里)。

中國的丹昆特大橋(丹陽至昆山),也同樣令人印象深刻,這是一座長達102英里(164公里)的高架橋,也是連接上海和南京的高速鐵路。它橫跨長江三角洲,沿途有低窪的稻田、運河、河流和湖泊。上萬名建築工人用了短短四年的時間,就在2010年建成了此橋,**2011年6月30日**大橋竣工並投入使用。這是目前世界上最長的橋樑。所以,現今世界上最長的牆和橋都在中國。

福音也邀請我們建造堅固的「屬靈圍牆」,好將我們與罪隔開,同時也要建造堅固的「社交橋樑」,好讓我們更接近需要救贖的罪人。但在人際關係方面,「我們建造了太多的牆,卻沒有足夠的橋樑。」㉑ 生活中確實有很多築牆的人,他們築了牆使婚姻、家庭和密友之間起了隔閡。但也有許多建橋的人,他們克服種種障礙,來修復破碎的關係。

耶穌非常善於社交,他打破了當時許多社會壁壘。「祂從每一個人身上都看到無限的前途。祂看出人可以被祂的恩典所改變。」㉒「如果我們在上帝面前降卑自己,作仁慈、禮貌、溫柔和同情別人的人,那麼現在只有一個人信從真理的地方,就會有一百個人相信了。」㉓

如果你和我都能成為建造橋樑的人,去與那些瀕臨滅亡的人分享上帝拯救的愛,那麼這世界將會變得多麼不同啊!

7月/01 真正的現代奇蹟

> 雖有千人仆倒在你旁邊，萬人仆倒在你右邊，這災卻不得臨近你。
> 詩篇 91：7

現代靈恩派的神蹟只發生在大禮堂的舞臺上，還得想方設法做到人盡皆知。但上帝卻不依靠什麼行銷策略來為祂忠實的僕人們作工（太7：21-23）。蘇茜・哈瑟・曼蒂（Susi Hasel Mundy）在其激勵人心的著作《雖有千人扑倒》中，講述了在第二次世界大戰期間，上帝如何在希特勒統治下的德國神奇地保護了她的父親弗蘭茨・哈瑟（Franz Hasel）和她家人的動人見證。❶

身為復臨教會和平主義者的弗蘭茨・哈瑟「被徵召入伍，並被分配在前鋒部隊輕工兵699營；該部隊是希特勒的精英部隊，負責在前線建橋」。❷ **1941年7月1日**，輕工兵營接到命令要跨過波蘭邊境進入烏克蘭。行軍多日後，士兵們筋疲力盡。於是無力繼續前進的人被拋下，他們不是死於疾病，就是被俄國人殺害。弗蘭茨也疲憊不堪，還發著高燒；他的襪子已經破爛不堪，腳上也長滿了大水泡。

看不到希望的弗蘭茨祈禱：「親愛的主，祢知道我的生命是交託在祢手裡的。當我離開家時，我很確定祢定會把我平安帶回。現在祢又給了我另一個應許。但現在我已經病重，再也走不動了。除非祢幫助我，不然我就完了。我知道祢是信實的上帝。我把自己交在祢手裡。」❸ 不一會兒，他就沉沉睡去。凌晨3點15分，他們被叫了起來，令他無比驚奇的是，他的腳完全康復了──皮膚紅潤，沒有半點傷痕！而這只是上帝保守他脫離眾多險境中的一次。

在組成前鋒部隊的1千2百位士兵之中，最後只有7人倖存，而弗蘭茨是其中之一。他實實在在地經歷了上帝的保護，正如〈詩篇〉第91篇7節中所應許的──「雖有千人仆倒在你旁邊……這災卻不得臨近你。」在家中的弗蘭茨的妻子和兒女也見證了第10節中的應許──「禍患必不臨到你，災害也不挨近你的帳棚。」毫無疑問，上帝的力量並沒有減弱，祂的應許永不失效。祂眷顧你，永遠不會離棄你。今天祂也可以像保護哈瑟一家那樣保護你。

7月／02　生命的轉捩點

> 「我將到大馬色，正走的時候，約在晌午，忽然從天上發大光，四面照著我。我就仆倒在地，聽見有聲音對我說：『掃羅！掃羅！你為什麼逼迫我？』」
> 使徒行傳 22：6、7

你是否有過面臨一次險境就徹底改變你人生軌跡的經歷？有些險境是因我們自己犯錯造成的；有些是聽從了別人的建議誤入歧途；還有一些則完全超出我們所能控制的範圍──它們就這樣發生了！無論是什麼原因，自那一刻起，我們的生命從此不同。

馬丁‧路德（Martin Luther）順從父親的意願到埃爾福特大學攻讀法律，他的前途一片光明。六週後，他有幾天休假可以去曼斯費爾德看望父母。**1505年7月2日**，路德在返程途中遭遇了一場可怕的雷暴，他被閃電擊倒在地。他絕望地呼喊道：「聖安娜，請救救我！我願意成為一名修士。」❹ 因為他的父親是礦工，而聖安娜是礦工的保護神，所以馬丁向她起誓。

一些懷疑派認為這次雷暴經歷只是以訛傳訛，但路德卻親口證實過。我們也不曉得在此之前他是否已考慮成為一名修士。無論如何，這是他的事業和人生中的一個重大轉捩點。7月16日，他與朋友們共進晚餐並且告別。第二天早上，他就進了埃爾福特的奧古斯丁修道院──這座城中修道院眾多，有著「小羅馬」之稱。此舉標誌著他開啟了漫長的靈性之旅，從此他將逐漸成長為一位極有能力的新教改革家。

「走出舒適區，開始新生命。」❺ 一次可怕的雷擊致使路德放棄學習法律，開始修道生活。大馬士革附近的一次神啟（基督的親自顯現），就讓掃羅從迫害者轉變成一位為了基督竭盡心力的使徒。同樣，上帝也可以引領我們離開舒適區，使我們投身於祂的事業。

今天祂正呼籲我們：「我可以差遣誰呢？誰肯為我們去呢？」為什麼我們非要等到被敲打痛了才醒悟呢？願你我的回答都能像以賽亞的一樣：「我在這裡！請差遣我！」（賽6：8）

7月03 新耶路撒冷

> 我又看見聖城新耶路撒冷由上帝那裡從天而降，
> 預備好了，就如新婦妝飾整齊，等候丈夫。
> 啟示錄 21：2

有許多基督徒相信以色列將在末世的一系列事件中扮演重要角色。在他們看來，舊約中有關耶路撒冷的復興和彌賽亞國度建立的預言（亞12-14章），都將真實地一一應驗。但前提是，以色列國必須重建，耶路撒冷的聖殿必須在摩利亞山的原址上重新建造（代下3：1）。

希歐多爾‧赫茨爾（Theodor Herzl, 1860-1904）是一位奧匈帝國的記者和政治活躍分子。他創建了世界錫安主義組織，推動猶太人移居巴勒斯坦，旨在建立猶太國家。**1904年7月3日**，希歐多爾去世。44年後，現代以色列國建立，他被世人公認為以色列的國父。

哈爾‧琳賽（Hal Lindsey）在其暢銷書《曲終人散》（The Late Great Planet Earth）中提出，最終的預言倒數計時應從1948年開始算起，四十年後（約1988年），就到了所謂七年的大災難時期，災難結束後（約1995年），基督將在地上的耶路撒冷登上寶座統治地球。❻ 但這些日子如今已成過去，什麼都沒有發生。琳賽對預言的解釋在哪一部分出錯了呢？

在〈但以理書〉第9章中，天使加百列說在巴比倫七十年被擄期滿後，耶路撒冷和聖殿將要重建（但9：2）。這就是〈但以理書〉第9章24至27節中七十個七和第8章14節中2300日的起點。琳賽堅稱以色列國的建立是末世預言時期的起點，然而這在《聖經》中是找不到任何依據的。舊約中許多關於耶路撒冷重建和聖殿復興的預言，都已應驗在從巴比倫回歸的猶太人身上，正如〈以斯拉記〉和〈尼希米記〉所記載的那樣。

末世的盼望與以色列和中東毫無關係。新耶路撒冷要在天國實現。亞伯拉罕所等候的是「那座有根基的城，就是上帝所經營所建造的」（來11：10）。各時各地的上帝的兒女將聚集在天上新耶路撒冷（啟21：2）的聖殿中，在祂的寶座前（啟7：15）事奉祂。這是我們無比榮耀的產業！

7月/04 萊比錫辯論

耶穌對他說:「律法上寫的是什麼?你念的是怎樣呢?」
路加福音 10:26

你是否曾經和與你觀點相左的人辯論過?沒了共同的立場,辯論可能會喋喋不休、沒完沒了,甚至毫無進展。這一點馬丁·路德(Martin Luther)應當深有同感,在被譽為歷史上最偉大的辯論之一的萊比錫辯論(1519年)中,他的遭遇正是如此。

當時日益蓬勃的新教運動與羅馬天主教會之間的局勢愈發緊張。在進行多次對話後,雙方同意在德國萊比錫進行一場學術辯論,6月27日,辯論正式開始。約翰·埃克(Johann Eck)為羅馬天主教辯護,安德莉亞斯·卡爾施塔特(Andreas Carlstadt)則代表威登堡的新教團體。辯論場上的埃克憑藉三寸不爛之舌,征服了現場的觀眾。卡爾斯塔特略顯沉悶的讀稿,雖然造福了會議書記員,卻讓聽眾大失所望。

眼看自己已經占了上風,埃克覺得是時候把路德本人拉來辯論了。於是,**1519年7月4日**上午,「德國最偉大的兩位辯手」開始辯論。路德意識到,這是他生命中最關鍵的時刻。對他來說,這場辯論關係重大,絕不能輸!兩人之間沒有共同立場,也就永遠無法達成共識。雖然路德始終忠於《聖經》,但埃克卻曲解《聖經》的意思來支持教皇的權威和天主教的傳統。這場辯論於7月14日結束,觀眾根據自己的個人喜好和對《聖經》解讀的方式而支持不同的陣營。

這場辯論帶給我們重要的教訓。首先,獲勝的不一定是演說技巧最高超的人,也不一定是最有真理基礎的人。修辭手法往往被用來掩蓋信息中的邏輯錯誤和曲解。第二,在我們與他人共同研究《聖經》之前,我們應該確保他/她接受《聖經》的權威,願意以經解經。

在一個對《聖經》解讀極度衝突的世界裡,我們蒙上帝呼召,要高舉「《聖經》,將《聖經》作為一切教義的唯一標準和所有改革的唯一基礎」。❼

7月/05 複製羊桃莉

> 萬物是藉著他造的；凡被造的，沒有一樣不是藉著他造的。
> 生命在他裡頭，這生命就是人的光。
> 約翰福音1：3、4

上帝是生命之源。是祂大能的話語使得廣袤宇宙中的一切生命得以存在。「諸天藉耶和華的命而造；萬象藉他口中的氣而成。」「因為他說有，就有，命立，就立。」（詩33：6，9）人作為被造物，是無法創造任何形式的生命的。但他們已經能夠從基因上操控現有的生命形式。

1996年7月5日，蘇格蘭愛丁堡的羅斯林研究所透過一系列的基因和生殖實驗，成功培育出複製羊桃莉。她「是從一隻六歲的芬多斯母羊的乳腺細胞和一隻黑臉蘇格蘭羊的卵細胞中複製出來的」。❽ 自此，許多大型哺乳動物也成功地被人類複製。這些實驗可能會為培育新一代的基因改造人類敞開大門。

1997年2月，總統比爾‧柯林頓（Bill Clinton）委託美國國家生命倫理諮詢委員會研究相關的法律和倫理問題。委員會得出結論，「無論是在研究亦或臨床環境中，無論是公共或個人領域，任何人企圖使用體細胞移植複製技術創造出一個孩子，這在道德上都是不被接受的。」❾

1997年11月11日，聯合國教科文組織通過《世界人類基因組和人權宣言》，聲稱「任何有違人類尊嚴的做法，如複製人類，都不應被允許」。❿ 1998年1月，法國總統雅克‧希拉克（Jacques Chirac）呼籲在全球範圍內禁止人類複製。⓫ 但對於這些限制，科學界會遵守多久呢？

基因實驗的確幫助人類解決了一些從前被認定是不治之症的遺傳疾病。但有些基因實驗是對上帝及其驚人創造的不敬，要知道上帝原本的創造是「甚好」的（創1：31）。我們應該謹記，上帝按照自己的形像和樣式創造了人類（創1：26），我們應該尊重它原本的樣式。我們要尊崇上帝，讓祂所造之物顯露出祂最初的美意。

7月/06 在烈焰中見證

> 我現在被澆奠，我離世的時候到了。
> 那美好的仗我已經打過了，當跑的路我已經跑盡了，
> 所信的道我已經守住了。從此以後，有公義的冠冕為我存留，
> 就是按著公義審判的主到了那日要賜給我的；
> 不但賜給我，也賜給凡愛慕他顯現的人。
>
> 提摩太後書 4：6-8

如果你在1415年7月初來到德國南部的康斯坦茨皇城，就會看到城裡人山人海。他們都是來參加著名的康士坦斯大公會議的（1414-1418年）。大公會議召開的目的是為了：①解決三位敵對教皇——貴格利十二世、本篤十三世和若望廿三世之間的問題——他們都聲稱自己才是彼得教皇真正的繼承人；②改革教會政府和道德生活；以及③根除異端邪說。

1415年7月6日星期六清晨，一位頗具影響力的布拉格大學教授揚‧胡斯（Jan Hus）出現在康士坦斯大教堂。在會議上，他被正式定罪，成為教會的棄兒和罪犯。六位主教執行了降級儀式。他們剝去他的禮服，剃掉他的頭髮，給他帶上一頂畫著妖魔鬼怪並寫著「叛教罪魁」字樣的帽子，並聲明將他的靈魂交給魔鬼。當胡斯在康士坦斯的街道上遊街示眾時，他看到自己的書正在市中心廣場上被當眾焚燒。

到了行刑地，胡斯的雙臂被反綁著，脖子被鐵鍊綁在柱子上，旁邊堆滿了稻草和木頭。這是最後的機會，如果他願意改變立場，他還是可以苟活。但胡斯回答道：「今天我要帶著對我所傳福音的信心，歡歡喜喜地赴死。」當火焰升起時，他兩次唱道：「基督，永活真神的兒子，可憐我吧！」風撩起火焰，直撲他的面龐，他的聲音消失了。他不斷地祈禱和歌唱直到死亡來臨。胡斯被處死，此舉激起波西米亞人民的怒火。他所推動的改革事業由胡斯派和後來的馬丁‧路德繼承。

揚‧胡斯體現出殉道者寧死不屈的精神，他們寧願犧牲性命，也不願背叛救主。胡斯將會得到他「公義的冠冕」（提後4：8），那麼你和我呢？我們是否具有同樣的精神？

7月 07　一個幸運的日子？

> 上帝賜福給第七日，定為聖日；
> 因為在這日，上帝歇了他一切創造的工，就安息了。
> 創世記2：3

自古以來，數字「七」一直被視為是完整和完美的象徵。英文俗語所說的「身處七重天」（意為「樂翻天」）是指喜悅和滿足到達了頂點。難怪人們對**2007年7月7日**充滿期待。那天恰好是一週的第七天，也是新千禧年第七個年頭、第七個月的第七天──用數字表示就是：7╱7╱07。

許多賭徒相信，這一天一定是幸運日。在婚禮籌備網站TheKnot.com上，有三萬八千對夫妻將2007年7月7日登記為他們的結婚日期──這比全年任何一天的結婚人數都要多三倍以上。就在當天，《活樂地球：氣候危機演唱會》在全球許多不同的地方舉行。

與此同時，復臨教會在巴西的許多城市也舉辦了特別活動，強調第七日安息日是「國際幸福日」。當時我也參加了這場活動，在聖保羅復臨大學的教堂（Engenheiro Coelho）佈道，講解安息日的意義。在第七天按著十誡（見出20：8-11）的要求歡度安息日，這是多麼快樂的一件事。

安息日每週都來，打斷一切煩亂且競爭激烈的生活節奏，提醒我們要分辨屬靈上的輕重緩急。安息日是上帝在時間中的聖所，告誡我們生命比物質更為重要，邀請我們與上帝和同胞共度特別的時光。安息日是上帝賜福的管道，在永恆的歲月中，得贖之民也要持守安息日（賽66：22、23）。

今天上帝對我們發出的邀請和應許是：

「你若在安息日掉轉你的腳步，在我聖日不以操作為喜樂，稱安息日為可喜樂的，稱耶和華的聖日為可尊重的；而且尊敬這日，不辦自己的私事，不隨自己的私意，不說自己的私話，你就以耶和華為樂。耶和華要使你乘駕地的高處，又以你祖雅各的產業養育你。這是耶和華親口說的。」（賽58：13、14）

7月/08 沒有永恆的地獄

「根本枝條一無存留。」
瑪拉基書 4：1

　　你是否想像過在地獄中永遠受苦的滋味？許多基督教傳道士和作家都曾絞盡腦汁描繪出地獄的駭人景象。例如，**1741年7月8日**，當美國著名神學家和傳教士喬納森・愛德華茲（Jonathan Edwards）在康乃狄克州恩菲爾德鎮佈道時，就以《落入憤怒上帝之手的罪人》為題，將聽眾嚇得魂不附體。他直截了當地指出，怙惡不悛的聽眾可能隨時被「上帝憤怒的火焰」吞沒，必淪亡地獄「數百萬年」受苦受難。❷ 難怪當時的聽眾會大聲哀號、祈求上帝，以至於愛德華茲都沒能講完證道。

　　但丁（Dante Alighieri）的著名史詩《神曲》表達了中世紀的地獄觀，他說地獄在地球內部，由重重苦難圍成周圍的九環。在英國羅馬天主教神父約翰・弗尼斯（John Furniss，1809-1865年）的小冊子《地獄的景象》中，用一顆「大過天地的實心鐵球」來說明無窮無盡的折磨。「每一億年飛來一隻鳥，用牠翅膀上的一根羽毛輕輕拂過那顆巨大的鐵球。」❸ 地獄中的罪人在被烈火焚燒的同時，還要期望鳥羽偶然的觸碰能將鐵球磨小！但如果地球上的生命本就短暫（詩90：9、10），為何上帝還要以如此嚴厲的手段永遠懲罰這些罪人呢？

　　孩提時代和少年時代的愛倫・哈蒙（即後來的懷愛倫），曾因永恆燃燒的地獄而備受困擾。在她看來，「上帝的公義超越了祂的憐憫和仁愛」，直到她明白了《聖經》的教導才算放下心中大石。她明白人類並非天生不朽的存在，所有不悔改的罪人終將被毀滅。❹ 後來她還寫道，將惡人趕出天堂，並最終將他們毀滅，這是出於上帝的憐憫。❺

　　罪惡和苦難都有開始，它們並非上帝最初計畫的一部分。它們將被徹底根除，上帝要將「一切都更新了」（啟21：5），使宇宙恢復到最初的完美狀態。愛將永遠戰勝罪惡！

7月 09 按著正意分解上帝的話語

> 你當竭力在上帝面前得蒙喜悅，
> 作無愧的工人，按著正意分解真理的道。
> 提摩太後書2：15

年輕時的我喜歡參加當地教會在安息日下午舉辦的青年聚會。除了有趣的活動外，還有一項比賽，就是看誰能最快找到並讀出特定的經文。我的姐姐艾萊達總是能毫無懸念地贏得比賽，就好像她的《聖經》都能自動打開到對應的章節似的。試想幾個世紀前的《聖經》，其實是只按書卷排列，沒有劃分章節，那翻查起來肯定得花不少工夫！

史蒂芬‧蘭頓（Stephen Langton，約1150-1228）是坎特伯雷一位有影響力的大主教，他於**1228年7月9日**去世。「人們認為他是為《聖經》分了章的人。」❻ 之後到了1448年，猶太拉比末底改‧南森（Mordecai Nathan）將《舊約聖經》分了節。1551年，羅伯特‧司提反（Robert Stephanus，又名羅伯特‧埃斯蒂安）在南森的分節基礎上，對《新約》也進行了類似的劃分。第一部帶有完整章節劃分的《聖經》是1560年的《日內瓦聖經》，它是在《英王欽定版聖經》之前一本極具影響力的新教《聖經》譯本。

那麼「按著正意分解」上帝的話是什麼意思呢？這至少包含四個重要層面：①表現出對《聖經》的熟悉；②尊重《聖經》，將其作為上帝的話語；③正確解釋其內容；以及④允許其真理改變我們的生命。「你手中拿著《聖經》時，要記得你是站在聖地。」❼

只把《聖經》當作一本好書是遠遠不夠的，它必須成為你整個生命的光（詩119：105）。「要以《聖經》為你的顧問。你若保持自己的心脫離世上的無稽之談，就必迅速地熟悉《聖經》。你越研究《聖經》，就越深地認識上帝。《聖經》的真理必寫在你的心中，留下不可磨滅的印象。」❽

上帝的聖言給我們的生命帶來喜悅、意義和希望。它是連結時間與永恆的神聖橋樑（賽40：6-8），也是永生的唯一條件。

7月/10 宣教志工

**我又聽見主的聲音說：「我可以差遣誰呢？誰肯為我們去呢？」
我說：「我在這裡，請差遣我！」**
以賽亞書6：8

關心青年就是關心教會的未來。1879年，在密西根州黑澤爾頓一個小小的鄉村教堂裡，十四歲的盧瑟‧沃倫（Luther Warren）和十七歲的哈利‧芬納（Harry Fenner）想要幫助他們信仰不夠堅定的朋友，於是組織了第一個復臨教會青年協會。以他們為榜樣，青年協會開始紛紛在全美甚至國外建立起來。

為了滿足復臨教會青年工作蓬勃發展的需要，**1907年7月10日至21日**，安息日學和青年大會在俄亥俄州的維農山召開。大會的演講及討論強調了青年參與復臨教會全球傳道工作的重要性。經過仔細研究，大會通過了以下決議：

「大會決定，將總會、聯合會以及區會中的青年組織更名為『青年宣教志工部』，而將地方教會中的青年組織更名為『復臨青年志工宣教團』。」[19]

出席大會的總會會長亞瑟‧丹尼爾斯（Arthur G. Daniells）表示，該名稱突顯了①教派名稱──「復臨教會」；②涉及的教會部門──「青年團」；以及③部門目標──「宣教志工」。多年來，宣教志工團已經發展成為「復臨青年事工」（Adventist Youth，AY），是本會最具活力的培靈和救靈的力量之一。

懷愛倫呼籲道：「為了推展各部門的工作，上帝需要青年的活力、熱忱和勇氣。祂已經揀選青年幫助開展祂的聖工。有條不紊地制訂計畫，勇敢果斷地付諸實施，需要有活躍健全的精力。上帝要求青年把自己青春的才能獻給祂。藉著這些才能的運用，以及靈敏的思想與活潑的行動，他們能將榮耀歸給上帝，並能拯救自己的同胞。」[20]

在你的教會中，青年團的發展狀況如何？是否依然發展迅速且充滿活力？如果不是，你能做些什麼來幫助它恢復力量，重拾傳道的熱情呢？

7月/11 看重我們的日子

> 求你指教我們怎樣數算自己的日子，好叫我們得著智慧的心。
> 詩篇 90：12

我們人類的存在是在時間的維度之中，並以年份來衡量。古代文明使用日晷來標記白晝的時辰。數百年來，機械鐘則逐漸發展成為由彈簧或由鐘擺驅動。

倫敦的大笨鐘（Big Ben）是世界上最大的四面報時鐘。大笨鐘原本是塔內大鐘的暱稱，但久而久之，人們也用它來指鐘錶本身和整座鐘樓。1859年5月31日，大笨鐘竣工，它首次報時則是在**1859年7月11日**。但僅僅兩個月後，大鐘開裂，沉寂了四年。在那段時間裡，大笨鐘只在每小時的最後15分鐘報時。

隨著時間演進，傳統的機械鐘大多都被電子鐘和石英鐘錶取代了。現代原子鐘的精準度已經達到了驚人的程度。據說，鍶原子鐘在未來的一百五十億年內既不會快一秒，也不會慢一秒。如今，我們還有各種標準時間，例如格林威治標準時間，國際原子時間和世界協調時間，其目的是使原子鐘與地球和太陽之間的關係保持同步。

衡量時間固然重要，但最重要的仍然在於我們如何利用時間。懷愛倫的勸勉是：「你只能活一次。」㉑「人生是奧祕而神聖的，是生命之源上帝自身的顯示。人生的機會是寶貴的，應該認真利用；一旦錯過，就永不返回。」㉒

時間是上帝賜予每個人的神聖禮物。我們應該把它看得與生命本身一樣珍貴。我們無法脫離時間而存在，也無法延長、縮短或挽回時間。我們唯一能做、並且應當做的，就是確定優先次序，在仍然擁有的時間範圍內，善用自己的能力管好自己的生活。

時鐘不會停擺。每一刻都會帶來永恆的後果。所以，不妨停下來片刻，想一想你當如何度過你的一生。願主幫助我們永遠能明智地利用時間！

7月/12 基督生平

> 他在世界，世界也是藉著他造的，世界卻不認識他。
> 他到自己的地方來，自己的人倒不接待他。
> 約翰福音 1：10、11

上帝之子道成肉身是有史以來最令人驚歎的奧祕。創造並維護整個宇宙的上帝如何能取了人性，成為一個窮人，且生活在我們中間？人所能思考最崇高的主題莫過於基督的生平與人性。沒有什麼主題能像它這樣，產生如此積極改變人心的力量。

在懷愛倫開始先知工作的早期，她就寫了許多關於基督的文章。在她移居澳大利亞之後（1891-1900），她大部分的時間都用於透過筆墨來呈現耶穌生平的全景。**1892年7月12日**，她在日記中寫道：「今天下午我寫了許多頁關於基督生平的內容。我渴望大量來自上帝的靈，以便能寫出人們需要的東西。」㉓ 這是一項重要工作的開端，最終問世的，是在她的著作之中最具啟發性的三本書——《登山寶訓》（1896年），《歷代願望》（1898年）和《基督比喻實訓》（1900年）。

1892年7月15日星期五，她寫了一封信給總會會長奧爾森（O. A. Olsen），在信中她承認：「我在上帝面前戰兢而行。我不知道如何講述或描寫贖罪犧牲的偉大主題。我不知道如何傳達以活潑的能力擺在我面前的種種題目。我恐懼戰兢，惟恐我用粗俗的語言貶低偉大的救恩計畫。我在上帝面前謙心敬畏，說，這些事誰能當得起呢？」㉔

在編輯助手的幫助下，懷師母將她之前寫過的有關基督生平的文章，還有出自其他作者的可靠資料，以及她在異象中所看到的基督生活彙集起來。在聖靈的引導下，她寫下了許多新的內容。最終，1898年10月，《歷代願望》付梓，成為世界上對基督生平和事工闡述得最精妙的著作之一。

今天，耶穌的一生有許多值得我們默想的地方，《新約》四福音書和本文所提到的三本書可以帶給我們許多靈感。不妨制定一個閱讀計畫，好讓我們能專心研讀所敬愛的救主耶穌基督一生的事蹟。

7月13日 數字「13」

> 說話之間，來了許多人。
> 那十二個門徒裡名叫猶大的，走在前頭，就近耶穌，要與他親嘴。
> 耶穌對他說：「猶大！你用親嘴的暗號賣人子嗎？」
> 路加福音 22：47、48

今天是**7月13日**。許多人認為「13」是個不吉利的數字。坐飛機時他們不會選擇第13排的座位，住酒店時也不住在第13層。有些人特別害怕13號碰到星期五，他們甚至會選擇待在家裡，什麼都不做。但這種迷信是如何開始的呢？

圍繞著「不詳之數13」有幾種說法：例如，相比於被許多人視為完整象徵的12，有些人認為13是不完整的數字。一些神祕主義者認為，耶穌和12位門徒組成了一個13人的團體，當叛徒猶大離開時，這個團體就減少到理想的人數——12人。有些人相信猶大背叛耶穌的那天是星期五，是猶太曆尼散月13日。1970年4月13日，阿波羅13號的一個氧氣瓶爆炸，導致其登月任務被迫中止。1307年10月13日星期五，法國國王菲力普四世逮捕了數百名聖殿騎士。㉕ 類似的例子層出不窮。湯瑪斯‧勞森（Thomas W. Lawson）的小說《十三號星期五》（1907）更是在強化這一日的迷信上推波助瀾。

在某些文化中，八月也不招人待見，再加上以上種種說法，於是8月13日星期五就變得格外可怕。例如，在巴西，八月份被稱為瘋狗月，十分不吉利，所以狗通常要在這個月份接種狂犬疫苗。在葡萄牙，新人結婚時總會避開八月，因為那是水手們遠航的日子，新婚的妻子們可不想在蜜月的時候還孤身一人。

的確有許多災難恰巧發生在星期五的13號，但一年中其他日子發生災難的概率也大致相同。這完全取決於你自己的觀點。當巧合被視作規律，例外被認為是常態時，問題就產生了。對於信靠上帝並將自己的生命交託給祂的人來說，無需對這種毫無根據的迷信感到擔憂。畢竟，「上帝若幫助我們，誰能敵擋我們呢？」（羅8：31）

7月14 被遺忘的嬰兒

「婦人焉能忘記她吃奶的嬰孩，不憐恤她所生的兒子？
即或有忘記的，我卻不忘記你。」
以賽亞書 49：15

在人生的舞臺上，我們必須忘記過去那些有瑕疵的表現，以免自己分心，反倒忽略了現在扮演的重要角色。有些分心並不會造成太大的傷害，但有些卻會帶來無法逆轉的後果，引發永無止境的悔恨。

即便是最細心的父母也會犯下致命的錯誤。**2016年7月14日**，美國廣播公司新聞刊載了一篇令人震驚的文章——《遺忘嬰兒綜合症：熱車死亡是父母的噩夢》❷⁶，作者是妮可・佩萊蒂耶（Nicole Pelletiere）。她講述了索菲亞・瑞恩・卡瓦列羅（Sophia Rayne Cavaliero，小名瑞瑞）的悲慘故事。2011年5月25日，剛滿一歲的她被父母遺忘在德州奧斯丁的一輛車裡。她的母親克利斯蒂・李維斯（Kristie Reeves）正在家裡準備參加電話會議，於是就把瑞瑞交給了丈夫布雷特・卡瓦列羅（Brett Cavaliero），他本應該把她送到托兒所。這個小女娃甚至還穿著老師為了慶祝她第一個生日送給她的漂亮新裙子。

下午1點15分，李維斯來到丈夫的辦公室，準備接他一起去吃午飯。當她說起瑞瑞穿著新裙子的模樣時，布雷特變得異常沉默。突然，他要李維斯開車回辦公室。她以為他是忘了什麼東西。但當她問起時，他回答說：「今天早上我忘記把瑞瑞送到托兒所了。」李維斯立即撥打了911。醫護人員搶救了四十分鐘，想要挽救女孩的性命，之後他們把她送入當地的兒童醫院。不久，瑞瑞因中暑死亡。可悲的是，遺忘嬰兒綜合症比我們想像的更為常見。除了瑞瑞之外，那一年美國因為被遺忘在熱車中而中暑死亡的兒童還有33名。

在〈以賽亞書〉第49章15節有一個美好的應許；即便父母可能忘記自己的孩子，上帝也永遠不會忘記我們。「祂知道每一個人的姓名，又看顧每一個人，好像祂單單為了那個人才賜下了祂的愛子。」❷⁷

有些父母會有偏愛的孩子（創37：3、4），但上帝一視同仁。我們每一個人，包括你，在祂心中都是受寵的孩子。

7月/15 石頭正在呼叫

耶穌說：「我告訴你們，若是他們閉口不說，這些石頭必要呼叫起來。」
路加福音 19：40

羅塞塔石碑是有史以來最重要的考古發現之一；自1802年起，它就一直被收藏在大英博物館中。有些學者認為，這塊石碑是由法國船長皮埃爾‧弗朗索瓦‧布查爾德（Pierre- François Bouchard）在**1799年7月15日**發現的。還有些人認為它是在7月19日甚至8月間被發現的。儘管存在一些異議，但我們知道它是在1799年7或8月，在尼羅河三角洲的羅塞塔村發現的，當時正是拿破崙遠征埃及的時候。

羅塞塔石碑是一塊古埃及花崗閃長岩石碑，刻有一道西元前196年的詔書，將法老托勒密五世奉為神。銘文以三種語言鐫刻：古埃及象形文、世俗體和希臘文。湯瑪斯‧揚（Thomas Young）破譯了世俗體，這對於1822年法國學者商博良（Jean François Champollion）解讀象形文字提供了許多幫助。石碑的破譯工作成為解讀埃及眾多象形文字銘文的關鍵，而古埃及正是以色列人生活並且被苦待多年的地方。

羅塞塔石碑以及其他的考古發現，使石頭在世界歷史的關鍵時刻「呼叫」起來。當時，高等批判（後來被稱為歷史批判法）開始質疑《聖經》的神聖起源，對其中許多歷史記載予以否認。另一方面，中東的考古發現卻開始證實了《聖經》中某些記載的真確性。

也許有人會問，《聖經》真的需要得到外部資料的背書嗎？如果承認《聖經》是自證的上帝話語，就應該允許它對所有其他知識來源進行批判。然而，考古學對於重建聖經事件的歷史，文化背景，以及理解聖經時代人們的生活方式——他們如何建造房屋、工作、結婚等方面，做出了重大貢獻。例如，馬丁‧亨格爾（Martin Hengel）在其發人深省的著作《十字架刑罰》中，就詳細描述了羅馬執行十字架刑罰的方法，為我們理解耶穌在十字架上的殘酷死亡帶來了新的亮光。㉘

主，謝謝祢，使我們擁有能夠支持《聖經》真實性的考古發現，幫助我們更理解其歷史和文化背景！

7月/16 新的先知？

「以後，我要將我的靈澆灌凡有血氣的。
你們的兒女要說預言；你們的老年人要做異夢，少年人要見異象。」
約珥書2：28

身為復臨教會的一員，我們相信懷愛倫（Ellen G. White，1827-1915）是蒙上帝呼召，為聖經真理在末世時的恢復提供特別預言性的幫助。當她看到預言實現時，就期待耶穌能在她活著的時候復臨。但隨著時間的推移，她愈發堅信也許自己要安息了。1915年7月10日安息日的早晨，她的兒子威利與她一起祈禱，之後她輕聲對他說：「我知道我所信的是誰。」（參見提後1：12）。稍後，她與房間裡的婦女們說了幾句話。**1915年7月16日**星期五下午3點40分，在完成了七十年極具果效的先知工作後，她便安詳離世。

在她生命的最後幾年，懷愛倫常被問及上帝是否會興起另一位真先知。她總是回答在這個問題上，主沒有賜給她亮光。1907年，她寫道：「豐盛的亮光已賜給我們生活在這末世的人。不論我是否活在世上，我的著作都會不斷發言，其功效要延續到世界的末了。我的著作已在出版社存檔。即便我去世了，上帝所賜給我的這些話語，仍會具有生命力，繼續向人傳講。」❷

懷愛倫逝世已逾百年，有些信徒想知道我們是否應該期待另一位先知的出現。他們常引用〈約珥書〉第2章28節，上帝曾應許將祂的靈「澆灌凡有血氣的」，會有人說預言、做異夢、見異象。這是否說明人人都會成為先知？我不這麼認為。有時上帝會將某些有限的、預言性的啟示賜給人——就像法老（創41：1-36）和尼布甲尼撒（但2章）一樣——但祂並沒有呼召他們作先知。

我們還是將這個問題留給「因大有智慧不會犯錯，也因大有良善不致錯待我們」❸ 的上帝吧！與此同時，我們也要閱讀、學習，並實踐已賜下之先知著作中的原則。有了它們，就足以指引我們安全地回到天家了。

7月/17 永不再分散

> 以後我們這活著還存留的人必和他們一同被提到雲裡，
> 在空中與主相遇。這樣，我們就要和主永遠同在。
> 帖撒羅尼迦前書 4：17

有些告別在我們心中留下深深的空洞。眼睜睜地看著想與之朝夕相處的人離去，會讓我們心碎。如果我們已看出某個人想離開，那麼開口請求他／她留下肯定會令我們感到痛苦。當我們知道一聲「再見」過後，今生就再無可能和對方相見，這種告別更是令人肝腸寸斷。沒錯，人人都憧憬著這樣一處美地，可以讓我們永遠不用對彼此說再見。

以撒‧瓦茨（Isaac Watts，1674-1748）於**1674年7月17日**出生在英國南安普敦；被譽為「英國讚美詩之父」的他一生創作了大約六百首聖詩。他在1707年寫下了下面這首優美的《永不再分散》（新版《讚美詩》第133首）。以下是它第一段歌詞和最初的副歌：

「有一地方永無痛苦，神人同居相歡，

無窮白晝驅盡陰暗，耶穌永為我伴。

我們將到光明天鄉，不久即聞號筒吹響，

那時耶穌永為我伴，永遠不再、不再分散。」㉛

這是威廉‧米勒耳（William Miller）最愛的聖詩之一。1849年在他離世之前，他請家人一遍又一遍地唱著這首詩歌。多年來，復臨教會的全球總會代表大會和營會也曾多次以這首讚美詩作為終場詩歌，並將接下來的問題留給會眾：「這會是我們最後一次的聚會嗎？下一次會不會在天堂？」

耶穌沒有像復臨派的先驅者們所期望的那樣快快復臨。但要知道，如今祂復臨的時刻要比以撒‧瓦茨譜寫這美麗的詩歌，或威廉‧米勒耳唱這首詩歌時更加接近；同樣，也比那些以這首歌作為終場詩歌的復臨教會大會和營會更加接近。毫無疑問，耶穌很快將駕天雲顯現，帶我們回家，之後我們將「永不再分散」！

7月18 瑪麗・居禮

哪知他為我們的過犯受害,為我們的罪孽壓傷。
因他受的刑罰,我們得平安;因他受的鞭傷,我們得醫治。
以賽亞書 53:5

1867年,瑪麗亞・斯克沃多夫斯卡(Maria Skłodowska)出生在波蘭的華沙,她的科學訓練和實踐也是在當地展開的。1891年,她前往法國巴黎,在巴黎大學繼續攻讀物理、化學和數學,並展開一系列的科學工作。在與皮埃爾・居禮(Pierre Curie)結婚後,她冠夫姓成了瑪麗・居禮(Marie Curie)。1903年,因為對放射性研究的工作,居禮夫婦和亨利・貝克勒爾(Henri Becquerel)一起被授予了諾貝爾物理學獎。瑪麗還因對釙和鐳的研究成果,在1911年獲得了諾貝爾化學獎。瑪麗・居禮是第一個獲得諾貝爾獎的女性,也是迄今為止唯一一位獲得兩次諾貝爾獎的女性。

1898年7月18日,瑪麗和她的丈夫公開宣佈他們發現了一種新元素,他們將其命名為「釙」,以紀念她的祖國波蘭。當年12月26日,這對夫婦又公佈了第二種新元素,他們將其命名為鐳(拉丁文意為「射線」),並由此創造了「放射線」一詞。1934年,居禮夫人死於再生障礙性貧血,這是由於她在研究期間口袋裡攜帶的鐳試管以及在一戰期間研發的移動X射線裝置所接觸的輻射。由於對輻射沒有深入的認識,也沒有保護措施,她所發現並研究的元素導致了她的死亡。

《聖經》告訴我們,耶穌來到這個世界是為了解決罪的問題,而唯一的方法是為我們的罪而死。如今我們曉得,「上帝使那無罪的,替我們成為罪,好叫我們在他裡面成為上帝的義。」(林後5:21)

「哪知他為我們的過犯受害,為我們的罪孽壓傷。因他受的刑罰,我們得平安;因他受的鞭傷,我們得醫治。」(賽53:5)

即使如此,祂依然「沒有犯罪」(來4:15)。基督道成肉身時,承擔了罪所有的後果,但卻沒有被罪感染。如果祂犯了罪,就不能成為我們的救主,因為祂自己也需要一位救主。但讚美主,我們無罪的救主承擔了我們的罪,卻沒有成為罪人!

7月/19 女性的權利

> 並不分猶太人、希臘人，自主的、為奴的，
> 或男或女，因為你們在基督耶穌裡都成為一了。
> 加拉太書3：28

按照〈創世記〉的記載，男人和女人都是按照上帝的形像和樣式造的（創1：26、27）。夏娃是上帝用亞當的一根肋骨所造，這意味著平等和伴侶關係（創2：21-24）。馬太・亨利（Matthew Henry，1662-1714年）曾說：「女人受造，是由取自亞當肋旁的一根肋骨，而不是取自他的頭，好統管他，也不是取自他的腳，要被他踐踏，而是取自他的肋旁，要和他同等，在他的臂膀底下受保護，並且貼近他的心得寵愛。」❷ 但罪扭曲了男女之間的關係（創3：16），古往今來，無數女性遭受著男性的否定和壓迫。

1848年7月19日至20日，塞內卡福爾斯會議——於美國紐約州塞內卡福爾斯鎮的衛斯理禮拜堂舉行——宣稱，從創造的角度，「女性和男性是平等的。」三百名與會者中有一百人提交並簽署了《權利與情感宣言》，譴責了男人對女人的「傷害和掠奪」，聲稱女性「應對制約她們生活的法律有更多了解」，有權在公共會議上發言並參加選舉，諸如此類。❸

男人和女人不僅在創造上是平等的，在救贖上也是平等的。事實上，創造和救贖是人類的兩大平等使者。男女都是由上帝創造，都是因著基督在十字架上的救贖犧牲而得救。保羅說，不分「或男或女」，因為他們「在基督耶穌裡都成為一了」（加3：28）。但《聖經》仍對男女進行了明確的性別區分，不應混淆（利18：22；20：13）。任何試圖打破性別區分的企圖都是對上帝創造的腐化（羅1：24-28）。

基督在世傳道的時候，是尊重並維護女性的。祂保護她們免受社會和宗教歧視（約4：1-42；8：1-11）。以任何形式對女性實施性虐待和社會歧視，都是直接冒犯了創造並維護她們的上帝！

7月/20 「有史以來最偉大的一週」

「我若從地上被舉起來,就要吸引萬人來歸我。」
約翰福音 12:32

彼時,探索宇宙的征程才剛剛起步,但在美國總統約翰‧甘迺迪(John F. Kennedy)1961年發表的《就國家緊急需求致國會特別文告》中,他敦促道:「本國應致力於在這個十年結束之前,實現人類登陸月球並安全返回的目標。」㉞ 八年後的**1969年7月20日**,阿波羅十一號的太空人成功登陸月球。第一位在月球表面行走的尼爾‧阿姆斯壯(Neil Armstrong)在描述那一刻時說:「這是我個人的一小步,卻是人類邁出的一大步。」㉟

7月24日,搭載著尼爾‧阿姆斯壯、麥可‧科林斯(Michael Collins)和伯茲‧艾德林(Edwin Aldrin)的太空艙在太平洋上緊急濺落,三名太空人安全返回地球。被成功救援後,為了防止「月球細菌」污染地球,三人還在大黃蜂號航空母艦上進行了為期21天的隔離檢疫。隔著一個小玻璃窗,尼克森(Nixon)總統向他們致敬,並說:「自造物以來,這是世界歷史上最偉大的一週……正是因著你們所成就的一切,世界變得前所未有地團結。」㊱

如今,有人認為登月是一個騙局,因為那天「從月球上傳來」的一些圖,看來像是在飛行模擬器中預先錄製的。但無論陰謀論者怎麼說,不可否認的是,阿波羅十一號完成的是一項重大的科學成就。然而,它並不像尼克森總統所頌揚的那樣重要。它永遠無法與耶穌基督的受難週相提並論,因為那時整個人類的命運正岌岌可危。阿波羅十一號的確將三個人類送上了月球,但基督的十字架卻使所有人都能自由地來到上帝的面前。

阿波羅十一號的登月任務在全世界掀起了興奮與期盼的浪潮。作為一個在巴西南部長大的孩子,當時的我也急切地守在電臺旁,關注各種現場報導。但是在人類歷史上,無論是阿波羅十一號還是別的事件,都無法像基督的十字架那樣將更多的人「團結」在一起。保羅在〈哥林多後書〉第5章中告訴我們,在十字架上,「上帝在基督裡,叫世人與自己和好。」(19節)之後保羅發出呼籲:「我們替基督求你們與上帝和好。」(20節)。這是你的機會!切莫再拖延。

7月/21 非神之神

> 「這保羅不但在以弗所,也幾乎在亞細亞全地,引誘迷惑許多人,說:『人手所做的,不是神。』這是你們所看見所聽見的。」
> 使徒行傳 19:26

以弗所是港口城市,也是地中海地區重要的貿易中心。而那被譽為古代七大奇蹟之一、著名的阿爾忒彌斯(編註:《聖經》翻作亞底米)神廟就坐落於此,它最初建於西元前550年左右。據稱,**西元前356年7月21日**,一個名叫赫羅斯特拉圖斯(Herostratus)的人將它一把火燒毀,而亞歷山大大帝也在這一日出生。以弗所人決定在被燒毀的廢墟上建造一個更大、更華麗的新神廟。亞歷山大大帝願意提供資金援助,但驕傲的以弗所人拒絕了,據說當時有這樣的說法:「一個神怎麼會給另一個神送禮呢?」新神廟的四圍是通向露臺的大理石台階,裡面建有127根大理石柱和一尊希臘女神阿爾忒彌斯(羅馬神話稱其為黛安娜)的雕像,她是狩獵、女性和處女的守護神。

保羅在他的第三次傳道之旅中來到了以弗所,他傳講的道理很快就擾亂了人們對亞底米的崇拜。〈使徒行傳〉第19章23至41節告訴我們,製作亞底米神龕的底米丟煽起一場反對保羅的暴動。他告訴同行:「不獨我們這事業被人藐視,就是大女神亞底米的廟也要被人輕忽,連亞細亞全地和普天下所敬拜的大女神之威榮也要消滅了。」(27節)在底米丟的煽風點火下,人群怒氣填胸,呼喊了近兩個小時:「大哉,以弗所人的亞底米啊!」(34節)

以弗所的工匠被保羅的教導——「人手所做的,不是神」(26節)——激怒了。「亂定之後,保羅請門徒來,勸勉他們,就辭別起行,往馬其頓去。」(徒20:1)這樣看起來好像是亞底米女神和以弗所工匠占了上風——但這僅止於一時。西元268年,這座神廟被哥特人洗劫摧毀,後來雖被重建,但保羅所傳的信仰最終獲勝。隨著基督教在亞洲和歐洲的廣傳,這座宏偉的神廟漸漸失去了往昔的風采。

請記住,人手所做的神和它們的神廟會隨時間消亡,就像創造他們的人一樣;但那些把信仰之錨定在唯一的真神和祂聖言上的人將永遠活著。

7月/22 克服誘惑

故此，你們要順服上帝。務要抵擋魔鬼，魔鬼就必離開你們逃跑了。
雅各書4：7

誘惑的力量強大而持久。面對誘惑，許多人並不抵制，反而為自己的沉迷找藉口。例如，愛爾蘭劇作家和小說家奧斯卡・王爾德（Oscar Wilde）便曾經借所塑造的一個角色調侃道：「我可以抵制一切，但誘惑除外。」㊲ 美國電影演員梅・韋斯特（Mae West）也曾玩笑似地自白：「通常我會避開誘惑，除非我忍不住。」㊳ 不過，這樣說顯然是小看了福音改變人心的大能。

1891年7月22日，懷愛倫在密西根州港灣高地的一場佈道中發出警告：「只要我們活著，試探就必包圍我們。撒但會以一種方式試驗我們，要是不成功，就會用另一種方式。他就這樣努力絕不停止。」㊴ 早在1858年，她就曾指出：「撒但如今試探人、欺騙人的能力，已比使徒時代強十倍。」㊵ 有鑑於此，我們必須找出自己的弱點，學會靠著上帝的恩典來勝過試探。

牧師兼作家蘭迪・阿爾科恩（Randy Alcorn）明智地指出：「避開誘惑總是比抵抗誘惑來得容易。」㊶ 當年，亞當和夏娃就應當遠離分別善惡樹（創2：15-17），如今我們也必須遠離凡有可能導致我們犯罪的環境（如果可以避免）。然而，無論是否能預先感知，誘惑總是會不斷地試圖打敗我們，但我們自己是無力抵擋撒但的手段的。想要獲得勝利，只有先降服於上帝，祂會賜予我們力量抵抗撒但（雅4：7）。

在戰勝誘惑的事上，基督永遠是我們的榜樣，因為「他也曾凡事受過試探與我們一樣，只是他沒有犯罪」（來4：15）。祂以禱告（太26：36-46）、對上帝話語無條件的忠誠（太4：1-11）以及唱信心的歌來面對誘惑。㊷ 我們也應該這樣做。

如果我們把自己交託在上帝的手中，祂就會保護我們免受「那惡者一切的火箭」（弗6：16）。「上帝是信實的，必不叫你們受試探過於所能受的。」祂「總要給你們開一條出路，叫你們能忍受得住」（林前10：13）。我們每戰勝一次誘惑，就會增強我們克服其他誘惑的能力。因此，務要在主裡剛強！

7月/23 真正的復臨信徒

「然而，不要因鬼服了你們就歡喜，要因你們的名記錄在天上歡喜。」
路加福音 10：20

　　復臨教會成立之初就在人數上快速增長，在傳教區域上也有顯著的擴張。**1857年7月23日**的《復臨評論與安息日通訊》刊載了一篇名為《事業》的短文，懷雅各在文中報告，1847年，守安息日的復臨信徒只有「大約一百人」。❸ 到了1850年，這一數字增加到了約2百人，1852年成為2千人，到了1863年，就已經增加到了3千5百人。直至2017年，復臨教會在全球的信徒人數已經超過了2千萬人。有這驚人的增長皆要歸功於我們的主！

　　作為一間教會，我們有著堅實的組織以及和諧一致的《聖經》信息。但有多少信徒能在生活中活出所教導的這些信息呢？基督關於天國的比喻（參見太13章）揭示了不是所有進入教會的人都能真正悔改，並且堅持到最後。

　　1867年，懷愛倫發出警告：「名字雖然登錄在地上教會的名冊中，卻沒有登錄在天上的生命冊裡。我看到在二十位青年人中沒有一位明白什麼是個人經驗上的宗教。」❹ 到了十九世紀90年代初期，她補充說：「我傳達給教會的，是一番嚴肅的話。在教會名冊登記的人中，已為自己在人類歷史行將結束而作好預備的人，不到二十分之一。他們活在世上實在是既沒有上帝也沒有指望，就像普通的罪人一樣。」❺

　　我們不應當用這些資料來計算教會裡會有多少人能進天國，又有多少人不能。請記住，將麥子和稗子、好魚和不好的魚分開，乃是上帝的天使在末世執行的任務，無需人類來完成（太13：27-30，47-50）。之前引述的懷愛倫佳句是給我們每個人的嚴肅警告，要檢視自己的生活，克服老底嘉教會不冷不熱的屬靈狀態（啟3：14-22）。

　　今天，我們需要更多願意改變自己生命的人，而不是一心想著改造別人生活的人。做一名真正的復臨信徒，不能只靠嘴上說說，而是要將信仰「活出來」。願我們的名字永遠留在羔羊的生命冊上（啟21：27）。

7月 24 最後的詩歌

「上帝要擦去他們一切的眼淚；
不再有死亡，也不再有悲哀、哭號、疼痛，因為以前的事都過去了。」
啟示錄 21：4

有些人或許曾狡猾地闖入我們的生活，將我們的情感碾得粉碎，然後又若無其事地離開。有人曾說：「感情不會變；但人會變。」還有人說：「我今生最大的錯誤，就是以為別人會像我在乎他們一樣地在乎我。」

安妮·史密斯（Annie R. Smith, 1828-1855）是一位為人十分甜美且才華橫溢的年輕女士。1851年，她把一首名為《你們這群人，不要懼怕》的詩寄給了懷雅各。他非常喜歡這首詩，不僅發表在《復臨評論與安息日通訊》上，還邀請她來紐約羅切斯特擔任報社編輯。在那裡，她愛上了年輕英俊的傳教士安得烈（J. N. Andrews），他顯然也動了心，但二人並未結婚。好景不常，後來患上肺結核的安妮返回了她在美國新罕布夏州西維爾頓的家。幾個月過去，她的健康狀況每況愈下。

1855年7月24日星期二早晨，安妮寫下了她這一生的最後一首詩：

「親愛的人兒啊！請不要在我長眠的地方流淚；

可以為活著的人哭泣，但不要為逝去的人傷悲；

為何要為那些甜甜安息在墳墓中的人哀慟呢？

要知道他們可是擺脫了今生的重擔和負累。」

兩天後，安妮安詳地離開了這個世界。1855年8月26日，懷愛倫寫信給安得烈：「我看到你如今的景況不比與安吉莉結婚時更好……安妮的失望使她失去了性命。我看到你在她的事上所做的是不明智的。」㊻ 顯然在安妮油盡燈枯時，安得烈對她的情感已經不復從前，但她依然掛念著他。切勿玩弄他人感情；這麼做最終可能必須付出沉重的代價！

儘管安妮遭受了情感上的痛苦和身體上的折磨，但從她的最後一首詩中可以看出，她是在與上帝的平靜相伴中走完自己的一生。正如她先前的作品所表達的，她盼望那榮耀的日子，上帝必從祂受苦兒女的眼中和心裡「擦去他們一切的眼淚」。這是多麼有福的盼望啊！

7月/25 效法基督

> 耶穌又對眾人說：「我是世界的光。
> 跟從我的，就不在黑暗裡走，必要得著生命的光。」
> 約翰福音 8：12

　　我們的世界滿是英雄、演員和模範——這些人很容易讓我們分心，甚至會誤導我們。如果我們認定自己是基督徒，那麼耶穌基督應該成為我們的英雄和楷模。唯獨祂值得我們效法。懷愛倫說得十分中肯，「我們只有一張完美的上帝形像照，那就是耶穌基督。」❹

　　在十四世紀，傑拉德‧格魯特（Gerard Groote）在荷蘭創立了一個名為「共同生活兄弟會」的天主教敬虔派宗教社區。他們致力於研究並教導《聖經》，積極從事慈善工作，抄寫宗教和靈感之作。湯瑪斯‧厄‧坎皮斯（Thomas à Kempis）是該社群中的一員。1380年左右他出生於德國，**1471年7月25日**在荷蘭逝世。他的經典著作《效法基督》鼓勵人們將信仰付諸實踐，培養真正的虔誠。

　　坎皮斯的話值得我們深思：「如果你缺乏謙卑，使三一真神震怒，那麼即便對三位一體的道理說得頭頭是道，又有什麼用呢？學識的確不能使人變得聖潔公義，只有高潔的生活能使人蒙主的喜悅。我寧願知道悔恨的感覺，也不願只曉得它的定義。如果我們沒有在上帝的恩典與慈愛中生活，那麼對《聖經》和一切哲學理論倒背如流又有什麼益處呢？虛空的虛空，凡事都是虛空，唯有愛上帝，唯有事奉祂。」❽

　　我們需要在基督裡不斷成長。「即使你不能一直保持自我反省，至少也要每天反省一次，或在早晨，或在晚上。在清晨下定決心，在夜晚檢討自己今天的言行舉止和心思意念，因為你很可能會在這些事情上冒犯了上帝和身邊的人。」❾ 坎皮斯還警告說，不要對完全無罪的說法過於自信，「此生中的每一種完美都摻雜著一些不完美，一切學問都會帶有一絲黑暗面。」❺

　　真正的信仰和虔誠就在於單單效法基督。祂曾向我們保證：「學生和先生一樣，僕人和主人一樣，也就罷了。」（太10：25）。讓我們每一天都效法基督。

7月/26 我們有盼望

> 等候所盼望的福,並等候至大的上帝和我們救主耶穌基督的榮耀顯現。
> 提多書2：13

　　復臨教會的教友是一群滿懷希望的人。多年來,他們一直熱情地宣講和歌唱基督榮耀的復臨。1962年在美國加州舊金山市舉行的全球總會代表大會就是一個很好的例子。大會的主題是:「我們有盼望。」時任「預言之聲」廣播節目音樂編導的「君王之聲四重唱」主唱韋恩・胡珀（Wayne H. Hooper, 1920-2007）,受邀為大會寫主題歌。在經歷了長久的禱告之後,他以《我們有盼望》（We Have This Hope；編註：新版《讚美詩》第116首）為名,創作出朗朗上口的詞曲。1962年的全球總會大會於**7月26日**星期四晚上開幕,會議代表們第一次唱起這首歌。歌詞的第一句就讓人熱血沸騰:

　　「我們有盼望,燃燒在心中,盼望主基督快復臨。」❺

　　《我們有盼望》是復臨教會最受喜愛的詩歌之一,還有幾屆大會（1966年、1975年、1995年、2000年和2015年部分會議）也全都以此為主題詩歌。它已被翻譯成好幾種語言。在以「在基督裡聯合」為主題召開的1995年全球總會代表大會開幕之前,胡珀更應邀為這首歌創作了第二段歌詞。

　　一首詩歌最重要的,就是歌詞裡的信息以及對我們的意義。比起1962年這首歌第一次初唱時,我們離基督復臨的時間也更近了。我們是否為祂的復臨感到興奮呢?懷愛倫的話振聾發聵:「日子過去一天,末日就更近一天。我們是否也與上帝一天比一天更加親近呢?」❺ 今天請花些時間思考這個問題。

7月/27 傳道的熱忱

又屢次行遠路,遭江河的危險、盜賊的危險。
哥林多後書 11:26

　　如果你被呼召,要去一個遙遠且充滿熱帶疾病和致命毒蛇的荒涼地區為主作工,你會有什麼感受?如果你不得不離開親朋好友,奔向未知的將來,你又會作何感想?

　　這就是哈利韋夫婦(Leo and Jessie Halliwell)的經歷,他們在巴西事奉主38年,大部分的光陰都在亞馬遜河流域度過。夫妻倆駕駛著一艘小型醫療宣教船「擎光者」號(Luzeiro),在廣闊的亞馬遜河上航行,往返於貝倫市和馬瑙斯市之間。據估計,他們向當地廿五萬巴西人和印第安人提供醫療服務,治療各種熱帶疾病,同時也向散落在亞馬遜兩岸的孤立社群傳播復臨教會的信息。

　　在《亞馬遜河上的擎光者》一書中,利奧·哈利韋寫道:「我們感謝上帝賜予我們健康的身體,讓我們能在亞馬遜地區工作。在我們眼中這不是犧牲,而是特權;我們要將自己的餘生獻上,幫助完成在北巴西聯合會的事工。」❸ 1958年,哈利韋夫婦退休回到了美國,留下了為窮困之人無私奉獻的美好榜樣。

　　1959年7月27日晚,巴西政府授予哈利韋夫婦南十字勳章,這是巴西政府授予外國人的最高獎勵,表彰他們對該國作出的傑出貢獻。政府代表在頒獎致辭中讚揚哈利韋夫婦是「傑出之人」,「是少數能夠毫無保留地奉獻一切、不求回報的人。」利奧·哈利韋回答說:「我只能說,四十年前當我們第一次來到巴西時,發現這裡的人非常善良、友愛、彬彬有禮……今天我們最好的朋友都在巴西。雖然我們身在美國,但心在巴西。我們最好的朋友就在巴西北部的亞馬遜河兩岸。」❹

　　許多復臨教會的傳教士和哈利韋夫婦一樣,都懷著對宣教事工的滿腔熱忱。那麼你呢?你曾經想過要成為一名傳教士嗎?無論身在國外還是在家中,你都應該成為主的傳教士!

7月/28 「做工的果效也隨著他們」

我聽見從天上有聲音說：「你要寫下：從今以後，
在主裡面而死的人有福了！」
聖靈說：「是的，他們息了自己的勞苦，做工的果效也隨著他們。」
啟示錄 14：13

在德國萊比錫的聖多瑪斯教堂的地板上，人們可以看到一塊刻有「約翰．塞巴斯汀．巴哈」（Johann Sebastian Bach）字樣的銅牌，表明這就是他的長眠之地。雖然只是一個名字，但它足以喚起人們對這位偉大作曲家及其動人作品的回憶。

值得注意的是，在極具影響力的巴洛克音樂代表人物中，有兩位都在7月28日去世。第一位是義大利作曲家和小提琴大師安東尼奧．韋瓦第（Antonio Vivaldi，1678-1741年），他於**1741年7月28日**在奧地利維也納逝世。他一生創作了大約500首協奏曲，其中包括由小提琴和室內樂團演奏的著名協奏曲《四季》。第二位則是德國作曲家和音樂家約翰．塞巴斯汀．巴哈（1685-1750年），他於**1750年7月28日**在德國萊比錫去世。專家稱巴哈的音樂作品現今存世數量為1128首，有許多已經散佚。你能想像有多少人曾演奏或欣賞過這兩位作曲家的作品嗎？雖然他們逝去已久，但「做工的果效也隨著他們」。

也許你永遠不會像韋瓦第或巴哈那樣聲名大噪，但你的影響力或許比你想像的更為深遠。思考這句話：「你們日常的行動在別人的生活史上有什麼影響，這件事你們知道得很少！你們也許以為自己的言行無足輕重；然而那最重要的、或善或惡的結局，卻是我們的言語及行為所種之果。日常的言語及行動看來微不足道，卻是人生大事長鏈的一環。」(55) 上帝會檢視那「或善或惡的影響」及「其深遠的結果」。(56)

如果你的名字出現在聖多馬斯教堂裡的那塊銅牌上，你認為你有什麼值得人們銘記的地方呢？你留下的遺產是什麼？無論我們的影響力如何，上帝都呼召我們要對身邊的人產生拯救的效果。我希望，凡跟隨我們腳步的人，都能被領進永恆的國度！

7月 29 婚禮誓約

路得說：「不要催我回去不跟隨你。你往哪裡去，我也往那裡去；
你在哪裡住宿，我也在那裡住宿；
你的國就是我的國，你的上帝就是我的上帝。
你在哪裡死，我也在那裡死，也葬在那裡。
除非死能使你我相離！不然，願耶和華重重地降罰與我。」

路得記 1：16、17

你還記得曾經出席的、最美的一場結婚典禮嗎？是什麼讓你對它久久難以忘懷？無論是華美的裝飾、盛裝出席的嘉賓，還是儀式中的感人瞬間，都能成為婚禮的焦點，但沒有什麼比得上身著婚紗的新娘出現的那一刻更吸引人們的注意力！人們相信，婚禮儀式越盛大、越隆重，新人往後的生活就會越幸福。但事實未必如此！

1981年7月29日，在倫敦聖保羅大教堂舉行的這一場婚禮，是有史以來最壯觀的婚禮之一。約有3,500名嘉賓出席了這場「世紀婚禮」，全球逾7.5億觀眾透過電視直播觀禮。新娘的訂婚戒指是十四顆單鑽環繞著一顆12克拉橢圓形斯里蘭卡藍寶石，並且鑲嵌在18克拉的白金底座上。她的婚紗是世界上最著名的婚紗之一。的確，一切都似乎完美無瑕，查爾斯王子和戴安娜．斯賓塞女勳爵（Lady Diana Spencer）從此過上幸福美滿的生活。夫婦倆有兩個可愛的兒子（威廉王子和哈利王子），戴安娜說她相信「世界上最重要的就是家庭」。但不幸的是，查爾斯和戴安娜於1992年分居，1996年離婚。

幾乎每對夫妻都曾經承諾要終生愛護、尊重並珍惜自己的配偶，不論境況如何──「在有生之年」，「直到死亡將我們分開」。有些人甚至把路得向拿俄米發的誓（參見得1：16、17）作為自己的婚約誓詞。既然有這樣發自內心的承諾，為什麼人們還會如此輕易就改變主意，不再遵守他們的誓言呢？問題就在於，婚姻往往只是現代人追求自我滿足的一種手段。

有些教會會為已婚夫婦舉行重溫誓約的儀式。但其實不需要被動地等待參加這許久才舉行一次的儀式。夫妻倆應該定期在家中重溫誓言。用一個簡單的儀式，重新向上帝和彼此承諾，那麼上帝的祝福便會臨到你和你的家中。

7月/30 友誼日

> 「我賜給你們一條新命令,乃是叫你們彼此相愛;
> 我怎樣愛你們,你們也要怎樣相愛。」
> 約翰福音 13:34

朋友能讓生活變得豐富。知名演說家和作家史蒂夫・馬拉博利(Steve Maraboli)曾說:「朋友是治癒受傷心靈的良藥,是懷抱希望之人的維他命。」有句廣為流傳的諺語(人們常常認為這是古希臘劇作家歐里庇得斯的名言):「朋友的情誼是在你遇到困難時才體現出來,而不是在你幸福的時候。」換言之,當其他人都離開,朋友還會守在我們身邊。

2011年,聯合國大會將每年的**7月30日**定為「國際友誼日」,「民族、國家、文化和個人之間的友誼可以激發和平的努力,在不同群體間建立橋樑。」❺❼ 友誼也是引領人們歸向基督最有力的工具之一。

1977年12月出版的《傳道者》雜誌,其封面文章是《為何不把網也用上呢?》。❺❽ 文中,時任加州赫爾曼復臨教會堂主任的克拉克・麥卡爾(Clark B. McCall)牧師講述了大獲成功的「善意來電」計畫,這項計畫是受了懷愛倫的啟發,她曾說過:「如果我們在上帝面前降卑自己,作仁慈、禮貌、溫柔和同情別人的人,那麼現在只有一個人信從真理的地方,就會有一百個人相信了。」❺❾

麥卡爾要求教友們每週志願做一次善心服務,可以幫忙打電話、照顧孩子、提供交通服務、協助做家務,或是日常拜訪。這種友好的方式逐漸打破了偏見的牆,還促成了幾次查經課。麥卡爾解釋說,正是使用了這種方法,他所服事的一所教會在新一年的受洗人數大幅增加。

想要結出果實,就必須將友誼和良善表現出來。我們曉得,基督「與人相處,為他們謀利益。祂對人表同情,服事他們的需要,博得他們的信任,然後吩咐他們:『來跟從我。』」❻⓿ 試著把友誼當作佈道策略,將人們帶到基督面前。你希望以這種愉快而有效的方式接觸哪一個人,那麼,就為那人禱告吧!

7月 31 未知之旅

耶和華對亞伯蘭說：
「你要離開本地、本族、父家，往我所要指示你的地去。」
創世記 12：1

家應該是一個開啟生命、且愛永不結束的社會單位——是父母和孩子們可以共用最寶貴之團聚時光的地方。但是，罪惡破壞了上帝的美好設想，即便是溫馨穩固的家庭也會遭受分離的痛苦。總有一天，長大成人的孩子們會離開家，繼續他們的學業，開始新工作，建立自己的小家庭。父母們則飽受空巢症候群的困擾，而孩子們則得學會自己獨立生活。

當我的妻子懷著兒子威廉時，有一家診所是我們經常去的，診間裡有一張小小的裝裱畫，上面寫著：「孩子是一朵花，在你的生命中綻放，然後他們消失，長成一個個大人。」多麼扎心的現實！父母會懷念可愛的嬰兒，但長大的孩子在離家進入未知世界時，也會面臨重重壓力和悲傷。

1945年7月31日，露絲·范雷肯（Ruth E. Van Reken）在美國出生，之後在奈及利亞成長直到13歲。她的父母是傳教士，所以她在六歲時就被送到寄宿學校。在她那本感人至深的書《從未寄出的信》（1988年出版）中，她發表了往日的信件，表達了她那無處不在卻又無處安放的歸屬感。1951年9月她寫下第一封信：

「親愛的爸媽，我感覺糟透了。心裡好像有什麼在壓著我，幾乎讓我喘不過氣來。你們說過，坐上飛機去寄宿學校會很有趣，但起碼現在還不是這樣。我在飛機上不停地掉眼淚，可我又不想讓其他孩子知道。於是我把臉貼在窗戶上，這樣他們可能會以為我喜歡看雲。今天下午到學校時我還在哭，眼淚就是止不住。」❻

鳥兒不能永遠待在巢裡。終有一天牠們需要獨自飛翔。但是當牠們飛起來時，也永遠不該忘記自己的根。同樣，如果你已經離開或即將離開父母的家，請千萬記得，要與愛你、關心你的家人保持聯繫。家庭的牽絆是神聖的，應當細心守護。

8月/01 不可立一根破損的柱子

> 因我為你的殿心裡焦急,如同火燒,並且辱罵你人的辱罵都落在我身上。
> 詩篇 69:9

著名的義大利人文主義學者和印刷商阿爾杜斯・馬努提烏斯(Aldus Manutius,1449-1515)曾說過一句意味深長的話:「殺死人的不是工作,而是沒有工作和過度勞累。」❶ 復臨教會的先驅懷雅各(James White,1821-1881)就屬於後者。以「寧願燒盡,不願鏽壞」為座右銘的他,多年來辛苦作工,即便身體強壯也已無法承受。於是,在他44歲那一年,懷雅各中風癱瘓。但病況剛剛有所好轉,他就像往常一樣繼續努力工作。❷

1881年,他的妻子懷愛倫試圖說服他,認為他們應該放下在戰溪的工作負擔。但他回答道:「做這工作的人在哪兒呢?願意無私地關心我們各機構,願意支持正義,不受他們可能要接觸的任何勢力所影響的人在哪兒呢?」他眼中含淚地補充道:「我的生命已獻給了這些機構的建立。離開它們似乎與死無異。它們就像是我的孩子,我不能使我的利益與他們分開。這些機構是主的工具,要做一項特別的工作。」❸

一個安息日的早晨,懷雅各和懷愛倫肩並著肩站在戰溪禮拜堂的講臺上。兩天後的**1881年8月1日**,他突然病倒,到了下一個安息日,他就在戰溪療養院與世長辭。❹ 按照診斷的結果,是瘧疾奪去了他的生命,但在疾病的背後是多年來為幫助教會發展而勞心勞力地過度工作。由於懷雅各去世時只有六十歲,沒有「完成」他的事工,因此有人建議在他的墓碑前豎立一根破損的柱子。但懷愛倫說:「絕不可以!他一個人做了三個人的工作,不能把一塊破損的紀念碑立在他的墳墓上!」❺

她滿懷悲傷地寫道:「我們並肩在基督的聖工中操勞36年;我們曾盼望可以站在一起見證勝利的結局。但這並不是上帝的旨意。我年輕時上帝所選的保護者,我人生的伴侶,我辛勞與痛苦的分擔者,從我身邊被取去了,留下我完成我的工作並獨自作戰。」❻

請記住,有時候我們要放慢腳步,才能走得更遠!

8月/02 在苦難中榮耀上帝

所以，那照上帝旨意受苦的人要一心為善，
將自己靈魂交與那信實的造化之主。
彼得前書4：19

鼓勵所謂積極信仰告白之理念的人認為，人的語言具有超自然的力量，可以改變環境並塑造命運。他們認為每一種罪惡、疾病、悲傷和痛苦都被加在了耶穌身上（賽53：3-5），基於這種假設，傳道人們便鼓勵聽眾作出以下信仰告白：「今天，我得到了赦免、痊癒、健康、安好。」對他們來說，只有缺乏信心才會使人無法痊癒。

1982年8月2日，美國神學家和哲學家法蘭西斯・謝弗（Francis Schaeffer，1912-1984）寫了一封信給一位牧師以表安慰，這位牧師的愛妻莎倫患有多發性硬化症。謝弗寫道：

「我確實相信，有時主會直接醫治，在我多年的事奉中，也見證過這樣的事情。這的確要讚美主，要獻上感恩。但在觀念上的偏差會造成持續且有害的危險，就是相信如果一個人是真信徒且有足夠的信心，他一定會得痊癒。這顯然不是《聖經》的教導。新約中有多處經文明確表示，並不是所有的基督徒都會被治癒。這種想法是將上帝視為一部程式已設計好的電腦，而非一位有個性的天父，祂必須以祂無限的愛與智慧親自回答這些難題。我曾經見過一些最忠心、最愛主的人一蹶不振，正是因為有人對他們說，如果他們沒有痊癒，就是因為缺乏靈性和禱告。雖然有時的確如此，但若對那些身患重病的人一口咬定原因正是這樣，往往是將他們顯然不需要的罪惡感堆在他們頭上……一個人在生病時，沒有什麼事能比一群人將其不需要的罪惡感一股腦地加諸在他身上更殘忍的了。」❼

積極認信的教導在本質上是自私的，給人帶來沒有十字架的冠冕（太16：24）。相比之下，使徒保羅耐心地忍受著肉體上的刺，並以他的軟弱為喜樂（林後12：7-10）。使徒彼得則鼓勵我們，要因與基督一同受苦而歡喜（彼前4：13）。我們要允許上帝在生命中做主，接受祂為我們制定的計畫。

8月/03 非常手段

有一條路，人以為正，至終成為死亡之路。
箴言 14：12

為了能在維吉尼亞州切薩皮克灣的坦吉爾島度過一個愉快的週末，米麗安・威爾斯（Miriam Wells）和約翰・衛斯理・泰勒五世（John Wesley Taylor V）精心安排了一切，期待著和他們的兒子共度美好的親子時光。**2012年8月3日**星期五早上，他們駕車穿過華盛頓特區大都會區，然後沿著一條四線道高速公路駛向碼頭，從碼頭就可以直接乘船到島上。由於高速公路上幾乎沒有車輛，米里亞姆便將定速設置在每小時60英里。

一路都很順利，但很快米麗安就發現定速卡住了，踩剎車也不起作用。她嘗試了各種方法，似乎都不管用。約翰趕緊讓她靠邊停車，並把引擎關掉。引擎關閉後，車子因慣性滑行了一會兒便停了下來。約翰打電話給維修技師，試圖弄清楚到底出了什麼問題。技師給了他詳細的指導，告訴他如何找到故障的線路並解除定速。在沒有定速的情況下，一家人還是準時到達了碼頭。

生活中總有些時候，我們唯一能做的就是及時熄火並停止。比如涉及道德問題時，我們必須斷然處置，即刻停止不道德的行為。也許這樣的決定會在短期內帶來損失，但卻能避免長遠的災難。又比如當我們被診斷出患了絕症之時，僅有的選擇可能就是冷靜地接受現實。用維克多・弗蘭克爾（Viktor E. Frankl）的話來說：「當我們再也無法改變現狀時，就只能改變自己。」❽

生活實則是一連串的決策。有些決定很容易做，另一些則要困難得多。無論如何，牢記萊因霍爾德・尼布林（Reinhold Niebuhr）的「寧靜禱文」會讓你受益匪淺，它以祈求開始：「上帝啊！懇求祢賜我恩典，坦然接受不能改變的事；賜我勇氣，改變應當改變的事；並賜予我智慧，能夠分辨兩者的不同。」我們還可以記住一位無名人士的祈禱：「主啊，幫助我記住，任何我們無法共同應對的事情，今天都不會發生。」

8月/04 受者變為施者

> 又次日,耶穌想要往加利利去,遇見腓力,就對他說:「來跟從我吧。」……腓力找著拿但業,對他說:「摩西在律法上所寫的和眾先知所記的那一位,我們遇見了,就是約瑟的兒子拿撒勒人耶穌。」
> 約翰福音 1:43-45

1853年8月4日出版的《復臨評論與安息日通訊》上刊載了一則有趣的文章,報導了復臨信息在密西根州的傳播。文中寫道:「我剛從赫斯廷斯回來。我們在那裡舉行了五次聚會。主用祂的聖靈大大祝福了我們。聖徒們得了安慰和振奮。罪人們戰兢哀哭。兩個人在聚會中接受了真理,還有兩個人表示他們願意遵守我們上帝的安息日,更多人相信我們所傳的是正道……有些人一有機會就會受洗……我們相信第三位天使的信息正在這裡迅速傳揚,主正在為大呼聲開闢道路。」❾

這篇文章是誰撰寫的呢?這位作者名叫大衛‧休伊特(David Hewitt),是密西根州戰溪的第一位復臨信徒。有件關於他的趣事是這樣的:1852年,當貝約瑟(Joseph Bate)決定在戰溪傳講復臨信息時,他採用了一種不尋常的方法。他找到當地的郵政局長,據說他認識鎮上的每一個人。貝約瑟問他,誰是「鎮上最誠實的人」。郵政局長回答說,大衛‧休伊特就是這樣的人。於是,貝約瑟拜訪了休伊特一家,與他們分享了復臨信息,而他們欣然接受了。❿ 從以上的引文可以看出,大衛後來成為了一位忠心的復臨教會傳教士。

在〈約翰福音〉第1章43至51節中,我們讀到耶穌召喚腓力,而腓力又找來了拿但業。這正是福音使命的本質:受者變為施者!實際上,「每一個真基督徒都是在上帝的國裡出生的傳道人。凡飲過活水的人,自己便成了生命的泉源。受者變為施者。基督的恩典在人心裡,像沙漠中的甘泉,湧出滋潤萬人,使一切將要沉淪的人都渴望喝到。」⓫

我們不能將福音信息當作隱祕的寶藏留給自己,必須要與他人分享(太25:14-30)。你有什麼計畫來與他人分享這美妙的信息呢?

8月 05 在阿塔卡馬的營救

> 臨近坑邊，哀聲呼叫但以理，對但以理說：
> 「永生上帝的僕人但以理啊，你所常事奉的上帝能救你脫離獅子嗎？」
> 但以理書 6：20

全世界都在密切注意位於智利北部阿塔卡馬沙漠中、關於聖荷西礦坑的消息。**2010年8月5日**下午2點05分，約70萬噸閃長岩坍塌（相當於帝國大廈的兩倍重），堵住了銅礦的主要通道。其他通道或被崩落的岩石阻斷，或因持續移動的石塊而變得岌岌可危。33名礦工被困在地下2,300英尺的地方。避難所儲備的應急食品只夠維持兩三天，飲用水短缺，空氣稀薄。在此情況下，能有倖存者嗎？

在地面靠近礦井入口處，「希望營地」建立了起來。在那裡，有超過兩千名家屬、工人和記者們得到了當地復臨教會牧師卡洛斯·帕拉·迪亞斯（Carlos Parra Díaz）的幫助。救援過程比預期要久得多。17天後，救援隊用一個6.5英寸的鑽頭打穿坍塌的礦井。礦工們將一張紙條貼在鑽頭上，上面用紅筆寫著：「我們在避難所，33個人都活著。」於是救援人員通過這個洞口輸送了物資，並鑽了更大的洞。在熬過69天暗無天日的地下生活後，人們通過鋼製的救援艙將33名礦工一一成功救出。礦工們脫險後，所有人歡呼雀躍。此次救援行動耗資2千萬美元，是歷史上最具挑戰性的礦井救援行動之一。

正如那些被困在聖荷西礦井中的礦工一樣，由於亞當和夏娃的墮落，全人類都被囚在罪中，注定要死亡。但上帝制定了一個驚人的救援計畫來施行拯救。基督來到這個世界，死在十字架上，然後從死裡復活，為我們開闢了一條通往天堂的「又新又活」的道路（來10：20）。救贖計畫效果顯著，以至於保羅說：「罪在哪裡顯多，恩典就更顯多了。」（羅5：20）

你能想像當歷代得贖之民最終進入天庭時那普天歡慶的場景嗎？你我必在那得勝者之列，是被上帝奇妙恩典所拯救的人！

8月/06 大衛王

> 耶穌對他說：「你因看見了我才信；那沒有看見就信的有福了。」
> 約翰福音 20：29

在《聖經》中有些未經當代文獻證實的歷史記載，長期以來備受批評家們質疑。例如，大衛王一直被認為是神話中的人物，因為缺乏考古證據可證實他的存在。不過到了1993年7月，在以色列考古學家阿夫拉罕・比蘭（Avraham Biran）主持的發掘中，人們在以色列北部的特爾但遺址發現了一塊紀念亞蘭王戰勝「以色列王」和「大衛家（猶大）王」的石碑碎片。

1993年8月6日，《紐約時報》刊登了一篇題為《以色列遺址傳來大衛之家的消息》的文章。報導稱聖經學者們用「驚人」、「震撼」、「轟動一時」來形容這一偉大發現。2016年11月，《聖經考古學會》表示，「石碑碎片上的銘文……證明《聖經》中的大衛王是真實的歷史人物，絕非後來的聖經作者和編輯們進行文學創作之產物。更重要的是，這塊石碑是在大衛死後一百多年由以色列最強大的敵人之一所立，但銘文依然稱大衛是猶大的開國之君。」❷

這裡就產生了一個關鍵問題：我們應該更相信《聖經》以外的資料來源，還是《聖經》本身的記載？如果我們把《聖經》看作是古代宗教文化的一種表達方式，那麼的確應該期待其歷史記錄能得到外部資料的證實。但如果我們接受《聖經》作為完全無誤的上帝之言（彼後1：19-21；啟22：18、19），那麼我們就應該毫無疑問地接受其對歷史的記載。

只有在《聖經》中，方能找到「沒有沾染人的偏見或人的誇大之詞」的歷史記載。只有《聖經》才能「揭開歷史的帷幔，使我們在世人的利益、權勢和情感所引起的千變萬化的衝突中，還可以看到一位大有恩慈的主在冥冥之中耐心地實現祂自己的旨意」❸。無條件地接受上帝的話語會增強我們的信心並改變我們的生活。

8月/07 真神之愛

因為我深信無論是死,是生,是天使,是掌權的,是有能的,是現在的事,是將來的事,是高處的,是低處的,是別的受造之物,都不能叫我們與上帝的愛隔絕;這愛是在我們的主基督耶穌裡的。

羅馬書 8:38、39

技巧純熟的作家和才華橫溢的詞曲創作者,無不傾盡最優美的語言來描述上帝的愛。**1868年8月7日**,弗雷德里克・萊曼(Frederick M. Lehman, 1868-1953)出生在德國梅克倫堡,四歲時他隨家人移民到美國。他一生寫過數百首歌曲,編寫了五本歌集,但他也意識到人類的語言無法傾吐上帝的愛於萬一。1917年,他在加州帕薩迪納寫下了著名的讚美詩《真神之愛》(新版《讚美詩》第55首)。這首歌的副歌唱到:

「真神之愛,何等深長!偉大無限無量。」❹

這首歌與懷愛倫曾寫下的一段話遙相呼應:

「歷代以來貫注人心的一切父子之愛,及啟發人性的一切慈善之泉,若與上帝無窮無盡之愛相較,便猶如涓涓小川之與浩浩海洋相比而已。口舌不能形容;筆墨也無法描述。你可以在有生之年每日默想,你可以殷勤研究聖經以求明白;你可以集中上帝所賜你的每一分力量與才能,竭力去了解天父的大愛與慈悲;但它仍是永無止境。你可以經年累月地研究那愛;但卻不能完全了解上帝犧牲祂的兒子為世人而死的愛,是何等長、闊、高、深。永恆的歲月,始終無法完全將它表明出來。」❺

默想上帝的愛。敞開心扉,接受這愛帶來的改變。你的生活從此將不再一樣!

8月/08 自負

所以，自己以為站得穩的，須要謹慎，免得跌倒。
哥林多前書 10：12

有些人知道怎樣登上成功的階梯，卻不知道如何走下來。阿爾文・托夫勒（Alvin Toffler，1928-2016）曾警告說：「沒有什麼比昨天的成功更危險的。」❶

阿隆佐・鐘斯（Alonzo T. Jones，1850-1923）接受了復臨信仰，並於**1874年8月8日**在華盛頓州瓦拉瓦拉受洗。1878年，他被按立為牧師，成了一位大有影響力的思想領袖。他與埃萊特・瓦格納（Ellet J. Waggoner）一起，在1888年明尼阿波利斯舉行的全球總會代表大會並其後期，在宣講因信稱義的真理上扮演了重要角色。但後來，他與約翰・凱洛格醫生（John H. Kellogg）沆瀣一氣，不但變得自負，還在1901年之後表現出反對教會組織的苦毒之情。鐘斯總是不遺餘力地想要破壞總會會長亞瑟・丹尼爾斯（Arthur G. Daniells）的領導地位。

早在1892年9月19日，懷愛倫就曾表示：「鐘斯長老或瓦格納長老很有可能被仇敵的試探所勝；然而即使這樣，也不能證明他們沒有來自上帝的信息，或者他們所做的工作完全錯了。」❶ 可惜，缺乏謙卑精神的他們無法活出他們曾向成千上萬之人傳講的真理。最終，凱洛格、瓦格納和鐘斯三人都離開了教會。

1907年，教會要求鐘斯交還牧師證，次年他被逐出教會。他要求在1909年華盛頓特區舉行的總會大會上召開聽證會。在大會上他發表了長篇演講，旨在自我辯解和控訴，並與教會主要領袖進行三次會面。最後，在與會人員不斷呼籲和解之後，總會主席丹尼爾斯伸出手說：「來吧，鐘斯弟兄，來吧。」鐘斯起身緩緩伸出手，又突然收回說：「不，決不！」之後再次坐下。❶ 鐘斯此後並沒有重新加入教會。

比好的開始更重要的是好的結束。驕傲和自負都要付上高昂的代價。如果鐘斯心存謙卑，對上帝藉著他所成就的一切心懷感恩，他的人生本可以有不同的結局。

8月/09 斜塔

「凡聽見我這話不去行的,好比一個無知的人,把房子蓋在沙土上。」
馬太福音7:26

有時候,人們會在沒有充分考量影響和長期後果的情況下就啟動一項新計畫。義大利著名的比薩斜塔就是如此。**1173年8月9日**,這座塔開始奠基,但直到兩百多年後塔身才建成。整座塔有七層,頂部建有小鐘樓。塔高約185英尺(57公尺),重14,500噸(6,577公斤)。支撐比薩斜塔的土層並不穩定,它是由軟黏土和偶爾出現的沙層組成。早在施工初期,土質就已出現下沉,塔身開始傾斜。後來人們採取了許多措施來防止比薩斜塔倒塌。

許多自稱為基督徒的人也像比薩斜塔一樣缺乏穩定的根基,他們將自己的屬靈生活建立在一種膚淺且錯誤的主觀宗教形式之上。耶穌在即將結束登山寶訓時就對此發出警告。在〈馬太福音〉第7章21節中,耶穌說:「凡稱呼我『主啊,主啊』的人不能都進天國,惟獨遵行我天父旨意的人才能進去。」在兩種蓋房子之人的比喻中(又稱「兩個根基的比喻」,第24-27節),這種區別變得更加明顯。

有些人會認為這個比喻僅僅是圍繞著個人接受或拒絕耶穌基督而展開。的確,除了耶穌基督以外,沒有人能立別的根基(林前3:11)。但真正的問題不僅僅是承認並稱呼祂為「主啊,主啊」。它是直接針對那些「聽見我這話就去行的」與那些「聽見我這話不去行的」(太7:24,26)進行比較。

我們不可忘記,「唯有從上帝來的宗教能引人歸向上帝。」❶❾ 人類的意識形態如同海浪般起伏不定。只有「我們上帝的話必永遠立定」(賽40:8)。那些以上帝的話語為堅實基礎,將自己的生活建在其上的人,必將「發光如天上的光」(但12:3)。

8月 10 轉變

> 「只是你這個兄弟是死而復活、失而又得的,所以我們理當歡喜快樂。」
> 路加福音 15:32

生活在同一個屋簷下的兄弟姐妹,也可能會形成截然不同的性格,走上不同的人生道路,就像以掃和雅各一樣(創25:21-34)。對於懷雅各夫婦來說,長子亨利‧尼克爾斯(Henry Nichols)為人沉穩,而他的弟弟詹姆斯‧埃德森(James Edson)則較為坎坷,特別是在財務方面;此外,他的屬靈生活也不盡如人意。多年來,懷愛倫多次給他寫信,力勸他悔改,但效果不大。

有一次,埃德森在寫給母親的信中坦言:「我對宗教完全提不起興趣。」懷愛倫意識到撒但正在引誘她的兒子步入歧途。她為他切切地禱告,並給他寫了一封長信。她說:「你的信仰歷史不應該是搖擺不定的,而應該是堅定而真實的;但你要獨立,走自己的路。你前一刻很剛強,後一刻卻猶豫不決。我現在決心要引起你的注意,讓你聽到:『這是暗流。』」[20] 正是這番懇切的呼籲扭轉了他的生活。

1893年8月10日,埃德森寫信給母親:「我完全徹底地降服了,我從來沒有像現在這樣享受過生活。多年來,我一直生活在壓力之下;有那麼多的事情要完成,而這恰恰阻礙了我的道路。現在,我將這一切都交給了我的救主,這重擔不再壓在我身上了。我對以前所享受的娛樂和消遣沒有了欲望,而在與上帝子民的聚會中得到了一種快樂,這是我以前從未有過的!」幾天後,他又寫道:「我曾經嘗試過以自己的方式來生活,那是一個不幸的方式。現在我要用上帝的方式,我知道這將是一條完美的道路。」從那時起,埃德森過上了穩定的屬靈生活。

或許你也曾嘗試以自己的方式管理生活卻不見成效。莫再遲疑,現在就將你的生活和所有計畫交託給上帝吧!如有需要,你甚至可以像《聖經》中的浪子一樣(路15:11-32),有一番跌宕起伏重新歸信的經歷。我們的天父甚願接納你,將你收納為祂永恆國度的公民。

8月11日 「我親愛的兒子」

> 我兒,要聽你父親的訓誨,不可離棄你母親的法則。
> 箴言1:8

當你想到你的父母(或撫養你長大的人)時,你會想到什麼?你還記得他們明智的勸告和有益的指導嗎?有哪些道德價值觀是他們希望你終生持守的?你還保留著他們寫給你的信嗎?

1868年8月11日,懷愛倫寫了一封信給她十九歲的兒子埃德森,講到了品格的培養。她在開頭寫道:「我感謝天父,因為你正努力克服品格上的每一缺陷。只有得勝者才能見到耶穌自己,且變得像祂一樣。」㉑ 之後,她鼓勵他繼續「行在上帝所賜的光中」。㉒ 他不僅應該獻上禱告,還應該將祈禱活出來。

作為一位慈愛的母親,懷愛倫鼓勵兒子要有清白的良心。她給出的忠告是:「凡事以上帝的旨意為你行為的準則──無論大小事。……回顧一生,儘管經歷了眾多猛烈的誘惑,但你的雙手沒有因不誠實被玷污,你的心沒有因誘惑變得污穢,這是多麼令人愉快且滿足!」㉓

在金錢方面,懷愛倫補充道:「奢侈的生活需要有大量的資源支撐。如果金錢不能透過誠實的勞動獲得,那麼人就會選擇鋌而走險。對於享樂和華麗衣飾的熱愛,使得許多年輕人進了監獄,甚至被送上絞刑架。一定要量入為出。寧可在物質上有缺少,也不要負債。你買不起的東西就不要買。」㉔

懷愛倫引導她的兒子去學習約瑟所表現的道德操守,他「要先學習順從,才能學會怎樣執政」。她總結道:「我親愛的兒子,不要因謙卑基督徒人生之質樸而自高。但願約瑟的品格成為你的品格,他抗拒試探的能力成為你的力量。你若依靠上帝的大能作出努力,你的努力就會成功。耶穌是你隨時的幫助。你母親祈願耶穌的福氣永遠與你同在!」㉕

今天是個好日子,可以用來反思你從父母和其他真基督徒那裡得到的智慧忠告。憑藉神的恩典,今天可以成為你生命的新起點!

8月/12 培養年輕人

> 不可叫人小看你年輕，總要在言語、行為、愛心、信心、清潔上，都作信徒的榜樣。
> 提摩太前書4：12

世界上許多偉大領袖都認識到塑造新一代思想的價值和潛力。有些人是出於善意，有些人則是心懷不軌，比如阿道夫・希特勒（Adolf Hitler）和他的希特勒青年團。1935年9月14日，他對聚集在紐倫堡的5萬4千名男孩和女孩說：「你們是民族的未來，是德意志帝國的未來！」㉖ 但在《我的奮鬥》一書（1925年德國初版）中，希特勒早已聲明，「青年提供了未來的建築材料和計畫。」㉗ 難怪到了1936年，德國百分之九十七的公立學校教師都加入了國家社會主義教師聯盟。

與之形成鮮明對比的是，許多基督教青年組織激勵新一代青年人實踐聖經的價值觀，履行福音的使命。其中最有影響力的組織有1844年成立於倫敦、旨在促進「身、心、靈」健康發展的基督教青年會（YMCA），以及1886年在美國發起的學生志工海外宣教運動，旨在招募大學生赴國外傳教。多年來，復臨教會的宣教志工協會也一直以「在這一世代將復臨信息傳遍全世界」為目標。

1999年12月，聯合國大會投票通過將**8月12日**定為「國際青年日」。這是聯合國「使青年們擁有更多、更好的機會，充分、有效且富建設性地參與社會」㉘ 之策略的一部分。如果復臨青年們在地方教會中也能有類似的機會，那將是多麼大的祝福啊！

懷愛倫曾宣稱：「有了這樣一支訓練有素，裝備精良的青年工人大軍，那被釘、復活而又快來之救主的信息，就能何等迅速地傳遍全世界啊！」㉙ 每一所復臨教會都應該成為下一代的宣教培訓學校。你的教會為實現這一目標做了哪些工作呢？

8月/13 道德淪喪

「當洪水以前的日子,人照常吃喝嫁娶,直到挪亞進方舟的那日;
不知不覺洪水來了,把他們全都沖去。人子降臨也要這樣。」
馬太福音 24:38、39

與兩百年前相比,今天的世界是漸入佳境,還是每況愈下呢?這個問題的答案取決於你怎麼看。從科技的角度看,如今的世界有了極大的進步。但從社會的角度看,道德價值觀卻有著明顯的衰退。然而儘管受到各種不道德風暴的衝擊,在我們的社會洪流中堅固得如同海中孤島的美好婚姻關係依然存在。

1943年8月13日,知名佈道家葛培理(Billy Graham)牧師與鐘路得(Ruth Bell)師母喜結連理。這段琴瑟和諧的婚姻持續了近64年,直到2007年6月14日鐘路得離世。當被問及她如何看待丈夫經常不在家時,她表示:「我寧願擁有葛培理一點點的陪伴,也不要其他男人很多的陪伴。」㉚ 在她去世的前一天,葛培理說:「路得是我的知己,我很難想像一天沒有她在我的身邊。今天我比65年前在惠頓學院認識她時更愛她。」㉛ 可惜,現代很少有夫妻能營造如此浪漫且持久的婚姻!

在二十世紀70年代中期,我就讀之寄宿學校的男宿舍主任時常引用鐘路得的一句話:「如果神不懲罰美國,祂將不得不向所多瑪和蛾摩拉道歉。」毫無疑問,今天的狀況比那時更不堪!如果鐘路得對當時世界的道德衰退表示擔憂,那麼到了今天,她會怎麼說?舉個例子,過去的人們只知道有兩種性別:男性和女性。但到了2014年中,據《每日電訊報》報導,英國的臉書用戶可以從71種不同的性別選項中作選擇!

基督警告說,在世界末日來臨之前,洪水以前那種「吃喝嫁娶」的生活方式將會重現(太24:37-39)。這世界的道德淪喪若非導致上帝親自干預人類事務,那麼人類就會自取滅亡。但基督很快會復臨,將惡人消滅(啟21:8),建立祂公義的王國(但7:13、14)。讚美主!

8月/14 祂為我而死

> 因基督也曾一次為罪受苦，就是義的代替不義的，為要引我們到上帝面前。按著肉體說，他被治死；按著靈性說，他復活了。
>
> 彼得前書3:18

人類的犧牲永遠無法與基督在觸髏地十字架上的無限犧牲相提並論。但歷史上也曾有人為他人獻出自己的生命。1941年7月底，三名囚犯從波蘭南部的奧斯威辛集中營逃跑。為了殺一儆百，納粹黨衛軍副營長下令從剩下的囚犯中挑出十個人將他們活活餓死。其中有個人名叫法蘭西斯澤克‧加約尼切克（Franciszek Gajowniczek），他懇求道：「我有妻子！我還有孩子！」方濟各會修士馬西米連‧科爾貝（Maximilian Kolbe，1894-1941）對他心生憐憫，於是自願替他赴死。

「在經歷了兩週不吃不喝後，只有科爾貝還活著。」**1941年8月14日**，守衛為了清理現場，就給他注射了致命的苯酚。他死時年僅47歲，遺體在第二天被焚燒。㉜ 他自願替法蘭西斯澤克‧加約尼切克（1901-1995）而死，後者又活了53年。當93歲的加約尼切克回想起那一天時，他記起神父「科爾貝對副營長說：『我願意替那個被選中的人死。他有妻子和家庭，而我孑然一身。我是天主教神父。』」㉝

這個故事讓我們回想起兩千年前基督為我們所做的一切。懷愛倫寫道：「世界的救贖主遭受了我們所應遭受的苦待，好讓我們可以得到祂所應得的厚待。祂來到我們的世界，將我們的罪放在祂神聖的心靈上，以便祂的義可以歸給我們。祂因我們的罪被定罪（這罪祂不曾犯過），好使我們可以因祂的義被稱為義（這義我們也不曾有過）。世上的救贖主為我們獻上了自己。祂是誰？──祂是天上的君，為有罪的人在公義的祭壇上傾倒了祂的寶血。」㉞

基督之死並非普通的死亡。祂乃是代替我們受了第二次的死亡，這樣所有在祂裡面的人就不再有第二次的死（啟20:6）。「上帝賜給我們永生；這永生也是在他兒子裡面。」（約一5:11）

主耶穌基督，感謝祢。因祢來到世上受苦並為我而死！因著祢的犧牲，我才得以稱義，能夠擁有永生。阿們。

8月 15 宏願

> 希西家其餘的事和他的勇力，他怎樣挖池、挖溝、引水入城，都寫在猶大列王記上。
> 列王紀下 20：20

不是所有的樹木都會在生長到一樣的年份時結果子。有些樹木，例如無花果樹，兩年內就可以結果。而酪梨樹從種子發芽到成熟結果，可能得花上5到13年。同樣，不是所有宏偉的夢想都能如我們所期盼的那樣快速實現。有兩項令人歎為觀止的水力工程可以充分詮釋這個道理。

第一個是西羅亞隧道，也被稱為希西家隧道。當時亞述王西拿基立率軍圍攻耶路撒冷。為了確保更安全的水源供給，希西家王下令開鑿一條岩石隧道，將水從基訓泉引到西羅亞池。這條彎曲的隧道長1749英尺（533公尺），而高度落差只有12英寸（30.5公分），由兩支隊伍從兩端開鑿，最後在中間交會。這項令人印象深刻的工程於希西家王在位期間竣工。

另一項舉世矚目的工程是連接大西洋和太平洋的巴拿馬運河。1514年，建立巴拿馬城的總督佩德羅・阿里亞斯・達維拉（Pedro Arias Dávila）受西班牙王室委託，欲尋找一處天然地點來連接兩個大洋。隨著時間的推移，巴拿馬實施了一系列重要措施。最終，在**1914年8月15日**，這條長48英里（77.25公里）的運河正式通航，第一艘船駛過運河。雖然兩大洋的水位相同，但運河上修建了三處船閘，能將船隻升到加通湖的水位，然後船閘另一側將船隻降低。最初的計畫歷經四百年才得以完全實現。

如前所述，不是所有樹木都會在同樣的年份開花結果。並非所有夢想都能在同一時間範圍內實現。有些你最好的想法可能要用盡一生的時間方能實現。要謙卑，在你所行的一切事上盡心盡力，哪怕你付出了努力到頭來卻為他人做了嫁衣。如果你所願的，就是在所行的事上榮耀上帝（太5：16；林前10：31），那麼就算沒能因成就而獲得讚美，你也不會感到氣餒。

8月16日 避免悲劇發生

> 「倘若守望的人見刀劍臨到，不吹角，以致民不受警戒，刀劍來殺了他們中間的一個人，他雖然死在罪孽之中，我卻要向守望的人討他喪命的罪。」
>
> 以西結書 33：6

在2001年9月11日那個令人傷心欲絕的早晨，當被劫持的客機撞向美國紐約世貿中心和五角大廈時，查卡里亞·穆薩維（Zacarias Moussaouiw）正因受移民指控而被關押在明尼蘇達州的一所監獄中。2001年2月，他抵達美國，並用大量現金支付飛行培訓學校的費用，這一舉動引起了政府的懷疑。儘管他連小型飛機都不會開，卻堅持要求學習操作飛行「大鳥」（即波音747）。他的這一怪異舉動引起了很多關注。

2001年8月16日下午四點左右，穆薩維因違反簽證規定在明尼蘇達州被捕。明尼阿波利斯市的聯邦調查局外勤辦公室在與外國情報機構核實後，得知穆薩維可能與恐怖分子有聯繫，於是他們立即向華盛頓聯邦調查局總部報告，請求批准展開全面調查，包括搜查穆薩維的筆電記錄和隨身物品。但這一請求卻被拒絕了。直到911襲擊發生後，調查才因授權得以展開，而穆薩維的筆電中恰恰有整套恐怖襲擊的策劃！

有時，分心和疏忽會帶來災難性的後果。我們今天面臨的許多無法解決之事，都是那些本可以解決、卻未能及時處理的。事實上，我們更傾向於被動而非主動。很少有人能夠預見到種子中蘊藏的豐收，以及星星之火帶來的燎原之勢。就像在穆薩維的案件中，聯邦調查局的高級特工原本認定外勤特工是在誇大其詞。

在屬靈的事情上，我們在上帝面前肩負眾人，要「發出明確號角聲」（林前14：8）。上帝不但要我們警告他人，也希望我們能聽從這警告。我們需要屬天的智慧，既不誇大、也不忽視我們所面臨的問題。在恰當的時機以清晰直接的方式向正確的人發出警告；此舉也許不一定會得到讚賞，卻可以避免將來出現更大的問題。

8月/17 阿薩莉亞・張伯倫案

因為人所做的事，連一切隱藏的事，無論是善是惡，上帝都必審問。
傳道書 12：14

　　邁可・張伯倫（Michael Chamberlain）和琳迪・張伯倫（Lindy Chamberlain）夫婦在澳洲北領地省的烏魯魯巨岩（也稱艾爾斯山）附近露營。他們帶著兩個兒子——艾丹（Aidan）和雷根（Reagan）以及兩個月大的女嬰阿薩莉亞，一起在露營地度過了一段愉快的時光。但就在**1980年8月17日**星期日晚上，阿薩莉亞從帳篷裡被帶走，之後杳無音訊。琳迪向當地警方報告說，她看到一隻澳洲野狗從帳篷裡溜出來。果然，一週後，一名遊客發現了阿薩莉亞帶血的連身衣、靴子、尿布和襯衣。最初的調查結論是，張伯倫一家無需對她的死亡負責。但這件事並未就此結束。該案引發了澳洲史上最受關注的一場審判。

　　有人批評，作為母親的琳迪應對此事表現出更大的悲痛。還有人聲稱，張伯倫一家所加入的復臨教會是邪教，他們將殺嬰作為邪惡宗教儀式的一部分，阿薩莉亞正是被帶到偏遠的沙漠作為祭品獻上了。畢竟，邁可是復臨教會的牧師。一位自稱是阿薩莉亞一家的家庭醫生甚至發表了匿名信，聲稱她的名字實際上就是「荒野中的祭品」之意。1982年，琳迪被控一級謀殺，罪名成立，判處終身監禁。而身為父親的邁可也被判為共犯，判處十八個月的緩刑。

　　約翰・布賴森（John Bryson）在《邪惡天使》一書中對張伯倫案進行了深入探討，認為該案可能是冤獄。㉟ 1988年9月，北領地刑事上訴法院一致推翻了上述定罪，免除了對琳迪和邁可的所有指控。兩個月後，電影《邪惡天使》（在澳洲和紐西蘭以外地方命名為《暗夜哭聲》）上映。最終，在2012年6月12日，法醫伊莉莎白・莫里斯（Elizabeth Morris）宣佈了阿薩莉亞的死因——被澳洲野狗咬死。

　　這則案件說明了人類的司法可能存在缺陷。雖然人類的正義會失敗，但上帝的正義永遠不會。如果你是不公正審判的受害者，上帝一定會為你伸張正義。

8月/18 麥迪森學院

> 「我今日所吩咐你的話都要記在心上,也要殷勤教訓你的兒女。無論你坐在家裡,行在路上,躺下,起來,都要談論。」
> 申命記6:6、7

基督教教育旨在培養門徒,好將基督為救贖人類而事奉的模式傳承下來。復臨教會的每一位教師和每一所教育機構都應當以此模式為其特色。但很少有教育機構能夠像美國田納西州麥迪森的納什維爾農工學校(1937年更名為麥迪森學院)那樣,有效地實踐自我犧牲的服務理想。

懷愛倫對美國南部各州的工作有著特別的負擔;因此,按照她的建議,1904年薩瑟蘭(E. A. Sutherland)和珀西・馬根(Percy T. Magan)辭去了他們在以馬內利傳道學院(現為安得烈大學)的工作,搬到了納什維爾。他們買下了一個占地四百英畝的農場,建立起自給自足的教育機構。在**1904年8月18日**的《復臨評論與安息日通訊》上,懷愛倫呼籲:「當這些弟兄往南方去,要在一個困難的園地從事開拓工作時,我們要請我們的人,透過協助他們在納什維爾附近建立新學校,使他們的工作儘可能產生果效。」❸⁶

整個麥迪森教育體系是建立在自我犧牲,嚴格而持久的節約,一項主要的學習計畫,以及自我管理的基礎上;其主要特色是研讀《聖經》。在這個大家庭式的社區裡,教師和學生一起工作和學習。正如學校第一期的通訊中所述,該機構旨在「培養自給自足的佈道士教師(從最廣泛的意義上說)」。❸⁷學校領袖們希望學生從麥迪森學校畢業後,能夠在美國南部的一些貧困社區建立自己的小型麥迪森學校。後來,麥迪森的畢業生們在美國南部的貧困社區建立了大約四十所自給自足的小型學校,足見他們所接受的培訓是多麼高效且鼓舞人心!

時代變了,如今人們更關心的是自己的權利和特權,而不是為上帝的事業犧牲自己。無私的服務是基督教的普遍原則。如果我們能恢復麥迪森學校在黃金時代特有的簡樸和服務精神,那將會帶來多大的改變啊!

8月19 聖書之民

> 我將你的話藏在心裡,免得我得罪你。
> 詩篇 119:11

復臨教會的信徒曾自稱是「聖書之民」。許多人恪守一年的讀經計畫,並在與其他基督徒的教義辯論中展示出他們對《聖經》的深刻理解。在全國和國際性的聖經知識競賽中,復臨教會的信徒時常有出色的表現。

1958年8月19日,第一屆國際聖經競賽決賽在耶路撒冷的希伯來大學舉行。比賽由以色列廣播公司主辦,以紀念該國成立十周年。最後決賽的選手分別來自十五個國家,各有猶太和基督教背景。39歲的巴西復臨教會教師愛琳‧桑托斯(Irene Santos)獲得了季軍。

而在1961年耶路撒冷舉行的第二屆國際聖經競賽中,另一位來自巴西的復臨教會教師兼師母約蘭達‧達‧席爾瓦(Yolanda da Silva)獲得了亞軍,後來又升格為冠軍。來自南非的復臨教會牧師康布林克(J. J. B. Combrinck)獲得了第五名。而1964年,在耶路撒冷舉行的第三屆國際聖經競賽中,來自澳洲復臨教會聖療食品公司的會計格雷漢‧密契爾(Graham Mitchell)獲得冠軍。1969年在第四屆世界聖經競賽中,來自玻利維亞的復臨信徒曼努埃爾‧哈拉‧卡爾德隆(Manuel Jara Calderon)獲得了第四名。1981年,另一位巴西復臨教會信徒法蘭西斯科‧阿爾維斯‧德蓬特斯(Francisco Alves de Pontes,綽號「聖經奇哥」)獲得了亞軍,和約蘭達‧達‧席爾瓦夫人一樣,他的獎項也升格為冠軍。

這些只是眾多熱愛上帝話語的忠實復臨信徒代表。無論是復臨信徒還是復臨家庭,都應當重拾背誦聖經章節的好習慣。但比背誦經文更重要的,是要正確理解其中的含義並活出來。如果只是腦袋聰明卻內心空虛,將是多麼大的災難啊!

基督為追隨祂的人獻上的祈禱是:「求你用真理使他們成聖;你的道就是真理。」(約17:17)除了背誦經文和透徹理解經文以外,我們更需要接受上帝話語改變人心的力量,來使自己成聖。讓我們放下一切屬於人的批判,以謙卑和順從的態度聆聽上帝的話語!

8月/20 復樂園

因一人的悖逆，眾人成為罪人；照樣，因一人的順從，眾人也成為義了。
羅馬書5：19

　　《聖經》的前幾頁講述了關於最初創造伊甸樂園波瀾壯闊的故事，以及它是如何因亞當和夏娃的罪而毀壞（創2-3章）。《聖經》的最後幾頁則描繪了樂園復原後的美好景象（啟21-22章），到那時上帝將「一切都更新了」（啟21：5）。在這前後兩幕之間上演的，便是人類的大戲，每個人都決定著自己的命運。

　　英國詩人約翰・彌爾頓（John Milton，1608-1674）就以這些場景為靈感，創作出許多最負盛名的史詩。1652年之後，完全失明的他所寫下的詩歌都是由書記和朋友記錄的。他簽署了出版《失樂園》一書的合約，四個月後，即**1667年8月20日**，印刷商撒母耳・西蒙斯（Samuel Simmons）將它登記在自己名下。據說，曾與彌爾頓一同學習拉丁文的湯瑪斯・埃爾伍德（Thomas Ellwood）問過他這樣一個問題：「你在書中談到了失樂園的事，那麼你對於天堂失而復得有什麼看法？」

　　這話引起了彌爾頓的思考，後來他又創作出續集《復樂園》（1671年）。這本短篇小說描繪了基督和撒但之間一系列的辯論。基督最終戰勝了撒但的誘惑，挽回了亞當和夏娃的失敗。正如《聖經》中所說：「因一人（亞當）的悖逆，眾人成為罪人；照樣，因一人（基督）的順從，眾人也成為義了。」（羅5：19）基督既已勝過撒但，就將我們從罪的束縛中解救出來，最終會將我們帶到恢復原貌的樂園中。

　　《善惡之爭》將基督帶亞當回到他曾經生活過的伊甸園的那一刻描寫得分外感人。亞當「充分地體會到當前的現實，他認明這確實是光復了的伊甸園，並且比他逐出時更為美麗可愛……他觀看周圍的情景，只見蒙贖的子子孫孫都站在上帝的樂園中。於是他摘下閃爍的冠冕，放在耶穌腳前，並投身在他的懷裡，擁抱著救贖主。隨後彈奏金琴，廣大的穹蒼便響應那凱旋之歌：『被殺而又活的羔羊，是配得榮耀的！』」㊳

　　你和我一定要親自體驗那榮耀的時刻！

8月/21 時刻鑑察我

> 耶和華的眼目無處不在；惡人善人，他都鑑察。
> 箴言15：3

1911年8月21日，巴黎羅浮宮發生了史上最著名的藝術品竊盜案之一。一名員工將達文西（Leonardo da Vinci）名作《蒙娜麗莎》盜走，偷偷存放在自己的公寓裡長達兩年之久。對於這幅被公認為「全世界最著名、最受歡迎、最多人描寫、最多人傳唱、最多人模仿」的十六世紀早期藝術作品來說，著實是一場重大災難。❸❾ 1914年1月，它被歸還給了羅浮宮。人們熱愛蒙娜麗莎的微笑，為她那雙無論你走到何處都能跟隨你的眼睛而癡狂。

也許最著名、最廣為人知的復臨派畫作當屬艾爾弗雷德·李（Elfred Lee）創作的壁畫《窄路上的基督》，這幅畫如今在馬里蘭州銀泉市懷愛倫託管委員會遊客中心永久展出。該壁畫於1991年10月22日落成，再現了懷愛倫第一次所看到的異象，重點刻畫了復臨教會的關鍵歷史時刻以及幾位頗具影響力的領袖。壁畫的中心是張開雙臂站立著的基督。與蒙娜麗莎一樣，無論你走到哪裡，祂的眼睛都會看著你。我曾經問過艾爾弗雷德·李關於其中的繪畫訣竅。他告訴我，只要把眼睛畫得活靈活現，自然而然就會產生這種效果。

《蒙娜麗莎》和《窄路上的基督》中那雙恆久注視的眼睛提醒我們，「耶和華的眼目無處不在；惡人善人，他都鑑察。」（箴15：3）那些聲稱「耶和華看不見我們；耶和華已經離棄這地」（結8：12）的人與凡意識到隱藏是徒勞的人形成了鮮明對比。

> 「我往哪裡去躲避你的靈？我往哪裡逃、躲避你的面？
> 我若升到天上，你在那裡；我若在陰間下榻，你也在那裡。
> 我若展開清晨的翅膀，飛到海極居住，
> 就是在那裡，你的手必引導我；你的右手也必扶持我。」（詩139：7-10）

如果你意識到上帝在時時刻刻鑑察你，你會改變自己的生活嗎？記住，你可以躲避人群，但無法躲避自己的良心和上帝。永遠不要忘記，上帝常與我們同在。

8月/22 這世界的光

> 「我到世上來，乃是光，叫凡信我的，不住在黑暗裡。」
> 約翰福音 12：46

　　光是一種以波來傳遞的能量形式，我們能夠看見周圍的事物正是因為有光。我們依賴光來探索世界，發現人類所能了解之無限宇宙的一部分。你能閱讀這本書，是因為有光照在它的頁面上，而你的眼睛能夠捕捉到。我們對宇宙及其空間的了解，都歸功於到達我們眼中的點點星光以及我們對光速的理解。

　　在十七世紀以前，人們認為光可以瞬間穿越任何距離，而且不存在光速一說。最早嘗試測量光速的，是荷蘭科學家伊撒克・比克曼（Isaac Beeckman）和義大利天文學家和物理學家伽利略（Galileo Galilei）。而對光速的精確測量，是由丹麥天文學家奧勒・羅默（Ole Rømer, 1644-1710）在巴黎皇家天文臺進行的。透過觀察行星本身的運動，羅默估計光的速度約為每秒136,701英里（每秒220,000公里）。**1676年8月22日**，他在巴黎科學院宣佈了基本研究成果。其他科學家的後續研究更精確地決定了光的速度。1983年，第十七屆國際度量衡大會確定299,792,458公尺／秒（每秒186,282英里）為真空中光速的精確值。

　　值得注意的是，耶穌稱自己為「世界的光」（約8：12）。祂進一步解釋說：「我到世上來，乃是光，叫凡信我的，不住在黑暗裡。」（約12：46）正如物理上的黑暗是因為光的缺失，屬靈上的黑暗就是耶穌在我們生命中缺失了。相反，當祂進入我們的生活時，光就會照耀，黑暗也會被驅逐。

　　作為基督徒，我們不僅要接受基督的光，還要像鏡子一樣將光反射出去，照亮他人。在「登山寶訓」中，耶穌宣稱：「你們是世上的光……也當這樣照在人前，叫他們看見你們的好行為，便將榮耀歸給你們在天上的父。」（太5：14-16）所以，人們應該看到基督的光直接照在我們身上，並且藉著我們反射出來，指明通往天家的正確道路。

8月/23 胡格諾派

「那時,人要把你們陷在患難裡,也要殺害你們;
你們又要為我的名被萬民恨惡。」

馬太福音 24:9

每位真基督徒都必須為其信仰付出代價。這代價會因人所處的環境以及對上帝話語的獻身程度而有所不同。

很少有人像胡格諾派——法國加爾文主義新教徒——為他們的信仰付出高昂的代價。**1572年8月23日至24日**晚,天主教的暴徒對胡格諾派展開了一場大規模的屠殺。這一慘案被稱為「聖巴托洛繆節大屠殺」。這場大屠殺始於巴黎,隨後蔓延至法國其他城鎮和鄉村,持續了數週之久。至於當時在法國喪生的胡格諾派人數,現代的說法不一,約從5千到3萬人不等。

1598年,法國國王亨利四世簽署了南特敕令,給予胡格諾派相當大的宗教寬容。但到了1685年,路易十四撤銷了這項敕令。此後,對胡格諾派的敵意再次燃起,40萬人冒著生命危險逃離法國。

1730年,一名十九歲的胡格諾派女孩被捕,被帶到法國南部城市艾格莫特的康斯坦斯。這位名叫瑪麗・杜朗(Marie Durand, 1711-1776)的女孩因哥哥是新教牧師而遭到指控。其實她只需說一句「我放棄信仰」就可以恢復自由。但她卻選擇在監獄的牆上刻下抵抗(REÇISTER)一詞。接下來的38年(1730-1768),她便因信仰的緣故在監獄裡度過!

你願意為自己的信仰付出如此高昂的代價嗎?如果你願意,那麼讚美主!無論如何,基督教殉道者堅定不移的信念,與現代多元化基督教靈活多變的信仰之間,是有著極大反差的。殉道者們生活在一個宗教不自由的時代。但對於他們來說,真理就是真理,不論在什麼環境下,也不管政治和教會當局的立場如何。

時代已經改變。在當今世界的許多國家,人們都享有宗教自由。然而,不幸的是,自由往往會產生缺乏委身的副作用。今天許多基督徒都想要政治正確。我們確實可以享有所擁有的自由,但也要委身於上帝的聖言,並且甘願為信仰付上代價。

8月/24 來不及逃脫

> 人正說「平安穩妥」的時候，災禍忽然臨到他們，
> 如同產難臨到懷胎的婦人一樣。他們絕不能逃脫。
>
> 帖撒羅尼迦前書 5：3

龐貝古城位於義大利那不勒斯灣附近，是一個繁榮且先進的羅馬城市。許多有錢人都來此觀光。雖然整座城市只有大約1萬2千名居民，卻擁有一個舒適宜人的羅馬劇場並三道供水系統——第一道通往公共噴泉，第二道流向公共浴池，第三道則通往富人的豪宅。考古發掘表明，賣淫和性道德敗壞的風氣在城裡盛行。城中至少有六個公共羅馬浴池，還有盧帕納雷大妓院（專用妓院）和其他幾個妓院，以及153家酒館。牆壁上隨處可見尺度驚人的春宮圖。有人認為龐貝是羅馬帝國的性之都，但現代歷史學家認為它只是反映了古羅馬社會的殘暴和情慾。

西元62年，一場強烈的地震摧毀了這座城的大片區域。這對龐貝居民來說是個警告。許多人離開了，再也沒有回來。**西元79年8月24日**早上，維蘇威火山爆發，將滾燙的岩石和氣體噴向高空，形成一朵巨大的蘑菇雲。龐貝距離火山大約五公里，它並沒有即刻被火山熔岩吞沒。城裡的居民仍有可能逃過一劫。但就在第二天早上，有毒的氣體湧入城市，滯留在城中的兩千人全部窒息死亡。之後，大量的火山灰將這座城全部掩埋，以駭人的災難終結了它放縱的生活。

《聖經》中也提到了其他因放蕩無恥的不義行徑而受上帝懲罰的文明和城市——洪水之前的人（創6-7章），所多瑪和蛾摩拉（創19章），巴比倫（但5章）。龐貝和赫庫蘭尼姆也在此列，後者是另一座被火山摧毀的城市。我們今天的世界正迅速變得像挪亞時代（太24：37-39）的日子，且與所多瑪與蛾摩拉的時代（猶7章）並無二致。除了即將到來的毀滅，我們還能期待什麼呢？

誠然，我們的世界很快會被上帝之手摧毀。但是，那將罪惡及其一切表現形式吞噬的火焰，也將淨化整個地球，為上帝嶄新的創造做好準備。之後，將會有「新天新地，有義居在其中」（彼後3：13）。

8月/25 上帝死了嗎？

愚頑人心裡說：「沒有上帝。」
詩篇 14：1

　　許多現代哲學家和科學家都否認上帝的存在。但很少有人像德國哲學家弗里德里希‧尼采（Friedrich Nietzsche）那樣，對上帝和基督教價值體系極度蔑視。尼采生於1844年10月15日，**1900年8月25日**去世。他以虛無主義哲學、「上帝已死」的觀念以及超人說聞名於世，超人說後來被視為是納粹政權的根源之一。

　　「上帝已死」的觀念貫穿於尼采的眾多著作中。例如，他在《歡樂的科學》（1882年）一書中說到：「一切的神都腐爛了！上帝死了！上帝殉難了！我們已經殺死了他！」❹ 在他的著作《查拉圖斯特拉如是說》（1883年）中，他補充說：「諸神都死了：現在我們要使超人活起來。」❹ 在他的《瞧！這個人》（1888年）中，他嘲笑了〈創世記〉中記載的創世故事（創1-3章），「正是上帝本人，在他工作日的最後時刻，化身為蛇隱身於知識樹下：就這樣他從上帝的身分之中甦醒過來……每逢第七個工作日，上帝都要做一回魔鬼。」❹

　　尼采所宣稱的「上帝已死」，並不是說上帝曾經存在過，後來經歷了實實在在的死亡。他認為上帝從未存在過，並且隨著啟蒙運動的推進，一切基督教的絕對道德原則和價值觀都崩塌了。在他看來，生命沒有固有的意義、目的或價值——這種觀念的主要作用就是侵蝕社會的道德價值觀。

　　在眾人否認上帝存在的年代，仍有智慧的人對祂充滿信心。有人曾對葛培理牧師（Billy Graham）說：「你總是談論上帝，好像祂還活著似的。祂已經死了。在人類的事情上祂一點權力也沒有了。」葛培理簡單地回答說：「我沒聽說祂死了。我今天早上還和祂談過話。」

　　我們能「證明」上帝的存在嗎？不能，我們無法證明祂存在也無法證明祂不存在。但我們有足夠的證據相信上帝的存在。正如大衛王所說，「諸天述說上帝的榮耀；穹蒼傳揚他的手段。」（詩19：1）上帝自己也對我們說，「你們向上舉目，看誰創造這萬象。」（賽40：26）上帝並沒有死；祂一直都是活生生的神，關心我們每一個人，即便是那些否認祂存在的人。

8月/26 活水的江河

「信我的人就如經上所說：『從他腹中要流出活水的江河來。』」
約翰福音 7：38

世界上大河眾多，但沒有一條可以和磅礴的亞馬遜河相比——它是最偉大的河流。1542年2月，這條河被西班牙探險家和征服者法蘭西斯科・德・奧雷亞納（Don Francisco de Orellana）「發現」，雖然當時早已有許多土著部落居住在亞馬遜河兩岸。奧雷亞納的探險隊被水流沖向下游，並於**1542年8月26日**抵達大西洋。自此，亞馬遜河吸引了眾多探險家的目光，包括希歐多爾・羅斯福（Theodore Roosevelt）和雅克・庫斯托（Jacques Cousteau）。

亞馬遜河流域有大約1,100條支流，每年向大西洋輸送大約1,581立方英里（6,590立方公里）的水量。這比世界上其他七條最大的獨立河流加起來的總輸水量還多！它占全球河流排放量的近20%。但這還不是它的全部。

2011年8月17日，在里約熱內盧舉辦的巴西地球物理學會國際大會上，瓦利亞・哈姆紮（Valiya Hamza）和伊莉莎白・塔瓦雷斯・皮門特（Elizabeth Tavares Pimentel）詳細地介紹了他們在亞馬遜河底部發現了一條地下暗河。根據所測量的科學資料，這條暗河幾乎和亞馬遜河一樣長，但寬度是其數百倍，流速則要慢得多，並且它將水排向大西洋的更深處。

亞馬遜河流域只是世界水循環的一部分。在這個循環中，「湖泊和海洋，河流和泉水——每一次的得到都是為了付出。」❸ 儘管亞馬遜河波瀾壯闊，但它的存在有賴於眾多小河，甚至是涓涓溪流為它提供水源。亞馬遜河的水必須流入大海。但海洋的水也不會永遠停滯。大量的水被蒸發，然後以降雨的形式返回地球，從而形成無窮無盡的水循環。

無論你是大河或小溪，都無關緊要。真正重要的是你是否在上帝計畫中完成了你的任務。我們必須分享上帝的話語，「接受它賜予生命的大能，並成為管道將它傳播出去。」❹ 如果每個人都能成為上帝拯救信息的接受者和傳遞者，那麼將會給世界帶來多麼美好的祝福啊！

8月/27 聖經研討會

「你們查考聖經，因你們以為內中有永生；給我作見證的就是這經。」
約翰福音 5：39

復臨教會認為自己是上帝為最終恢復《聖經》真理而興起的末世預言運動。然而，1844年10月米勒耳派的大失望卻使得復臨教會的創始者們意識到，他們必須進一步研究《聖經》。懷愛倫解釋道：「開始有人逐一殷勤研究《聖經》。幾乎整夜都致力於熱切查考聖言。我們尋求真理如同尋求隱藏的珍寶一樣。主向我們顯示了祂自己。亮光照在了預言上，我們知道自己領受了上帝的教導。」㊺

1846年底，早期守安息日的復臨派核心領袖——貝約瑟、懷雅各和懷愛倫——基本上已經在這場新興運動的獨特教義上聯合。很快，他們開始與其他前米勒耳派教徒分享新發現的真理。在這一過程中，產生關鍵作用的是1848年在美國東北部不同地點舉行的七次週末聖經研討會。其中一次是在紐約州沃爾尼，時間是8月18日至19日。有大約35人參加了會議，他們持有的觀點也互相矛盾。按照懷愛倫的說法，幾乎沒有兩個人的觀點是一致的。

另一次重要的會議於**1848年8月27日至28日**召開，是在紐約州波特吉布森的海勒姆・埃德森（Hiram Edson）的穀倉裡舉行的。那裡正是埃德森、克洛澤（O. R. L. Crosier）和佛蘭克林・哈恩（Franklin B. Hahn）研究聖所教義的地方。會議期間，懷愛倫見到了異象，教導弟兄們要放下分歧、在聖經真理上團結。事實上，1848年一系列的聖經研討會為信徒帶來了教義上的統一。

我們從教會先賢手中繼承了一個根基穩固、一以貫之的教義體系。但在今天，我們也應該表現出同樣的精神，不懈地努力禱告並研讀《聖經》。花時間與上帝同處，研讀祂的聖言，這是每一次真正的復興和改革所必須滿足的條件。因此，我們不應只是建立社交性的小組，還應該建立查經小組，努力加深對《聖經》的理解。

8月/28 「我有一個夢想」

> 弟兄們，我不是以為自己已經得著了；
> 我只有一件事，就是忘記背後，努力面前的，
> 向著標竿直跑，要得上帝在基督耶穌裡從上面召我來得的獎賞。
> 腓立比書 3：13、14

種族主義是世界上最嚴重的社會問題之一，它是一種社會性的不公正，人們不是根據人的本質，而是根據其膚色和種族來進行評斷。許多人意識到這個問題造成了危險和威脅，於是加入了反對種族主義的社會和政治運動。

1963年8月28日，超過二十萬人聚集在美國華盛頓特區，參加「向華盛頓進軍」大遊行，這是一場為了爭取非裔美國人的種族正義以及平等機會而舉行的政治集會。馬丁‧路德‧金恩（Martin Luther King）的著名演講《我有一個夢想》將遊行推向高潮，他說：「我夢想有一天，這個國家會站起來，真正將其信條的真諦付諸實行：『我們認為這些真理是不言而喻的──人人生而平等。』」㊻

但我們如何才能真正克服種族主義和其他形式的歧視呢？我們是否該恨那些恨我們的人，歧視那些歧視我們的人呢？如果我們這樣做，只會火上澆油，造出充滿恨意的環境。金恩博士也曾說過：「以眼還眼，只會使恨意加倍，給失去星星的夜晚徒增黑暗。黑暗不能驅除黑暗，只有光明才能做到。仇恨不能驅除仇恨，只有愛才能做到。」㊼ 難怪耶穌命令說：「只是我告訴你們，要愛你們的仇敵，為那逼迫你們的禱告。」（太5：44）面對那鏽跡斑斑的社會之輪，唯有愛才能成為潤滑油，推動它順利向前邁進。

地理上的遷移無法改變人類好勝、自我膨脹的本能。人的努力和最高的成就也不能改變罪性。克服自私──包括以牙還牙、以眼還眼的傾向──是不斷改變成為基督之形像和樣式的過程。正如保羅在〈腓立比書〉第3章13至14節中所說，我們應該忘記過去的失敗，「努力面前」，向著上帝為我們的生命設定的目標前進。只有上帝改變的恩典才能賜給我們一顆全新、無私、充滿愛心的心！

8月/29 諂媚的朋友

諂媚鄰舍的,就是設網羅絆他的腳。
箴言 29:5

為我們喝采的人,我們自然會親近;批評我們的人,我們自然會遠離。仇敵顯然會破壞我們的聲譽,使我們的生活舉步維艱,這一點在大衛的某些求助詩中表現得淋漓盡致(例如:詩35;58;69;109)。然而,有時我們最親密的朋友也可能會變成我們的勁敵。當仇敵指出我們的弱點和錯誤時,我們的朋友可能仍然會讚美我們,為我們的錯誤開脫。

1899年8月29日,身在澳洲的懷愛倫給約翰‧哈威‧凱洛格(John Harvey Kellogg)寫了一封信,警告他正變得越來越自負和獨立。她說:「為什麼我要這樣時常給你寫信呢?因為你認為沒有別人有充分的權威是你可以聽從的。在我看來,事情就是這樣。你在醫學院和療養院的弟兄和同事並不能幫助你。你只聽你自己的。如果你身邊的人能以真誠的心對待你,你就會從他們的口中聽見從未聽過的忠告。」㊽

曾有兩位以色列的王因聽從諂媚朋友的建議而被誤導。一位是羅波安王(王上12:1-24),他拒絕了長老們的建議,聽從了那些和他一起長大之年輕人的建議。結果,整個以色列國分裂為北國以色列和南國猶大。另一位則是亞哈(代下18章),身邊有四百個只靠阿諛奉承來為他開脫的先知,卻對指責他的米該亞恨之入骨。就是這樣昏庸的態度讓亞哈最終喪命。

有句耳熟能詳的諺語說:「阿諛奉承會讓你一事無成。」奉承人的人沒有什麼好處,因為要埋沒良心,還要對所謂的朋友虛與委蛇。被奉承的人也上了當,得到的保證也是假的。作為基督徒,我們必須用真誠的勸告取代嚴厲的批評,用誠實的欣賞取代虛偽的奉承。對於壓根兒不願接受忠告的人,不要提供建議(箴9:7-9)。在正確的時間和地點,對正確之人說正確的話,才會在他或她的生活中產生積極的影響!

8月/30

簡樸的婚禮

兩個人總比一個人好，因為二人勞碌同得美好的果效。
若是跌倒，這人可以扶起他的同伴。
傳道書 4：9、10

婚禮是特別的場合，新娘們會穿上夢想中的婚紗，成為公主的模樣。有人說，「選婚紗不僅僅是試穿……它是一個過程——是一段漸漸生成的回憶。」㊾但並非每對夫婦都能負擔得起華麗的婚禮。

1846年8月30日星期日，「雅各．斯普林格．懷特（James Springer White）和愛倫．古爾德．哈蒙（Ellen Gould Harmon）站在緬因州波特蘭治安法官查理斯．哈丁面前結婚了。」㊿沒有舉行結婚典禮，懷愛倫也沒有特別穿上婚紗。為了不給別人添麻煩，懷雅各曾經在鐵路上拉了一段時間的石材，卻沒有得到應得的報酬。後來，他開始伐木，從清晨到天黑，一天賺的錢約50美分。1848年年中，他和兩個朋友以每畝87.5美分的價格接了一個砍草的工作，有100畝地的草要割。他歡呼道：「讚美主！我希望在這裡能掙到一些錢，用於上帝的事業。」(51)

1852年，懷氏夫婦定居在紐約州羅切斯特，懷愛倫這樣描述他們的新家：「我們租了一棟舊房子，年租金是175美元。我們把印刷機搬進家裡……你們如果來看我們，見到我們的傢俱，一定會忍不住笑的。我們買了兩張舊床，每張25美分。我丈夫拿回6張造型各異的舊椅子，共花了1美元。不久，他又搬來4張更舊的椅子，是沒有椅墊的，購價是62美分。椅架還相當堅固，我已經用斜紋布把椅墊修好。奶油太貴，我們沒有買，也買不起馬鈴薯。我們用調味汁代替奶油，用蕪菁代替馬鈴薯。我們頭幾天吃飯是用一塊遮壁爐用的木板，擱在兩個裝麵粉的空桶上當飯桌。只要上帝的聖工能有進展，我們願意忍受窮困。」(52)

這就是在復臨運動早期，復臨教會先驅們為傳揚三天使信息而懷抱的自我犧牲和奉獻精神。如今的時代早已不同於以往，但我們怎樣才能以同樣的精神繼續並完成這項工作呢？

8月/31

創造機會

「趁著白日，我們必須做那差我來者的工；
黑夜將到，就沒有人能做工了。」
約翰福音 9：4

名人也是人，也有自己的情感和精神需求。但傳統的救靈方法對他們的效果可能不大。目前最有效的方法之一，是在他們遭遇危機時低調但誠摯地表示關心。

當威爾斯王妃戴安娜的私生活被媒體曝光後，她的生活一度陷入混亂。1994年10月，她甚至躲到華盛頓度週末，同行的是她的親密朋友兼「第二位母親」——前巴西駐美大使夫人路西婭·馬丁斯·弗萊查·德·利馬（Lucia Martins Flecha de Lima）。當時我和妻子對這件事情全程關注，加之我們是巴西公民，於是便向戴安娜寄去了一本懷愛倫的書《歷代願望》作為禮物，並附上一封關心的信函。一個月後，查爾斯王子辦公室的工作人員莫林·史蒂文斯（Maureen A. Stevens）給我們寄來了一封短信，代表王妃感謝我們的來信和贈書，並表達了「她最美好的祝願」。

1997年8月31日凌晨兩點左右，因為一場慘烈的車禍，戴安娜王妃在法國巴黎香消玉殞。消息傳來，舉世震驚。我們不知道送給她的那本書她是否讀過。也許沒有。但在她最有可能接受感激和關懷時，我們盡了最大努力。照基督的話來說，我們應該「趁著白日」作工，因為「黑夜將到，就沒有人能做工了」（約9：4）。

實際上，「每年有千百萬人，在沒有得到警告、未獲得拯救的情況下死去。在我們生活的種種境遇中，隨時隨地都有救人的機會。這些機會如今仍然不斷地湧現。上帝希望我們儘量利用這些機會。日子一天天，一週週，一月月地過去。我們工作的時間也相應地減少了。」[53]

在宣揚永恆的福音時，我們不僅應該利用已有的機會，還應該創造新的機會來見證我們的信仰。使徒保羅選擇上告凱撒，好讓自己有機會向羅馬皇帝傳教（徒25：1-12）。我們應該像他一樣，努力接觸社會中最有影響力的人。

9月 01 奥斯維辛之旅

耶和華見人在地上罪惡很大，終日所思想的盡都是惡。
創世記 6：5

在我所有參觀過的地方中，最讓我感到難受的，就是位於波蘭奧斯威辛的奧斯威辛比克瑙國家博物館。**2004年9月1日**，當我受邀參加一場為波蘭牧師舉辦的聖經研討會時，一位熱心的年輕人帶我參觀了這座可怕的集中營，它自1940年投入使用直至1945年。在集中營入口的門框上，那句充滿諷刺意味的德文依然清晰可見：「勞動帶來自由（Arbeit macht frei）。」在參觀的過程中，我看到了在魔鬼影響下的人類可以對和自己一樣的人何等殘忍，心中滿是悲傷。

大多數囚犯來到奧斯威辛後，會被直接帶入毒氣室殺害，屍體隨即被焚燒，骨灰被灑在附近田地做肥料。最初，那些倖存的囚犯會被拍照以便識別，但經歷了饑餓、奴役等各種持續折磨後，他們的樣子發生巨大變化，根本難以識別，因此後來只能改為在囚犯身上刺上識別號碼。當年最殘忍的暴行之一就是在人身上進行生殖和基因實驗。其主要目的是使斯拉夫女性絕育，並弄清楚如何讓雅利安女性生出雙胞胎。

人們不禁要問：在二十世紀中期、文明發達的歐洲，怎會發生這般殘忍的暴行？納粹主義就是將「上帝已死」的虛無主義（弗里德里希・尼采的教導），與適者生存的進化論摻雜在一起的悲劇大雜燴。

納粹主義所表現的就是撒但的統治，而撒但竟聲稱這種政府遠比上帝的還要好。不可否認，人類的本性是罪人，離棄上帝的人往往只會走向自我毀滅。只有上帝才能為我們的世界、社交圈以及個人的生活帶來真正的穩定。切勿將上帝排除在你的人生計畫之外！

9月/02 歐伯林學院

教養孩童，使他走當行的道，就是到老他也不偏離。
箴言 22：6

基督教教育應傳授知識，培養思維能力，延續屬靈和道德價值觀。成立於**1833年9月2日**的歐柏林學院（後更名歐柏林大學），作為一所獨立自養的學校，其目的是「全面教育學生，訓練他們的身體、智力和心靈，好為主服務」。❶ 到了十九世紀40年代初，學生們要進行體力勞動，吃素食，避免茶、咖啡和濃烈的調味品，著裝樸素，不穿緊身和花俏的服裝，以《聖經》作為教科書，不鼓勵閱讀小說。

歐柏林大學與復臨教會教育體系之間並沒有直接聯繫。但許多復臨教會寄宿學校按照懷愛倫受啟示所提出的教導，採用了類似的教育和衛生標準。早期的復臨教會教育家愛德華・薩瑟蘭（Edward A. Sutherland）甚至盛讚歐柏林大學是基督教教育的典範。可惜，儘管許多復臨教會教育機構仍然遵循這些原則，歐柏林大學卻早在幾十年前就將其放棄了。這就引導我們提出一個關鍵問題：為什麼那些最初堅守聖經指導原則的教育機構，最終往往會摒棄這些原則並被周圍的文化所同化？

詹姆斯・伯查爾（James T. Burtchaell）在《光的消亡》一書中，探討了高等學府如何失去其原有的宗教特性。他提出，首先，宗教已成為個人事務而非教育機構的整體文化；其次，原先強調的教義被一種更為主觀的宗教形式所取代，為世俗化和文化適應敞開了大門。❷ 在伯查爾的書問世之前，懷愛倫就曾警告說：「如果屬世的影響佔據了我們的學校，那就乾脆把它賣給世俗之徒，讓他們去接管。」❸

強化復臨教育系統，就是在塑造教會的未來。願教育系統始終忠於聖經原則，這是它最初建立的基礎，也是其存在的理由！

9月 03 我是清白的

「當遠離虛假的事。不可殺無辜和有義的人，因我必不以惡人為義。」
出埃及記 23：7

有時，缺乏確鑿證據會導致判決的不公。讓我們來看看尼古拉斯・亞里斯（Nicholas Yarris）的故事。1982年7月1日，經過數月的等待，亞里斯謀殺、強姦和綁架的罪名成立，被判處死刑。然而，他一直堅稱自己是無辜的。當DNA檢測法被運用於法醫工作時，亞里斯的案件開啟了重審。**2003年9月3日**，法院根據確鑿的DNA檢測結果撤銷了對亞里斯的指控。在各種問題都得到澄清之後，含冤入獄22年的亞里斯，終於在2004年重獲自由。

作為一名死刑犯，亞里斯本有充分的理由恨這個世界，就算他憤然結束自己的生命也不為過。在長達十四年的時間裡，他被禁止擁抱別人，也經歷過被剝奪的痛苦。然而，他卻從「軟弱變為剛強」（來11：34），利用這段時間讀了上萬本書。他自學了德語和心理學，就是為了更加理解自己和周圍的人。從那以後，他與世界各地的許多人分享了這改變人生的經歷。

出獄四週後，亞里斯在一次深度的採訪中表示：「在瘋狂之地尋找理智，這行為本身就是謙卑。你必須放下一切自我；從你身上，它被剝離開來，然後你會嘗試從你能找到的任何東西，也就是所剩無幾的事物中，重建某些東西。你必須竭力找到內心深處那個對你來說至關重要的美好事物，並以此為基礎繼續建造。」❹ 他還說：「儘管人人都以為我心裡滿是苦毒和憤怒，對自己的遭遇無法釋懷，但我還是把注意力集中在一切美好的事物上。我現在是一個好人，我希望讓世界知道，人是可以得到救贖的。人也是可以改變的。」❺

在〈啟示錄〉中，有殉道者的靈魂象徵性地呼喚上帝的公義（啟6：9-10）。即使上帝的平反並沒有如我們期望的那樣速速發生，我們也應靠著上帝的恩典少抱怨，盡我們所能去堅定信仰，努力從最艱難的情況中獲得力量。

羅馬帝國

9月04

「第四國，必堅壯如鐵，鐵能打碎克制百物，
又能壓碎一切，那國也必打碎壓制列國。」
但以理書2：40

〈但以理書〉第2章以象徵的方式展示了四個主要王國的出場順序：巴比倫、瑪代波斯、希臘和羅馬；後一個王國會征服前一個，但最終它也會被另一個政治勢力擊敗。第四個王國是羅馬帝國，西元前31年，奧古斯都·凱撒（Augustus Caesar）成為羅馬的第一任皇帝，羅馬也正式崛起成為強大的帝國。在其鼎盛時期，羅馬帝國是西方文明中影響最深遠、勢力最強的政治和社會結構。然而，隨著西部的羅穆盧斯·奧古斯都（Romulus Augustus）都被日耳曼國王弗拉維烏斯·奧多亞賽（Flavius Odoacer）廢黜，偉大的羅馬帝國也在**西元476年9月4日**滅亡。帝國的東部以拜占庭帝國存續下來，直到1453年君士坦丁堡被奧斯曼土耳其人攻陷。

是什麼導致了羅馬帝國的衰落和滅亡？這個問題非常複雜，人們也提出了許多論點。1776年，愛德華·吉本（Edward Gibbon）認為：「羅馬的衰落是因過度強大所招致的、無法避免的結果。繁榮孕育了衰敗。隨著征服的擴大，破壞的原因倍增；一旦時間或意外移除了人為的支撐，這個宏偉的架構就會在自身重量的壓力下屈服。」❻

以人的眼光看，羅馬的衰落主要是由各種政治、經濟和社會因素造成的。但從聖經角度來看，我們認識到「至高者在人的國中掌權，要將國賜與誰就賜與誰」（但4：32）。懷愛倫解釋道：「每一個曾經登上歷史舞臺的國家，都蒙許可在地上佔有相當的地位，以便決定它是否願意成全那位『守望之聖者』的旨意……每一個國家都經過一段試驗時期；結果都告失敗，它的光榮消退，它的權力也喪失了。」❼

上帝正引導人類歷史走向高潮──祂自己永恆國度的建立，這國「永不敗壞，也不歸別國的人」（但2：44）。

9月/05 珍愛健康

> 「你若留意聽耶和華——你上帝的話，又行我眼中看為正的事，
> 留心聽我的誡命，守我一切的律例，
> 我就不將所加與埃及人的疾病加在你身上，
> 因為我耶和華——是醫治你的。」
> 出埃及記 15：26

　　生命的禮物和健康的祝福都是珍貴的財富，應當珍惜並以最佳狀態加以保護。但許多人只在疾病威脅到生命時才會採取行動。我們應該更加認真地奉行「防患於未然」的原則。畢竟，預防患病比治病要好得多。

　　在1860年代，復臨教會開始積極推動健康改革。其中一個重要因素就是1863年6月5日，懷愛倫在異象中看到了基本的健康改革原則。1865年12月25日，上帝指示她，復臨教會應建立自己的健康改革機構，以便將這些原則發揚光大。最終，**1866年9月5日**，西部健康改良所在密西根州戰溪成立。後來該機構更名為戰溪療養院。1875年，約翰・哈威・凱洛格（John Harvey Kellogg）醫生加入了該機構，次年24歲的他被任命為醫療主管。該機構也成為由教會營運的全球醫療機構系統先驅。

　　但為什麼教會要維持如此昂貴的醫療系統呢？像五旬節派和靈恩派傳教士那樣施行醫治的神蹟不是更容易嗎？復臨教會相信，上帝今天仍然像過去一樣行神蹟，但不像那些傳教士所期望地那樣張揚和公開（這讓我想起了可1：40-45）。另外，許多備受歡迎的傳教士在施展神蹟的同時，卻從未教育人們如何過健康的生活。

　　我們曉得，疾病並不一定總是罪惡的生活方式招致的結果（約9：1-3）。但是，有意識地過健康生活會帶來諸多祝福（出15：26）。我們不僅要向他人傳授健康生活的原則，還要在生活中身體力行。言語上的教導需要以實際行動為後盾！

9月/06 足夠的恩典

他對我說:「我的恩典夠你用的,因為我的能力是在人的軟弱上顯得完全。」
哥林多後書 12:9

　　人們常覺得上帝賜予的不夠,總向上帝期待超過我們所應得的。在馬克斯‧盧卡多(另譯陸可鐸,Max Lucado)的《天天有恩典》中,**9月6日**的靈修題目是《你所擁有的》。他在文中指出,上帝在十字架上彰顯的恩典已足夠拯救我們。

　　「也許你已經嘗試過宗教和信仰的各種操練,卻發現自己常常是在一口枯井邊。禱告看似空洞,目標也似乎難以實現,基督教變成了一張紋路扭曲的唱片,滿是高低起伏和跑調的音符。

　　「難道只有這些嗎?去教堂聚會,美妙的歌聲,忠實的奉獻,金色的十字架,三件套西裝,大詩歌班,皮革封面的《聖經》。這一切都很好,但是⋯⋯它的核心在哪裡呢?⋯⋯

　　「想想保羅在〈哥林多前書〉第15章3節中的話:『我當日所領受又傳給你們的:第一,就是基督照聖經所說,為我們的罪死了。』

　　「這就是答案。似乎太簡單了。耶穌被殺、埋葬、復活了。驚訝嗎?真正重要的是十字架。不多也不少。」❽

　　在我們踏上靈程,生活在這個充滿罪惡和痛苦的世界時,上帝賜予我們拯救的恩典,甚至鼓勵我們祈求更多的祝福(太7:7-11)。事實很簡單,上帝已經提供了我們得救所需的一切,我們可以確信,「我什麼時候軟弱,什麼時候就剛強了。」(林後12:10)讓我們每天都為祂無限的救恩而心懷感恩。

9月/07

耶路撒冷的陷落

「你們看見耶路撒冷被兵圍困,就可知道它成荒場的日子近了。」
路加福音 21:20

西元70年羅馬軍隊征服並摧毀耶路撒冷,這恐怕是猶太歷史上最悲慘的篇章之一。在耶穌有關末世的講道中對此早有預言(見太24章;路21章)。除了耶穌的警告外,還發生了一些奇異的事件,都是對即將臨到之災難的超自然預兆。

猶太歷史學家弗拉維奧・約瑟夫斯(Flavius Josephus)提到,「有一顆像劍一樣的星星⋯⋯和一顆彗星,持續了一整年。」❾ 接著他說,「到了夜裡九點,祭壇和聖殿周圍閃著耀眼的光芒,亮得好像白晝」❿;「一頭母牛,在被大祭司牽到聖殿裡獻祭時,居然生下一隻羊羔。」⓫ 此外,聖殿的東門是非常沉重的,而且被牢牢鎖住,有一次居然自動打開了。最後,他說,「有人看見穿著盔甲的戰車和士兵在雲間奔跑。」⓬

在戰爭開始的四年前,當耶路撒冷還沉浸在一片和平與繁榮中時,一個名叫耶穌的阿那努斯之子開始「高聲喊叫,『有聲音從東方來,有聲音從西方來,有聲音從四風來,有聲音攻擊耶路撒冷和聖殿,有聲音攻擊新郎和新婦,有聲音攻擊這整個民族!』」⓭ 他一直喊著,直到在圍城期間被一塊石頭擊中身亡。

耶穌警告祂的門徒,當「看見耶路撒冷被兵圍困」時,他們應知道它成為荒場的日子近了,應當逃到山上去(路21:20、21)。另一位歷史學家尤西比烏斯(Eusebius)解釋說:「在戰爭開始之前,有德高望重的人奉上帝神諭,吩咐耶路撒冷教會的信徒們離開這城,到庇哩亞一個叫培拉的城市。」⓮

西元70年9月7日,耶路撒冷被羅馬人攻陷。但所有聽從基督警告並離開城市的人都得了拯救!正如基督描述耶路撒冷陷落的預兆一樣,他也講到了預示著祂復臨和世界末日的重大事件。祂說,「一有這些事,你們就當挺身昂首,因為你們得贖的日子近了。」(路21:28)

9月/08 希望的橋樑

並且知道你是從小明白聖經，這聖經能使你因信基督耶穌，有得救的智慧。
提摩太後書 3：15

教育是打開兩個重要大門的萬能鑰匙：第一扇門通向過去，揭示了前人的智慧和錯誤。第二扇門通往未來，帶來了更美好之生活的希望。聯合國前祕書長安南（Kofi Annan）曾說過，「識讀是一座從苦難通往希望的橋樑。」⑮

《世界人權宣言》第26條規定，「人人都有受教育的權利」，⑯ 並且「初級教育應屬義務性質」。⑰ 1965年11月17日，為鼓勵各國和社區實現識字這一目標，聯合國教科文組織將**9月8日**定為「國際識讀日」。然而，截至2013年，仍有「約7.74億成年人不會讀寫」，其中「三分之二為女性」。⑱ 2018年，聯合國教科文組織統計機構的一份報告顯示，「約有2.58億兒童和青少年處於失學狀態。」⑲

出於對該問題的關注，復臨教會於1995年在荷蘭烏德勒支召開的全球總會大會上，發佈了一份關於讀寫能力的官方聲明。聲明稿指出，「不具備讀、寫能力，會影響一個人生活的各方面：養家的經濟能力，工作機會，取得醫療保健資訊的管道，甚至是適當地撫養孩子長大的能力。沒有讀寫能力，敞開的機會之門，就大大減少了。」⑳

該聲明也從宗教的角度補充說明，「復臨信徒認識到還有一個更重要的原因，驅使我們培養閱讀能力。那就是我們相信閱讀上帝的話語──救贖的福音──的能力，不應成為少數人的特權。我們主張每一個人（不論男女老幼），都應該擁有閱讀《聖經》和提升認識真理之能力的途徑。」㉑

在你居住和工作的地方是否有不識字的人？如果有的話，也許你可以動員社區，建立一個教人讀書寫字的活動中心。在培養人們閱讀和寫作能力的同時，你也可以向他們展示上帝話語中的奇妙教導。如能這樣做，你就為現在和永恆帶來了希望！

9月09 生命的傳承

> 不要以惡報惡;眾人以為美的事要留心去做。
> 若是能行,總要盡力與眾人和睦。
> 羅馬書 12:17、18

1927年,麥克斯・艾爾曼(Max Ehrmann)寫下了名為《心之所望》(拉丁文 Desiderata)的詩作。**1945年9月9日**,艾爾曼去世,而這篇鼓舞人心的詩直到二十世紀70年代初才廣為人知。詩作摘錄如下:

「平穩地走在這紛紛擾擾、匆匆忙忙之中,
請記住,寂靜之中有一種平和。
盡你所能,不卑不亢,與每一個人友好相處。
安靜、清晰地把你的真理告訴別人,
同時也要傾聽別人。

「如果你總是拿自己和別人比較,
你會變得空虛、痛苦,
因為總有人比你差,也總有人比你強。

「要不斷培育精神的力量,以應對突發的不幸。
但不要讓陰暗的想像折磨自己,
很多恐懼皆來自疲憊和孤獨。

「因此,要與上帝和平相處,

「不論你付出多少努力,有什麼樣的渴望,
在生活的嘈雜和混亂之中,請保持心靈的平靜。
所以,請鼓起勇氣,尋求快樂!。」㉒

以上建議可以幫助我們,在這個日益混亂的世界中,過上更美好的生活。

9月/10 靠作弊取勝

> 豈不知在場上賽跑的都跑，但得獎賞的只有一人？
> 你們也當這樣跑，好叫你們得著獎賞。
> 哥林多前書 9：24

曾幾何時，誠實和正直在西方世界受到高度重視並刻意培養。人們過去常說，「我向你保證」，聽到這話我們就知道他們一定說到做到。但在現今的世界裡，許多基本的道德價值觀正在喪失。說謊和作弊反倒成了稀鬆平常的事。

一年一度的柏林馬拉松比賽——全長26英里，相當於42.2公里——是世界上規模最大且最受歡迎的公路賽之一。**2000年9月10日**，有33名選手沒有在賽程中設置的計時站打卡。一開始，他們跑得很正常，但過了不久就不見蹤影，再次出現時他們就到了終點附近。原來，他們全都取了捷徑，沒有跑全程而是中間去坐了地鐵。但他們的如意算盤並沒有成功——他們忘記了身上佩戴了晶片，它們會每3英里自動記錄跑步的時間。最後，這33名選手被取消資格，他們的成績也從最終比賽結果中刪除。

在許多文化中，作弊成了司空見慣的事，甚至有時會被視為聰明之舉。但作為忠誠的基督徒，我們不能接受任何破壞上帝話語的普世原則習俗。請記住，「正直人的純正必引導自己；奸詐人的乖僻必毀滅自己。」（箴11：3）

在這個不誠實的社會裡，上帝要求我們誠實。任何高價都不能誘使我們出賣靈魂。請記住懷愛倫的這番話：「世界上最大的需要是需要人——就是不能被賄賂也不能被出賣的人，是忠心正直而又誠實的人，是能直指罪名而無所忌憚的人，是良心忠於職責猶如磁針之指向磁極的人，是即使諸天傾覆仍能堅持正義的人。」❷❸ 願你我都成為正直、榮譽之人！

9月/11 無私的愛

「你們要彼此相愛，像我愛你們一樣；這就是我的命令。」
約翰福音 15：12

2001年9月11日，在蓋達組織策劃的恐怖襲擊（簡稱911事件）發生之後，許多感人的故事開始流傳。62歲的里克‧雷斯柯拉（Rick Rescorla）年輕時曾在英美兩國軍隊中服役，也是越戰時的英雄人物。他當時負責從世貿中心南樓中疏散數百人。雷斯柯拉唱起家鄉英格蘭康沃爾的老歌來安撫恐慌的眾人。當同事通知他自己也必須撤離時，雷斯柯拉回答道：「你聽到那些尖叫聲了嗎？樓上還有更多的人，我必須幫助他們離開。」㉔

另一個故事的主人公是24歲的威爾斯‧克勞瑟（Welles Crowther），他被稱為「戴紅頭巾的人」。當時有一群人被困在78層的空中大廳中。「一個用紅頭巾遮住口鼻的男人突然從廢墟和濃煙中出現。他聲音鎮定，引導眾人走樓梯，把他們帶到安全的地方。」㉕ 克勞瑟鼓勵他們互相幫助，接著三次返回空中大廳，直到最後大樓倒塌。「被克勞瑟救出的倖存者裘蒂‧溫（Judy Wein）說，『有些人就算活了一百歲，也不可能有像他那樣的同情心和勇氣去做他所做的事。』」㉖

在這個充滿殘酷和競爭的世界裡，究竟是什麼促使雷斯柯拉和克勞瑟去為素不相識的人犧牲自己的生命呢？你是否有足夠的勇氣去做同樣的事情？從〈雅各書〉第1章17節中，我們讀到：「各樣美善的恩賜和各樣全備的賞賜都是從上頭來的，從眾光之父那裡降下來的；在他並沒有改變，也沒有轉動的影兒。」保羅解釋說，上帝的愛「因為所賜給我們的聖靈」，「澆灌在我們心裡」（羅5：5），甚至澆灌在非基督徒的心中，他們有時比許多基督徒更有愛心、更善解人意。

作為基督徒，我們應該先向世界展示基督無私的愛和同情。基督今天給我們的命令是：「……你們彼此相愛；我怎樣愛你們，你們也要怎樣相愛。你們若有彼此相愛的心，眾人因此就認出你們是我的門徒了。」（約13：34、35）讓我們向身邊的人反照那公義日頭的奪目光輝（瑪4：2）。

9月/12 信心的賽跑

> 我們既有這許多的見證人，如同雲彩圍著我們，
> 就當放下各樣的重擔，脫去容易纏累我們的罪，
> 存心忍耐，奔那擺在我們前頭的路程，仰望為我們信心創始成終的耶穌。
> 希伯來書 12：1、2

現代馬拉松比賽的名稱起源於希臘馬拉松戰役，**西元前490年9月12日**，雅典人在這場決定性的戰鬥中對抗波斯人的侵略。❷ 希臘聯軍雖然在人數上處於劣勢，但還是成功擊敗了波斯人。❷ 關於這場戰役，還有一個廣為流傳的故事，一位名叫菲迪皮德斯的士兵奉差遣為距離戰場約25英里的雅典傳捷報。當他跑到衛城時，口中高喊：「勝利！勝利！歡欣吧，我們勝利了！」然後他便精疲力竭倒地身亡。❷ 雅典第一屆現代奧運會（1896年）的組織者因菲迪皮德斯的故事深受感動，於是為了紀念他便設立了一場長跑比賽。

同樣，我們也要在信心的賽跑中宣告基督戰勝了邪惡。〈希伯來書〉第12章1節鼓勵我們，要「存心忍耐」地奔跑。即便我們最後倒在了終點，我們也要這樣做，要像使徒保羅那樣高呼：「那美好的仗我已經打過了，當跑的路我已經跑盡了，所信的道我已經守住了。從此以後，有公義的冠冕為我存留，就是按著公義審判的主到了那日要賜給我的；不但賜給我，也賜給凡愛慕他顯現的人。」（提後4：7、8）

但我們的任務還不光是跑完信心的賽程。我們還必須成為勇敢的十字架精兵和福音的傳令者。因為，「那報佳音，傳平安，報好信，傳救恩的，對錫安說：你的上帝作王了！這人的腳登山何等佳美！」（賽52：7）

9月 13　傳揚耶穌

> 因為我曾定了主意，在你們中間不知道別的，
> 只知道耶穌基督並他釘十字架。
> 哥林多前書 2：2

你能想像有一個人曾舉行過四百多場福音佈道大會，並在六大洲超過185個國家中，向多達2.15億的聽眾傳講基督教的福音嗎？❸⓿ 不僅如此，他還曾與教皇、女王、多位首相和國王以及社會名流會面，從哈瑞‧杜魯門（Harry S. Truman）到唐納‧川普（Donald Trump），❸❶ 每一位美國總統都接見過他。曾在許多重要場合發表演講的他，被尊稱為「美國的牧師」。❸❷

比利‧佛蘭克林‧葛拉罕（比利‧佛蘭克林‧葛拉罕，1918-2018）——即人們所熟知的葛培理——於1918年11月7日在北卡羅萊納州夏洛特附近出生。**1947年9月13日**，年僅28歲的葛培理在密西根州急流城的市政廳發起了他生平第一次「為基督高舉青年的旗幟」❸❸ 的全市運動。在「莫德斯托宣言」（1948年）中，他的事工團隊表達了對道德誠信的追求，承諾要堅持報告的準確性，在財務上誠實，在兩性關係上純潔，以及支持地方神職人員的工作。團隊一致同意，男性絕不單獨與配偶以外的異性同處。❸❹

葛培理將引導人們離惡歸善、接受耶穌為個人救主視為自己的使命。他曾說：「我此生的唯一目標，就是幫助人們建立與上帝的個人關係，我相信這件事透過認識基督就可以實現。」❸❺ 此外，他還寫道：「罪是宇宙中第二大的力量，因為它能將耶穌推上十字架。只有一種力量比它更強大——上帝的愛。」❸❻ 通常葛培理結束佈道後，當詩班唱起莊嚴的詩歌《來就耶穌》❸❼（新版讚美詩第179首）時，都會邀請人們來到祭壇前接受基督。

復臨教會有一個獨特的預言要向世界宣告。就是〈啟示錄〉第14章6-12節中三天使的信息。正如懷愛倫所言，「基督是一切真教義的中心。」❸❽ 而且，「在所有自稱為基督徒的人中，復臨信徒應當最先在世人面前高舉基督。」❸❾ 我們不能只從「教義」的層面認識基督，還要在個人的信仰現實中「體驗」基督。耶穌基督是復臨教會信息的核心！

9月 14 投資於未來

只是你們要行道，不要單單聽道，自己欺哄自己。
雅各書 1：22

作為家庭和教會，我們所能做的、最好的投資，就是對後代的投資。在我們離世後，他們會高舉永恆福音的火炬。**1902年9月14日**星期六，懷愛倫在東洛杉磯營會 ㊵ 講了一篇激勵人心的佈道，探討了基督徒在教育子女方面的責任。她強調，我們有責任引導兒女歸向基督，藉著言傳身教將復臨信仰的生活方式傳授給他們。

例如，在穿著打扮方面，她說：「你是否與主緊緊地連結在一起？你是否任憑食慾、激情、服飾的誘惑以及著裝的品味切斷了你與天父的聯繫？我們不是勸你在服裝上不修邊幅，而是要求你穿著簡樸，你的孩子也衣著樸素，要教導他們如何獲得基督那沒有任何斑點和污漬的義袍。」㊶

關於攝取肉食，她強調說：「我們完全沒有必要吃死去動物的肉。不需要，我們應當直接攝取食物，而不是等到食物被動物吞下肚，再吃動物的肉來獲取食物。我們不必吃二次加工過的食物。我們要儘可能選擇最好的，並選擇最佳的烹飪方式，好讓我們吃了有力量。」㊷

懷愛倫還強調了鍛煉身體的必要性：「上帝希望我們能教導孩子們，要好好使用每一塊肌肉和每一條神經。我們現在又如何呢？身體這部機器因缺少活動而生鏽了！」㊸ 整場講道的最高潮就是她宣稱：「我們需要更多的基督，更少的自我。這就是在家庭中的父母需要做的。他們需要上帝之靈的柔和進入他們心中。」㊹

我們的問題通常是缺乏平衡和承諾。有許多人對復臨信仰生活方式的某些方面看得很重，但其他方面卻忽略了。也許我們需要遵循基督的建議：「這更重的是你們當行的；那也是不可不行的。」（太23：23）讓我們始終如一地遵循主賜予我們的一切亮光！

9月/15 永遠的福音

> 我又看見另有一位天使飛在空中,有永遠的福音要傳給住在地上的人,就是各國、各族、各方、各民。
> 啟示錄 14:6

復臨教會認為,〈啟示錄〉第14章6至7節中所宣揚的「永遠的福音」乃是一道普世的信息,要傳給「各國、各族、各方、各民」。它也是「天國的福音」(太24:14),如今在末時「施行審判」(啟14:7)的背景下傳揚。

1858年,守安息日的復臨信徒開始用荷蘭語、法語和德語印刷第一批小冊子,其中有些被送往歐洲。但當時的教會不願意向海外派遣傳教士。**1874年9月15日**,事情有了改變,安得烈(J. N. Andrews,鰥夫)帶著他的兩個孩子——查理斯和瑪麗,乘坐冠達郵輪公司阿特拉斯號蒸汽船;他們從波士頓出發,途中經過利物浦,前往目的地瑞士。安得烈是復臨教會正式派往海外的第一位傳教士。從那時起,成千上萬的復臨教會傳教士帶著永遠的福音奔赴世界各地。

非復臨信徒作者布頓·赫爾頓(Booton Herndon)在他的著作《第七日:復臨教會的故事》中,將復臨信徒的傳教精神刻畫得極為傳神。他表示:

「毫無疑問,沒有任何『二十四個字』(即太24:14),能對世間為數眾多的人產生直接的影響。對於復臨教會的信徒來說,他們是按照這章節的字面意義來接受這道信息的。在他們眼中,這意味著:當每一個活在世上的人都聽到了基督再來的好消息時,世界就會終結,基督要第二次降臨,義人將永遠幸福地生活。

「這就是人類所能擁有的、最榮耀的目標。為了促使這一天到來,就是讓世界上的每個人都聽到福音,復臨教會的信徒走向全世界。」㊺

多麼美好的宣教事業!無論你住在哪裡,從事什麼職業,你都應當懷有復臨信徒的宣教熱情,要成為這一全球復臨信徒宣教運動的一分子。請記住,哪裡還有尚未聽到永遠的福音的人,那裡就是你為主工作的禾場。

9月/16 不變的時間

> 凡事都有定期，天下萬務都有定時。
> 傳道書 3：1

也許人們最常用的藉口就是：「我沒有足夠的時間去做這件事。」**1909年9月16日**，《復臨評論與安息日通訊》刊登了一篇由懷愛倫撰寫的文章，在文中她呼籲信徒獻上全心全意的服務：

「主要求所有相信現代真理的人服事祂。他們要與基督同工，向世人傳揚憐憫的道。上帝已將才幹分派給每一個人，要用來榮耀祂的名……

「救主說：『你們的光也當這樣照在人前，叫他們看見你們的好行為，便將榮耀歸給你們在天上的父。』（太5：16）光應該照耀的地方是沒有限制的。它將延伸到遠方。要宏揚光，用誠摯的力量敦促所有人，去為那些在錯誤黑暗裡的人服務。將上帝的道教導不信的人，一起為他們禱告，是我們對我們救贖主的責任……

「我要對我們所有的人說，把你們自己放在光裡，這樣你們就可以反射光，使人被引導看到上帝話語中救靈的偉大真理。每一個基督的信徒都應該與祂同工，把人從罪拉到義裡去。我們要關注那可與上帝的生命相比的生命。我們要尋找機會，把聖經的真理帶到那些看不見、不明白的人面前。基督現在不是親自與我們同在，而是藉著聖靈的仲介，將祂的能力、恩典和偉大救恩賜給我們。」㊻

每天都有二十四小時供我們使用。有些人利用這些時間獲得許多成就，有些人則收穫甚微。讓我們一同努力，充分利用時間，為上帝的國度服務。

9月/17 你沒有被遺忘

耶和華靠近傷心的人，拯救靈性痛悔的人。
詩篇 34：18

眼淚和悲傷可能會蒙住你的雙眼，但上帝會藉著痛苦幫助你更清晰地看到祂。這就是發生在拉迪姆‧帕瑟（Radim Passer）身上的故事，他住在捷克共和國的布拉格，是一名房地產開發商。1998年5月29日星期五，他的妻子雅娜生下了第一個孩子——小馬克斯。他在六週大時接受了一次神經外科手術。手術後，兒科主治醫師對他們說：「很抱歉，我必須告訴你們，小馬克斯的頭部長了一個無法以手術摘除的腫瘤。很不幸，他能活下來的機會很渺茫。而且他可能只剩下幾天的生命了。」

絕望中的雅娜和拉迪姆祈求上帝伸手治癒，但在8月2日，醫生打來電話，告訴他們一個不幸的消息：「帕瑟先生，很遺憾，小馬克斯在凌晨3點45分去世了。」悲痛的拉迪姆將這個消息告訴了妻子，並且加了一句：「我再也不祈禱了！」當他們想方設法忘卻悲傷時，一位朋友將懷愛倫的《歷代之爭》叢書一共五冊借給了他們。當拉迪姆和雅娜去奧地利阿爾卑斯山度假時，他們開始翻閱這幾本書。他們還收看了德懷特‧納爾遜（Dwight Nelson）主持的全球衛星廣播佈道會——《下一個千年》。**1999年9月17日**星期五，拉迪姆和雅娜以及雅娜的母親受洗加入了復臨教會。

有時候，痛苦是上帝能接觸我們的唯一方式。古欣（William O. Cushing）在他動人的讚美詩《藏身主裡》就講述了這樣的故事。讓我們一起回顧第一節和副歌：

「我靈在憂傷痛苦掙扎之時，願飛往至高磐石中得安息；

我罪雖眾多，但我深願屬你，你是『萬古磐石』，我藏身主裡。

藏身主裡，藏身主裡，你是萬古磐石，我藏身主裡。」㊼

記住，即使你像拉迪姆一樣，受到誘惑拒絕祈禱，主依然與你同在。你可以相信，「耶和華靠近傷心的人。」（詩34：18）

9月18日 跟隨聖經

> 我口所出的話也必如此，決不徒然返回，
> 卻要成就我所喜悅的，在我發他去成就的事上必然亨通。
> 以賽亞書 55：11

你愛《聖經》嗎？如果是的，那你通常多久會將它拿起來讀一讀呢？2013年4月，《宗教新聞社》刊登了一篇題為《民調：美國人愛聖經但不常讀》的文章 ㊽，其中的觀點分析頗有見地。美國聖經協會主席道格・伯德索爾（Doug Birdsall）解釋說：「我認為這個問題類似於美國的肥胖問題。很多人意識到自己超重，但他們也不節食……人們知道《聖經》能幫助我們保持靈性的健康，但他們就是不讀。」㊾ 這不僅是整個社會的問題，也是基督教各教派的問題。

2008年的全球總會代表大會在菲律賓馬尼拉召開，會議期間發起了一項「跟隨聖經」的活動，旨在促進個人和集體學習上帝的話語。在大會上，一本特別的《聖經》被獻上，其中的66卷書是以不同的語言印刷的。這本《聖經》以馬尼拉為起點，開始了為期二十個月的全球巡迴之旅，以一種直觀的方式呼籲人們花更多時間學習《聖經》。**2009年9月18日**，這本巡迴聖經來到了以色列特拉維夫，這是《聖經》中大部分事件發生的地方，也是許多書卷撰寫之地。最終，2010年在美國亞特蘭大舉行的全球總會代表大會上，這本《聖經》結束了它的旅程。今天，它被永久地陳列在馬里蘭州銀泉市的復臨教會全球總會總部。

閱讀《聖經》至關重要，但僅僅透過簡短的靈修來讀經就足夠了嗎？顯然遠遠不夠。我們這世代最大的罪惡之一就是膚淺。在撒種的比喻中，耶穌警告說，只是聽了上帝的話而不去理解，沒有在祂的道中深深紮根，這是極其危險的（太13：19-21）。懷愛倫說：「每一個人都應該覺得自己有義務達到智力偉大的高峰」㊿，還應該在「明白聖經要道和基督的實際教訓上成為偉人」㉛。讓我們認真對待上帝所啟示的勤勉並且好好讀經！

9月/19 祈禱和做工

> 我傳福音原沒有可誇的，因為我是不得已的。若不傳福音，我便有禍了。
> 哥林多前書 9：16

1832年5月21日，戴德生（James Hudson Taylor，1832-1902）出生在英格蘭巴恩斯利的一個基督教家庭。少年時期，他對自己的信仰產生懷疑，於是他投身世俗活動之中。有一天，他的母親感到急需為兒子禱告，於是她便祈禱直至確信自己的禱告已蒙上帝的回應。就在同一天，戴德生經歷了一次奇妙的改變。最終，他接受上帝的呼召，成為一名傳教士，前往中國佈道。他開始學習華語、希臘文、希伯來文和拉丁文。他還在中國傳教會的資助下，於倫敦的一家醫院接受了醫學培訓。**1853年9月19日**，年僅21歲的戴德生乘坐杜姆弗里斯號從利物浦出發，並於1854年3月1日抵達中國上海。

1865年，戴德生創立了「中國內地會」（China Inland Mission, CIM）。在《中國：屬靈的需要與託付》（1865年）一書中，他寫道：

「英國的基督徒能否袖手旁觀，坐視不救，眼見這千萬人走向滅亡？他們之所以滅亡，是因為不知道福音。但英國卻充充足足地得到這個知識；使英國有今日，也使我們有今天，全賴這福音。我們的主怎樣教導我們？是否一百隻羊之中不見一隻，也要放下九十九隻去尋找迷失的那一隻？現今的比例幾乎可說是相反的，我們在家守著那一隻羊，卻不理會那九十九隻正走向滅亡的羊！」❷

戴德生將他生命中的51年全奉獻給了中國的宣教。他做事總是充滿激情，絕不拖延。據說，每當太陽升起時，總能發現戴德生跪在地上禱告。當他去世時，中國內地會已設有205個宣教中心，849名傳教士和12萬5千名中國基督徒。無論我們在哪裡事奉主，都應該像戴德生那樣，滿懷著對救靈的熱情和對完成使命的決心。

9月/20 轉瞬即逝

> 耶穌說：「讓小孩子到我這裡來，不要禁止他們；
> 因為在天國的，正是這樣的人。」
> 馬太福音 19：14

就在我與牧師和地方教會長老開完會，準備前往機場時，一位憂心忡忡的男士找到了我。他的妻子懷孕了，就在幾天前，孕檢結果表明她懷的胎兒患有無腦畸形（大部分腦部和頭骨缺失）。醫生建議她墮胎，但她堅持想要生下這個孩子。幾個月後，我得知因上帝的憐憫，嬰兒出生了，但只存活了兩週，給了母親些許陪伴他的時間。承受嬰兒的流產和夭亡，是多麼痛苦的事！

1860年9月20日，懷愛倫生下了她的第四個孩子，取名叫約翰·赫伯特（John Herbert）。事後她寫道：

「2月14日他的情況更糟糕了，我被叫了起來。當我聽到他吃力的呼吸並摸了他沒有脈搏的手腕時，就知道他必死不能活了。死亡冷冰的手已經在他身上。那對我來說是一個極其痛苦的時辰。我們注視著他微弱的喘息，直到他的呼吸停止……隨後我們陪伴著我們的孩子去了橡山公墓，他在那裡安息，直到賜生命的主來，打破墳墓的羈絆，召他出來承受不朽。

「我們從葬禮回來後，整個家似乎異常孤獨寂寞。我雖甘心接受上帝的旨意，但沮喪和憂鬱依然停留在我身上。」❸

很多人問：「那些夭折的小孩會怎樣呢？」懷愛倫給出了答案。她解釋說，父母信主的孩子將會得救，因為父母的信心會「庇護他們的孩子，正如當上帝降罰埃及人的頭生子時一樣」。❹ 但懷愛倫補充道：「是否所有不信父母們的孩子都將得到拯救，我們不能斷定，因為關於這事上帝並沒有向我們顯明祂的旨意。」❺ 無論上帝的目的是什麼，知道祂愛我們的孩子，並且關心他們，就是一種福分！

9月/21 路德的聖經譯本

你的話是我腳前的燈,是我路上的光。
詩篇 119:105

《聖經》是迄今為止人類歷史上被翻譯得最多的一本書。有些資料來源顯示,如今至少有一部分《聖經》已被譯成近3500種不同的語言。❺❻ 其中最著名的譯本之一是馬丁・路德翻譯的版本,但當他的德語聖經付梓時,已經有十四種高地德語版本和四個低地德語版本在市面上出售了。那麼為何他的譯本會如此受人歡迎,並且具有巨大的影響力呢?有以下幾種原因。

路德隱居在瓦爾特城堡時,只用了不到三個月的時間就譯完了整部《新約聖經》——從1521年12月中旬到1522年初。翻譯速度之快令人咋舌!在進行了些許修訂後,德文版《新約聖經》於**1522年9月21日**問世。此後,路德一邊修訂《新約聖經》,一邊翻譯《舊約聖經》。1534年,他翻譯的德語聖經全本首次印刷出版。

之前所有的德文聖經譯本都是以拉丁文《聖經武加大譯本》為基礎,連同其中的神學錯誤也一併延續下來。但是路德是根據原始的希臘文、希伯來文和亞蘭文本進行翻譯的,因此能更忠實地反映出《聖經》原文的本意。拉丁文版聖經中的一些錯誤也得到了糾正。

路德認為,《聖經》應當讓普通人也能夠讀懂,於是他採用通俗易懂的語言。他建議:「我們必須向家中的母親、街上的孩子、市場上的普通人求教。我們必須以他們的語言和說話的方式為指導,並以此進行翻譯工作。這樣他們才會讀懂《聖經》,知道我們是用德語與他們交流。」❺❼ 無怪乎路德的譯本能成為現代高地德語的主要推動力!

不讓人們接觸《聖經》,或是使用太艱澀的語言,都會使人遠離《聖經》。想要讓《聖經》成為人們腳前的「燈」和路上的「光」(詩119:105),就必須以最可靠、通俗的方式來翻譯和傳達這寶貴的信息。路德的譯本正是完美結合了這兩種特點。

9月22 上帝就是上帝

無不口稱「耶穌基督為主」，使榮耀歸與父上帝。
腓立比書 2：11

　　1898年11月29日，魯益師（C. S. Lewis，1898-1963）出生在愛爾蘭貝爾法斯特。1929年，在基督教家庭中長大的魯益師接受了無神論的觀點，卻還「因上帝不存在而對祂大發雷霆」。❺❽ 一天晚上，他與兩位牛津大學的基督徒同事展開了一段很長的討論。第二天，**1931年9月22日**，他和弟弟沃尼一起去了動物園。魯益師回憶道：「出發時，我還不相信耶穌基督是上帝的兒子，但當我們到達動物園時，我相信了。」❺❾ 就這樣，他「讓步了，並承認上帝就是上帝」。❻⓿ 後來，魯益師成了有史以來最有影響力的基督教思想家之一。

　　他是這樣反駁進化論的：

　　「如果太陽系是由一次偶然的碰撞產生的，那麼有機生命在這個行星上的出現也是一種偶然，人類的整個進化也是偶然。如果是這樣的話，那麼我們目前的一切思想都只是意外——是原子運動偶然產生的副產品。那麼唯物主義者和天文學家的思想以及其他任何人的思想皆是如此。但如果他們的思想——即唯物主義和天文學——只是意外的副產品，那麼憑什麼我們要相信它們的真實性呢？一個意外能夠帶給我關於其他所有意外的正確解釋嗎？我可不相信。這就好比你打翻一瓶牛奶，而偶然濺起的水花卻能夠正確地告訴你牛奶瓶是如何製造出來的，以及為什麼瓶子會被打翻一樣可笑。」❻❶

　　魯益師在談到上帝時表示：「這世上終究只有兩種人：一種人對上帝說『願祢的旨意成就』；另一種人則是由上帝最終對他們說『照你的意願成就』。」❻❷ 在談到基督徒的盼望時，他說：「如果你讀史書，就會發現為當今世界貢獻最多的基督徒，恰恰是為來世想得最多的人……基督徒在思考來世的問題上怠慢了，才會導致在當今的世界上鮮有建樹。」❻❸

　　請繼續為你認識的無神論者和不信之人祈禱，因為他們也可以成為上帝的朋友！

9月/23 布拉格的耶羅米

> 主轉過身來看彼得,彼得便想起主對他所說的話:
> 「今日雞叫以先,你要三次不認我。」他就出去痛哭。
> 路加福音 22:61、62

彼得是十二使徒之一,他曾發誓要忠於基督,但在耶穌被捕之後,他卻說自己不認識祂。彼得堅稱自己不認識主後,因心裡懊悔痛哭不已,並立下誓言要追隨耶穌(路22:31-33、54-62)。布拉格的耶羅米(Jerome of Prague,約1365-1416年)也有過類似的經歷,這位能言善辯的波希米亞改革者是揚·胡斯(Jan Hus)的親密戰友。

耶羅米在牛津求學期間,接受了約翰·威克里夫(John Wycliffe)反對教皇至上的教導。耶羅米重新強調聖經的權威和基督的領袖地位,引起了羅馬天主教的強烈反對。1415年4月,耶羅米被捕並被帶到康士坦斯大公會議上。在重重壓力和體力不支的情況下,**1415年9月23日**,他簽署了一份正式聲明,表示願意放棄約翰·威克里夫和胡斯宣導的異端教義。然而,有主教質疑他的放棄是否真誠,因此,1416年再次展開對他的審判。

5月26日,耶羅米公開撤回了他早先的聲明。他甚至在大公會議上承認,沒有什麼罪惡能像他否認自己的信仰一樣使他如此悔恨。5月30日,大公會議宣判他是屢教不改的叛教徒,要將他燒死。當劊子手要從他背後點火時,他說:「到前面來吧!當著我的面把火點起來。我若是懼怕,就不會到這裡來了。」他在祈禱中死去。像胡斯一樣,他的骨灰也被丟進了萊茵河中。

我們也許從未像彼得和耶羅米那樣公開否認我們的主和救主,但也許我們對基督的忠誠,對祂聖言的堅守,以及對祂教會的支持也不像從前那般熱烈了。我們曾向祂許下諾言,卻沒有付諸實行。如果真是這樣,我們就應效仿這兩位偉大的基督徒,將我們的生命重新奉獻給基督和祂的事業。

9月 24 金色的繩

> 要擴張你帳幕之地,張大你居所的幔子,不要限止;
> 要放長你的繩子,堅固你的橛子。因為你要向左向右開展;
> 你的後裔必得多國為業,又使荒涼的城邑有人居住。
> 以賽亞書 54:2、3

復臨教育為傳遞永恆的聖經知識和價值觀提供了良好的學習環境。為了實現這一崇高理想,一些學府已在培訓、激勵佈道士將復臨信息傳遍全球的事上成為典範。位於美國內布拉斯加州林肯市的聯合學院正是這樣一所學校。

1891年9月24日,聯合學院(Union College)落成,第一任校長普萊斯考特(W. W. Prescott)表示,教育的各個層面都應以基督為中心。《復臨評論與安息日通訊》的一篇報導以美好的展望作為結語:「聯合學院將成為偉大事業中的一股力量,幫助許多人最終歸入榮耀。願一切成就。」❻❹ 事實也確實如此。

在1906年5月20日星期日晚上舉行的畢業典禮上,畢業班向學校贈送了一幅巨大的世界宣教地圖,校長路易斯(C. C. Lewis)接受了這份禮物。學生們將聯合學院培養的佈道士們所事奉的地方標注出來,並用一根金色的繩將學院與之一一相連。這幅地圖被掛在學院禮拜堂的牆上,隨著每年的畢業生前往外國傳教,地圖上的金繩也不斷地增加。

1936年,在增添新繩的儀式上,校長安德列森(M. L. Andreasen)建議將該學院改名為「金繩學院」。他還建議給所有的佈道士發一根繩子,象徵著母校會繼續為他們的成功和安全代禱。對那些身在傳教地不畏孤苦而事奉主的人來說,這根繩子會給他們帶來一份聯繫和歸屬感。

無論你現在身在何處,都請為那些在世界各地熱心傳揚永遠之福音的宣教士們獻上祈禱。如果你認識他們其中一員,可以傳送一則簡訊,告訴他們你正在為他們祈禱。儘管是很簡單的舉動,但這種關心和支持卻能為他們的生活帶來巨大的改變!

9月 25 海外宣教的熱情

> 「我卻不以性命為念，也不看為寶貴，只要行完我的路程，成就我從主耶穌所領受的職事，證明上帝恩惠的福音。」
> 使徒行傳 20：24

2016年10月22日安息天的晚上，瑞士特拉梅蘭鎮為慶祝當地復臨教會禮拜堂落成130周年舉行了一場盛大的慶祝活動，我有幸受邀參加。不過，復臨教會在這個美麗的國家其實早已存在了許多年；1866年2月7日，邁克爾·貝利納·切赫諾夫斯基（Michael Belina Czechowski）在諾伊舍泰爾湖，為路易絲·皮格隆（Louise Pigueron）和讓·大衛·戈伊梅特（Jean David Goymet）施洗。這是復臨教會在瑞士的第一次洗禮，或許也是在整個歐洲的第一次（最多第二次）洗禮。

1818年9月25日，切赫諾夫斯基在波蘭出生。成為天主教神父的他，曾前往羅馬與教皇貴格利十六世進行面談。由於對羅馬天主教感到失望，切赫諾夫斯基不再作神父，選擇了結婚。1851年，他和妻子搬到了北美，在浸信會擔任傳道士。1856年，他結識了一群守安息日的復臨信徒，成了這個新興運動的傳道者。

隨著時間的推移，切赫諾夫斯基對於在歐洲傳揚復臨教會的信息有了負擔。由於復臨教會剛剛建立，無法給予他資助，他便說服一群守星期日的復臨信徒資助他的傳教事業。1864年5月14日，他攜妻子與安妮·巴特勒（Annie Butler）乘船前往歐洲，在義大利、瑞士、德國、法國、匈牙利和羅馬尼亞傳揚復臨教會的信息。應瑞士復臨信徒的要求，十年後，安得烈（J. N. Andrews）成了復臨教會的第一位「官方」的傳教士，並且被派往歐洲。

1876年2月25日，切赫諾夫斯基在奧地利維也納去世，他在歐洲為復臨教會的信息播下了種子。他為世人留下了無私奉獻服務的榜樣。一些他曾幫助過的人及其後代，都在世界各地作復臨教會的傳教士。他的努力再次證明，小小的種子也能帶來巨大的收穫。即使作為志願者（沒有任何官方資助），你和我仍然有幸成為致力於分享復臨教會信息的傳教士。

9月 26 生死攸關的決定

> 他就稍往前走,俯伏在地,
> 禱告說:「我父啊,倘若可行,求你叫這杯離開我。
> 然而,不要照我的意思,只要照你的意思。」
> 馬太福音 26:39

1983年9月26日星期一的清晨,在莫斯科附近的一個小鎮上,蘇聯的預警電腦系統檢測到美國發射的導彈,先是一枚,然後是第二、第三、第四、第五枚。按照蘇聯的軍事協議,此類威脅要以核攻擊予以回應。當時值班的軍官是斯坦尼斯拉夫‧彼得羅夫(Stanislav Petrov),他負責通報敵方的導彈發射情況。這一警報可靠級別為「最高」,命令選項是「發射」。但他並沒有將這些資訊報告給上級,而是視其為誤報。多年後,他曾表示:「我當時掌握著所有的資料。如果我向上級報告了這個情況,沒有人會說一個『不』字。」❻❺ 若真如此,一場核戰必定席捲全球。

後來的調查證實,「蘇聯衛星誤將反射在雲層上的陽光認定為洲際彈道導彈的發動機。」❻❻ 彼得羅夫之所以判斷這些警報屬於誤報,是因為他相信美國若發動襲擊,第一次一定是大規模的——而不是只有區區五枚導彈。此外,發出警報的發射探測系統是近來才安裝的,而且警報內容也沒有得到地面雷達的證實。一旦作出決定予以反擊,產生的後果必定深遠,而彼得羅夫本可以簡單地履行他傳遞資訊的職責。但在危急時刻,他將責任擔在自己的肩上,做出了正確的選擇,要知道這關係到所有人類未來的命運。

耶穌基督在客西馬尼園做出了一個決定,其重要性無與倫比。祂向三個門徒坦白:「我心裡甚是憂傷,幾乎要死。」(太26:38)之後祂獨自一人禱告:「我父啊,倘若可行,求你叫這杯離開我。然而,不要照我的意思,只要照你的意思。」(太26:39)在那可怕的一刻,世間萬物岌岌可危,「那神祕的杯在受難者手中搖搖欲墜。」❻❼ 但感謝上帝,耶穌繼續向十字架走去,為我們的救贖付出了代價!

9月 27 破譯符號

> 但以理在王面前回答說：「王所問的那奧祕事，
> 哲士、用法術的、術士、觀兆的都不能告訴王；
> 只有一位在天上的上帝能顯明奧祕的事。
> 他已將日後必有的事指示尼布甲尼撒王。」
> 但以理書 2：27、28

在一個陌生的地方生活是很艱難的，尤其是當地的語言你連一個字都不認識的時候！這正是語言學家們所面臨的嚴峻挑戰，語言的歷史是他們研究的對象，目標是要試著解讀出古代象形文字。

幾個世紀以來，古埃及的象形文字——大約上千種像畫一樣的字——始終晦澀難懂。隨著1799年著名的羅塞塔石碑出土，情況終於有了轉變，語言學家們開始解讀石碑上用三種文字刻下的銘文。**1822年9月27日**，讓–弗朗索瓦・尚波里翁（Jean-François Champollion）的報告在法國巴黎的法蘭西銘文與美文學院被宣讀，這也標誌著古埃及象形文字終於被破譯。人們從中獲悉許多古埃及宗教文化的狀況。

值得注意的是，在十八世紀90年代末，有兩件大事推動了聖經研究的重要方向：其一就是1799年羅塞塔石碑的發現，為後來的眾多考古發現打開了大門，證實了聖經記載的真實性。其二則是教皇庇護六世於1798年被監禁，引發了人們對聖經預言的極大興趣。隨著〈但以理書〉被封印的部分（但8：26；12：4）終於被打開（啟10章），人們也理解了〈啟示錄〉中許多象徵表號和時間的含義。

〈但以理書〉和〈啟示錄〉中所包含的象徵符號，是聖經解釋中最具挑戰性的內容之一。但以理解釋說，單憑人類的智慧無法理解這些符號（但2：27、28）。上帝話語本身就是解釋這些象徵符號的鑰匙。例如，〈約翰福音〉第1章29節宣告：「看哪！上帝的羔羊！」這就幫助我們理解〈啟示錄〉中的羔羊所指的是誰。透過以經解經，我們可以避免許多錯誤的假設和帶有偏見的觀點。

9月28 日期的設定

> 「那日子,那時辰,沒有人知道,
> 連天上的使者也不知道,子也不知道,惟獨父知道。」
> 馬太福音24:36

2015年9月18日,美國電視台節目《吉姆‧貝克秀》(The Jim Bakker Show)播出,嘉賓是來自全能神事工的馬克‧比爾茨(Mark Biltz)牧師。節目圍繞著**2015年9月28日**出現的血月展開,人們認為這是基督再臨耶路撒冷建立所謂千禧年國度的最後一個徵兆。吉姆‧貝克還展示了他的應急生存工具包——分別是一批保存期限為八年的食品,售價2,500美元;一把三折鐵鍬,售價20美元;一個太陽能收音機,售價65美元;一個無需燃料的發電機,售價2,500美元。這只是歷史上為耶穌復臨設定時間的眾多主張之一。提出新日期的人總會斷定先前的說法是錯誤的,唯有他們發現的才是正確的日子。

1850年,懷愛倫提出警告:「自從1844年以來,時間不再作為信心的試驗,而且以後也不再作為試驗。」❻⓼ 即便如此,仍有一些復臨信徒為基督復臨設定了具體的年份。有些人相信,以色列人在曠野漂流四十年,代表了從1844年到1884年這一段時間。還有人則認為,挪亞傳道120年應當應驗在1844年到1964年。當人類正式告別十九世紀邁入二十世紀時,有些人鼓勵復臨派的夫妻應當盡力生育和收養孩子,早日達到十四萬四千人的目標,這樣基督就會復臨。還有一些人推測,若從創世往後計算6000年,這個世界大概會在1996年或1997年迎來尾聲。

靠設定日期引起的復興就像一顆彗星,只閃耀一瞬間,就消失在地平線。在設定的日子還沒到時,人們會興奮不已,但日子一過便會大失所望,靈性也隨之倦怠了。那些為基督復臨設定日子的人,在讀經時加入了自己的揣測和觀點。懷愛倫提醒我們,「他們為基督再來定出準確日期的次數越多,宣傳的越廣,而也就越合乎撒但的目的。」❻⓽ 基督知道人類習慣拖延,就指出了祂即將復臨時的徵兆(太24章;路21章),但沒有透露具體的時間。因此,我們必須「警醒」,「預備」好迎接祂的復臨,因為我們不知道祂何時會來(太24:42、44)。讓我們做好準備,迎接祂的到來!

9月/29 競爭的文化

> 耶穌叫他們來,對他們說:「你們知道,外邦人有尊為君王的,治理他們,有大臣操權管束他們。只是在你們中間,不是這樣。你們中間,誰願為大,就必作你們的用人;在你們中間,誰願為首,就必做眾人的僕人。」
>
> 馬可福音 10:42-44

1916年9月29日星期五,全美的報紙爭相報導,約翰‧洛克菲勒(John D. Rockefeller, 1839-1937)剛剛成為全球第一位億萬富翁。❼⓪ 洛克菲勒十二歲時,就已經有超過五十塊的積蓄,這是他「給鄰居打零工,幫媽媽養火雞」❼① 賺來的。但雄心勃勃的他最渴望的是建立一家遍布全國的石油公司。於是,在1870年,他在俄亥俄州克利夫蘭市成立了標準石油公司,生意十分興隆。該公司成了世界上最大的石油精煉廠。為了防止競爭,洛克菲勒還收購了幾家公司。

洛克菲勒的成功得益於他個人的能力以及積極的商業和行銷策略。與中世紀將貧窮視為最終目標的修道士們不同,洛克菲勒將他的財富視為做慈善的機會。時至今日,洛克菲勒基金會仍持續為各種人道主義專案提供資助。

但洛克菲勒建立這強大的石油帝國是基於所謂的「社會達爾文主義」。他奉行的原則是,「最適合的人」自然會在社會上脫穎而出。在洛克菲勒看來,「大型企業的發展不過是適者生存……這並不是什麼商業中的邪惡之舉,只是自然法則和上帝法則的體現。」❼② 但為了讓他贏,其他人就必須輸!這種競爭──以犧牲他人為代價的繁榮──在我們所生活的世界中司空見慣。

思考一個於我們有益的問題:上帝的國度與競爭文化有何關係?作為天國的公民,我們需要促進內部合作和外部競爭。保羅關於肢體的比喻(林前12:12-31)表明,我們應當合作,共同建立上帝的國度。有關基督精兵的類比(弗6:10-20)卻鼓勵我們,要憑著上帝的力量,與那掌管著幽暗罪惡世界的鬥爭。我們的目標是要使所有人在基督裡都成為贏家。

9月 30 悔改之心

> 耶和華啊，我從深處向你求告！
> 主啊，求你聽我的聲音！願你側耳聽我懇求的聲音！
> 詩篇 130：1、2

船長貝約瑟（Joseph Bates）正駕駛著皇后號從麻薩諸塞州的新伯福市出發，前往里約熱內盧。當他打開箱子準備挑選一本書來讀時，發現他的妻子把一本《新約聖經》放在最上面。於是他便讀了起來。

不幸的事發生了，航行途中一位名叫克里斯多夫（Christopher）的水手病逝。**1824年9月30日**，貝約瑟在他的葬禮上誦讀了一篇禱文。然後，船員們將沉重的沙袋綁在克里斯多夫的遺體上，將他送入大海。看著往昔的戰友沉入冰冷的海水中，貝約瑟為自己的罪懺悔，並決心將生命交託給上帝。

幾天後，貝約瑟提筆寫下了《與上帝立下莊嚴的約》一文，文中寫道：

「永受頌讚的永恆上帝：我願以我靈魂最深處的屈辱和卑微之姿站立在祢面前。我深知，這樣一個罪孽深重的蛆蟲怎配出現在天上至聖的陛下，萬王之王，萬主之主的面前……因此我來是要承認自己是個大罪人。我要捶胸頓足，向那卑微的稅吏一樣說：『上帝啊，開恩可憐我這個罪人。』……今天，我以最莊嚴的方式，將自己奉獻給祢。所有以前支配過我的主，我統統放棄，我要將自己和所有的一切都獻給祢……求主使用我，讓我成為祢的器皿；求主使我成為祢特有的子民。願我在祢愛子的寶血中洗淨。天父啊，願千千萬萬被祢拯救的人所發出的永恆讚美歸於祢和祢的愛子。阿們。」❼❸

貝約瑟在上述的文章中：①認識到上帝的聖潔和威嚴；②承認自己的卑微和罪惡；③對自己的罪孽深感懺悔；④將自己全然奉獻給上帝；並且⑤請求上帝在祂的事工中使用他。讓我們與貝約瑟一起，在今天，在每一天，都向上帝獻上這立約的禱告。

10月/01 起名

美名勝過大財；恩寵強如金銀。
箴言 22：1

名字遠比我們所想的更有意義。戴爾·卡內基（Dale Carnegie）認為，「對一個人來說，自己的名字是所有話語中最動聽、最重要的聲音。」但事實上，有人喜歡自己的名字，有些人卻很嫌惡，甚至想改名。因此，在為子女、新公司，甚至新教會選擇名字時，應當慎而重之。

早期守安息日的復臨信徒們不太願意為他們的新教派起名。1860年之前，他們一直自稱為「小群」❶（路12：32），末時的「餘民」❷（啟12：17），「相信安息日和恩門關閉的信徒」❸，「守上帝誡命和耶穌真道的上帝特選之子民」❹（啟14：12），「上帝守約的子民」，❺「守安息日——永生上帝之印記的教會」，❻ 以及「非拉鐵非教會」❼（啟3：7-13）。但對於特定名稱，信徒們從未達成共識。

但當復臨信徒決定依照密西根州的法律成立出版機構時，他們必須有一個正式的名稱。**1860年10月1日**，在密西根州戰溪舉行的總會會議上，與會者圍繞著「上帝的教會」和「基督復臨安息日會」兩個名稱展開討論。考慮到第一個名字太過籠統和冒昧，大會最終決定：「我們稱自己為基督復臨安息日會。」❽

1861年，懷愛倫表示：「『基督復臨安息日會』這個名稱，把我們信仰中真正的特色表現在人前，使那些尋問真道的人感悟。這名稱也像主的箭筒中的一枝利箭，要紮傷那干犯上帝律法之人的心，引他們悔改歸向上帝，並信仰我們的主耶穌基督。」❾

在世界許多地方，復臨信徒以其作為誠實可靠之基督徒而聞名。作為這一教派的教友，我們也繼承了它的名字。那麼，我們做了什麼來維護它在我們鄰居、同事、同學和朋友中的好名聲呢？請記住，有很多人會透過我們的行為來評價這個教會。

10月/02 基督徒的生活方式

>「你們的光也當這樣照在人前,叫他們看見你們的好行為,
>便將榮耀歸給你們在天上的父。」
>
>馬太福音 5：16

莫罕達斯・卡拉姆昌德・甘地（Mohandas Karamchand Gandhi，1869-1948），後世稱「聖雄甘地」，於**1869年10月2日**出生在印度西部的波爾班達鎮。「甘地採取非暴力不合作的形式，領導印度（從大英帝國統治下）獲得獨立，並激勵了世界各地的民權和自由運動。」❿ 甘地在不否認其印度教信仰的前提下，聲稱相信「世界上所有偉大宗教的基本真理」，⓫ 並對耶穌基督及其教義表達了特別的欽佩。

但是甘地認為，基督和基督教在生活方式上有著巨大差異。這位偉大的印度領袖表示：「我所理解的耶穌的信息，包含在登山寶訓中，絕無摻雜，自成一體……如果我只需根據登山寶訓和我自己對它的解讀，我會毫不猶豫地說，『沒錯，我就是基督徒。』……但……很多所謂的基督教其實是否定登山寶訓的。」⓬ 他還補充道：「你們所有的基督徒、傳教士和相關人士，都必須開始活得更像耶穌基督……要實踐你們的信仰，不要摻假，也不要淡化。」⓭

可惜，許多自稱為基督徒的人並沒有效法基督，活出基督徒應有的生活。有些人意識到自己的弱點，他們甚至會說，「請按我所說的去做，不要按我所行的去做。」另一些人則試圖安撫自己的良心，為自己的生活方式辯解：「外在不重要，內在才重要。」有些人不但不能幫助他人成長和成熟，反倒附和他們的低標準：「你就是你，你就應該成為自己。」

我們不該以膚色、外貌、口音或其他膚淺的標準來評判人，俗語有云，「一顆善良的心，比美貌更耀眼。」但這不應成為我們降低標準的藉口。也許我們的心意是好的，但人們會透過我們的衣著打扮、飲食起居以及我們的家庭和社交行為來評斷我們——即我們的信仰改變人心的力量。因此，基督今天對我們的呼召是：「你們的光也當這樣照在人前，叫他們看見你們的好行為，便將榮耀歸給你們在天上的父。」（太5：16）

10月/03 教義上的紛爭

二人若不同心，豈能同行呢？
阿摩司書 3：3

真神只有一位，祂的所有話語都和諧一致（弗4：4-6），但並非所有基督徒都以相同的方式理解祂的話。忠心的基督徒也會在教義問題上產生分歧，有時他們的爭論甚至會升級成分裂。

德國宗教改革家馬丁‧路德（Martin Luther）和瑞士改革家烏爾里希‧慈運理（Huldrych Zwingli）無法就聖餐中「這是我的身體」（路22：19）和「吃我肉的人」（約6：56）的含義達成一致的見解。1529年瑪律堡會談的召開就是為了解決這一爭端。**1529年10月3日**，路德、慈運理和其他八位傳教士簽署了《瑪律堡條款》。其中前十四條是各方共同承認的教義，但就聖餐的餅和杯中是否有基督實實在在的肉和血，他們未能達成共識。

會談結束時，慈運理說：「路德博士，我請求你原諒我的尖銳。我從前一直非常渴望你我能成為朋友，如今也是如此。在義大利和法國，我最想見到的人就是你。」路德回答道：「求告上帝吧，祂會理解你。」

馬丁‧布策（Martin Bucer）也上前對路德說：「我想問你，你把我視作兄弟，還是也認為我犯了錯？」路德回答說：「很清楚你我不受同一個靈感化，否則不可能在一方堅信基督的話，在另一方這種信念就受到非難、被認為是錯的，並用各種惡毒和褻瀆的話攻擊它。」❹ 往後這兩大宗教改革派從未達成和解。

我們應該如何處理自己在教義上的分歧？一個十分經典的建議是（可能由路德宗神學家魯珀特斯‧梅爾登尼烏斯 [Rupertus Meldenius, 1582-1651] 提出）：「在基要的事上要合一，在非基要的事上要有自由，在一切的事上要有愛心。」❺ 這對我們極有幫助。問題的關鍵是如何區分「基要之事」和「非基要之事」。這一建議也很容易被用來助長教義的多元化。在認識到恩賜和事工有多樣性（林前12章）的基礎上，我們應該始終尋求教義的統一（林前1：10）。基督為我們獻上的祈禱是，「使他們都合而為一。……叫世人可以信你差了我來。」（約17：21）

10月/04 對未知的恐懼

> 門徒看見他在海面上走，就驚慌了，
> 說：「是個鬼怪！」便害怕，喊叫起來。
> 馬太福音 14：26

在可怕的第二次世界大戰結束後，世界進入了冷戰時期。鐵幕將東方集團（以蘇聯為首）和西方集團（主要由美國領導）隔絕開來。過去的創傷尚未癒合，對於未來人們也滿懷焦慮和不安。彷彿這還不是谷底，**1957年10月4日**，蘇聯發射了世界上第一顆人造衛星——史普尼克1號，令全世界為之震驚。

在兩大集團相互對立且競爭激烈的大環境下，史普尼克1號的發射讓向來以世界最先進國家自居的美國目瞪口呆。許多人想從更高的哲學角度來探討發射這顆衛星的目的和意義。人們議論紛紛：「現在有人造的東西在我們的上空運行，會發生什麼事呢？它會不會掉下來？是否會像間諜一樣，窺探我們的隱私？」

各國對於史普尼克1號衛星發射的負面反應再次證實，人類往往對未知事物過於恐懼。任何對我們福祉或生存造成威脅的假象，都會引發極度的恐懼和焦慮。如果不加以控制，恐懼很容易上升成為心理障礙，甚至連自己的影子都怕。

今日的存心節——〈馬太福音〉第14章26節提到了門徒在加利利海上航行時集體陷入恐慌的情形。他們看到耶穌在海上行走，就匆忙認定祂是「鬼怪」，於是害怕地叫喊起來。但《聖經》告訴我們，耶穌一上船，風就停了，門徒便拜祂（可6：51；太14：33）。耶穌的同在使一切都變得不同！

記住，憂慮、擔心和恐懼並不能解決問題；它們只會讓我們戰戰兢兢。如果你無法應付自己的恐懼，何不把它們交託給主呢？「你們要將一切的憂慮卸給上帝，因為他顧念你們。」（彼前5：7）「上帝所賜、出人意外的平安必在基督耶穌裡保守你們的心懷意念。」（腓4：7）

10月/05 償還債務

因為罪的工價乃是死；
惟有上帝的恩賜，在我們的主基督耶穌裡，乃是永生。
羅馬書6：23

美國第一任總統喬治・華盛頓（George Washington）曾說：「與其找一個糟糕的藉口，不如不找藉口。」如果他能活到2010年，就有機會親自實踐自己的名言了。**1789年10月5日**，喬治・華盛頓從紐約社會圖書館借了一本艾默・德・瓦特爾（Emer de Vattel）的《萬國律例》（1760年英文譯本）。十年後，他去世了，書卻沒有歸還。2010年4月16日，一位圖書館的檔案管理員證實，這本書仍屬於遺失狀態。

喬治・華盛頓弗農山莊的工作人員在得知此事後，立即開始尋找「同版書籍，這本書在網上的售價為12000美元」。他們買下了這本書，並於2010年5月18日將其隆重地歸還給紐約社會圖書館。若加上通膨因素，長達221年的逾期滯納金約為30萬美元。在還書儀式上，紐約社會圖書館董事會主席查理斯・貝瑞（Charles Berry）宣佈：「我特此免除喬治・華盛頓及其代表產生的所有圖書館逾期費用。」⓰

墮落的人類欠下了巨額罪債，必須償還。償還的方式就是死亡（羅6：23），因為「若不流血，罪就不得赦免了」（來9：22）。「死在過犯罪惡之中」（弗2：1）的我們，永遠無法自己償還債務。但耶穌基督因著祂驚人的慈愛與恩典，在十字架上為我們付了代價，使我們的罪得赦免。正如使徒保羅所說：「你們得救是本乎恩，也因著信；這並不是出於自己，乃是上帝所賜的。」（弗2：8）

就像喬治・華盛頓一樣，有人替我們償還了債務。但不同的是，已經去世的華盛頓無法親身參與書籍的歸還，而我們必須決定是接受還是拒絕上帝所提供的救贖。這是關乎自己的事，沒人能替我們做決定。今日，上帝向我們發出呼籲：「當趁耶和華可尋找的時候尋找他，相近的時候求告他。」（賽55：6）何不現在就獻上禱告，一來接受上帝為你的罪預備的寶貴贖價，二來再次獻上感恩？

10月/06 遲來的信

看哪，弟兄和睦同居是何等地善，何等地美！
詩篇 133：1

衡量一個家庭成功與否，最好的方式是看它所經歷的勝敗得失。我們的原生家庭是如此，所建立的家庭也是如此。驕傲、自私、競爭和溝通不良往往會導致家庭分裂，家人互相疏遠。有時，與我們最親近的人，反而是我們最大的敵人。

1880年4月，約翰・哈威・凱洛格醫生（John Harvey Kellogg，1852-1943）聘用了他的弟弟威爾・基斯・凱洛格（Will Keith Kellogg，1860-1951），在戰溪療養院擔任他的助手。然而，兄弟倆在一些事上無法達成共識，特別是在療養院的產品問題上。凱洛格醫生最關心的是為療養院病人提供健康食品，包括穀麥、穀物片和植物肉。但作為商人的威爾則希望改進產品的口味並銷售給一般民眾。兩兄弟的矛盾最終導致分裂，經過多次訴訟和法庭審理，兩人也各自成立了自己的公司。

1907年，兄弟倆被逐出教會：先是威爾，他在此前的27年間從未參加過教會活動；幾個月後，約翰・哈威也因不完全贊同教會的信仰和實踐被撤銷了復臨教會的教友資格。1943年12月14日，約翰・哈威去世，他與弟弟之間的恩怨仍未化解。但在四年多後的1948年6月22日，威爾意外收到了一封哈威在世時寫的和解信，足足有七頁。原來，凱洛格醫生的祕書認為他寫這封信過於自輕自賤，於是擅自決定不寄出去。如果威爾能夠及時收到了哈威的信，兄弟倆或許能夠和好。遺憾的是，沒有證據表明他們之間的關係曾經得到了修復。

1951年10月6日，凱洛格公司創始人兼玉米片之王威爾・基斯・凱洛格去世了。他們的故事提醒我們，化解分歧宜早不宜遲——現在就是合適的時機。縱使對方不願原諒，但你至少盡了自己的本分，可以與上帝和自己的良心和解。

10月/07 關於年代的猜想

> 要遠避無知的辯論和家譜的空談，以及紛爭，並因律法而起的爭競，因為這都是虛妄無益的。
> 提多書3：9

許多人都在思考地球歷史「六千年」的結束和第七個千年（千禧年）的開始。在古代猶太人的《以諾二書》第33章1、2節中表明，創造週的每一天都代表了一千年。〈詩篇〉第90篇4節「千年如已過的昨日」以及〈彼得後書〉第3章8節「一日如千年」也都曾被引用來支持這一推測。懷愛倫曾提及，善惡之間的鬥爭「在地上延續了近六千年之久」**⓱**。但有些人卻把以上和其他類似的說法奉若圭臬，認為需要將這段時間計算精確，就像〈但以理書〉第9章24至27節的七十個七和第8章14節的二千三百日一樣。

為了不把問題搞得太複雜，我在此只提出三點供讀者參考。西元第三世紀的猶太人認為，上帝創造這個世界是在**西元前3761年10月7日**。如果他們說得沒錯，那麼六千年應該在西元2239年左右結束。愛爾蘭大主教詹姆斯‧厄謝爾（James Usher）在其影響深遠的著作《世界年鑑》（1658年）中表示，創造週始於西元前4004年10月23日星期日。這一理論使得許多人預計世界末日會在西元1996或1997年發生。在威廉‧米勒耳（William Miller）看來，世界會在西元1843年結束。僅根據以上三種來源，我們就得到了三個世界末日的選項：1843年、1996年或1997年，甚至是2239年。

家譜和年表包含著重要的線索，否則聖經作者不會將它們寫下來。但另一方面，人們也很容易對其進行扭曲和濫用，以證明自己的猜測。意識到這一危險的保羅曾警告我們不要相信「荒渺無憑的話語和無窮的家譜」（提前1：4）和「家譜的空談」（多3：9）。

六千年的時間跨度，讓我們對人類歷史的發展有了大致的概念。但由於它與〈但以理書〉或〈啟示錄〉中的末世預言毫不相關，因此不能用來佐證復臨信息。這信息有著更為堅實的預言和歷史基礎！

10月/08 時間的竊賊

> 聖靈有話說：你們今日若聽他的話，就不可硬著心，
> 像在曠野惹他發怒、試探他的時候一樣。
> 希伯來書 3：7、8

有些東西被偷走可能會被尋回，或者能找到替代品。但機會錯失了就不會重現，時間消耗了就永不復返。時間最大的敵人之一是拖延——推遲個人的決定和行動。英國詩人兼劇作家愛德華·揚（Edward Young, 1683-1765）說：「拖延是時間的竊賊。」❶❽ 還有一句警語：「拖延一時爽，恐慌跟著來。」❶❾

美國著名佈道家慕迪（Dwight L. Moody, 1837-1899）曾在芝加哥舉行佈道會。**1871年10月8日**星期日晚上，他根據〈馬太福音〉第27章22節分享了一篇感人至深的證道，名為「我該如何看待那被稱為基督的耶穌」。在分享結束時，他要求會眾用接下來的一週思考這段經文，並在一週後帶著他們對拿撒勒人耶穌的決定回來。不料，就在佈道會結束後不久，芝加哥突發大火，許多人葬身火海，整個城市也被燒毀了一大半。慕迪十分後悔讓人們一週後再做出是否跟隨基督的決定。從那時起，他總是要求聽眾在聚會的當下就做出決定是否跟隨主基督。

拖延往往是逃避責任的藉口。正如人們常說的：「我積極地做一些其實不需要做的事，以此逃避去做那些我應該做的事情。」可惜，我們本打算「推遲一會兒」的事情，最終可能永遠不會做。腓力斯曾對保羅說：「你暫且去吧，等我得便再叫你來。」（徒24：25）但事實上，他從未「得便」。

如果你是喜歡拖延的人，那麼今天——或是現在——正是你提高決策能力的好時機，為了你自己的利益，也為了那些依靠你的人。如果你遲遲未對是否跟隨基督作出決定，那麼請允許我提醒你，《聖經》說，得救的機會就在今天。我們只能活在當下，而今天就是你做出決定或重新堅定對基督之承諾的好機會。

10月/09 溫尼凱格的金波利大會

「你們要住在棚裡七日；凡以色列家的人都要住在棚裡，好叫你們世世代代知道，我領以色列人出埃及地的時候曾使他們住在棚裡。我是耶和華——你們的上帝。」

利未記 23：42、43

前鋒會的金波利大會活動絕對是令人難以忘懷的體驗！如果你曾參加過，那你一定還記得幾個月的籌備和訓練、抵達營地、搭帳篷、生火做飯、節目、篝火故事、結交新朋友，甚至是那場那突如其來的大雨。

1953年10月9日至11日，由南新英格蘭區會贊助的第一屆前鋒會金波利大會在美國麻薩諸塞州阿什本漢姆附近的溫尼凱格營地成功舉辦。55名前鋒會會員以6到8人為一組，在營地裡紮營。整個週末的節目豐富多彩。星期五晚上的接夕陽禮拜後，無數小小的篝火在美麗的溫尼凱格湖畔升起來。馬克森長老（H.F. Maxson）向圍坐在篝火旁的孩子們講故事。安息日下午，復臨教會全球總會青年事工部祕書鄧巴（E.W. Dunbar）為前鋒會會員們帶來了鼓舞人心的信息和見證。在露營結束時，大家一致投票通過，要在來年的6月再舉辦一次露營。從這次小規模的活動開始，在接下來的幾十年裡，前鋒會的金波利大會在全世界如雨後春筍般組織起來。

前鋒會的整個概念很大程度上是受到懷愛倫一句話的啟發：「有了這樣一支訓練有素，裝備精良的青年工人大軍，那被釘復活、又快來之救主的信息，就能何等迅速地傳遍全世界啊！」❷ 前鋒會金波利大會類似於以色列人在住棚節期間所進行的、兼顧社交與屬靈功能的聚會（利23：33-43），像他們在曠野中的祖先一樣，他們也住在帳篷裡。

懷愛倫曾說：「今日上帝的子民若能守一次住棚節，一種紀念上帝賜福予他們的歡樂聚會，豈不是很好嗎？」㉑ 早期的復臨信徒稱他們的營會為帳篷大會，而現代的前鋒會金波利大會與之極為相似。讓我們一起支持地方教會的前鋒會吧！

10月10日 自由選擇

這是好的，在上帝我們救主面前可蒙悅納。他願意萬人得救，明白真道。
提摩太前書2：3、4

如果你發現上帝特意創造了你就是為了讓你失喪，你會做何反應？這就是法國改革家約翰‧加爾文（John Calvin，1509-1564）及其追隨者所堅守的立場。加爾文甚至說：「我們稱預定論為神永恆的預旨，其中神藉預定決定了每個人將如何。因每個人受造的目的並不相同，所以一些人預定得永生，其餘的人受永刑。因此，每個人都是為了其中一個目的而被造的，端看他是預定得生命或是預定受死亡。」❷

荷蘭神學家雅各斯‧阿民念（Jacobus Arminius，1560-1609）對這一觀點提出質疑。**1560年10月10日**，阿民念出生在荷蘭的烏德勒支。他是萊頓大學的神學教授，出版過許多著作和論文。他將自己對加爾文主義預定論的駁斥總結在《抗辯五條》（1610年）中。在第二條他寫道：「世界的救主基督為所有人、而且是每個人而死，祂的恩典惠及人人。祂的贖罪祭本身就足以拯救全世界，父神的旨意也是如此。但其固有的充足性並不一定等於實際的效力。神的恩典可能會被拒絕，因此只有那些憑信接受恩典的人才能真正得救。人之所以失喪，是因為自己的罪過（約3：16；約一2：2）。」❷

陶恕（A. W. Tozer）在《認識至聖者》一書中解釋說：「有些事情是神自由決定的，選擇與後果的法則就是其中之一。神已經決定，凡自願委身於聖子耶穌基督，以信心順從祂的，都將獲得永生，成為神的兒子。祂也決定，所有沉迷於黑暗，持續悖逆天國最高權威的人，將會繼續處於屬靈的疏離狀態，最終承受永遠的死亡。」❷

上帝絕不會專制地選擇一些人承受永生，而另一些人注定失喪。「生靈的命運懸在他們所走的路線和所做的決定上。」❷

10月/11 雷克雅維克峰會

「使人和睦的人有福了！因為他們必稱為上帝的兒子。」
馬太福音5：9

2016年8月，我參觀了位於冰島雷克雅維克的霍夫迪樓。在房子的前院，遊客可以看到一塊花崗岩石碑，上面刻著：「**1986年10月11至12日**，在這座歷史悠久的房子裡，美國總統隆納・雷根（Ronald Reagan）和蘇聯共產黨中央委員會總書記米哈伊爾・謝爾蓋耶維奇・戈巴契夫（Mikhail Sergeyevich Gorbachev）舉行了雷克雅維克高峰會。該會議被視為冷戰時期終結的開端。」

這場會議討論的重點集中在雙方提出的銷毀彈道導彈的提議上。但由於一些細節問題未達成一致，談判在最後一刻破裂。雷根問戈巴契夫，是否會因「一個詞而放棄歷史性的機遇」，而這個詞是關於實驗室內的測試。❷⓺ 儘管這次會談在表面上失敗了，但它最終促成了1987年12月8日，在華盛頓峰會上有關《中程導彈條約》的簽訂。

有許多國家、部落和民族仍然恪守一句古老的拉丁格言：「汝欲和平，必先備戰（Si vis pacem, para bellum，或譯為：欲安其國，必先強兵）。」可惜，這句話卻為第一次世界大戰鋪平了道路，使冷戰有了延續的藉口。我們應當效法雷根和戈巴契夫，他們在雷克雅維克透過對話結束冷戰，而我們也應該成為和平的締造者，促使國家、部落、家庭和朋友之間的衝突和緊張關係早日結束。但要成為一個締造和平的人，你首先要與上帝和睦。和平必須成為你的生活方式——有和平的思想，說和平的話，做和平的事。

即使你竭盡全力，也可能會失敗；你的善意可能被誤解，這一切都讓你深感沮喪。然而，一顆看似徒勞的和平種子最終也許會萌芽，結出令人意想不到的果實，雷克雅維克高峰會就是如此。即便沒有結果，至少你與自己和良心和平相處，正如耶穌所說，你必被稱為上帝的孩子（太5：9）。「上帝所賜、出人意外的平安必在基督耶穌裡保守你們的心懷意念。」（腓4：7）

10月12日 高舉聖經

「求你用真理使他們成聖；你的道就是真理。」
約翰福音 17：17

1931年10月12日，巴西的基督救世主雕像揭幕，成為巴西里約熱內盧的重要地標。**1986年10月12日**，雕像落成整整55年後，在里約熱內盧舉行的復臨教會全球總會年議會上，代表們投票通過了《聖經研究法》。這份官方檔視《聖經》為值得信賴的上帝話語，為解釋《聖經》提供了基本準則，並反對一切有損其神聖起源和權威的解釋方法。

該檔敦促我們「避免依賴與歷史批判法相關的預設和由此產生的結論」。在「人類理性應服從《聖經》，而不是等於或高於《聖經》」的前提下，指出「即使是使用改良過的歷史批判法，只要是保留了將《聖經》置於人類理性之下的批判原則，就不為復臨信徒所接受」。㉗ 該檔能幫助教會在釋經學上堅守原則。

基督教內部的許多神學矛盾和爭議都是由於人的偏見和對《聖經》的錯誤解釋導致的。例如，路德宗神學家格哈德‧艾伯靈（Gerhard Ebeling）認為教會史就是「詮釋聖經的歷史」。㉘ 然而，早在教會歷史自成一體之前，伊甸園中的夏娃和蛇就曾因為如何理解上帝的話語而產生了解釋上的分歧（創2：15-17；3：1-7）。基督幾乎所有的辯論都是關於《聖經》的解釋或應驗的（太4：1-11；15：1-20；22：23-33；路4：16-30；10：25-37）。

我們知道在人類歷史的最後階段，在解經領域上將風波不斷，不時地刮起各種錯誤教義的妖風（弗4：14；提後4：3、4）。與此同時，「上帝必要有一等人在世上維護《聖經》，並專以《聖經》為一切教義的標準和一切改革的基礎。」㉙ 願我們永遠作那忠實的人，遵守「上帝口裡所出的一切話」（太4：4）。

10月13日 地球上的安息日

那日是預備日，安息日也快到了。……她們在安息日，便遵著誡命安息了。
路加福音 23：54-56

這個世界有眾多不同的時區，上帝的子民如何能確保遵守安息日，從週五日落守到週六日落呢（尼13：15-22；路23：54；利23：32）？從全球範圍來看，雖說安息日有些人確實在休息，但在其他地方的人們卻還在工作！

我們既然生活在一個球形的世界上，就需要解決兩大難題：首先是要確定標記時間的起始點。**1884年10月13日**，在華盛頓特區召開的國際子午線會議在對比了多個選項之後，將本初子午線定為從北極到南極，途徑倫敦格林威治皇家天文臺的一條經線。這條零子午線將地球分為東西兩半，就像赤道將地球分為南北一樣。因此，格林威治標準時間就成了世界二十四個不同時區的基準點。

另一個需要解決的難題是從一天變更至另一天要從何處開始。最終人們設立了一條「國際換日線」（IDL）來解決這個問題。這是一條南北走向、曲折的線，穿過太平洋中部，位於本初子午線的對面。它大致上與180度經線重疊，但有時會彎曲，以避免將一些小國和島嶼一分為二。若是向東穿過國際換日線，需要減去一天；向西穿過國際換日線，則需要增加一天。這條虛線的設立，確保了世界上所有的時區都能維持在各自的實際時間。

一些批評者認為國際換日線是破壞安息日的陰謀，但它影響的是一週當中的每個日子，包括星期日。上帝既然創造了一個擁有不同時區的球形世界，我們就不能把它當作平面來對待。守安息日的誡命並不要求時間上的統一。無論我們身處哪個時區，只要安息日到來，我們都要遵守。在這個球形世界的各個角落，我們都能享受上帝為那些忠實遵守安息日誡命的人所保留的祝福，就像基督的門徒在祂被釘十字架後所行的那樣（路23：54-56）。

10月14 將傳福音放在首位

「這天國的福音要傳遍天下,對萬民作見證,然後末期才來到。」
馬太福音 24:14

我們曉得,「教會是上帝為拯救人類專設的機構。她是為服務而組織的,其使命是要將福音傳給普世的人類。」㉚ 但隨著時間的推移,教會通常會面臨著兩種強烈的誘惑:首先是「制度化」,往往導致教會失去傳教的熱情,專顧自己;其二是「世俗化」,表明教會對世界敞開大門,和世俗沒有區別。

1976年10月14日,復臨教會為了避免上述危機,便在總會年議會上通過了一項名為《傳福音與完成上帝大工》的決議。該決議聲明,復臨教會的目標是:「在〈啟示錄〉第14章三天使信息的大背景下,向全世界宣講耶穌基督永遠的福音,這不僅包含基督教會之基本教義,還包含聖所和因信稱義的獨特真理。」㉛ 除此之外,文章也發出警告:

「現今有許多優秀的專案和計畫,它們在向人傳福音的前階段是非常有用的,例如涉及飲食、戒煙、救濟和其他社會福利的項目。儘管它們很有價值,但如果它們不能使人在基督裡經歷重生,不能使人接受上帝餘民教會的教義原則,那麼它們就只會消耗教會及其工作人員的時間、精力和資金的果效,無法實現上帝拯救人類進入永恆的最終目標……因此,必須採取行政措施,以教義和榜樣的方式明確指出,只有那些有助於實現教會基本使命的教會項目,才能得到關注和資金的支持。」㉜

哪怕是幾十年後,這一使命仍然必須是我們的目標。正如很久以前耶穌所祈求的:「我不求你叫他們離開世界,只求你保守他們脫離那惡者。」(約17:15)

10月 15 曆法的變更

> 「地還存留的時候，稼穡、寒暑、冬夏、晝夜就永不停息了。」
> 創世記 8：22

許多古代文明都根據四季的變遷制定出自己的曆法。面對眾多不同的曆法和歷史上的更迭，人們不禁要問，我們怎麼知道七日一週的循環從未中斷過呢？我們如何確保今天所守的安息日，與創世週結束時上帝所設立的（創2：2、3），是同一天呢？守星期日的基督徒又怎能確定他們所守的與最初的禮拜日是同一日呢？

首先我們應該認識到，沒有證據表明，七日的週期曾在歷史上中斷過。實際上，正是對安息日的遵守將七日的循環保留了下來，經過歷朝歷代也不改變。世界各地的猶太人對何時守安息日沒有任何疑問。即便守安息日的慣例在舊約時期曾被放棄，到了耶穌在世時也可以予以糾正。但事實上，祂所遵守的安息日正是同時代的猶太人所守的聖日（路4：16；23：54-56）。不可否認，安息日對於上帝來說太重要且神聖，祂不會允許它丟失。

在基督教時代，一週七日始終保持不變。十六世紀末，貴格利曆法在引入時刪除了十天，糾正了自尼西亞會議以來歷經1300年中積累的誤差。因此，在舊的儒略曆——1582年10月4日星期四之後，便是新的貴格利曆——**1582年10月15日**星期五。雖然有些歐洲國家到後來才採用新曆，但無論如何，七日的週期始終不變。甚至羅馬天主教會也認為他們所守的星期日與耶穌復活是同一日——即一週的第一日。

我們可以確定，每一個第七日的安息日都會分秒不差地到來，它是上帝在時間中的聖所。耶穌和使徒們所遵守的（路23：54-56；徒16：13），正是在創造週結束時，上帝安息、祝福並使之成聖的同一天（創2：2、3）。《聖經》鼓勵我們，以上帝為榜樣，守第七日安息日，以此作為因信蒙恩得救的象徵（來4：4，9-11）。透過守安息日，我們承認上帝作為創造主和救贖主的主權，並接受祂的祝福（賽58：13、14）。

10月/16 最後的信息

> 摩西向以色列眾人說完了這一切的話,又說:
> 「我今日所警教你們的,你們都要放在心上;
> 要吩咐你們的子孫謹守遵行這律法上的話。」
> 申命記 32:45、46

作為領袖,到了最後,都必須把他們的職位和權責交給他人。而交接時的告別演說往往會突顯領袖在職時所獲得的成就,同時也讓他們有機會表達對未來的關切。這正是摩西在生命即將結束之際所做的事,一切都記錄在〈申命記〉中。在**1978年10月16日**,基督復臨安息日會總會會長羅伯特‧皮爾森(Robert H. Pierson, 1911-1989)因健康原因宣佈即將退休時,就向出席年會的代表們發表了最後一篇會長致辭。

在演講中,皮爾森回顧了一個宗派在正式發展成教會之前通常會經歷的過程:第一代信徒往往很貧窮,而且「它的出現是對教會世俗和形式主義的抗議」。到了第二代,成員趨於富裕繁榮,增長也帶來了「組織和建築的需要」。而在第三代,「組織得到了發展,體系制度建立了起來」。到了第四代,「這項運動透過參與大眾事務來尋求與當下社會產生『相關性』。服事變得形式化。這個群體樂見自己被世界接納。」㉝

在對這一過程進行反思後,皮爾森呼籲道:

「弟兄姐妹們,這絕對不能發生在復臨教會身上!它不僅僅是另一個教會,它是上帝的教會!⋯⋯我們只有一個方法去面對未來,那就是在十字架下。一個把目光放在觸髏地人子身上的教會絕對不會走向叛教的道路。」㉞

我們有先知的保證,復臨運動必將取得勝利,最終,所有不願委身和表面上的信徒都會被篩出來(太13:24-30,36-43,47-50)。所以,問題的關鍵不在於復臨運動是否會取得勝利,而是你我是否會與之共同得勝。我們必須憑著上帝的恩典,忠誠事奉主,直等祂榮耀的復臨。

10月/17 分享上帝的愛

> 主耶和華的靈在我身上；因為耶和華用膏膏我，叫我傳好信息給謙卑的人，差遣我醫好傷心的人，報告被擄的得釋放，被囚的出監牢。
> 以賽亞書 61：1

在二十世紀，極少有人能像加爾各答的德蕾莎修女那樣，在歷史的牆垣深深刻下自己的名字。她原名阿涅澤・岡婕・博亞久（Anjezë Gonxhe Bojaxhiu, 1910-1997），出生於奧斯曼帝國的一個小鎮（Üsküp，現為北馬其頓共和國的史高比耶）。1950年，德蕾莎修女創立了羅馬天主教的仁愛傳教會。1979年，她獲得諾貝爾和平獎，在領獎時她說：「我很感激，也很高興能以饑餓者、赤裸者、無家可歸者、瘸子、盲人、痲瘋病人，以及所有感到不被需要、不被愛護、不被關心、被社會拋棄、被社會視為負擔和被他人視作羞恥之人的名義，接受這一獎項。」㉟

該修會最初只是一個在印度加爾各答的十二人小團體，後來它在全球得到了長足的發展。**1979年10月17日**，德蕾莎修女被授予諾貝爾和平獎。1979年12月11日，她在奧斯陸發表獲獎感言。她表示，那未出生的施洗約翰已經「認出了和平之君，他知道基督已經降臨，為你和我帶來福音。祂做了這些彷彿還不夠——道成肉身還不夠——祂還死在十字架上，以彰顯那更深沉的愛，祂的死是為你、為我、為那痲瘋病人、為那因饑餓瀕臨死亡的人、為那躺在街上赤身露體的人，這些人不僅在加爾各答，也在非洲、紐約、倫敦和奧斯陸——祂吩咐我們要彼此相愛，如同祂愛我們每個人一樣」。㊱

德蕾莎修女一生都在服事那些不被愛且不被需要的人。這正是耶穌呼召追隨祂的人應做的事。祂說：「我實在告訴你們，這些事你們既做在我這弟兄中一個最小的身上，就是做在我身上了。」（太25：40）讓我們養成終生服事的習慣。

10月 18　主的手

> 耶穌動了慈心，就伸手摸他，
> 說：「我肯，你潔淨了吧！」大痲瘋即時離開他，他就潔淨了。
> 馬可福音 1：41、42

1921年初，在聆聽了一場演講後，瑪拉・布魯克斯・韋爾奇（Myra Brooks Welch, 1877-1959）被深深打動了。演講者提到，即便再是普通的東西，經過大師的觸碰，也能變得意義非凡。回家後的瑪拉用了短短的時間就寫下了一首極為優美、名為《大師之手的觸碰》的詩。1921年2月26日，這首詩以匿名的方式刊登在《福音信使》（兄弟會的官方報刊）上，深受人們喜愛，於是其他刊物紛紛轉載，但卻標注「作者不詳」。

1936年，在夏威夷舉行的基督教青年會大會上，一位傳道人在分享結束時朗誦了這首「匿名」詩。這時，德懷特・韋爾奇（Dwight O. Welch）站起來表示，這首詩的作者正是他的母親。世人終於知道這首詩究竟出自何人之手。布蘭特（H. A. Brandt）在他的文章《追憶歌者和歌曲》中，講述了這首詩的故事，再次刊載在**1941年10月18日**的《福音信使》上。這首著名的詩描寫的是，在一場拍賣會上，一把破舊的小提琴以極其低廉的價格拍賣。但一位大師用它演奏一曲後，它的價值暴增。詩的結尾帶給我們一個美好的屬靈教訓：「但偉大的神來了，拯救了我們！愚蠢的人群永遠不會明白，一個靈魂的價值是多麼寶貴和無價；更不會了解，神對我們的觸摸，竟可以化腐朽為神奇。」㊲

這正是〈馬可福音〉第1章40至45節中那位痲瘋病人的遭遇。染上了這不潔的病，他就必須遠離人群，任何人都不能觸碰他（利13：46）。但耶穌無視這個規則，伸手觸摸了他使他得潔淨。儘管耶穌叮囑他不要告訴別人，但這個得了醫治的人還是出去將他痊癒的事宣揚開來（可1：44、45）。

無論你面臨什麼難題，只須經過主的手觸碰，就可以得潔淨。經祂觸碰之後，你的生命將從此不同。得了醫治的你不太可能保持沉默。你必須將耶穌為你所做的一切與他人分享！

10月19日 報佳音

> 那報佳音,傳平安,報好信,傳救恩的,對錫安說:
> 你的上帝作王了!這人的腳登山何等佳美!
> 以賽亞書 52:7

失去了對未來的指望,生命就變得毫無意義。保羅這樣說:「我們若靠基督只在今生有指望,就算比眾人更可憐。」(林前15:19)

復臨教會的傳道人、廣播演說家和作家理查茲（H. M. S. Richards Sr.，1894-1985)是二十世紀最傑出的佈道家之一,他的演講給人帶來希望。由於他曾有過廣播聚會的經驗,**1929年10月19日**,加州洛杉磯的 KNK（AM）廣播電臺便為他量身打造了一檔節目,這是美國首檔跨海的定期宗教廣播節目。最初的節目名稱為《空中會幕》,後更名為《預言之聲》。

節目播出後不久,美國和世界就陷入了大蕭條（1929-1933）。許多頗受歡迎的傳道人都在臆測尚未應驗的預言,而理查茲卻將重心放在已經實現的預言上。用他自己的話說:「《聖經》中的許多預言並不是為了讓我們預測將會發生什麼,而是要我們看到已經發生的事情,從而確認《聖經》是真實的。如果它在歷史上應驗了,那麼當耶穌賜予祂奇妙的教導時,我們也應該相信。」㊳

基督徒的盼望涵蓋了三個層面的保證:它根植於過去的歷史中,許多《聖經》中的預言得以應驗;它立足於當下,因為在天上聖所的「幔子」後面,有基督耐心地為我們代求（來6:19、20）;它強烈期待著榮耀的未來,那「為我們信心創始成終的耶穌」（來12:2）將駕著天雲降臨,領我們進入祂的天家。作為「被囚而有指望的人」（亞9:12）,你我應該隨時預備好,迎接祂榮耀的顯現!

10月/20 佈道船

> 保羅說完了這話，就跪下同眾人禱告。
> 眾人痛哭，抱著保羅的頸項，和他親嘴。叫他們最傷心的，
> 就是他說「以後不能再見我的面」那句話，於是送他上船去了。
> 使徒行傳 20：36-38

你聽過位於南太平洋偏遠的皮特凱恩島上的居民如何接受復臨信息的故事嗎？1876年，懷雅各（James White）和拉夫伯勒（John H. Loughborough）向皮特凱恩島寄去了一箱復臨教會的書刊。十年後的1886年，約翰‧泰（John I. Tay）自費前往皮特凱恩島宣講復臨信息。該島的110位居民都接受了福音，於是他請求差派一位牧師來組織教會。

在1889年的總會大會上，教會決定打造一艘佈道船，以便在南太平洋的眾島嶼中開展工作。美國各地的安息日學學員，無論大人小孩，都為這個項目捐了款。1890年9月25日，皮特凱恩號正式獻為主用，同年**10月20日**，她載著一群復臨教會傳教士，從加州舊金山市啟航。經過36天的航行，最終安全抵達皮特凱恩島。在那裡，他們為82名島民施洗，建立起教會和安息日學。在島上停留幾週後，皮特凱恩再次揚帆起航，繼續前往其他島嶼。

皮特凱恩號佈道事工開啟了新的時代，人們開始對海外宣教極度關注並樂意給予大力支持。1889年，懷愛倫呼籲道：「當馬其頓的呼聲從四面八方向世人發出，從本國的城市及鄉村而來，從大西洋與太平洋的彼岸，以及各海島上而來，『請你過到……來幫助我們』，我的心中便甚為激動。弟兄姐妹們，你們肯答應這呼聲嗎？說：『我們要盡自己之所能，給你們派佈道士並送捐款去。』」㊴

作為復臨教會的一員，我們的心應為眾多宣教地而跳動，因為人們需要復臨信息。宣教是我們教會存在的根本原因。我們的禱告和金錢不應當只用於支援地方教會，還應當用來支持教會的全球佈道事工。

10月/21 一則簡單的訃文

> 然而，我今日成了何等人，是蒙上帝的恩才成的，
> 並且他所賜我的恩不是徒然的。我比眾使徒格外勞苦；
> 這原不是我，乃是上帝的恩與我同在。
>
> 哥林多前書 15：10

像安得烈牧師（J. N. Andrews，1829-1883）那樣具敏銳的邏輯和推理能力之人其實並不多。他精通七種語言，對世俗和宗教歷史涉獵廣泛。當有人問他能夠背誦多少經文時，他回答說：「我不敢說我能完全背下《舊約》，但我相信，如果有一天《新約聖經》遺失了，我能逐字逐句地複誦出來。」❹ 難怪當他以復臨教會第一位官方宣教士的身分奉派前往歐洲時，懷愛倫會寫信給「瑞士的弟兄們」說：「我們給你們派去了在我們所有隊伍中最能幹的人。」㊶

在歐洲事奉了八年多之後，安得烈感到自己的生命即將走向盡頭。飽受肺結核折磨的他在1883年4月24日從瑞士巴塞爾寫信給他的密友，時任《復臨評論與安息日通訊》的編輯烏利亞‧史密斯（Uriah Smith）：

「現在的我極度虛弱，不得不直面死亡。有一件事困擾著我，請務必接受我的請求。很快《復臨評論》中就會出現我的訃文。我懇求你儘量做到簡明扼要，同時鄭重要求不要出現任何溢美之詞。訃文佔一欄的三分之一就足夠了！

「之所以提出這個請求，是因為我擔心你我之間的深厚情感會使你不自覺地讚美我，這是我不該得、也不應說出的話。即便是我最美善的行為都會夾雜著些許的自私，或者少了些對上帝和他人的愛。因此，我拜託你，看在我們之間友情的份上，考慮我這懇切的請求。」㊷

1883年10月21日，安得烈去世了，他的請求得到了完全的尊重。10月30日的《評論與通訊》刊載了「安得烈長老離世」的訃文，幾乎沒有對他一生成就的謳歌。那些傑出之人即使被成功與讚美包圍仍能保持謙遜，他們的生命是多麼美好！

10月 22 最熱切的盼望

他對我說：「到二千三百日，聖所就必潔淨。」
但以理書 8：14

　　承載著人們殷切盼望的1844年來臨了！威廉・米勒耳（William Miller）從未為基督的第二次降臨設定具體日期。但他從早期的研究中得出結論，〈但以理書〉第8章14節中的二千三百日（實際等於2300年）將於1843年左右結束，他相信屆時基督會回來。後來，他又提出二千三百日預言會在1844年春結束。與此同時，撒母耳・斯諾（Samuel S. Snow）堅信，這預言是從西元前457年秋延伸至西元1844年秋天，更準確地說是**1844年10月22日**。同年8月，他在新罕布夏州埃克塞特的一次米勒耳派帳篷大會上提出了這一觀點，在場的人都激動不已。從那時起，米勒耳派重燃熱情，心中充滿了主將復臨的緊迫感。

　　米勒耳派的盼望在牧師和平信徒之中產生了巨大影響。據估計，在復臨運動巔峰時期，有一千五百到二千名演講者在宣揚基督復臨的信息。儘管沒有確切的數字，我們可以估計有五到十萬人正式投身於這場運動。根據克羅斯（W. R. Cross）的說法，還有「超過一百萬」持懷疑態度的期待者——這是一個相當可觀的數字，要知道當時美國總人口數還不到兩千萬。那是極其莊嚴的時刻，許多人都做好了準備，要迎接那位駕天雲而來的主。

　　10月22日終於到來，米勒耳派的眾信徒被一種難以言喻的莊嚴反省和深切期待所籠罩。沒有狂熱的興奮和公開的遊行。他們在家中，安靜耐心地等待著主的顯現。約書亞・海姆斯（Joshua V. Himes）去了他的密友威廉・米勒耳（William Miller）的家，一些家人在「耶穌升天岩」上等待主的到來。他們一直注視著東邊的地平線，一旦耶穌降臨的徵兆出現，他們就能第一眼看到祂。

　　最終，太陽落山了，夜幕一如既往地籠罩了大地。但不需要氣餒。畢竟，十個童女的比喻表明，到了「半夜」，新郎就來了（太25：6）。米勒耳派正站在永恆的邊緣。

10月/23 蒙福的失望

> 我從天使手中把小書卷接過來，吃盡了，
> 在我口中果然甜如蜜，吃了以後，肚子覺得發苦了。
> 啟示錄 10：10

米勒耳派信徒熱切地盼望著耶穌在1844年10月22日降臨，但他們最甜美的盼望卻落空，成了最苦澀的失望。海勒姆・愛德森（Hiram Edson）這樣描寫那段經歷：「我們的期望很高，我們就這樣盼望我們的主來臨，直到鐘聲敲過了午夜12點。這日已過，我們的失望已成定局。我們至愛的盼望和期待成了泡影，一種我以前從未體驗過的哭泣氛圍漫過了我們。似乎失去了世上所有的朋友也不能與之相比。我們哭了又哭，直到黎明。」㊸

1844年10月23日上午，吃完早餐後，愛德森邀請了一位朋友（後由拉夫伯勒證實是克洛澤）一起去鼓勵那些失望的米勒耳派鄰居們。他說：「我們出發了，當經過一大塊地時，約在這地的中央我止住了腳步。天似乎向我敞開了，我清楚而明白地看到在二千三百日的終點——第七個月第十日，我們的大祭司並不是離開了天上聖所的至聖所來到這個地球，而是在那天第一次進入了天上聖所的第二層。祂來到地上之前在至聖所裡有一項工作要完成。」㊹

批判性歷史學家傳統以來大多從負面角度解讀1844年的大失望。但近期復臨學者們已經認識到它的積極意義。大失望引導人們擺脫人的傳統，尋找新的開始。守安息日的復臨信徒先輩們透過重新研讀《聖經》，不僅從中找出了大失望的答案（參閱啟10章），就連從前沒有發現的問題也一併解決了。

上帝從1844年的大失望中，孕育出如今遍佈全球的復臨運動，要在末世中重新恢復《聖經》的真理。同樣，祂也可以帶領我們走出個人的失望，進入完全得勝的生活。讓我們永遠都信任祂神聖的引領！

10月/24 得見祂的真容

> 親愛的弟兄啊，我們現在是上帝的兒女，將來如何，還未顯明；
> 但我們知道，主若顯現，我們必要像他，因為必得見他的真體。
> 凡向他有這指望的，就潔淨自己，像他潔淨一樣。
> 約翰一書3：2、3

機場中的人往往會表現出各樣情緒。有些人的臉上寫滿悲傷，因為他們要與所愛之人揮手道別。有些人則興高采烈，因為他們一直等待的人即將出現。在離家和返家之間，人們會通過各樣通訊設備進行交流，或者靠翻看照片來追憶往昔的特別時光。

當耶穌升天時，祂的第一批門徒們悲傷萬分（徒1：6-11）。從未見過耶穌的藝術家們根據自己的想像，以不同的方式來描繪祂。在你見過的畫作中，你認為哪一幅最能將祂的降臨描繪得淋漓盡致呢？**1808年10月24日**，英國藝術家約翰・薩爾坦（John Sartain, 1808-1897）在倫敦出生。22歲時，他移民到了美國，並在那裡開創了美柔汀版畫的先河。他著名的版畫《我們的救主》（1865）就被懷愛倫認定為最像她在異象中看到的耶穌畫像。

終有一天，我們不需要再靠想像來刻畫耶穌的面容，因為我們要親眼看見祂。〈約翰一書〉第3章2至3節告訴我們，「主若顯現，我們必要像他，因為必得見他的真體。凡向他有這指望的，就潔淨自己，像他潔淨一樣。」對於那些現在就將目光投向耶穌的人來說，這是何等奇妙的特權和蒙福的保證啊！（來12：2）。

那時，耶穌的肖像畫再惟妙惟肖，都將失去意義，因為我們將親眼見到祂的真容。更重要的是，耶穌曾應許我們將見到天父（太5：8）！懷愛倫稱：「得見上帝，這不是天上最大的福氣嗎？能夠仰望上帝的聖面，認祂為父，蒙基督恩惠救贖的罪人所能享的福樂，還有比這更大的嗎？」❹❺

願你我都蒙上帝的恩典，能成為親眼見到耶穌和天父的人。切勿讓任何事或任何人，來擾亂你為最榮耀的目標所付出的努力。

10月/25 難忘的時刻

他母親每年為他做一件小外袍，同著丈夫上來獻年祭的時候帶來給他。
撒母耳記上 2：19

懷愛倫曾寫過大量關於家庭生活和兒童教育的文章。但她的先知事工要求她肩負重任，將上帝的事業置於個人和家庭之上。1848年，她不得不將只有一歲的大兒子亨利留給豪蘭一家照顧。她寫道：

「後來我又奉召為使人得益而捨己。我們必須離開我們的小亨利，出去毫無保留地獻身聖工……我相信上一次他患重病時，主曾為我們保留了他的性命；所以如果我讓他攔阻我不能盡到本分，上帝就必把他取去。於是我只得以一顆辛酸的心和許多眼淚，在主的面前決意犧牲，把我獨生的孩子交給別人撫養……我和孩子分離時心中真是難受。我告別他時，他那小臉蛋上悲傷的表情真令我日夜難忘；但我靠著主的能力擺脫了戀慕孩子的心，竭力為別人謀福。」㊻

她原本計畫讓亨利只在豪蘭家待一小段時間，但最終他住了五年，其間只有幾次短暫的團聚。**1850年10月25日**星期五，豪蘭一家帶小亨利來到緬因州戈勒姆，與他的父母和祖父母一起度過安息日。懷愛倫寫道：「星期日時我們悲傷地告別了他們，因為我們不得不分開，但是很高興我們有一樣的信仰；要是忠心，我們不久就會相見，永不再分散。」㊼ 1859年初，她在另一次旅行後高興地寫道：「很高興，我們又見到了家人……懷著對上帝的感恩，我再次承擔起家中的責任。沒有一個地方如同家一樣珍貴。」㊽

身為復臨信徒，我們期待榮耀之日的降臨，屆時我們將與忠心的親朋好友永遠同居。

10月/26 獎勵成癮

不要自以為有智慧；要敬畏耶和華，遠離惡事。
箴言3：7

大多數人都喜歡因自己的身分和作為受到他人的讚揚和獎勵。但有些人似乎離不開讚美，如果沒有人誇他們，他們就會開始自誇。他們總喜歡將人生履歷掛在脖子上時刻炫耀。你是否曾捫心自問：「我是否非常沉迷於讚揚和獎勵？」

這種成癮很大程度上源於人自身的罪性以及父母和老師的教育方式。**1993年10月26日**，阿爾菲‧科恩（Alfie Kohn）的書《獎勵的懲罰：金星、獎勵計畫、優等、讚美等賄賂造成的麻煩》（Punished by Rewards：The Trouble With Gold Stars, Incentive Plans, A's, Praise, and Other Bribes）問世。作者認為，獎勵學生和工人的制度，實質上是對他們的賄賂，理應透過合作（團隊性）、內容（意義性）和選擇（自主性）來激勵他們。㊽

懷愛倫勸告我們：「不要抬舉和吹捧人。而應當崇揚上帝。」㊾ 另外，她還說：「不要稱讚別人，也不要指望別人的稱讚；因為稱讚不能使人更加謙卑純潔，反而會助長自恃，使人腐敗。」㊿ 那是否意味著我們對別人的行為應該表現冷漠且無動於衷呢？絕對不是。

被欣賞是成長的關鍵環節。有人曾表達過它的重要性，「對於許多人來說，生活是一場痛苦的掙扎；他們看到自己的不足，心裡痛苦，沒有信心，他們認為自己沒有什麼值得被欣賞的。而親切的話語、共情的目光、欣賞的表達，對於許多在孤獨中掙扎的人來說，就像是把一杯清甜的水遞給一個乾渴的人一樣。」㊼

我們給他人的生活帶來改變。願上帝賜予我們最溫柔的態度和最合宜的話語，來激勵我們身邊的人。記住，包容性的合作和欣賞，遠比選擇性的競爭和獎勵更有果效。

10月/27 自然之美

「何必為衣裳憂慮呢？你想野地裡的百合花怎麼長起來；
它也不勞苦，也不紡線。然而我告訴你們，就是所羅門極榮華的時候，
他所穿戴的，還不如這花一朵呢！你們這小信的人哪！
野地裡的草今天還在，明天就丟在爐裡，
上帝還給它這樣的妝飾，何況你們呢！」

馬太福音 6：28-30

在我家客廳裡有一株美麗的蘭花，它偶爾會開花。非花期時，我的妻子會巧妙地將一株人造蘭花插在上面。即便如此，它的美麗還是會給客人們留下深刻印象。人造花雖然看起來也美，但只是仿真花；它沒有生命，因此也不會有奇妙的生長。更重要的是，人手所造的花沒有上帝的手跡！

在**1885年10月27日**的《復臨評論與安息日通訊》中，懷愛倫寫道：

「基督設法使祂的門徒把注意力從人手所造的事物轉移到大自然上：『你們這小信的人哪，野地裡的草，今天還在，明天就丟在爐裡，上帝還給它這樣的妝飾，何況你們呢？』為什麼我們的天父不用棕色或灰色鋪張大地呢？祂所選擇的顏色是最舒適，最宜人感官的。觀賞披著充滿生機之綠色外衣的大地，會給疲乏的心靈帶來快樂和鼓舞。大地如果沒有這層外衣，空氣中將充滿灰塵，大地將成為一片荒漠。每一根草莖，每一朵綻放的花朵，都證明上帝的愛，教育我們信靠祂。基督呼籲我們注意這自然的美，並向我們保證，有史以來屬世國度最偉大之君王的華服，也比不上最普通花朵的裝飾。你們嘆服那唯有金錢才能購買的人為炫耀，嘆服貴重的名畫、家具、衣裳等。請你們傾聽那神聖教師的聲音。祂向你指出田野的花卉；其純樸的圖案是人的技巧所無法模仿的。」❽

上帝將安息日賜給我們，作為思念祂創造之美的特別日子（創2：1-3；出20：8-11）。願大自然的信息能讓我們更親近祂！

10月 28 地球村

> 眾人痛哭，抱著保羅的頸項，和他親嘴。叫他們最傷心的，
> 就是他說「以後不能再見我的面」那句話，於是送他上船去了。
> 使徒行傳 20：37、38

　　十九世紀70年代初，我的曾祖父母離開德國北部移民到巴西南部。他們告別了父母和親友，從此一生再也沒能相聚。也正是從那時起，通訊和交通有了長足的發展，也變得更加實惠。網路革命則徹底改變了人與人之間的聯繫方式。

　　2003年10月28日，哈佛大學學生馬克‧祖克伯（Mark E. Zuckerberg）在三位同學的幫助下，發佈了一個名為「Facemash」的新網站。祖克伯駭進了哈佛大學的安全網路，將女宿舍使用的證件照拷貝下來，兩人一組地放在一起，讓網站訪客來投票看哪一位更靚麗。

　　到了2004年2月4日，祖克伯在哈佛大學推出了社交網站──「臉書」。第二個月就大受史丹佛大學、哥倫比亞大學和耶魯大學學生歡迎，最終風靡全世界。2015年1月28日，蒂莫西‧斯特諾維奇（Timothy Stenovec）發表文章，標題為《如今的臉書比地球上最大的國家還要大》❺。那時，每月登錄臉書的用戶達到了13.9億人，他們瀏覽新聞動態，與朋友交流，或翻看照片。當時中國的人口約有13.6億，而臉書的用戶竟比這還要更多。❺

　　現代世界已經變成了一個巨大的地球村。由於社群媒體的出現，因距離和分別帶來的孤獨感已明顯減少了。〈使徒行傳〉第20章37至38節描述保羅是如何與親友永別，但現今的我們卻可以瀟灑地說：「我走了，再聯絡！」透過臉書和其他社交網站，我們甚至可以找到舊日的朋友，重新取得聯繫。

　　相信基督即將復臨的我們，可以在利用網路社交的同時與人分享耶穌。我建議我們不妨構思具創意的方法，來縮短我們的朋友與救主耶穌基督之間的距離。不妨想一想你能怎麼做！

10月/29 計劃性報廢

「不要為自己積攢財寶在地上；地上有蟲子咬，能鏽壞，也有賊挖窟窿來偷。只要積攢財寶在天上；天上沒有蟲子咬，不能鏽壞，也沒有賊挖窟窿來偷。」
馬太福音 6：19、20

東西只要常用，最終都會壞掉。但由於現代人總是追求最新、最好的，便將這一過程大大加速了。二十世紀20年代，美國股市迅速膨脹，金融投機盛行。但後來股價開始下跌，到了**1929年10月29日**，即歷史上著名的「黑色星期二」，美股崩盤，引發了大蕭條（1929-1939年），這是「西方工業化世界史上，程度最深、持續時間最長的經濟衰退」。㊶ 到了1933年，美國近一半的銀行倒閉，失業人數逼近一千五百萬人。㊷

隨著工廠的倒閉潮，一些頗有創意頭腦的人制定了新的生產和行銷策略。人們相信是伯納德‧倫敦（Bernard London）在1932年提出了「計劃性報廢（或汰舊）」一說，這種製造和行銷原則會迫使人們在已購買過的產品推出新型號時再次買單。吉爾斯‧斯萊德（Giles Slade）在《美國式的刻意報廢：技術與淘汰》㊸ 一書中，一針見血地指出「重複性消費」㊹ 是如何透過紙張生產的創新、塑膠工業的發展以及「歷年的型號更迭」㊺ 等方式產生，並透過以新產品取代舊產品的消費取向得以延續。

有計劃性報廢助長了短暫和用過即丟的觀念。對「新」事物的渴望可能會導致人們拒絕任何持久性的事物，包括婚姻、家庭和朋友。這種概念想表達的就是：「只要你對我還有用，你就很重要；當我無法再利用你時，就找別人替代你！」

《聖經》的教導恰恰與之相反，它強調委身與承諾；例如，孝敬父母的神聖義務（弗6：1-3），愛「你幼年所娶的妻」（箴5：18），尊重子女（弗6：4）。誠然，人要比財物貴重得多！但這說明，身為基督徒，我們絕不能讓自己對新事物的迷戀摧毀我們舊有的關係，因為它們是要在今生和來世都延續下去的。

10月/30 未完成的交響曲

> 我深信那在你們心裡動了善工的,必成全這工,直到耶穌基督的日子。
> 腓立比書1:6

世界上有許多未完成的作品。有些是因為缺乏資金,有些是出於政治原因,還有些是因為負責該項目的靈魂人物已告別人世。在音樂領域,最著名的未完成作品之一當屬舒伯特的《未完成交響曲》。

弗朗茨‧舒伯特(Franz Schubert,1797-1828)是一位才華橫溢且多產的奧地利作曲家,被譽為第一位「音樂詩人」。貝多芬在欣賞過舒伯特的作品後曾驚歎道:「確實,舒伯特身上閃耀著神聖的火花。」❻❶

1822年10月30日,舒伯特開始譜寫著名的B小調第8交響曲。他譜寫了兩個樂章,但沒有寫完。將近一年後,舒伯特把曲譜送給了一位朋友,而後者將這份樂譜保存了三十年之久。❻❷ 直到舒伯特去世幾十年後,世人才發現了這部交響曲的偉大之處,它被稱作《未完成交響曲》。1865年12月17日,該曲目在維也納舉行首演。

舒伯特為什麼沒有完成這部傑作呢?有人說他把它擱置一邊,是為了集中精力寫另一首。還有人認為,這部交響曲已是完美無瑕,再寫就是畫蛇添足了。事實上,我們並不清楚這件作品未完成的真相。

有時候事情沒做完並不會造成嚴重的後果。然而,在屬靈問題上,卻沒有「幾乎得救」或「部分得救」的說法。你若不是得救,就是完全失喪。但是讚美主,如果你委身於上帝,祂不會讓你的拯救淪為未完成狀態!保羅堅定地說:「那在你們心裡動了善工的,必成全這工,直到耶穌基督的日子。」(腓1:6)儘管在基督裡成長是需要一生為之努力的(腓3:12-16),但因著基督無瑕的公義,你現在就可以完全得救。願它也成為你我的經歷!

10月/31 單憑信心

因為上帝的義正在這福音上顯明出來；這義是本於信，以致於信。如經上所記：「義人必因信得生。」

羅馬書 1：17

假設今天是**1517年10月31日**，我們身在德國威登堡鎮。許多人正聚集在此；一方面期待著諸聖節（11月1日）的到來，另一方面希望有幸一睹薩克森選侯腓特烈的聖物收藏。根據羅倫培登（Roland H. Bainton）的書《這是我的立場：馬丁·路德傳記》的記載，他收藏的聖物包括聖徒的牙齒、聖母馬利亞的衣物碎片和四根頭髮、耶穌的十三塊襁褓布、馬槽中的一根稻草、耶穌的一根鬍鬚、最後的晚餐吃剩的一塊麵包、耶穌荊棘冠冕的一根刺和釘在祂手上的一枚釘子，甚至還有摩西所看到的燃燒荊棘叢中的一根枝子。「到了1520年，藏品的數量已達到19,013塊聖骨。瞻仰這些聖物……並按規定捐款的人，可以為自己或他人減少煉獄的時間，長達驚人的1,902,202年零270天。」❻

與此同時，約翰·特契爾（Johann Tetzel）一直在周邊地區出售贖罪券，讓人以為他們不再需要為自己的罪懺悔。馬丁·路德（Martin Luther）對此十分厭惡，於是起草了針對售賣贖罪券的《九十五條論綱》，他將它貼在威登堡教堂的大門上。其中第21條和第22條論綱的主要內容是：「贖罪券不能拯救任何人」，並且「死人也不能靠贖罪券得救」。第56至58條論綱更補充道，這些所謂的聖物並非基督的遺物，而是一種邪惡的觀念。❻

路德用拉丁語寫下了論綱，本以為會有一場學術辯論等著他。但有人很快將它翻譯成德語，後來又被譯成其他語言。結果，許多人開始質疑羅馬天主教關於聖徒功績、聖物和販賣贖罪券的教義。難怪世人會將1517年10月31日視為偉大之新教改革的肇始！

當路德將他的《九十五條論綱》貼在威登堡教堂的門上時，他怎麼也不會想到這小小的舉動竟會產生如此深遠的影響；它點燃了宗教改革之火，這把火要在基督教界持續燃燒，直到世界的末了。

11月/01 地大震動

揭開第六印的時候，我又看見地大震動，日頭變黑像毛布，滿月變紅像血。
啟示錄 6：12

　　世界歷史上曾發生過許多次嚴重的自然災害。當門徒向耶穌請教時，祂警告他們，臨近末時，「多處」必有地震發生（太24：7）。〈啟示錄〉第6章12節預言之後在第六印揭開時會出現「地大震動」。復臨信徒相信，在**1755年11月1日**星期六早晨發生的里斯本大地震，正是這一預言的了應驗。

　　根據奧托・弗里德里希（Otto Friedrich）的記載，曾有幾個人聲稱事前收到了超自然的啟示，指出被譽為「海上女王」的里斯本即將因其罪惡而受到懲罰。就在地震前一天晚上，海軍學院的馬努埃爾・波塔爾神父（Father Manuel Portal）「夢見里斯本受到兩次連續的地震蹂躪」。❶

　　無論啟示從何而來，在那令人痛心的早晨，時間剛過九點半，里斯本的居民還在參加早彌撒，就發生了連續三次的地震，持續時間長達十分鐘，接著一場巨大的海嘯席捲全地，隨後是持續一週的大火將一切毀於一旦。在這場災難中，里斯本有三到四萬人喪生，在其他地方也有一萬人喪命。

　　沒有任何一場地震能像里斯本大地震一樣，對哲學、文化和宗教帶來如此重大的影響。伏爾泰稱其為「對樂觀主義的可怕反駁」。❷

　　哈里・菲爾丁・里德（Harry Fielding Reid）認為它是「歷史上最著名的地震」。❸ 肯德里克（T. H. Kendrick）斷言，里斯本大地震對「西方文明產生的衝擊，超過自第五世紀羅馬淪陷後的所有大事」。❹ 愛德華・佩斯（Edward Paice）著有《上帝的憤怒：1755年大里斯本地震》一書，其標題充分地表達了這場災難所蘊含的深刻宗教意義。

　　里斯本大地震可被視為〈啟示錄〉第6章12至13節中，大地震–太陽–月亮–星星序列的第一個重要徵兆。許多人堅信上帝審判的時刻已經到來。今天，我們離末日更近了。願我們獻上禱告：「主啊，求祢開啟我們的眼睛，讓我們看到祢即將來臨的種種徵兆，讓我們為那榮耀的日子做好準備。」

11月 02 我的母親

她的兒女起來稱她有福；她的丈夫也稱讚她。
箴言 31：28

慈愛而忠誠的母親是無可替代的！今天是我親愛的母親——弗里達‧康拉德‧提姆（Frieda Conrad Timm）的生日，**1917年11月2日**，她出生在巴西的聖洛倫索杜蘇爾。雖然她於2004年安息主懷，但她的音容笑貌將永遠留駐我心。我小的時候，她在教會擔任兒童安息日學班的老師。在我還不識字時，她在家裡就按照兒童版讀經計畫讀經給我聽。時光荏苒，十來歲的我去了另一個城市求學。臨行前，母親將我攬入懷中，親吻著我，並對我說：「一定要忠心！」簡簡單單的一句話，至今仍在我腦海中迴響。

懷愛倫用以下的話來讚美母親：

「天上有一位上帝。當忠心的母親教導兒女抵制罪惡的影響時，祂的寶座便發出榮耀光輝，照在她的身上。世上沒有什麼工作比母親的工作更重要的了。她不像畫家把美畫在畫布上，不像雕塑家把美鑿在大理石上，不像作家把高尚的思想表達在文字裡，也不像音樂家把優美的情感宣洩在旋律中。她要靠著上帝的幫助，在人的心中培育上帝的形像。」❺

我們還可以說，慈愛的基督徒母親會把天堂帶到她的家人身邊，也會引導她的兒女進入天庭。「當審判開始，案卷展開，偉大的審判之主宣佈說『好』，並將永生的榮耀冠冕戴在勝利者的頭上時，許多人必要在宇宙的觀眾之前脫下他們的冠冕，指著自己的母親道：『她靠著上帝的恩典造就了我。她的教導，她的禱告，使我蒙福得著永遠的救恩』。」❻

身為基督徒的母親，都希望家庭能夠成為如俗語所說——「生命始於此而愛永不止息」的地方。願今生將我們牢牢繫在一起的愛的紐帶，在永恆的時光中依然能夠將我們緊緊連結在一起。

11月/03 最純正的福音

**如今,那些在基督耶穌裡的就不定罪了。
因為賜生命聖靈的律,在基督耶穌裡釋放了我,使我脫離罪和死的律了。**
羅馬書 8:1、2

　　福音是上帝制定的奇妙策略,在使罪人成聖的同時譴責罪惡,拯救他們脫離撒但的權柄,將他們帶入基督的國度(西1:13)。保羅在寫給羅馬人的書信中,給出了關於福音最清晰的闡述之一。

　　馬丁・路德(Martin Luther)就是藉著學習〈羅馬書〉了解福音。在他擔任神學教授的初期,就針對〈羅馬書〉開設了一系列講座。該系列於**1515年11月3日**開始,直到1516年9月7日才結束。1522年9月,他所翻譯的德文《新約聖經》付梓,其中就包含〈羅馬書〉的序言(該書於1546年修訂)。包括約翰・衛斯理(John Wesley)在內的一些學者,亦是因為讀了這篇序言而對福音有了更深刻的理解。路德認為,「此卷書實是新約最重要的書,也的確是一部最純正的福音,不僅每一個基督徒都應該要從心裡逐字理解它,也要每日思想,使它成為靈魂之日用的飲食。我們絕不會閱讀和思想得過多;因為越是如此,就會越發現它的可貴,並且會越讀越甘甜。」❼

　　路德在總結這卷書信時指出,表面上遵行律法並不能改變我們的心,因為我們在心底是憎恨法律的,無法滿足律法在屬靈層面的意義。但「唯獨信心才能使人成為義,並滿足律法的要求。基督的善行帶來了聖靈。聖靈使心歡喜和自由,正如律法所要求的」。❽ 恩典「使我們覺得法律是可愛的;這樣罪就不在我們身旁,並且律法就不再與我們為敵,而與我們同在了」。❾

　　在基督裡的人不是「部分得救」——他們是「完全得救」。根據路德的說法,「恩典做了這麼多,使我們在神的面前被完全算為義。因為,神的恩典是不可分割和不分批的(像恩賜一樣),祂把我們完全納入其寵愛之中。」❿ 但最令人驚奇的是,為了「我們的中保和代禱者」⓫ 的緣故,上帝的救贖恩典此時此地就能成為我們的!在結束今天的靈修時,我們就可以離棄舊我,作基督耶穌裡新造的人。

11月/04 拼字比賽和聖經比賽

> 我將你的話藏在心裡，免得我得罪你。
> 詩篇 119：11

採用上好記憶策略的人，也會在提高整體記憶能力上有所提升。人與人之間想要達到有效的交流，就必須記住許多詞語的含義及拼寫方式。因此，自1925年以來，全美的孩子們都必須參加學校、地方及各州的拼字大賽，並且希望能在華盛頓特區舉辦的全美拼字大賽上一較高下。每年約有一千萬學生參與這項賽事，這對他們學習語法、豐富詞彙量、在良性環境下競爭、培養對詞源和詞源學的興趣、發展一系列認知技能（包括處理壓力的能力），以及培養在公眾場合發言和坦然接受錯誤的信心大有助益。如果背單字這麼重要，那麼背誦上帝的聖言豈不應當受到同樣的重視嗎？

2009年11月4日至6日，三百名參賽者——年齡從7到18歲的兒童和青少年——齊聚美國首府華盛頓，參加由謝爾比‧甘迺迪基金會贊助的首屆全國聖經背誦大賽。比賽呼籲年輕人重拾背誦經文的習慣，同時呼召他們學習、講述並實踐自己的基督教信仰。每位參賽者最終都對上帝的聖言獲得了獨特的體驗！

世上根本就沒有腦袋空空這回事。如果我們不以上帝的話語充滿我們的心思意念，那麼世俗的、甚至可能是粗俗的想法就會盤踞其中。背誦聖經章節不僅僅是知識的累積，它還能保護我們免受罪的侵害，增強屬靈的生命。在〈詩篇〉第119篇11節中，我們讀到，「我將你的話藏在心裡，免得我得罪你。」

若有人請你背誦一節經文，那麼你腦海中會浮現出多少章節呢？何不挑戰自己——以及你身邊的人——每天背誦一段新的經文呢？可以是與復臨信息、上帝的應許相關的內容，或者任你選擇。不論你挑選哪些章節背誦，這一良好的習慣都會使你的心靈更貼近上帝的話語，使你的生命與祂的旨意更加和諧。

11月/05 迷魂陣

> 蛇對女人說：「你們不一定死；因為上帝知道，
> 你們吃的日子眼睛就明亮了，你們便如上帝能知道善惡。」
> 創世記 3：4、5

當撒但的話似乎比上帝的話更合邏輯、更與時俱進、更貼近現實的時候，你該怎麼辦？這正是夏娃在伊甸園中陷入的困境（創2：15-17；3：1-6），也是今天許多允許讓理性掌握最後話語權的人所面臨的問題。

1857年7月，摩西・赫爾（Moses Hull，1836-1907）接受了復臨信仰，次年他接受按立，投身事奉。他不但是一位口才甚佳的傳道人，也是一位文筆優美的作家，更是一位擅長在公開辯論中對抗招魂術的將才。但懷雅各和懷愛倫都曾警告他切勿以此類辯論為樂，以免把自己暴露在撒但的影響之下。起初，他表現得很忠心。在1862年3月25日的《復臨評論與安息日通訊》上，他稱招魂術為「最敗壞的不忠」。❶ 然而，在1862年10月，在密西根州的帕帕瓦，他與一位名叫賈米森（W. F. Jamieson）的靈媒辯論，從此，他整個人就變了。

1862年11月5日，懷愛倫見到異象，揭示了摩西・赫爾的危險狀況。她警告他說：「你已與撒但交談，並與他討論，徘徊於禁地。」❸ 但他仍然「絲毫不知自己的危險」。❹ 她補充說：「他在我面前的景象就像是站在一個可怕的深淵邊緣，就要跳下去似的。要是他跳了，那就會成為他的結局；他永恆的命運就會決定了。他正在行的事和做的決定是關乎永恆的。」❺

當赫爾重新回到教會並再次參與事奉時，許多人為之歡喜。但遺憾的是，他第二次的委身並沒有持續多久。1863年9月20日，他在新罕布夏州曼徹斯特以復臨教會牧師的身分講了最後一篇道。後來，他搖身一變成了招魂術的演講者和作家，產生了不小的影響，直至1907年去世。他最終還是跳入了迷魂陣，撒但獲得了勝利。

撒但的迷魂陣太過誘人，他的論點也能蠱惑人心。我們必須遠離！

11月/06 佈道的教會

> 我口所出的話也必如此,決不徒然返回,卻要成就我所喜悅的,在我發他去成就的事上必然亨通。
> 以賽亞書 55:11

復興一間已放棄「起初的愛心」的教會(啟2:4)是否可能呢?這樣的教會想要復興,就需要與基督建立活潑的關係,依照上帝的話語進行改革,將教會轉變為教友的佈道培訓學校。懷愛倫指出,「每一個教會都應該成為基督工人的訓練學校。要教導教會的信徒怎樣查經,怎樣教安息日學學課,怎樣為尚未悔改的人作工,用最好的方法幫助窮人,看顧病人。」⓰

論到早期復臨信徒的佈道策略,對於將地方教會轉變為宣教機構方面,沒有比文字佈道會更有成效的。**1870年11月6日**,史蒂芬·赫斯格(Stephen N. Haskell)為剛成立的新英格蘭分會創辦了第一所文字佈道會。其目的有三:拜訪群眾,分發書籍和小冊子,以及推廣復臨教會的期刊。凡復臨信徒都可以透過奉獻一美元來加入文字佈道會。每個人都持續記錄自己的工作並在季會上報告。1873年,總會請赫斯格長老到其他分會推廣文字佈道工作。1874年,國際文字佈道會成立。

如今的世界已大不相同。過去許多有效的外展佈道方法到了今天可能不再奏效,需要被更新或替換。但試想,你的教會若能成為高效的「基督工人訓練學校」,是一件多麼美好的事啊!請記住,「一個教會若要成為有生命的教會,必定得是作工的教會。」⓱

問教會應該做什麼固然重要,但更有效的是問出更關鍵的問題:「我」可以做哪些事來振興我的教會?並為其積極付諸行動。讓上帝使用你的才能和技能,協助教會轉變為一個高效的宣教機構。

11月/07 絕對的相對

身體只有一個，聖靈只有一個，正如你們蒙召同有一個指望。
一主，一信，一洗。
以弗所書 4：4、5

許多人說，按照愛因斯坦（Albert Einstein）的觀點，一切都是相對的。但沒有任何證據表明他曾提出對現實如此概括性的概念。但法國哲學家奧古斯特‧孔德（Auguste Comte）卻曾強調過「人類所有知識的純粹相對性」。❸ 馬克思主義革命家和理論家列夫‧托洛茨基（Leon Trotsky）表示，「世界萬物都是相對的，唯有變化才是永恆的。」❹ 但是，我們是否應該質疑「萬物皆相對」這一概念的絕對性呢？正如愛因斯坦本人所斷言的那樣，「哲學家們擺弄這個詞（相對性），就像孩子擺弄玩具一樣……這並不意味著生活中的一切都是相對的。」❺

1919年11月7日，英國《泰晤士報》頭版頭條刊登了一篇名為《科學革命——宇宙新理論——牛頓思想被推翻》的文章。那麼當愛因斯坦在1905年和1916年分別提出「狹義」相對論和「廣義」相對論時，他的初衷是什麼呢？簡而言之，他的狹義相對論是基於光速對所有觀察者都是恆定的理論，而以恆定速度運動的觀察者也應遵守相同的物理定律。廣義相對論則提出物質會使空間發生彎曲。因此，來自另一顆恆星的光會因太陽的引力發生彎曲。

我們的世界裡神佛滿天，真理的表達也互相衝突，於是宗教變得非常主觀，在很大程度上被視為是個人品味的表現。人們普遍將自己喜歡的事物視為絕對真理，不喜歡的則視為相對真理。但〈以弗所書〉第4章4至5節告訴我們，「身體只有一個，聖靈只有一個，正如你們蒙召同有一個指望。一主，一信，一洗。」這意味著與其將心靈敞開去接受層出不窮的人類理論和意識形態，不如將思想重新集中在「一主、一信」之上。

請記住，上帝就是上帝，祂知道什麼對我們最好。祂將自己的話賜給我們，不是讓我們質疑，而是讓我們遵守。

11月/08

準確無誤

耶和華啊，你已經鑑察我，認識我。
詩篇 139：1

你是否曾經透過做X光檢查而發現自己骨折了呢？威廉‧康拉德‧倫琴（Wilhelm Conrad Röntgen，1845-1923）是德國的機械工程師和物理學家。**1895年11月8日**，他在研究電流通過極低壓氣體的現象時，發現了一種新的射線。後人稱其為倫琴射線，但倫琴卻稱之為X射線（又稱X光），表示這是一種以前未知的輻射類型。他是1901年第一屆諾貝爾物理學獎的得主。X射線提醒我們，上帝了解我們內心的最深處。身邊的人看不到的，祂都能看見。懷愛倫這樣解釋：

「或許人可以隱蔽、否認、遮掩，瞞過了父母、妻子、兒女和同伴，以致除了犯罪者本人之外，沒有人會對他的罪行有絲毫的嫌疑，但這在天庭眾聖者面前卻是昭然若揭的。最濃黑的夜色，最詭祕的手段，都不足以掩蓋一個念頭，以瞞過那永生的上帝……

「這該是何等嚴肅的感想啊！日復一日，光陰一去不回，把當日的記錄登載在天上的案卷中。一切說過的話和行過的事，已是『駟馬難追』了。天使已把善事和惡事都作了記錄。世上最有勢力的征服者也不能把一天的記錄撤回……

「畫家怎樣在畫板上惟妙惟肖地繪出人的容貌，照樣，天上的案卷也要切實地描寫人的品格。這些記錄都要經過天上生靈的檢查，但一般人對它卻是何等地漠不關心啊！如果這隔開可見的與不可見的簾幕被揭開，使人得以看見天使正在把一言一行都記錄下來，並知道一切在審判之日還要顯露出來，那麼我們每天將會如何謹言慎行啊！」㉑

上帝對我們的了解細緻入微，那些心懷不軌的人應該為此感到憂心忡忡，但在基督裡的人應當無比寬慰。

11月/09 柏林圍牆

> 以祿月二十五日，城牆修完了，共修了五十二天。
> 我們一切仇敵、四圍的外邦人聽見了便懼怕，愁眉不展；
> 因為見這工作完成是出乎我們的上帝。
> 尼希米記6：15、16

今天的靈修是我在德國柏林旅行時寫下的，因我想起了有關這座城市的幾段歷史。1871年，奧托·馮·俾斯麥（Otto von Bismarck）將德意志諸邦整合成一個強大的德意志帝國，由普魯士領導，首都設在柏林。還未過百年，第二次世界大戰就將這個國家一分為二——分為西德和東德——柏林也分為西柏林和東柏林。1961年，柏林圍牆開始動工，將城市的東西兩地永久分隔。然而到了**1989年11月9日**，柏林圍牆被拆除，象徵著與蘇聯的冷戰時期告一段落。

柏林圍牆將柏林分割開來，兩地的居民也無法自由通行；然而耶路撒冷的城牆卻是圍繞著耶路撒冷而建，保護其中居民免受入侵者的侵害。如前所述，冷戰結束時柏林牆被拆毀，柏林重新成為統一的城市。而在巴比倫被擄時期結束時，耶路撒冷的城牆以及城市和聖殿也被重建。柏林圍牆的倒塌具有重大的歷史意義，而耶路撒冷的重建則具有重要的預言意義。

〈但以理書〉指出，恢復和重建耶路撒冷法令的頒佈（但9：24-27）是七十個七（但9：24-27）和二千三百日（但8：14）的起點。兩者都是從西元前457年的秋天開始算起，那是亞達薛西王在位的第七年，法令由王親自頒佈（拉7：7）。據可靠的研究表明，兩個預言的時間段代表了490年和2300年，前者將我們帶到了西元34年，劃給猶太人的時間結束了——彌賽亞被「剪除」、被釘死在十字架上（但9：26）後的三年半；後者則將我們帶到了1844年，那時耶穌開始潔淨天上的聖所（但8：14；參見來9：23）。

以上的預言和《聖經》中其他預言的應驗，證實了上帝正掌管著人類的歷史，耐心地引導它走向榮耀的高潮：基督復臨！

11月/10 人的理性

> 然而，屬血氣的人不領會上帝聖靈的事，反倒以為愚拙，並且不能知道，因為這些事惟有屬靈的人才能看透。
> 哥林多前書2：14

　　許多人將信仰與輕信混為一談，將理性置於信仰之上。也許在歷史上，沒有哪場運動能像法國大革命（1789-1799）那樣，將理性與所謂的自由捧上天。帶有強烈反基督教色彩的大革命，竟然將許多教堂改造成了理性神殿。**1793年11月10日**，巴黎慶祝了盛大且放蕩的理性與自由節，在慶祝儀式中，一名婦女被抬進巴黎聖母院，被奉為理性女神。根據《新月刊雜誌》（1868年）的報導，共和活動家莫莫羅夫人（又名Sophie Momoro）是理性女神的象徵，女演員瑪德莫瓦澤爾·馬伊拉德（Marie-Thérèse Davoux）則是美與自然的代表。

　　此外，啟蒙運動促使人們使用歷史批判法，抱持懷疑的態度對《聖經》進行閱讀和解釋。批判學者否認《聖經》的神聖起源和靈感，並將其視為對當時大環境的一種簡單表述。對《聖經》中的神蹟奇事，人們若不是予以否認，就是重新詮釋，認定它們是由自然原因產生的。《聖經》中的預言則被視為事後之計——是在事件發生後才寫下的預言。因此，人類的理性審判起了《聖經》，削弱了《聖經》感化人心的力量。

　　在〈哥林多前書〉第2章14節中，保羅將「自然的理性」與「成聖的理性」作了對比。在談到成聖的理性時，馬丁·路德（Martin Luther）認為，「當理性得到聖靈的照亮時，就對解釋《聖經》有所助益。」㉒ 論到自然的理性，宗教改革家則警告說：「理性既是信仰最大的敵人：它對屬靈之事就毫無幫助，卻常常與聖言相互衝突，蔑視一切來自上帝的事物。」㉓

　　救贖的信心是上帝的恩賜，超越了理性，領人進入屬靈和屬天的境界（來11：1）。正如耶穌對馬大說的，「我不是對你說過，你若信，就必看見上帝的榮耀嗎？」（約11：40）請讓真正的信仰來增強你的理性吧！

11月 11 為上帝做大事

> 「要擴張你帳幕之地，張大你居所的幔子，不要限止；
> 要放長你的繩子，堅固你的橛子。因為你要向左向右開展；
> 你的後裔必得多國為業，又使荒涼的城邑有人居住。」
> 以賽亞書 54：2、3

偉大的基督教傳道人和宣教士對世界產生了深遠的影響，他們都是完全獻身於上帝並無條件投身於上帝使命的人。被稱為「現代宣教士之父」的威廉‧克里（William Carey, 1761-1834）就是其中的一位。當克里還在英國南部的哈克爾頓作鞋匠時，他就製作了一張世界地圖掛在工作臺旁，時時提高他對全球宣教的意識。1792年5月31日星期三，在一次以〈以賽亞書〉第54章2至3節為主題章節的講道中，克里反覆呼籲：「向神求大事；為神做大事。」可惜，會眾的回應卻不如他所期待的那般熱烈。於是克里轉向一位朋友，說：「那麼就讓我們做些事情來回應神的呼召吧！」

當他與一群牧師提及所有的基督徒都肩負著將福音傳遍世界的責任時，其中一位牧師說：「年輕人，坐下吧；當上帝樂意拯救異教徒時，祂不需要你我的幫助也能做到。」最初，克里的妻子不願意去宣教，但最終她還是勇敢接受了挑戰。**1792年11月11日**，他們來到印度加爾各答，克里和他的同工們將《聖經》翻譯成孟加拉語、梵語和其他主要語言和方言。

克里無法抗拒〈馬太福音〉第28章18至20節中的大使命。他向一位朋友坦誠：「我向來沒有辦法說『不』。我在莫爾頓傳道，是因為我無法說『不』。我去了萊斯特，是因為我無法說『不』。我作了傳教士，也是因為我不能說『不』。」㉔ 確實，上帝的大能與人的努力必須完美結合。懷愛倫寫道：「當上帝的大能與人的努力結合時，福音工作必迅速展開，其勢如火燎原。」㉕ 你可甘願成為現代的威廉‧克里，將自己的生命獻給上帝，允許祂使用你完成祂的使命？

11月/12 從未閱讀的證言

> 約沙法站著說：「猶大人和耶路撒冷的居民哪，要聽我說：信耶和華——你們的上帝就必立穩；信他的先知就必亨通。」
> 歷代志下 20：20

1851年秋天，在美國新罕布夏州華盛頓守安息日的信徒發生了極大的混亂，於是懷雅各和懷愛倫前往那裡參加週末會議。11月1日安息日當天，懷愛倫見到異象，事關團體中出現的各種問題，其中就有史蒂芬・史密斯（Stephen Smith，1806-1889）極其苛刻和咄咄逼人的精神。有幾位弟兄因此悔改認罪，但史密斯拒絕了。所以在星期日下午，教會投票決定將他開除教籍。

1851年11月12日，懷愛倫在一封信中描述了他們在會議上面臨的困難，以及在11月3日星期一「又舉行了一次聚會，是全部聚會中最好的一次聚會；美好的團結與愛彌漫整個會場」。㉖ 從那時起，史蒂芬・史密斯的生活充滿坎坷。曾幾何時，他甚至支持分裂運動。「在十九世紀50年代的某段時期……懷愛倫給他寫了一份證言，在證言中她描述了如果他固執己見，堅持他所遵循的路線，他的生活將會是什麼樣子。」但史密斯把這封信「藏在一個箱子裡，既沒有打開，也沒有讀過」。㉗ 1885年，當華盛頓小教堂舉行復興會時，史蒂芬・史密斯在會上公開承認：

「28年前，我自己也收到了一份證言。我把它帶回家，鎖在我的箱子裡，直到上週四我才讀它……弟兄們，給我的證言，句句都是真的，我接受。我走到這一步，終於相信證言是出於上帝的。如果我聽從了一個證言或其他的證言，它就會改變我生命的整個過程，我就會是一個完全不同的人。」㉘

願主幫助我們閱讀祂的教誨和警告，並將其應用到我們的日常生活中。今天我們得到的應許是：「信他的先知就必亨通。」（代下20：20）

11月 13 眾星墜落

「那些日子的災難一過去,日頭就變黑了,月亮也不放光,
眾星要從天上墜落,天勢都要震動。」
馬太福音 24:29

或許沒有任何天象能比**1833年11月13日**著名的獅子座流星風暴更加令人感到激動和恐懼了。整個北美洲都能看到這一壯觀景象。它是由於地球穿過坦普爾–塔特爾彗星的軌道路徑所引起的。每年11月都會出現小規模的流星雨,但更為強烈的流星風暴通常要隔33年才會出現一次。但無論是從強度還是意義來看,史上沒有任何流星風暴能超越1833年的那一次,據說每小時有超過十萬顆流星劃過天空。

弗雷德里克·道格拉斯(Frederick Douglass)曾說:「我親眼目睹了這一壯麗的景象,無比震撼。空中似乎充滿了從天空而降的明亮使者。當我看到流星風暴的時候,天都快亮了。那一刻我不禁想到,這大概是人子降臨的預兆;以我當時的心境,我已經準備好發出歡呼來迎接我的朋友和救主耶穌了。我曾讀到《聖經》中寫道,『眾星要從天上墜落』,而現在它們正在墜落。」㉙

而在此的兩年前,在美國東海岸,威廉·米勒耳(William Miller)開始宣講基督復臨和世界末日,並預計這一切將在1843年左右發生。1833年的流星風暴意外降臨,在復臨信息傳開的地方,它照亮了整個夜空,眾人因此相信審判日即將來臨。儘管基督並沒有在米勒耳所預言的時間復臨,但1833年的流星風暴仍然是預言解釋中的里程碑(啟6:13)。

有些人對「兆頭」的預言意義提出質疑,認為它們的出現有自然原因或科學解釋。在人的眼中,1755年里斯本大地震只是由於地殼板塊運動引起的又一次震動而已。同樣,1833年的獅子座流星風暴只是由於地球穿過坦普爾–塔特爾彗星的軌道造成的。但從《聖經》的角度來看,上帝經常使用自然現象來喚醒人們,作為祂干預人類歷史的先兆。無論其原因如何,請允許以《聖經》來解釋這些兆頭的意義。

11月／14　充滿祝福的損失

上帝說：「你帶著你的兒子，就是你獨生的兒子，你所愛的以撒，
　　往摩利亞地去，在我所要指示你的山上，把他獻為燔祭。」

創世記 22：2

　　談到拜偶像，你腦海中會浮現出什麼畫面？我們往往會想到古人用石頭、金屬或木頭雕刻而成的偶像（賽44：9-20）。但是偶像和假神形式眾多，往往很難辨認。有時甚至美好的事物或心愛的人也可能成為我們的神。

　　2007年11月14日，我來到巴西南部的卡內拉鎮，參加南巴西聯盟大會的傳道人配偶協會會議。我的任務是為來自總會的演講嘉賓——莎倫‧克雷斯（Sharon Cress）翻譯。她講到了上帝要求亞伯拉罕將他心愛的兒子以撒獻上為祭（創22章）的故事。她解釋，上帝之所以這樣要求，是因為亞伯拉罕很可能會把他心愛的兒子以撒當作偶像，取代上帝在他生命中的位置。

　　克雷斯夫人補充說，上帝今天可能也會以同樣的方式對待我們。如果我們愛一件事物或人勝過愛上帝，那麼祂也許會將他們收去。就像一位慈愛的母親看到小兒子正拿著一把鋒利的刀開心地玩耍。她會輕輕地掰開他的拳頭，拿走那把刀，即使她知道這樣做兒子可能會不高興，卻可以防止更大的悲劇發生。

　　這個比喻發人深省，我們可以以此作更深入的反思：在你的生命中，有什麼東西或人已成為你的偶像嗎？你如何認出偶像，摒棄偶像？偶像是我們傾注寶貴時間和深厚感情的人或物。配偶、孩子或朋友都可能變成偶像。有一種方法可以發現偶像，就是查看你電腦瀏覽器的歷史記錄。凱爾‧艾德曼（Kyle Idleman）在《戰爭諸神》（Gods at War）一書中說：「你所尋找和追求的，就揭示了成功佔據你心靈的神是誰。」㉚

　　今天可以是我們生命中新的開始。我們可以將該清理、放棄的清掃一空，然後重新調整生命中的優先次序。讓我們把自己所擁有和所做的一切都交給上帝。換言之，讓上帝真正在我們的生命中成為上帝！

11月/15 個人的得救

> 我是攻克己身，叫身服我，恐怕我傳福音給別人，自己反被棄絕了。
> 哥林多前書9：27

奧斯維德・章伯斯（Oswald Chambers）是二十世紀初期的一位蘇格蘭傳教士和教師。在第一次世界大戰期間，他在擔任英聯邦部隊駐埃及的牧師時患上了盲腸炎，不久之後因肺出血於**1917年11月15日**離開人世，年僅43歲。1924年，他的遺孀比迪 ㉛（Biddy）開始整理丈夫佈道時她記下的數百頁筆記。後來出版的靈修書《竭誠為主》㉜ 就是以這些寶貴的筆記為藍本的。

在1月18日的靈修中，我們讀到：「當心那些與我們忠於基督的心競爭的事物。忠於基督的最大敵人是事奉主的工作。因為事奉主，比全然將生命傾倒給主容易。神呼召我們的唯一目的，是叫祂心滿意足，而不是呼召人去為祂做點什麼。神不是差派我們去為祂打仗，而是在祂的戰場上為祂所用。我們獻身於事奉的熱誠，是否過於我們愛主的熱誠呢？」㉝

早在1898年，懷愛倫就曾發出警告：

「由於活動的範圍擴大，人們在從事任何上帝的工作上獲得成功時，就有靠人為的計畫和方法的危險。出現少作禱告、少有信心的傾向。我們也有像門徒一樣的危險，就是忘記自己必須依靠上帝，而想讓自己的活動來『救世』。我們必須時時仰望耶穌，認明獲得成功的是祂的能力。我們固然要為拯救迷失的人熱心工作，但我們也必須花時間來默想、祈禱、研究上帝的話。」㉞

這兩段引文將保羅在〈哥林多前書〉第9章27節中表達的擔憂詮釋得淋漓盡致。實際上，每個人的生命只有一次，在這一生中，應當「恐懼戰兢做成你們得救的工夫」（腓2：12）。在此期間，我們應當牢記昨日已成過去，明天或許永不到來。但上帝將「今天」放在我們手中，要我們為祂而活，與祂同行。就讓我們把今天當作生命中的最後一天來度過。

11月16 基督教神權統治

> 那龍將自己的能力、座位,和大權柄都給了牠。
> 啟示錄 13:2

耶穌建立了一個沒有世俗權力、也沒有士兵保護的教會(約18:36)。那麼,羅馬教會是如何在屬世議題上變得如此有話語權,並在政教聯合中達至權力巔峰呢?從第四世紀到六世紀所發生的幾件大事,為這一結果奠定了基礎。

在君士坦丁時期,基督教成為國教。繼任的皇帝們也繼續將基督教奉為國家唯一的宗教。410年,羅馬遭到西哥特人洗劫後,奧古斯丁寫了他的巨著《上帝之城》,在書中他建構了一個控制各個國家的普世教會。在西羅馬帝國和東拜占庭帝國的支持下,他的理想付諸實行。

法蘭克國王克洛維(Clovis)的皈依意義重大,它促成了中世紀初期西歐在支持羅馬教廷方面的統一。克洛維對西哥特人宣戰,並在508年取得勝利,這是羅馬天主教邁向權力頂峰的一大步,它為教會配備了精銳之師,用來懲罰所謂的異教徒。

西元534年11月16日,拜占庭帝國皇帝查士丁尼(Justinian)向教皇約翰二世(Pope John II)寫了一封信,承認他是「所有神聖教會的領袖」,並承諾「抬高他聖座的榮譽和權威」。但直到538年,羅馬城才擺脫「異端部落」的統治,羅馬天主教會的至高權威才有效地得以發展。

這個從第一世紀早期遭到迫害的教會,到中世紀後期倒過來施行迫害,並藉著十字軍東征和宗教裁判所殺害成千上萬之人的教會,其中過程簡直翻天覆地。新約時期的基督教想要成為真正的基督教,只能嚴格地遵循基督的原則:「我的國不屬這世界。」(約18:36)《舊約》中的神權統治絕不能強加於這個時代。而且「無論何事,你們願意人怎樣待你們,你們也要怎樣待人」(太7:12),特別是涉及宗教自由方面。

11月/17 愛你的仇敵

>「只是我告訴你們，要愛你們的仇敵，為那逼迫你們的禱告。」
> 馬太福音5：44

在實踐真理中，最具挑戰性的，便是耶穌在〈馬太福音〉第5章43至48節中所提出的一項極端命令：要愛你們的仇敵。基督在這段經文中表示，愛那些愛我們的人，恨那些恨我們的人，是人性自然的傾向。但它會帶來災難性的後果。如果我們不愛仇敵，那結果必然是恨他們；但我們最終會因恨他們而毒害了自己。

1957年11月17日，馬丁・路德・金恩（Martin Luther King Jr.）在美國阿拉巴馬州蒙哥馬利、位於德克斯特大道的浸信會教堂發表了著名的講道《愛你的敵人》，其中他就對這種危險發出了警告。用金恩的話說：「恨人的人，仇恨會摧毀其人格架構……無論何時，仇恨都是一種癌症，它會侵蝕你的生命和你存在的核心意義。它像具有腐蝕性的酸液，會侵蝕你生命中最美好、最客觀的中心。所以耶穌說要愛，因為仇恨不僅會摧毀被恨的人，也會摧毀恨人的人。」㉟

我們生活在一個罪惡的世界裡，「凡立志在基督耶穌裡敬虔度日的也都要受逼迫。」（提後3：12）你最大的敵人可能是俗世中的人（約15：18-25），也可能離你很近，住在同一個屋簷下（太10：34-36），甚至可能和你同床共枕。但問題的核心並不在於這個人是誰，住在哪裡，或他或她如何傷害你。真正的問題是：你如何處理這種情況？是以惡毒的恨回應，還是以治癒的愛回應？

如果你選擇恨他們，你就默認了自己是他們施虐的受害者。若能愛他們，你就證明了你對環境的掌控力。選擇愛你的仇敵，不僅是愛他們，更是愛你自己（太22：39），也證明了你是天父的兒女（太5：44、45）。如果我們能多一些寬恕，少一些指責，多去愛，少期待回報，那麼我們的世界——包括職場、課堂、社交圈、家庭，甚至我們的婚姻——會變得多麼不同！你可以在身邊撒下愛的種子，讓世界變得更美好！

11月 18 憑著信心行動

> 「但聖靈降臨在你們身上,你們就必得著能力,並要在耶路撒冷、猶太全地,和撒馬利亞,直到地極,作我的見證。」
> 使徒行傳 1:8

在1844年10月22日大失望過後,守安息日的復臨信徒們仍然堅信耶穌很快就會復臨,而且此事可能隨時都會發生。1848年,他們舉行了幾次聖經研討會,將仔細研經後發現的教義向其他前米勒耳派信徒分享。**1848年11月18日**,在美國麻薩諸塞州多賈斯特舉行的一次聚會中,懷愛倫見到一個簡短但重要的異象。「我從異象中醒來後對丈夫說:『我有一個信息要給你:你要著手編印一種小報刊分送給人。起初篇幅小一些,但人們讀了以後,就會向你提供印刷所需的資金。這項工作一開始就會取得成功。主指示我:這微小的開始必成為萬丈真光照亮全世界。』」㉟

但是,異象中的指示該如何實現呢?懷雅各連印刷第一期報刊的錢都沒有。而且,如果耶穌復臨在即,這份報刊也沒有時間「照亮全世界」。㊲ 儘管如此,到第二年夏天,懷雅各還是下決心找一份割草的工作來幫補出版的需要。但沒等他開始,懷愛倫就見到一個異象,她看到如果他這樣做,就會因病倒下,因為上帝的意思是「他現在必須寫作,寫作,寫作,並且憑著信心前進」。㊳

最終,在七月的某一天,懷雅各從康乃狄克州米德爾敦帶回了一千份第一期報刊。他們將報刊放在地上,一小群人圍著它們跪下祈禱,祈求上帝祝福這些刊物,它們即將被寄到對福音感興趣之人的家中。捐款開始源源不斷地湧入,支持這項新的出版事工,最終它真的遍及全球。

復臨教會的出版工作之所以展開,是因為懷雅各在前路迷茫時選擇相信上帝。請記住,跟隨上帝的引導也許不會讓事情變得更容易,但對上帝的信心會使一切成為可能。

11月/19 球王

> 凡你手所當做的事要盡力去做。
> 傳道書9：10

1969年11月19日，位於巴西里約熱內盧的馬拉卡納體育場人頭攢動，人們滿懷著熱切的期待。上千名攝影師和攝像師擠在球門區後，等待著比利的點球射門。果然他不負眾望，踢進了他職業生涯中的第一千顆球。2014年1月13日，在國際足球總會金球獎頒獎典禮上，比利榮獲了榮譽金球獎，接受觀眾們雷鳴般的熱烈掌聲。1977年退役的他為何能在36年後獲得此一殊榮？原因很簡單，正是因他所取得的成就——在球場上，他是球王；在球場外，他更是「全球足球大使」。

埃德松・阿蘭特斯・多納西門托（Edson Arantes do Nascimento），就是為人熟知的「球王比利」。他出生在巴西的特雷斯柯拉松伊。從小家境貧寒的他在聖保羅州的包魯做過茶店服務員。因為沒錢買足球，他常常把襪子用報紙塞滿，外面捆上繩子，以此當作足球。雖然年幼，但他高超的球技總能吸引觀眾的注意。1956年，他加入了桑托斯足球俱樂部，開始了輝煌的職業生涯。

比利是唯一一位三次榮獲足球世界盃的球員。他在1363場比賽中踢進了1281個進球。鮑比・查爾頓爵士（Sir Bobby Charlton）曾說：「我有時候甚至覺得足球就是為這位神奇的球員發明的。」❸❾ 足球運動員托斯唐（Tostão）宣稱：「比利是最偉大的——他簡直完美無缺。在場外，他總是笑容滿面，心情愉快。你從來沒有看過他發脾氣。他對自己的表現很滿意。」❹⓿ 確實，他就是後來的足球運動員自我衡量的標杆。

一個人事業的成功祕訣是什麼？不同的人可能會有不同的回答。但從人的角度來看，成功之道至少包括四個基本要素：技能、奉獻、機會和人際關係。將這四種要素充分融合，可以帶來巨大的不同。

除了比利，還有許多人在竭盡全力地踢球，推廣足球運動。你和我也應該在上帝的事業上表現出同樣的熱情和決心。論到你對於上帝事業的委身，你會打幾分呢？與那些追求能壞之冠冕的人相比，為「不能壞的冠冕」奮鬥的人，其委身程度絕不能有絲毫遜色（林前9：25）！

11月/20 屬靈的倦怠

> 「我勸你向我買火煉的金子,叫你富足;
> 又買白衣穿上,叫你赤身的羞恥不露出來;
> 又買眼藥擦你的眼睛,使你能看見。」
>
> 啟示錄 3:18

早期守安息日的復臨信徒認為自己就是忠心的非拉鐵非教會(啟3:7-13)。在他們看來,守星期日的復臨信徒就是不冷不熱的老底嘉教會(啟3:14-22),而非復臨信徒則是死的撒狄教會(啟3:1-6)。到了十九世紀50年代中期,守安息日的復臨信徒明白了,他們是老底嘉教會,而不是非拉鐵非教會。

1855年11月20日,懷愛倫見了異象,描繪了當時教會中普遍存在的屬靈倦怠。異象的內容被刊登在《教會證言》中,懷師母悲傷地表示:「我見到主的靈漸漸離開教會了。」㊶ 她列舉了造成這種可悲狀況的原因:①信賴人的推理,而不是堅定依靠上帝;②自我高抬、獨立不羈,而沒有表現出謙卑和團結;③貪婪地增置個人財產,對聖工的貢獻極少;④僅僅為了滿足感覺、味覺、食慾和眼目而無謂地放縱自己;並且⑤失去了克己犧牲的精神。

無論時代還是環境,都已經發生了重大變化。與復臨運動早期相比,今天的教會要穩定繁榮得多。但在屬靈方面的表現又如何呢?我們今天比復臨運動的先賢們更委身於主嗎?造成他們屬靈倦怠的原因是否也普遍存在於我們中間?

當我們把靈性冷淡的狀況歸咎於他人時,就是為自己找藉口。如果我們真的想要克服老底嘉教會不冷不熱的狀態,就必須停止將這筆賬算到教會頭上,而是要謙卑地捫心自問:「給老底嘉教會的信息中,哪些描述正中了我的要害?」請記住,真正的復興和改革是與個人息息相關的。它從根本上改變了我們屬靈生活的重心,從以自我為中心的「驕傲」轉變成為以基督為中心的「謙卑」。

11月/21 「更多的真理和亮光」

「我還有好些事要告訴你們,但你們現在擔當不了。
只等真理的聖靈來了,他要引導你們明白一切的真理。」
約翰福音 16:12、13

十七世紀最偉大的航行之一,當屬清教徒朝聖先輩們的航程;他們從英格蘭到荷蘭,再從荷蘭到新大陸。經過兩個月多的航行,橫渡大西洋的五月花號終於在**1620年11月21日**在科德角附近下錨,如今這裡是美國麻薩諸塞州的普羅溫斯敦。這些勇敢的旅人來到新大陸,是為了尋求宗教自由,希望能按上帝的旨意建立起一個新的國家。

當清教徒們還在荷蘭萊頓時,他們敬愛的牧師約翰・羅賓遜(John Robinson)也曾計畫與他們一起踏上旅程。但後來他不得不留下。於是羅賓遜牧師給了他們一番情真意切的勉勵。他開宗明義地說道:「分離在即,只有主知道我們是否還會相見。無論主怎樣安排,都請允許我在上帝和祂有福的眾天使面前囑咐你們,不要效法我勝過效法基督;如果上帝借由其他的器皿向你們啟示真理,要隨時準備好接受,就像接受從前通過祂的事工所傳遞的真理一樣。因為我相信,主必有更多的真理和亮光要從祂的聖言中顯明。」㊷

羅賓遜接著提醒清教徒們,要留意改革宗教會停滯不前的狀況。路德宗「無法超越路德所見到的真理」,加爾文派則是「在加爾文離開後停留在原地」。相比之下,羅賓遜鼓勵朝聖者們,要在聖靈的指導下對聖經真理的新亮光抱持開放的態度。㊸ 從羅賓遜的演講中可以看出,他顯然會對下面這句至理名言產生共鳴──「改革的教會,始終遵照上帝的話語進行改革」。㊹

那永不止息探究聖經真理的熱情,也激勵著基督復臨安息日會的先輩們。安得烈牧師(J. N. Andrews)就是其中之一,他在1849年說:「我願意用一千個錯誤換取一個真理。」㊺ 願主賜予我們同樣的熱忱,在真理無盡的寶藏中探索。

11月/22 聖所制度

> 當時，上帝天上的殿開了，在他殿中現出他的約櫃。
> 隨後有閃電、聲音、雷轟、地震、大雹。
> 啟示錄 11：19

　　復臨教會有兩個基本特徵：第一個顯而易見，就是她的每一項教義都有堅實的聖經基礎。第二個則不甚明顯，就是她所有的教義都是透過聖所信息融合成一個連貫的體系。這正是復臨信息之美和力量所在！

　　1877年，烏利亞‧史密斯（Uriah Smith）用馬車的車輪來比喻聖所的統一功能。每個車輪都有一個中心輪轂和一個輪輞，由輻條連結在一起。史密斯說：「在偉大的真理之輪中，聖所佔據著中心位置。上帝所啟示的偉大真理都以此為焦點。從聖所出發，真理向各處放光。它將摩西時代與基督教時代相結合，並展示出它們之間的關係。在解釋我們的主耶穌基督的地位和工作上，聖所的地位無與倫比。」㊻

　　1881年11月22日的《復臨評論與安息日通訊》刊載了烏利亞‧史密斯的一篇文章，其中他將聖所的道理視為「這個時代真理體系中的偉大核心主題」。㊼ 他列舉了與聖所直接相關的十條教義，包括基督復臨前的查案審判、自由意志、基督的贖罪犧牲和祭司職分、第七日安息日、基督復臨和人死後的狀態。六年後，他又將相關教義擴大到了十三條。

　　聖所的真理使安息日會的教義體系強調以基督為中心，這是其他神學體系所不具備的。1893年，懷愛倫指出：「基督，祂的品格和工作，是一切真理的中心和範圍，祂是一條鏈子，真理的寶石都繫在上面。在祂裡面有完整的真理體系。」㊽

　　我們應當仔細研究聖所的信息，並像大衛王一樣祈禱：「就是一生一世住在耶和華的殿中，瞻仰他的榮美，在他的殿裡求問。」（詩27：4）

11月/23 死海古卷

> 耶和華的言語是純淨的言語，如同銀子在泥爐中煉過七次。
> 耶和華啊，你必保護他們；你必保佑他們永遠脫離這世代的人。
> 詩篇 12：6、7

1947年11月23日，任教於耶路撒冷希伯來大學的傑出考古學家蘇肯尼克（E. L. Sukenik），收到了一位亞美尼亞的古董商朋友——法依迪·薩拉希（Faidi Salahi）的消息。第二天早上，兩人見了面，薩拉希向蘇肯尼克展示了一片皮質碎片，上面的古希伯來文字類似於早期猶太人葬禮骨灰盒上的文字。這個古卷是去年冬天（1946-1947年）由兩名貝都因牧羊人在昆蘭洞穴附近偶然發現的。它的年代可追溯到西元前200年至西元70年之間。它們證實了舊約原文在歷史的長河中被準確地保存下來。

有些人可能會問，如果《聖經》真是上帝的話語，為何祂不親自將原稿——聖經作者們親自書寫的原始檔——保留下來。如果祂保存了，我們就不需要依賴文本批判來確認聖經文本的原貌了。誠然，有了原稿可以加快整個過程，但這也可能產生其他問題。西格弗里德·施萬特斯（Siegfried J. Schwantes）認為，聖經原件不得保留實屬天意。鑑於人類傾向於偶像崇拜，許多人最終定會崇拜聖經各書卷，而不再尋求它們所包含的真理。不論原因如何，我們知道上帝絕不會出錯。

真正要緊的是，我們今天所擁有的聖經文本是可靠的。批評者質疑它的可信度。例如，摩門教先知約瑟夫·史密斯（Joseph Smith Jr.）曾聲稱：「許多涉及人類得救的重要內容已被從《聖經》中刪去，或在編纂之前就遺失了。」㊾ 如果真如他所言，那麼《聖經》也就不再可信，它改變世界的力量也會喪失。但感謝主，祂不僅啟示了《聖經》的文本，還保護了其原始希伯來文、亞蘭文和希臘文文本的可靠性。

懷愛倫說：「弟兄們，要抓住《聖經》的原句，不要批評它正確與否，並順從上帝的話，這樣，你們中間就一個也不會失落。」㊿ 讓我們尊重《聖經》，忠心持守它的信息！

11月/24 新的祖先？

上帝說：「地要生出活物來，各從其類；
牲畜、昆蟲、野獸，各從其類。」事就這樣成了。

創世記 1：24

查爾斯·達爾文（Charles Darwin，1809-1882年）曾在劍橋大學讀書，打算成為一名聖公會牧師，但他對於自然神學和自然哲學愈發著迷，這兩門學科是透過觀察自然規律進行解釋。1831年，他加入了「小獵犬號」的環球探險航行。這次冒險原計畫進行兩年，但最終卻持續了近五年。在南美發現的各樣物種給身為自然主義者的達爾文留下了深刻印象，尤其是加拉帕戈斯群島上的奇特生物。在航行期間，達爾文收集了1529個保存在酒精中的標本和3907個乾燥標本。

1859年11月24日，著名出版商約翰·默里（John Murray）出版了達爾文的著作，全名為《由自然選擇，或在生存競爭中保留下來的有利種族，論物種之起源》（通常簡稱為《物種起源》）。達爾文認為，在「自然界戰爭」中推動所有有機生物進化的普遍法則是「透過繁殖和變異，讓最強壯的個體生存，讓最虛弱的個體死亡」。(51) 他的自然選擇理論暗示，也許有一位創造者將生命能量「賦予了多個或一個」個體中，但從那時起，「這個星球就進入了循環」，生命進化成「無數美麗而奇妙的形式」。(52)

但真正的問題在於誰才擁有創造的力量。按照《聖經》中的創世模式，生命的表現形式不計其數，而上帝是唯一的源頭和維繫者。達爾文的進化論剝奪了上帝的創造和維繫能力，將其轉移給了生物本身。無神論進化論者則更進一步，將上帝的蹤跡完全抹去。就這樣，創造成為神話，而上帝成了虛無。人類不再擁有能追溯到上帝的高貴血統，徹底淪為一種原始動物生命的演化形式。

只有那位「創造諸世界」的永恆上帝（來1：2）才能向我們解釋宇宙的起源。願榮耀歸於祂，直到永遠。阿們。

11月/25 無肉日

義人顧惜他牲畜的命；惡人的憐憫也是殘忍。
箴言 12：10

生命是上帝賜予的禮物，本應是永恆存在的。然而，亞當和夏娃的罪使死亡降臨到世界上，「因為罪的工價乃是死。」（羅6：23）上帝禁止人類謀殺同類（出20：13），也鼓勵他們關心動物的性命和需求（箴12：10；詩104：10-27）。預言之靈告訴我們，耶穌不僅關心人類，也關心動物。「樹林中的小動物，以及荷重的牲畜，無不因與祂同在而感到愉快。祂曾用全能的命令托住萬有，竟也願屈身救助一隻受傷的小鳥。」㊼

有句話說得好（人們認為這話出自傑瑞米・本瑟姆之口），「人類是唯一一種在吃掉受害者之前、還能與其保持友好關係的動物。」相比之下，復臨教會鼓勵教友成為素食主義者。早在1843年2月，貝約瑟（Joseph Bates）就「決定不再吃肉了」㊾。1863年，在見到有關健康改良的異象之後，懷愛倫只是偶爾吃肉。但在澳大利亞時，她寫道：「自從布里奇頓的帳篷大會（1894年1月）以來，我已經完全從餐桌上去掉了肉食。這事已經達成默契，無論我在家還是外出，在我家中或餐桌上，都要完全禁絕這種食物。在夜間的異象中，我就這個問題所看到的景象使我覺得我從餐桌上去掉肉食是做對了。」㊿

出於健康的考量，許多復臨信徒都是素食主義者。懷愛倫所提出的、關於素食的好處，也在羅馬琳達大學和世界各地許多其他大學進行的科學研究中得到證實。然而，如今越來越多的人選擇素食，是基於他們對動物的關愛。值得一提的是，**11月25日**是「國際素食日」和「動物權利日」。設立這個日子就是要鼓勵人們不吃肉。

美國演員鄧尼斯・利瑞（Denis Leary）曾說：「不吃肉是一個決定。吃肉是一種本能。」㊽ 也許出於對動物的關愛，你也可以將一日素食變成一生素食！

11月/26 一位現代的先知

主耶和華若不將奧祕指示他的僕人——眾先知,就一無所行。
阿摩司書3:7

威廉・奧爾布賴特(William F. Albright,1891-1971年)是美國著名的考古學家、聖經學者和語言學家,曾獲得25個榮譽博士學位。在他的著作《從石器時代到基督教》(1957年第二版)中,他稱懷愛倫為真正的現代先知。2005年,巴納機構在全美進行一項針對新教牧師的調查。與許多年長的牧師不同,很多四十歲以下的牧師將懷愛倫列為他們最喜愛的作者之一。❺❼作為復臨信徒,我們知道懷愛倫不僅是一位鼓舞人心的作家,更是一位受上帝啟示的先知。

1827年11月26日,愛倫・哈蒙(Ellen G. Harmon,婚後更名為懷愛倫)出生在緬因州的戈勒姆。1844年12月,剛滿十七歲時的她第一次見到異象。在她作先知的一生中,見過大約兩千次異夢和異象。她寫了大約十萬頁的書,是有史以來著作被翻譯最多的作家之一。但仍有許多人會問,「如果我們得救所需的一切都在《聖經》中,那麼為什麼我們還需要一位現代先知呢?」

〈阿摩司書〉第3章7節宣稱:「主耶和華若不將奧祕指示他的僕人——眾先知,就一無所行。」在整個人類歷史中,都有上帝所預備的先知,特別是當真理與謬誤之間發生重大衝突且真理亟需恢復時。例如,當世界將被洪水毀滅時,上帝呼召挪亞成為「傳義道」的人(創6-8章;彼後2:5)。當上帝打算將以色列人從埃及的奴役中解救出來時,祂選擇了摩西作先知和領袖(出3、4章;何12:13)。當上帝的子民背棄祂,沉溺於偶像崇拜時,祂便接二連三地差派先知去警告他們(代下36:15、16)。當耶穌開始在地上開展祂的事工時,上帝派遣施洗約翰為彌賽亞預備道路(太3章)。

時至末世(提後3:1-5;4:3、4),上帝又差遣另一位先知——懷愛倫——來幫助聖經真理最終得以恢復(但8:9-14;啟14:6-12)。儘管她的著作十分寶貴,但只有那些結合了《聖經》,進行系統地閱讀,並研究她著作的人才會感到如獲至寶。何不今天就制定讀經計畫,好從這位現代先知的著作中獲得更多啟示呢?

11月/27 諾貝爾獎

「得勝的，我要賜他在我寶座上與我同坐，就如我得了勝，
在我父的寶座上與他同坐一般。」
啟示錄 3：21

獎項是授予競賽獲勝者的獎勵，或是對傑出表現或貢獻的表彰。世界上最負盛名的獎項當屬諾貝爾獎。阿爾弗雷德‧諾貝爾（Alfred Nobel，1833-1896年）是瑞典化學家、工程師、發明家、商人和慈善家。他坐擁355項的專利，但給世人留下最深印象的卻是他發明的炸藥，他也因此飽受批評，但他不願自己在世間留下的只有惡名。因他一生未婚也沒有子女，他決定做些造福人類之事。

「**1895年11月27日**，諾貝爾在巴黎的瑞典挪威俱樂部簽署了遺囑，將他大部分的遺產……用於設立諾貝爾獎，每年頒發一次」，❺❽ 以獎勵對人類有傑出貢獻的人，獲獎者不受國籍限制。1901年第一個諾貝爾獎頒發。諾貝爾化學、經濟學、文學、物理學和生理學或醫學的年度頒獎儀式皆在瑞典的斯德哥爾摩舉行，和平獎的頒獎儀式則在挪威的奧斯陸舉行。

每位獲獎者都將獲得一面金牌、一份證書和一筆可觀的獎金。頒獎儀式後，瑞典皇室成員、挪威國王和王后會分別出席在斯德哥爾摩和奧斯陸舉辦的晚宴。歷年來獲獎名人眾多，包括：居禮夫人（Marie Curie）、愛因斯坦（Albert Einstein）、史懷哲（Albert Schweitzer）、海明威（Ernest Hemingway）、沙特（Jean-Paul Sartre）、金恩博士（Martin Luther King Jr.）、德蕾莎修女（Mother Teresa）和曼德拉（Nelson Mandela）等。

〈啟示錄〉講述戰勝邪惡勢力之人將會得到獎賞。這個獎絕對遠遠超過一枚金牌、一份證書和一筆錢。這份大禮有永生（啟2：11）、名字被寫在生命冊上（啟3：5）、居住在上帝的殿中、承載祂聖名的榮耀（12節），並享有在基督榮耀的寶座上與祂同坐的喜樂（21節）。諾貝爾獎的任何獎項，都不能與天上的獎勵相提並論。

你如何規劃你的未來？今生的獎勵對你來說比永恆的獎賞更有吸引力嗎？請記住，一切世間的獎賞都會消逝，唯有天上的獎賞才是永恆的！

11月 28 沒有足夠的油

> 「那時，天國好比十個童女拿著燈出去迎接新郎。
> 其中有五個是愚拙的，五個是聰明的。
> 愚拙的拿著燈，卻不預備油；聰明的拿著燈，又預備油在器皿裡。」
>
> 馬太福音 25：1-4

這是激動人心的時刻——來自巴西南部小城的沙佩科恩斯足球隊，將首次亮相南美盃決賽。他們的對手是國民競技隊，首場比賽在哥倫比亞麥德林舉行。沙佩科恩斯隊要先搭乘民航客機飛往玻利維亞，然後轉乘由玻利維亞拉米亞航空公司提供的包機 Avro RJ85 前往哥倫比亞。

2016年11月28日星期一晚上，當地時間十點左右，飛機在距離麥德林國際機場幾英里遠的地方，因燃料耗盡而墜毀。機上共有77人（包括9名機組人員和68名乘客），只有六人生還。官方消息證實，從玻利維亞機場起飛之前，飛行員曾得到警告燃料可能不足。即便如此，他仍然認為油量足夠撐到目的地。這場悲劇導致了包括飛行員在內的71人死亡。

全球的報紙都報導了這個令人心碎的消息，世界各地的足球比賽也都在開賽前默哀一分鐘以示悼念。國民競技隊也請求南美足聯將2016年南美盃冠軍授予沙佩科恩斯隊，南美足聯同意了這一請求。但無論追授何等獎項或榮譽，都無法讓那些空難中的逝者重返人間。

這起災難讓人想起了《聖經》中那愚拙的童女，她們沒有預備足夠的油，就被拒之門外，無法參加婚宴（太25：1-13）。預言之靈告訴我們，「愚拙的童女所代表的並不是偽善的人。他們重視真理，擁護真理，並與相信真理的人往來，可是他們卻沒有順從聖靈的感化。」 ❺❾

拉米亞空難給世人帶來巨大的悲痛，但毫無準備的屬靈狀態則會帶來無法逆轉的永恆結果。請不要像那位莽撞的機長一樣，拿自己屬靈的生命冒險。這代價著實太過高昂。

11月/29 上帝眷顧我們

> 耶和華說：「我的百姓在埃及所受的困苦，我實在看見了；他們因受督工的轄制所發的哀聲，我也聽見了。」
> 出埃及記 3：7

生活總有令人不快的意外！當瓦爾迪西爾・西莫斯・利馬（Valdecir Simões Lima）在西南復臨大學獲得神學學士學位後，本打算在美國多待一段時間再回巴西。但他的父親非常想念他，要求他儘快回國。於是瓦爾迪西爾一早回去探望家人，誰知不到一週，就在1984年11月11日星期日一家人用過午餐後，他的父親竟突發心臟病去世了。全家人都沉浸在無比的悲痛之中。

1984年11月29日，仍因痛失親人而悲傷不已的瓦爾迪西爾坐在父親的書桌前，用葡萄牙文寫下了感人至深的讚美詩《上帝知道，上帝聽見，上帝看見》（Deus Sabe, Deus Ouve, Deus Vê）。其副歌如下：

「上帝知道你心靈深處的一切，

上帝聽見你懇切的禱告，

上帝看見你的痛苦並安慰你，

上帝使你成為巨人。

上帝知道你心靈深處的一切，

上帝聽見你懇切的禱告，

上帝看見你的痛苦並安慰你；

上帝知道，上帝聽見，上帝看見。」

在人生的狂風暴雨中，我們可能會問：「上帝不再關心我了嗎？祂為什麼拋棄了我？」請記住，上帝知道你正經歷的事，祂也永遠不會拋棄你。祂關心你，為你制定了完美的計畫。只管將你的生命交託給祂，全心信靠祂！

11月/30 祈禱的人

> 但以理知道這禁令蓋了玉璽，就到自己家裡（他樓上的窗戶開向耶路撒冷），一日三次，雙膝跪在他上帝面前，禱告感謝，與素常一樣。
> 但以理書 6：10

靈性復興和宗教改革只有透過熱忱而持續不斷的祈禱方能實現。馬丁‧路德（Martin Luther）就是祈禱的典範，他不但寫過關於祈禱的文章，還過著充滿力量的禱告生活。謙卑地跪在上帝面前之後，他方能無所畏懼地站在任何人面前。

路德意識到，只有藉著祈禱，我們才能有效地抵禦邪惡的力量，世界的誘惑和自身的罪性。在1529年出版的《教理問答》中，他發出警告：「魔鬼竭盡全力，連同這個世界和我們的肉體，都會抵擋我們遵守十條誡命的努力。因此，沒有什麼比不斷地轉向上帝的耳邊，呼求祂、向祂禱告來得更重要的了。」❻⓪

在**1531年11月30日**的桌邊談話中，路德對自己的禱告生活進行反思：「每當因工作繁忙而無法恪守禱告時光時，那一整天我都過得非常糟糕。禱告對我們很有幫助，使我們滿心歡喜，並不是因為禱告本身有什麼功德，而是我們與上帝傾談過，就發現一切都井然有序。」❻①

在1535年出版的《簡易祈禱法》中，他也提出了有關禱告的實用建議。他提出，禱告「應該是清晨的第一件事，和夜晚的最後一件事。要謹慎防範那些虛假且帶有迷惑性的想法，告訴你『再等一會兒。等一個小時我就禱告；我首先必須處理這件事或那件事』。這些想法會讓你遠離禱告，一心撲在別的事上，以至於當天的禱告一事無成。」❻②

所有偉大的上帝忠僕都有一個共同點：他們都是一群祈禱的人！要過禱告的生活，不需要華麗的辭藻或冗長的言辭。公眾的禱告應該簡短精煉。個人禱告則是，我們向上帝敞開心扉最寶貴的機會，可以把祂當作我們最知心的朋友傾心吐意。

12月/01 風暴中的平安

> 上帝所賜、出人意外的平安必在基督耶穌裡保守你們的心懷意念。
> 腓立比書 4：7

霍瑞肖‧斯帕福德（Horatio G. Spafford, 1828-1888）是芝加哥一位聲名顯赫的律師，他看好房地產前景，於是大量投資。不料，1871年的芝加哥大火將這城市摧毀了大半，斯帕福德也因此損失慘重。1873年，斯帕福德和他的妻子安娜以及四個女兒計畫前往歐洲度假。但由於生意上走不開，斯帕福德不得已推遲自己的行程，而家人則乘坐法國輪船──勒阿弗爾市號先行出發。1873年11月22日凌晨2點左右，勒阿弗爾市號在北大西洋東部與英國鐵甲船厄爾湖號相撞。短短12分鐘，勒阿弗爾市號便沉入一片汪洋，❶ 316名乘客和船員中只有90人倖存，其中包括安娜，但他們的女兒們卻不幸罹難。

1873年12月1日，生還者們終於抵達英國威爾斯的卡地夫。安娜發電報給她的丈夫說，「僅我一人生還，該如何是好？」斯帕福德立刻搭乘最近一班船去與妻子會合。❷ 當船航行時，「船長⋯⋯把他叫到駕駛艙，說：『經過仔細測算，我相信我們現在經過的正是勒阿弗爾市號失事的地方。這裡的水深三英里。』❸ 在如此淒慘的光景下，斯帕福德卻寫下了那首偉大的讚美詩《平安如河水》（新版《讚美詩》第312首）：

「平安如河水，潺潺流入我心，憂患似狂濤正翻騰，

無論何遭遇，主已經教我說：我的心，不必驚，不必驚。」❹

有人說，斯帕福德是在經過四個女兒溺亡之處的當天寫下了這首讚美詩，有些人則認為創作詩歌的時間要稍晚一些。不管怎樣，事實是這首美妙的讚美詩反映了上帝在他生命中最難熬的時刻賜予他平安。記住，這同樣的平安也能支撐你度過人生的風雨。

12月/02 光有才華還不夠

> 「我知道你的行為、勞碌、忍耐,也知道你不能容忍惡人……然而有一件事我要責備你,就是你把起初的愛心離棄了。」
> 啟示錄 2:2-4

弗蘭克林‧貝爾登(Franklin E. Belden,1858-1945)算得上是復臨教會中最具才華、最多產的詞曲創作者之一。他是懷愛倫的姐姐薩拉(Sarah)的兒子。弗蘭克(暱稱)在聚會的當下,就可以根據佈道的主題創作歌詞和伴奏。待禮拜結束後,他和妻子就能演唱新創作的歌曲,並將手稿的副本交給傳道人。

復臨教會的《讚美詩》就收錄了幾首他創作的動人詩歌。例如,《我今全屬你》(新版《讚美詩》第404首)是一首表達完全降服的詩歌。第一節的歌詞唱道「主啊,我願完全屬乎祢」,以及「主啊,我願奉行祢旨意,求祢施扶持」。❺而另一首《披主義袍》(同上第399首)最後一節是:

「主死贖我罪,神人合一,因主之純潔,我得稱義,

遵循主教訓,可得成聖,等主復臨時,大有光榮。」❻

許多人在《主是磐石》(同上第387首)❼ 中找到了安慰和保證。《審判已定》❽ 突顯了上帝審判的莊嚴。《儆醒預備》(同上第464首)強調了要「儆醒預備」迎候基督復臨。❾《將有大喜樂》(同上第208首)則表達了「大工完成時」和「工人快要回天家」的喜悅之情。❿

1945年12月2日貝爾登去世,留下了豐富的屬靈歌曲。但很可惜,他的生活卻沒有完全反映讚美詩中的屬靈光景。早在1895年,懷愛倫在澳大利亞時就曾寫信勸勉他,「人們可能像挪亞的木匠一樣參與上帝的工作,可是卻仍抗拒神聖的感化力。」⓫ 1897年,她再次發出警告:「弗蘭克,我該怎麼說呢?從上帝給我的亮光中,我看到在你家中沒有禱告的聲音。在世上寄居的時間是很短暫的。你以為已經把自己獻給上帝,但你還沒有完全放下對他人的怨恨。」⓬ 如果一位真先知給你寫了一封信,你認為信的主旨會是什麼?請在今天思考這個問題,並在需要做出改變的地方儘快行動。

12月/03 一顆新心

> 「我也要賜給你們一個新心,將新靈放在你們裡面,
> 又從你們的肉體中除掉石心,賜給你們肉心。」
> 以西結書 36:26

1967年12月3日,南非開普敦的心臟外科醫生克利斯蒂安·巴納德(Christiaan N. Barnard, 1922-2001)在格羅特舒爾醫院進行了世界上首例以人心換人心的移植手術,這也是有史以來第二例心臟移植手術。病人名叫路易士·瓦什坎斯基(Louis Washkansky),但有了新心的他僅存活了十八天。隨著更多強效抗排斥藥物的研發和更多的經驗積累,如今心臟移植手術在全球已成為一種標準的醫療程序。

以屬靈的眼光來看,所有人都需要心臟移植。主應許祂會親自操刀。〈以西結書〉第36章26節中,耶和華說:「我也要賜給你們一個新心,將新靈放在你們裡面,又從你們的肉體中除掉石心,賜給你們肉心。」第27節講述了移植的目的:「我必將我的靈放在你們裡面,使你們順從我的律例,謹守遵行我的典章。」另外,〈耶利米書〉31章33節補充道:「我要將我的律法放在他們裡面,寫在他們心上。我要作他們的上帝,他們要作我的子民。」

實際上,「我們的心是惡的,自己無法改變。……教育,文化,意志的操練,人為的努力,雖然有各自的作用,在這個問題上卻是無能為力。這一切可以塑造正直的外表,卻不能改變人的內心,潔淨生命的源頭。人要離罪成聖,必須有一種內在的能力,有一個從上頭來的新生命。這能力就是基督。只有祂的恩典,才能喚醒人心中沒有生氣的機能,使之歸向上帝,成為聖潔。」⓭

與耶穌時代的情形一樣,今天有許多優秀的基督徒也只有外在的宗教表現,卻沒有內心真正的、悔改歸主的經歷(太23:1-36)。我們是否也是如此呢?何不現在就完全降服於主,求祂賜給我們一顆新心呢?

12月 04 人生不設限

> 我靠著那加給我力量的，凡事都能做。
> 腓立比書 4：13

杜什卡（Dushka）是澳大利亞墨爾本的一位助產士和兒科護士；幫助孕婦分娩、照顧新生兒等工作，她已經做過不下數百次。現在，25歲的她即將擁有自己的孩子——她十分激動！她看過醫生也做了兩次超音波檢查，結果一切正常，她很快就會有一個兒子了！

1982年12月4日，尼古拉斯（Nicholas，「力克」）出生了，但醫生沒有讓杜什卡見他之前就把他抱走。憂心忡忡的她問醫生孩子是否一切正常。醫生的回答很簡單：「海豹肢症。」這位年輕的母親徹底崩潰了！她和丈夫伯里斯（Boris）怎麼也想不通，為什麼上帝會讓他們的孩子生下來就沒有手和腳？

夫妻倆花了很長時間才接受孩子的狀況。而小力克自己則花了更長的時間來接受這個事實。但最終，他們明白上帝對力克的生命有祂的計畫。於是力克以驚人的毅力上了學，並開始各項體能運動，長大後的他竟成了一名大有影響力的基督教佈道家和勵志演說家。2012年2月12日，他與宮原佳苗喜結連理，並育有四個孩子。

在他的書《人生不設限》中，力克‧胡哲（Nick Vujicic）說：「發生在你身上的事，你不一定控制得了。人生中總有些不如意，並不是你的錯，你也阻止不了……你看，我不認為上帝會將我們無法承受的東西賜給我們。我向你保證，無論你身上有什麼不足，上帝都會賜你足夠的能力來補足。」❹

有時候，停止抱怨和克服自憐自艾的最好方法，就是遇見一個比自己處境更堪憐的人。有句名言說：「我總是抱怨沒有鞋穿，直到我遇見一個沒有腳的人。」當你因困難發牢騷時，請記住你並不是第一個有缺陷和弱點的人。當你有放棄的念頭時，請記住上帝希望你堅強，祂要使用你，就像祂使用力克一樣。

12月/05 折服人心的愛

「上帝怎樣以聖靈和能力膏拿撒勒人耶穌，這都是你們知道的。
他周流四方，行善事，醫好凡被魔鬼壓制的人，因為上帝與他同在。」
使徒行傳 10：38

據說，將福音帶進非洲的著名傳教士大衛・李文斯頓（David Livingstone, 1813-1873）曾說過這樣一句話：「上帝只有一個兒子，卻使祂做了宣教士。」沒錯，《聖經》的確說到上帝賜下了祂的「獨生子」（約3：16），但基督進一步作了說明：「是我自己捨的。」（約10：18）這意味著基督是有史以來最偉大的志願傳教士。時間一到，祂便離開天庭，降世為人，幫助有需要的人，以完成祂那令人驚歎的使命，最後更是為人類獻出了自己的生命。

復臨教會的志工們效法基督志願傳教的榜樣，以不同的身分或職能在世界各地為人們服務。在1968年復臨教會總會的秋季會議上，「復臨教會志工服務團」成立，其宗旨是派遣志工到海外進行自養宣教工作。該機構最終重組並更名為「復臨教會志工服務部」（Adventist Volunteer Service）。它制定全球復臨教會正式的短期和長期宣教計畫，並派遣志工參與執行。

志工使世界變得更美好。正因如此，聯合國1985年12月17日的全體會議將**12月5日**定為「國際促進經濟和社會發展志工日」（亦稱：國際志工日）。它敦促各國政府「採取措施，提高人們對志願服務重要貢獻的認識，從而激勵更多各行各業人士在國內外提供志願服務」。❺

〈使徒行傳〉第10章38節說，基督「周流四方，行善事，醫好凡被魔鬼壓制的人，因為上帝與他同在」。為了效法基督的榜樣，我們可以將12月5日當作一個特別的日子，鼓勵人們在當地社區開展志願服務。每一天，我們都應該作基督的代表，與周圍的人分享祂的愛。今天不妨花些時間，制定一項能改變他人生活的策略。

12月/06 第一次的禱告週

> 耶穌在一個地方禱告；禱告完了，有個門徒對他說：
> 「求主教導我們禱告，像約翰教導他的門徒。」
> 路加福音 11：1

你還記得有哪一次禱告週後來成為你人生的轉捩點嗎？現代的禱告週通常是靈性復興的一週，目的是強化人們與上帝的關係。然而，復臨教會第一次的禱告週不僅是為了深化信徒的悔改，也是為了鼓勵他們慷慨奉獻。所以人們也將禱告週稱作「管家週」。

十九世紀80年代中期，復臨教會增長迅速，但信徒們缺少奉獻的意識，無法在經濟上支持不斷擴展的教會使命。許多區會負債累累；城市佈道工作缺乏資源和工人；國際文字佈道會也沒有經費；國外宣教部甚至欠了評論與通訊出版社一大筆錢，而且所有復臨教會學校都出現赤字，與此同時，他們急需擴建教學設施。該如何扭轉這極具挑戰性的局面呢？

1885年12月6日星期天，總會大會決定將1885年12月25日至1886年1月2日定為禱告週，這是復臨教會的第一次禱告週。與會的代表們呼籲所有區會會長和牧師們即刻關注此事，忠心地向每個教會——最好是每位信徒——傳達禱告週的性質和目的。此外，禱告週旨在鼓勵每個人在上帝面前克己謙卑，祈求更深刻的悔改，這樣各項開展的工作就能得到祝福，使那些握有資源的人能夠敞開心門，使用主所賜給他們的才能，將福音傳給世上的萬國萬民，從中為主的名召聚祂的子民。

我們的祈禱常以自我為中心，只關注自己的需求和難處。有時我們甚至會開口為他人的需要禱告，卻沒有伸手去幫助他們。我們可以為福音在世界各地的傳播代禱，但我們有沒有盡力去支持這項工作呢？除了為福音的眾多工作祈求之外，我們還應當以個人的影響力和財物來支持教會的使命。❶⓺

12月/07 渴慕上帝的話語

主耶和華說:「日子將到,我必命饑荒降在地上。人饑餓非因無餅,乾渴非因無水,乃因不聽耶和華的話。」
阿摩司書 8:11

《聖經》是最受人喜愛的書,也是最被人憎恨的書。正如赫斯廷斯（H. L. Hastings）所言,「異教徒的錘子已經在這本書上敲打了許多年,錘子都已經磨損,但這塊鐵砧仍然堅固。」❼ 另一方面,許多人為研究和傳播《聖經》獻出了生命,譬如中世紀的瓦典西人（瓦勒度派）及今天生活在對基督教不友善之地區的基督徒。

一位名叫瑪麗·鐘斯（Mary Jones,1784-1864）的女孩將她對《聖經》的熱愛表現得淋漓盡致。她極其渴望擁有一本屬於自己的威爾斯語《聖經》,但在那個年代,《聖經》非常稀有且昂貴。於是九歲的瑪麗開始存錢。六年後,即1800年,她赤腳走了26英里（42公里）到威爾斯的巴拉,去見湯瑪斯·查理斯神父（Rev. Thomas Charles）,他是當地唯一出售《聖經》的人。他以一本《聖經》的價格賣了三本給她,而她的故事一時間傳遍了所有教會。

在英國的威爾斯,人們急需價格低廉的《聖經》。**1802年12月7日**,有感於瑪麗的故事,約瑟夫·休斯神父（Rev. Joseph Hughes）向宗教小冊協會的領袖們提出了一個大膽的問題:「如果這麼做是為了威爾斯,何不為了整個國家?如果是為了整個國家,何不為了整個世界?」❽ 這個問題久久縈繞在領袖們的心中。1804年3月7日,英國及海外聖經公會率先成立,為全球其他聖經公會的成立鋪平了道路。

今天,《聖經》已被譯為大約六百種語言,其中至少有一卷書的譯文更是高達近二千四百種。可惜,並不是《聖經》變得越普遍,讀它的人就越多。歷史上從未有過如此情境,多到處充斥著令人分心的事物,將本該用來閱讀上帝話語的時間瓜分了。這就是現今生活的慘狀。今天就是我們重做作出選擇的好時機,請讓上帝和祂的聖言在我們的日常生活中居最高位。如此一來我們的生活就會變得更加美好。

12月/08 「我們在天國相會」

我現在被澆奠，我離世的時候到了。
提摩太後書 4：6

懷雅各和懷愛倫計畫訪問新罕布夏州、佛蒙特州和紐約州的復臨信徒。因此，他們把三個兒子──亨利、埃德森和威利──留在緬因州的托普瑟姆，請豪蘭一家照顧。但在路上，懷雅各做了一個夢，夢到孩子們的情況不妙。回到托普瑟姆後，這對父母發現他們十六歲的大兒子亨利患了重感冒。在他們到達四天後，感冒惡化成了肺炎，他的病況變得更糟。

亨利意識到自己命不久矣，於是與父母和弟弟們便有了這番動人的對話。當母親照料他時，他要求她，「答應我，母親！如果我死了，請把我帶到戰溪，埋在我的小弟弟約翰‧赫伯特（他三個月大時就夭折）旁邊，在復活的清晨，我們可以一同升天。」❶

亨利去世的前兩天，他將弟弟喚到身邊。他對埃德森說：「埃迪，我不能再做你哥哥了；永遠要做正確的事；臨死時才悔改是不好的。」而對於年幼的弟弟威利，他說：「威利，要做個乖孩子，聽爸媽的話，我們在天堂見。我走後請不要哀傷。」亨利又叫來父親，說：「父親，你要失去你的兒子了。你一定會想念我的，但請不要憂傷！這樣對我更好，我可以不用去當兵（當時正值美國內戰期間）；也不必目睹最後的七大災。這樣快樂地死去是一種特權。」❷

在**1863年12月8日**，這位彌留之際的孩子告訴母親：「母親，我在復活之日的清晨，我會和妳在天堂會面，因為我知道妳會在那裡。」然後他「召喚他的兄弟、父母和朋友，給他們所有人一個離別之吻，然後他指著上方低聲說：『天堂是甜美的。』」❷ 下午1點30分，亨利離開人世。

去世兩天前，他曾口述一則給年輕人的特別信息；他說：「我要呼籲我所有年輕的朋友們，不要讓這世間的快樂或成就掩蓋了救主的可愛……請把你們最好的時光都用來事奉主。再會。」❷ 這勸勉值得我們每一個人深思！

12月/09 重擔事工

> 他在那裡進了一個洞，就住在洞中。
> 耶和華的話臨到他說：「以利亞啊，你在這裡做什麼？」
> 列王紀上 19：9

灰心會破壞上帝對我們生命的計畫。**1856年12月9日**，在美國伊利諾州朗得格羅夫工作的懷愛倫見到了異象，她看到一些從美國東岸搬到愛荷華州沃坎的復臨信徒家庭，他們的屬靈狀況岌岌可危。❷ 當時氣候嚴寒──雨雪交加──在旅途中，懷愛倫寫道：「我從未見過如此寒冷的天氣。」❷ 懷雅各猶豫著是否要長途跋涉前往沃坎，但懷愛倫堅持：「我們一定要去。」❷

當時正值初冬，要去愛荷華州，必須橫渡密西西比河。河上沒有橋，冰封的水域就連船隻也無法通過。想要安全渡河，冰層必須足夠堅硬厚實。當他們乘坐雪橇來到河邊時，約西亞・哈特（Josiah Hart）轉身對懷愛倫說：「我們來到紅海了，要過去嗎？」懷愛倫回答：「往前走，信靠以色列的上帝。」就這樣他們憑著信心，渡過了危險的河流──安全抵達對岸。❷ 最終，他們抵達沃坎，在那裡鼓勵復臨教會的眾信徒，還阻止了兩位頗具影響力的復臨教會傳道人背離上帝的呼召。

在沃坎逗留期間，有人將懷雅各夫婦帶到了一家商店，來自新罕布夏州華盛頓的復臨信徒──何西阿・米德（Hosea Mead）和前傳道人拉夫伯勒（J. N. Loughborough）──正在那裡做木工。懷雅各和懷愛倫坐在雪橇上，當拉夫伯勒走到雪橇邊時，懷愛倫問他：「以利亞，你在這裡做什麼？」他驚訝地回答說：「我和米德弟兄在做木工。」她又再次提問：「以利亞，你在這裡做什麼？」然後她第三次問：「以利亞，你在這裡做什麼？」❷

正是由於懷雅各和懷愛倫來到沃坎，拉夫伯勒不再作木工，安得烈（J. N. Andrews）也不再務農。兩人重新投身於事工當中，日後成為大有影響力的傳道人和作家。如果你已經從主所託付給你的使命中休了一段時間的假，那麼現在正是投入工作的好時機。請不要再拖延！

12月/10 信仰自由

> 「若是你們以事奉耶和華為不好，今日就可以選擇所要事奉的：
> 是你們列祖在大河那邊所事奉的神呢？
> 是你們所住這地的亞摩利人的神呢？
> 至於我和我家，我們必定事奉耶和華。」
> 約書亞記 24：15

　　自由是一項只有在我們失去時，才會懂得要珍惜的人權。第二次世界大戰（1939-1945年）結束後不久，各國採取重要措施以避免將來重蹈覆轍。1945年10月24日，聯合國這個致力於促進國際合作的跨政府組織成立。**1948年12月10日**，聯合國大會在巴黎召開，通過了《世界人權宣言》，其中共有三十條。這份文獻承認了人類固有的價值和尊嚴，肯定了個人人權和基本自由。

　　這份宣言的第18條關乎信仰自由：「人人都有思想、良心和宗教自由的權利；此項權利包括改變他的宗教或信仰的自由，以及單獨或集體、公開或祕密地以教義、實踐、禮拜和戒律表示他的宗教或信仰的自由。」㉘ 然而有些基本教義派的宗教團體卻無視該條款，仍然對離開團體的信徒和鼓勵他們離開的人處以極刑。

　　對宗教不寬容的現象深表關切的復臨教會向來宣導宗教自由，最近還在世界各地組織了幾次大型宗教自由節。良心和宗教的自由權必須賦予所有人，而不能只掌握在當權者的手中。約書亞立誓要「事奉耶和華」，他也鼓勵其他人這樣做。但他依然認同上帝賦予每個人自由選擇的權利。儘管可能有負面結果，但我們是有自由選擇所行道路之權利的（書24：15）。

　　今天世界上許多地區的人們都享有宗教自由，我們應該對主和那些曾為此做出貢獻的人心懷感激。如今，宗教自由的旗幟傳到了我們手中，讓我們獻上祈禱，向那些尚未享受到宗教自由的人們伸出援手。

12月11日 復臨信徒的先輩

> 當希律王的時候,耶穌生在猶太的伯利恆。
> 有幾個博士從東方來到耶路撒冷,說:「那生下來作猶太人之王的在哪裡?我們在東方看見他的星,特來拜他。」
> 馬太福音2:1、2

〈馬太福音〉記載了來自東方的博士,其目的是要來拜會新生王耶穌基督。嚴格說來,這些人並非是上帝正式的子民,但據說他們研究了希伯來經卷,知道彌賽亞降臨的時刻已經到來。一顆神祕的星星最終引領他們來到伯利恆,在那裡他們見到了耶穌。同樣,他國之民藉著潛心讀經,也會從中領悟到深刻的道理。

1773年12月11日,法蘭西斯科・赫爾莫赫內斯・拉莫斯・梅西亞(Francisco Hermógenes Ramos Mexía,1773-1828)出生在阿根廷的布宜諾斯艾利斯。㉙ 出身望族的他後來成為當地富甲一方的地主,同時他也是印第安土著的保護者。他信奉羅馬天主教,醉心於研究《聖經》。他對預言的興趣受到了耶穌會會士曼努埃爾・拉昆薩(Manuel Lacunza,1731-1801)的影響,但他對《聖經》教義的理解遠遠超越了拉昆薩。

梅西亞強調《聖經》是信仰和教義的獨一源頭,認為耶穌基督和使徒才是基督教會唯一真正的基礎;他也遵守安息日,在那一天他關閉商鋪不做生意。他相信耶穌的復臨是實實在在的,並且迫在眉睫,他理解死亡就是在墳墓中等待基督復臨,他強調唯有信耶穌基督方能得救,也贊同全身入水的浸禮。另外,他反對「聖餐變體說」,接受「信徒皆祭司論」,反對肖像崇拜。

梅西亞遭到了同時代人的強烈反對——宗教和政治兩方面——但他從未放棄。他有時被稱為現代第一位復臨信徒,因為儘管只有他為真理發聲,但他仍然堅持宣揚《聖經》的教導。無論在何種境遇下,請讓你的信仰如星星閃亮,就像拉莫斯・梅西亞一樣。

12月12 熱忱的慈善家

又願主叫你們彼此相愛的心,並愛眾人的心都能增長、充足,
如同我們愛你們一樣。
帖撒羅尼迦前書3：12

並不是每個人都能走出去改變世界,但每個人都可以改變身邊某個人的生活。這個概念透過「安澤國際救援協會」（ADRA,基督復臨安息日會發展與救援機構）的座右銘得到了充分的體現——「改變世界,從一次改變一個人的生活開始。」這很大程度上取決於我們如何使用手中的資源。我們在自己身上花了多少,又應該為人類和上帝的事業獻上多少呢？

密爾頓·阿方索（Milton S. Afonso）於**1921年12月12日**出生在巴西米納吉拉斯州的小鎮新利馬。雖然出身貧寒,但他憑著勤奮努力成了一位成功的商人。阿方索麾下的企業「金十字」,是巴西第四大醫療保險公司。儘管如此,他心中依然牽掛著貧困的兒童,並熱心地將自己在少年時期所接受的復臨教會信息分享給他們。身為一名大慈善家,阿方索的慷慨解囊幫助了許多學校和學院建立基礎設施,每年資助數千名學生,並開設了多家孤兒院。在他的幫助下,復臨教會南美分會最大的廣播和電視網路也得以成立並維持。

談到做慈善的初衷時,阿方索說:「《聖經》教導我們,應該大大發揮我們的才能……然而,我從未想過賺錢只是為了滿足自己的需求。在我看來,最重要的是幫助有需要的人,為孤兒和被遺棄的孩子提供住所,支援傳揚救恩的好消息。這樣做我自己也會有極大的滿足感。有時人們批評我為了作秀而做慈善,指責我捐錢只是為了炫耀。但事實並非如此。我可以坦誠地說,我從來沒有因幫助別人而自誇。」❸⓪

耶穌基督在世時的事奉,就是呼籲我們要對鄰舍表達善意。但今天,「誰是我的鄰舍呢？」（參見路10：29）懷愛倫說:「任何一個需要我們的同情和仁慈幫助的人,都是我們的鄰舍。各階層受苦的窮乏之人都是我們的鄰舍,當我們知道他們的需要時,我們的本分就是儘可能地解救他們。」❸①

12月13日 思想的衣裳

> 「因為心裡所充滿的，口裡就說出來。」
> 馬太福音 12：34

人們通常會將「衣服」和「著裝」兩個詞與時尚和服飾聯想在一起。但著名的英國作家和詞典編纂者撒母耳·詹森（Samuel Johnson 1709-1784年）——於**1784年12月13日**過世，卻提出頗有見地的觀點：「語言是思想的衣裳。」㉜ 他似乎暗示了語言是一種裝飾——妝點我們的思想。正如服裝的款式無窮無盡一樣，表達思想的方式也是數不勝數，其中有些方式會更具吸引力、更準確。

一般來說，語言是表達自我的有效方式。當耶穌說「心裡所充滿的，口裡就說出來」（太12：34）時，祂的意思：我們所說的話，以及說話的方式最終會向他人傳達出我們是怎樣的人。它能反映出我們內在的感受和情緒，生命中的主次和願望。

但語言也時常被人們用來掩蓋並扭曲現實。在〈馬太福音〉第23章中，耶穌將文士和法利賽人的花言巧語與他們自身暗藏的不道德行為進行了對比。有一句名言（通常認為出自德國總理奧托·馮·俾斯麥之口）說：「在打獵之後、戰爭期間、選舉之前，都是一個人說最多謊言的時候。」㉝ 當然，如果領袖們都能謹言慎行，那我們的世界也會變得更加美好！

不斷地撒謊不僅對他人產生負面影響，對撒謊者本身更是如此。我們得到的警告是，「言語不但表現品格，而且有左右品格的力量。人是會受自己言語影響的……他們一經發表了意見或者決定，往往為驕傲之心所阻，不肯收回，並想證明自己有理，終至確信自己沒有犯錯了。」㉞

如果我們能更關注自己對他人的評價，少在意別人對我們的評價，那該有多好啊！正如網路上的流行語：「評判他人並不能定義他人是誰，而是定義了你是誰。」我們要牢記，我們的言語既能摧毀也能拯救，既能毀人名譽，也能維護人的好名聲。

主啊，請幫助我，讓我在言語懂得推己及人，並以溫柔的話語待人！

12月14日 星象預測

> 親愛的弟兄啊,一切的靈,你們不可都信,總要試驗那些靈是出於上帝的不是,因為世上有許多假先知已經出來了。
> 約翰一書4:1

略帶神祕主義色彩的後現代打造了許多所謂的預言家。法國占星家米契爾·德·諾查丹瑪斯(Michel de Nostradamus, 1503-1566)便被追捧為業界翹楚。諾查丹瑪斯於**1503年12月14日**出生在法國的聖雷米,他最初是一名藥劑師,研究草藥療法,隨後轉向神祕學。他寫了許多年鑑,據說總共包含了六千多條預言。但他最著名的作品是1555年出版的《諸世紀》,以四行體詩寫成,1672年該書被譯為英文,以《百詩集》為名出版。

諾查丹瑪斯的追隨者們認定他成功預測了多起歷史事件,包括兩次世界大戰、911襲擊、拿破崙和阿道夫·希特勒的崛起,甚至唐納·川普(Donald Trump)的總統任期。我們不禁要問:「這在多大程度上是人們將歷史事件強行解讀為所謂預言的應驗?」 在諾查丹瑪斯的《百詩集》第十卷第72首詩中,他寫道:「在1999年7月,一位強大到令人恐慌的君主從天而降,致使安格魯莫爾大王為之復活,屆時前後,瑪律斯將借幸福之名統治四方。」㉟

1999年已經過去,預言並沒有實現!然後,在《百詩集》第一卷第48首詩中,諾查丹瑪斯通過占星預言道:「月亮統治的二十年已經過去了,他的權勢則歸屬他人七千年,當太陽恢復往昔的日子,屆時我的預言將要得到應驗和結束。」㊱ 這「七千年」何時開始?聖經末世學可沒有空間來容納如此久遠的預言!

無論人們是否認定這些預言已經實現,《聖經》是嚴格禁止一切占星術和巫術的(賽47:12-15)。《聖經》也警告我們,要提防假先知及其未實現的預言(申18:21、22;耶28:8、9)。真先知會以具體的方式來描述未來的事件,而假先知則是泛泛而談,講得模稜兩可——這樣才好歸咎於是預言的解讀出了錯。世界正走向末日,假先知的數量也會顯著增加。我們應當以《聖經》為根基,做好準備迎接挑戰。

12月15 第一修正案

耶穌回答說:「我的國不屬這世界;我的國若屬這世界,我的臣僕必要爭戰,使我不至於被交給猶太人。只是我的國不屬這世界。」
約翰福音 18:36

　　世界上有許多宗教不自由的現象,很大程度上是由於宗教與世俗權力的結合所造成的。歷史證實,允許世俗政府立法插手宗教事務,或讓宗教領袖掌握世俗權力,都是極度危險的。那些不信奉官方宗教的人往往會因其信仰飽受迫害。

　　美國的開國元勳們十分明白政教分離的重要性,並在《美國憲法》第一修正案中明確地表達了這一點。該修正案於**1791年12月15日**獲得批准,內容如下:「國會不得制定有關下列事項的法律:確立一種宗教或禁止信教自由,剝奪言論自由或出版自由,或剝奪人民和平集會及向政府要求伸冤的權利。」㊲ 這一修正案確保了信奉不同信仰和宗教的人們能夠在同一個國家和平共處。

　　但在末世的危機中,美國國會將對宗教事務立法並限制宗教自由。懷愛倫警告說:「當我(美)國立法機構制定法律,在宗教權利方面約束人的良心,強迫人遵守星期日,並迫害遵守第七日為安息日的人時,上帝的律法將在我們國家廢除。全國性的背道將帶來國家的毀滅。」㊳

　　基督所建立的教會,是一個沒有世俗權力的宗教團體,祂宣告「我的國不屬這世界」(約18:36)。祂還說:「凱撒的物當歸給凱撒,上帝的物當歸給上帝。」(太22:21)政教分離確實是《新約》的原則,凡是願意忠於基督教導的人,都必須大力提倡和推廣這一原則。

12月/16 獵戶星座敞開的空間

> 我又看見聖城新耶路撒冷由上帝那裡從天而降，
> 預備好了，就如新婦妝飾整齊，等候丈夫。
> 啟示錄 21：2

許多福音派基督徒將他們對末世的盼望集中在以色列的政治局勢和古耶路撒冷城上。但我們所期待的，是那將要從天而降、上帝親手所造的新耶路撒冷，而非出於人手的、地上的耶路撒冷（啟21：2）。

1848年12月16日，懷愛倫得見天勢震動的異象：「天勢將要被上帝的聲音所震動。那時太陽、月亮和星辰將要挪移本位，它們不會消逝，只是被上帝的聲音所震動。有濃黑的烏雲上來，互相撞擊。天空裂開而卷起來了；那時我們的視線能透入獵戶星座敞開的空間，有上帝的聲音從其中出來。聖城將要從那敞開的空間下來。」❸❾

這一說法引起了很多猜測。有些批評者認為它著實荒唐，因為獵戶座中並沒有「敞開的空間」。但也有一些人指出，獵戶座星雲的望遠鏡照片與基督再來的圖像之間確實有相似之處。獵戶座中是否有敞開的空間其實並不重要。懷愛倫說的是，上帝大能的話語將讓「太陽、月亮和星辰挪移本位」，然後「聖城將要從那敞開的空間下來」。

我們應該了解末時的大事將如何發生，才能避免臆測的理論以及對上帝啟示的曲解（啟22：18、19）。但比了解未來之事更重要的是，我們現在就要做好準備，在永恆中與上帝和祂的聖天使同住（詩24：3、4；約一3：1-3）。屆時宇宙一切的奧祕都將向我們敞開，供我們探索。在這罪惡的世界中沒什麼能與天堂相比！我想要去天堂，希望我們也能在那裡一同相聚！

12月17日 《聖經》的一致性

這地方的人賢於帖撒羅尼迦的人,甘心領受這道,
天天考查聖經,要曉得這道是與不是。
使徒行傳 17:11

《聖經》中最難同步的部分之一,是〈列王紀上、下〉和〈歷代志上、下〉中的希伯來列王年表。經過數百年的深入研究,學術界得出結論:某些差異只是聖經在記錄時有所偏差。例如,為什麼在〈列王紀下〉第9章29節說猶大王亞哈謝在以色列王約蘭在位的第十一年登基,而在第8章25節卻說是在第十二年?

當愛德溫・蒂勒（Edwin R. Thiele）還在芝加哥大學東方研究所學習時,就打算以《聖經》中的矛盾為題撰寫碩士論文,但他的指導教授歐文（W. A. Irwin）不想重提這樣一個「無解」的主題。不過最終歐文還是允許蒂勒以此作為其博士論文的主題。蒂勒以《聖經》絕不會自相矛盾為前提,試圖為這些不一致的記錄找到合理的解釋。

蒂勒思考了共同攝政和治理重疊的情況,甚至還考慮到王登基的月份。隨著研究的深入,蒂勒發現有許多明顯的差異都是因「雙重紀年法」造成的——王在位的第一年有時會被視為其登基年,有時則被記錄為統治元年。

1943年12月17日,愛德溫・蒂勒獲得了芝加哥大學的博士學位,他的論文則成為聖經年代學方面的經典之作。這位著名的復臨教會學者的研究成果先是發表在《近東研究其月刊》❹ 上,後被編入《希伯來列王計數之謎》一書中。❹

的確,「懷疑論者曾將《聖經》中的難題作為反對《聖經》的論據;但事實遠非如此,它們恰恰是其神聖啟示的有力證據。」❹ 很多時候,問題不在於《聖經》本身,而在於人在理解上的局限。透過深入研究,我們的問題可能就會迎刃而解,疑慮也將消失不見。

12月18日 語言的力量

> 頌讚和咒詛從一個口裡出來！我的弟兄們，這是不應當的！
> 雅各書3：10

威廉・麥肯德里・卡爾頓（William McKendree Carleton，人稱威爾・卡爾頓）是一位美國詩人，於**1912年12月18日**去世，為世界留下了豐富的文學遺產。在他著名的詩作《拓荒者的故事》中，他講述了一個勇敢無畏的男人帶著他可愛的妻子遷移到美國西部鄉村墾荒的故事。生活雖然清苦，但年輕的妻子樂意傾盡全力地幫助他，把他們簡陋的小屋變成溫暖的家。由於長期與世隔絕、天氣惡劣、農作物歉收並且生活窮困，男人感到壓力排山倒海而來。

一天晚上他工作回來後，在通常餵牛的地方卻沒有看到奶牛的影子。他於是責怪他那可愛的妻子沒有好好照顧奶牛，卻把什麼事情都丟給他做，自己只是躺著無所事事。她不辯解，也不吭聲，但她心碎了。第二天下午，男人預感到暴風雨即將來臨，於是儘快做完工作就趕回家。但他只在桌子上發現妻子留的紙條，說她雖然竭盡全力照料，牛還是跑出去了，她請他不要責罵，她會出去再找一遍。在字條的結尾，她懇求道：「親愛的，我缺乏的力量，請你用愛補足，當我回來時，請你柔聲細語。」❹❸

剛讀完妻子的字條，外面雷聲轟隆，暴風雨來臨了。他帶上狗瘋了似地衝出門，整夜尋找他心愛的妻子。他三次回家查看，希望她已經先回來了，可惜沒有。清晨，陽光再次灑滿大地，他拖著疲憊的身軀回到家。不料牛已經回來了，沒錯，她找到牠們了！他急忙進屋，卻發現妻子躺在冰冷的地板上，已經沒了生氣。他的「家已經失去了靈魂」，而他的腦海中仍迴響著她寫下的話：「我已經盡力了——我真的盡力了！」❹❹

一句話。只是一句話而已。但它的殺傷力是何等的大啊！威爾・卡爾頓在這首詩中寫道：「放風箏的男孩可以收回他那有著白色羽翼的鳥，但你卻無法收回已經說出口的話。」❹❺

親愛的主啊，願我的話語永遠成為他人、尤其是我心愛之人的祝福之源。阿們。

12月/19 鼓舞人心的領袖

> 你們要靠主常常喜樂。我再說,你們要喜樂。
> 當叫眾人知道你們謙讓的心。主已經近了。
> 腓立比書4:4、5

　　作為領袖常常會讓人產生驕傲和距離感。但也有一些非常成功的領袖能夠在保持高效和謙遜的同時,還能真正做到鼓舞人心。威廉・斯派塞(William A. Spicer, 1865-1952)就是這樣一位領袖。**1865年12月19日**,斯派塞出生在美國明尼蘇達州的弗里伯恩。他對宣教充滿熱忱,曾前往英國和印度宣教。另外,他還擔任過教會佈道委員會的祕書(1901-1903)、全球總會祕書(1903-1922)和全球總會會長(1922-1930)。

　　人們眼中的斯派塞為人親和、交遊廣闊且深受愛戴。他生活節儉,出門在外都會尋找最便宜的火車票和旅店,儘可能節省開支。當家人朋友請他選擇更好、更安全的住處時,他會說:「這樣已經夠好了。有睡覺的地方就行。主會照顧我的。」至於吃的,他曾說:「一袋花生就可以讓我飽足一整天。」㊻ 此外,斯派塞的衣物很少,他甚至會在旅館浴室的水槽裡自己洗衣服。對他來說,節省下來的每一分錢都能有助於推進教會的使命。

　　繼任的總會會長麥克爾哈尼(J. L. McElhany)稱斯派塞是一個有明確信念的人,但絕不固執己見。「他從不擺出官架子,從未有過自命不凡或獨斷專行的態度……他隨時隨地都能放下任何職務或官職,也隨時做好接受工作的準備……對待繼任者,他總是和藹可親,樂於助人,時刻準備好提供力所能及的幫助。」身為宣教士和作家,他也有辦法在信徒心中激發勇氣。「他對復臨運動必勝的堅定信念,在他所行的一切事上都突顯了出來。」

　　你擔任什麼樣的領導角色其實並不重要。要記住,我們每個人最終都會以某種方式影響他人。真正要緊的是我們如何在職場、學業、教會以及其他社交和家庭圈子中發揮我們的影響力。無論你身在何處,無論你做什麼或說什麼,「當叫眾人知道你們謙讓的心!」(腓4:5)

12月 20 持守你的冠冕

「我必快來，你要持守你所有的，免得人奪去你的冠冕。」
啟示錄 3：11

　　許多相信基督復臨的信徒帶著他們對於親眼目睹這一榮耀時刻的深切期盼離開了人世。威廉・米勒耳（William Miller，1782-1849）也是如此；當基督並沒有按照他所預期的時間復臨時，他的盼望面臨著嚴峻的考驗。根據自己對《聖經》的研究，米勒耳堅信基督會在1843年左右降臨。後來，他對人們所普遍接受的基督會在1844年10月22日復臨的觀點也表示贊同。但當兩個日子都落空後，米勒耳迎來了嚴厲的批評和無情的嘲笑，人們認定這毫無根據的盼望都是他一手造成的。即便如此，他也沒有放棄自己的信仰和希望。

　　1844年11月10日，米勒耳寫信給他的密友約書亞・海姆斯（Joshua V. Himes）：「我一直等待、期盼著那有福的盼望，希望上帝對錫安所說的榮耀之事速速實現。沒錯，雖然我已經失望兩次，但我沒有沮喪，也不氣餒。上帝的靈常與我同在，帶給我安慰。我現在有更多的證據，表明我確實相信神的話；雖然我周圍盡是仇敵和譏笑我的人，但我的心得享安寧，我對基督復臨的盼望仍一如既往地堅定……弟兄們，要持守你所有的，不要讓人奪去你們的冠冕。我已經把心思放在另一時間上，這次我堅定立場除非上帝給我更多的亮光──這日子就在今天，就是現今，直到基督復臨，直到我看見我心所渴慕的祂。」㊼

　　這便是米勒耳餘生的信念。1844年12月3日，他寫信給約書亞・海姆斯和西爾維斯特・布利斯（Sylvester Bliss）說：「我寫這封信時，想著也許它永遠也到不了目的地。但是在基督沒來之前，我依然要堅守使命。」㊽

　　1848年9月，米勒耳完全失明，他在寫給海姆斯的信中說：「如果不是因為我有那『有福的盼望』，就是能很快見到耶穌，那麼這段時間對我來說的確是悲哀且陰鬱的……儘管我雙目所及盡是黑暗，但我心靈的眼光卻被明亮輝煌的未來所照亮。」㊾ **1849年12月20日**，米勒耳安詳離世，留給我們一個無條件持守復臨盼望的美好榜樣。願主幫助我們，為這同樣的盼望而活，甚至也能為同樣的盼望獻出生命。

12月/21 上帝仍眷顧

因他要為你吩咐他的使者，在你行的一切道路上保護你。

詩篇 91：11

邁可・哈瑟（Michael Hasel）在歐洲一所大學學習了三個月後，他住在美國密西根州的父親格哈德・哈瑟（Gerhard F. Hasel）打電話給他，極力勸說他在聖誕假期時飛回美國，與家人共度佳節。但是邁可打算先和幾個朋友一起禱告後再做決定。

三小時後，格哈德再次打給兒子，言語中盡是興奮：「邁可，你猜怎麼著？只有最後一個班機，而我幫你訂到票了。到時候可以你從法蘭克福經倫敦飛到紐約，然後轉機到邁阿密，我們會去那裡接你！」㊿ 邁可有些心動，他但心裡感到平靜，他對父親說，他還是決定留下來，與在德國南部的叔叔和親友一起過節。最後他的父親也尊重他的決定。

平安夜時，邁可和親人們一起讀了福音書中耶穌誕生的故事，之後圍坐在聖誕樹下拆禮物。這時電話響了，是邁可的家人從美國打來的。他與母親和兩個姐姐聊完後，他的父親接過了電話：「邁可，有件事我得告訴你。我很慶幸你今年沒有來佛羅里達。你的決定是對的。我給你預定的是泛美航空103號航班，就是上週在蘇格蘭洛克比墜毀的那一架。」(51)

「**1988年12月21日**，從倫敦飛往紐約的泛美航空103號航班在起飛一小時後，在蘇格蘭洛克比上空爆炸。」空難的原因是「在飛機貨艙內，一顆被藏在錄音帶播放器裡的炸彈被引爆」。(52) 機上259名乘客全部罹難，此外還有11名洛克比居民被墜落的飛機殘骸砸死。

為何上帝任憑270人死亡卻拯救了邁可？我們如今仍生活在罪惡的世界裡，在善惡鬥爭的漩渦中，我們所知的太有限，沒有辦法給出這個問題的答案。但我們可以相信，「上帝絕不勉強引領祂的兒女們，除非他們能從起初看到末後，並認明他們正在實現之宗旨的光榮，而甘願被揀選受引領。」(53)

12月/22 現代殉道者

「你們要記念我從前對你們所說的話：『僕人不能大於主人。』他們若逼迫了我，也要逼迫你們。」
約翰福音 15：20

許多受公眾歡迎的佈道家表示，接受基督的人就能免受生活中一切問題的困擾，但這顯然並非事實。有些基督徒蒙上帝呼召，卻是以經歷迫害和死亡來為主作見證。德派瓦（DePaiva）一家就是現代的殉道者。這家人來自巴西，他們在安得烈大學深造數年後，於2002年8月前往密克羅尼西亞的帛琉群島宣教。魯瑪律‧德派瓦（Ruimar DePaiva）在科羅爾復臨教會牧會，他的妻子瑪格麗特（Margareth）也在當地教會學校任教。

一家人的生活平靜安穩，直到**2003年12月22日**清晨，一個陌生人闖入他們家中。他將魯瑪律、瑪格麗特和他們的兒子拉里松（Larisson）殘忍殺害，隨後又襲擊了他們年僅十歲的女兒梅麗莎（Melissa）。兇手以為她死了，便趁著天剛破曉，把她扔在一條人跡罕至的路上。好在一對路過的夫婦發現了這個可憐的孩子，及時將她送到醫院。在特別為他們舉行的追悼會上，魯瑪律的母親露絲‧德派瓦（Ruth DePaiva）公開表示原諒了兇手。她的寬恕震驚了島上的居民。

但為什麼上帝要允許這樣的悲劇發生呢？幾年後，梅麗莎說：「回首往事，我可以看到我父母和哥哥的死所帶來的美善，比他們在生前取得的成就還偉大，從這悲慘的結局中，許多祝福噴湧而出。我已經學會作一個更堅強的人，我與主的關係也無比穩固。如果這些事沒有發生，那麼許多機會也永遠不會出現……在離開帛琉之前，我告訴那裡的人，有一天我會回來，還作宣教士。」❺

使徒約翰在福音書中寫道，彼得的殉道是為了「榮耀上帝」（約21：19）。教父特土良（Tertullian）在其著作《護教辭》中聲稱：「我們屢次被你們砍倒，但我們的人數更增加；基督徒的血是種子。」❺ 實際上，上帝的兒女有的受呼召在健康時為祂作見證，有的則在病痛中，有的卻是透過自己的死亡。我們要相信，祂知道什麼對我們最好，也知道什麼於祂的事工有益。

12月/23

永恆的恩典

你要把你的重擔卸給耶和華，他必撫養你；他永不叫義人動搖。

詩篇 55：22

也許你和你愛的人正身處困境；可能是一段破裂的關係，某種頑疾，或者經濟上捉襟見肘。不論是什麼，請記住，上帝的恩典總能扶持我們。懷愛倫剛到澳大利亞後不久，就遭受了「生平最可怕的痛苦」。(56) 即便如此，在**1892年12月23日**，她仍然給總會的弟兄們寫了一封激勵人心的信。她說：

「我在長期患病受苦期間一直極其顯著地蒙上帝賜福。在與劇痛作最激烈的鬥爭時，我體驗了這個保證：『我的恩典夠你用的。』（林後12：9）有時我似乎痛得受不了，當我不能入睡時，我便憑著信心指望耶穌，祂的臨格便與我同在，每一個黑暗的陰影便退去，一種神聖的亮光遮蔽了我，房間裡便充滿了祂神聖臨格之光。

「我覺得我可以歡迎苦難，只要這種寶貴的恩典會伴隨著它。我知道主是良善恩慈、充滿憐憫，並富有同情和慈愛的。我在無助受苦時，心和口充滿了對祂的讚美。我的默想一直很安慰我，使我有力量，因為想到要是沒有上帝恩典的扶持，我的狀況會有多麼糟糕。我的視力仍在，我的記憶猶存，我的心智在看到真理的榮美和寶貴方面，亦是空前的清晰活躍。」(57)

我們往往會因為得不到某個心心念念的「祝福」，就忽略了我們每天從上帝那裡得到的祝福。即使是在困難重重的環境中，我們也要懷著感恩的心。並非所有事情都能如我們所願，但有兩個十分重要的祝福，上帝總會賜給祂忠實的兒女，它們就是——恩典和希望！

12月/24 聖誕慶祝活動

他們在那裡的時候，馬利亞的產期到了，就生了頭胎的兒子，
用布包起來，放在馬槽裡，因為客店裡沒有地方。

路加福音 2：6、7

平安夜，即**12月24日**，是一個充滿回憶的日子！對有些人來說，平安夜就是燈火璀璨的城市、精心裝飾的房屋、聖誕樹、一家人團聚以及孩子們急切地等待他們的禮物。可對另一些人來說，平安夜不過又是一張空蕩蕩的桌子，上面的食物少得可憐。有些人認為平安夜是一種古老的異教節日，基督徒不應該慶祝。但聖誕節的真正起源和意義是什麼呢？

沒有任何經文或歷史證據表明基督是在12月25日出生的。因為牧羊人不可能在寒冬的夜晚還在野地裡照顧羊群（路2：8-20）。這個傳統日期源於古代波斯的密特拉教，它是瑣羅亞斯德教的一個重要分支。密特拉教信徒在星期天敬拜太陽神即（密特拉），還會在12月25日慶祝他的生日。而這些節日也借由在波斯打仗的羅馬士兵傳到了羅馬。西元270年，皇帝奧勒良（Aurelian）確立了對太陽神（不可戰勝之太陽）的崇拜，將其作為希臘–羅馬帝國的第一個普世宗教。許多基督徒遂將「不可戰勝的太陽」與基督是「公義的日頭」（瑪4：2）聯繫起來，於是開始守星期日而非星期六，並在12月25日慶祝耶誕節。

儘管如此，我們也不應阻止人們把聖誕節作為基督道成肉身的象徵和紀念來慶祝。重點是不能將它當作聖日來遵守或尊崇。懷愛倫在《復臨信徒的家庭》一書中解釋說：「祂隱瞞了基督誕生的確定日期，也是出於這個目的，免得人敬重這日，反而忽略了尊榮人類的救主基督。」(58) 她解釋說，過聖誕節、裝飾聖誕樹並沒有錯。不過，與其讓孩子們懷抱收到禮物的期望，不如教導他們應該互贈有用的禮物，還要捐獻給窮人。

記住，聖誕節是我們用無私仁愛之心取代自私期盼的最好機會！

12月/25 一個聖誕故事

道成了肉身,住在我們中間,充充滿滿地有恩典有真理。
我們也見過他的榮光,正是父獨生子的榮光。

約翰福音 1:14

保羅・哈威・奧蘭特（Paul Harvey Aurandt,1918-2009,人稱保羅・哈威），是美國ABC新聞電臺的一名主持人。每年**12月25日**中午,他都會為觀眾講述現代聖誕寓言《人和鳥》。故事講述一個不相信基督道成肉身之奧祕的男人,由於聖誕節期間各地都在講述基督誕生的故事,為了不讓自己虛應故事,他便選擇在平安夜獨自待在家裡,不跟家人去教堂。

有一年平安夜,家人離開後不久,天空飄起了雪花。男人在家裡看報紙時,突然聽到了幾聲撞擊聲。起初,他以為是有人往他的客廳窗戶上扔雪球。但隨後他看到幾隻鳥正拼命地撞向窗戶,想要尋找棲身之處。為了給鳥兒提供一個溫暖的庇護所,男人打開了穀倉的大門,還把燈打開。但鳥兒們並沒有飛進來。於是,他急忙跑回屋裡,拿了些麵包屑撒在雪地上,想要引牠們進入明亮溫暖的穀倉,卻沒有成功。之後他試著抓鳥兒,也沒有奏效。

終於他看出自己的做法不僅沒有吸引鳥兒,反而將牠們嚇壞了。他心想：「如果我能變成一隻鳥就好了,和牠們待在一起,用鳥語交流。那樣的話,我就能告訴牠們不要害怕,我還可以給牠們帶路,引牠們進入安全溫暖的穀倉。我得成為牠們的一員,牠們才能看到我、聽見我,理解我說的話。」❺❾ 就在這一刻,教堂的鐘聲響起,敲響了聖誕的喜訊。終於,他明白了基督道成肉身的奧祕——祂「道成了肉身,住在我們中間」（約1:14）,乃是為了拯救我們。

道成肉身的奧祕不僅在於基督成為人！上帝既賜下自己的兒子,「就是把整個天庭都賜給了我們。救主的生活,受死,為我們代求,天使的服務,聖靈的感化,天父超乎一切、又貫於萬有的工作,上天眾生的不住關懷——這一切都是為了人類的救贖。」❻⓿ 如果上帝把整個天堂都賜給了我們,我們為何不能將自己的一生都獻給祂呢？

12月/26 等待祂的到來

> 因為這默示有一定的日期,快要應驗,並不虛謊。
> 雖然遲延,還要等候;因為必然臨到,不再遲延。
>
> 哈巴谷書 2:3

1944年12月26日,小野田寬郎(Hiroo Onoda)被派往菲律賓的盧邦島,為日本杉木軍團效力。臨行前,他的師團長橫山靜雄命令小野田:「自殺是什麼也幹不成的。你們要到山林裡進行游擊戰,三年或五年之後,無論情勢如何,我們都會回來找你,你一定要堅持到我們回來。在這期間若只剩下一個人,哪怕只有椰子可吃也要抵抗!但絕對不能自殺。」**❻❶**

1945年10月,小野田與三名同僚撿到一張傳單,上面寫著:「戰爭已於8月15日結束。下山吧!」但他們不相信。後來,帶有照片的傳單被空投到叢林裡,他們也不理會。1949年,一個同僚離開投降了;1954年,另一個同僚被射殺;1972年,最後一個同伴也死了。現在只剩下小野田獨自一人。1974年2月,一位日本探險家找到了他,但小野田仍然拒絕投降,說他還在等待上級的命令。於是各方力量開始安排會面,谷口義美少佐也飛往盧邦島。1974年3月9日,他見到了小野田,宣佈他可以繳械投降。就這樣,廿九年後,那個「無論情勢如何,我們都會回來找你」的承諾終於兌現。

第二次世界大戰早已結束,但善惡的鬥爭仍在繼續。很快它也會結束,耶穌要回來接走祂忠心的精兵(弗6:10-20)。我們不知道祂何時會來。但既然祂已經兌現了之前所有的承諾,我們可以確信這個應許也必定實現。正如〈哈巴谷書〉第2章3節所說:「雖然遲延,還要等候;因為必然臨到,不再遲延。」我們不應該抱怨祂來得遲,而是應該警醒等待祂的到來,因為這日子近在咫尺(太24:36-51)。永遠不要放棄!祂的話是確實可信的,祂的復臨也是確立無疑的。

12月 27 死人將要復活

因號筒要響,死人要復活成為不朽壞的,我們也要改變。
哥林多前書 15:52

1985年12月27日星期五,這對我們全家人來說是個悲傷的日子。我的姐姐艾萊達在昏迷四天後撒手人寰,這天是她的葬禮。葬禮儀式開始前,我們去了她之前住的地方。在那裡我見到了她三歲半的小兒子亨里克,他正自顧自地玩著,好像什麼事都沒發生過。不一會兒,他走過來問我:「雷諾德叔叔,你知道我媽媽去世了嗎?」我被他的話嚇了一跳,回答說:「是嗎?那你媽媽現在在哪裡?」「我媽媽在教會裡,」他回答道。「那她會怎麼樣?」我問他。

接下來,他的回答觸動了我的心:「我媽媽會留在教堂的墓地裡,等耶穌回來時,她會從死裡復活。」

亨里克的解釋,無疑是大人講給他聽的。但他的話語中卻飽含著不容置疑的盼望:「等耶穌回來時!」事實上,這盼望是歷代基督徒視若珍寶的,也是復臨信徒傳講的重要主題之一。當我們聽到充滿希望的《耶穌必定要再來》(新版《讚美詩》第114首)、《當我們回到天家》和《我們有盼望》(新版《讚美詩》第116首)等詩歌時,痛苦、悲傷和絕望的濃重烏雲似乎就統統消散了。

對基督復臨和死人復活的盼望並非幻想,也不是在生存危機時刻的「救生衣」。它們是新約中的重大主題,具有堅實的預言基礎,以基督為核心,具有深刻的存在意義。這希望是寶貴的遺產,它的價值與日俱增。比起亨里克說這話的時候,基督復臨的日子如今更近了。所以我們要認真聆聽保羅的勸勉:「再者,你們曉得,現今就是該趁早睡醒的時候;因為我們得救,現今比初信的時候更近了。黑夜已深,白晝將近;我們就當脫去暗昧的行為,帶上光明的兵器。」(羅13:11-12)。很快,我們的盼望將要成真!

12月 28　西敏寺大教堂

「你們必曉得真理，真理必叫你們得以自由。」
約翰福音 8：32

2005年11月，我受邀去英國倫敦負責禱告週的分享，於是我得空時便順道參觀了著名的西敏寺大教堂。這座美輪美奐的教堂最初是為紀念使徒聖彼得而建，於**1065年12月28日**正式獻堂。我在教堂裡看到了蓋歐格・韓德爾（George F. Handel）、以撒・牛頓爵士（Sir Isaac Newton）、查爾斯・達爾文（Charles Darwin）、大衛・李文斯頓（David Livingstone）等人的墓。但有一個墓碑是我特別想看到的。幾年前，我買了一幅名為《從自己做起》的勵志版畫，上面有這樣一段話：

「當我年輕時，自由和想像力無限，我夢想著改變世界。隨著我的年齡和智慧的增長，我發現世界無法改變，於是就把目標縮小，只想改變我的國家。可我的國家似乎也無法改變。當我走入遲暮之年，決心再拼一次，只要改變我的家庭，改變那些最親近的人就好。可惜他們都不接受。如今我身臥病榻，一時間豁然開朗：如果我能夠先改變自己，那麼就能成為家人的榜樣，這個家就能改變。在他們的啟發和鼓勵中，我就能使我的國家變得更好，這樣說不定，我真的可以改變世界！」

引文下方寫著：「這段話刻在西敏寺教堂中、一位十一世紀英國聖公會主教的墓碑上。」既然我身在此處，自然想去親眼看一看。我問了導遊，其中一位建議我上樓去問教堂圖書管理員。然而圖書管理員的回答是：「這裡並沒有這樣的墓碑。」他補充說：「這句話發表在《心靈雞湯》第一冊，後來廣為流傳。但教堂裡沒有任何墓碑上有這樣的銘文。」

這段話立意極深；它提醒我不是所有閃閃發光的都是金子。有許多話人們都以為是《聖經》說的，其實不然。我們必須自己查考《聖經》以了解真相。

12月/29 演出落幕後

> 日頭出來的時候，上帝安排炎熱的東風，日頭曝曬約拿的頭，使他發昏，他就為自己求死，說：「我死了比活著還好！」
> 約拿書4：8

賽車手和球員，演員和藝術家，他們的名字和演出可能在觀眾心中永遠長存，但他們依舊是凡人。獲獎者登上領獎臺，接過獎盃，很快就會走下臺。不管表演如何出色，總有結束之時——掌聲停止，布幕落下，演員和球員離場，燈光熄滅。然後，人們回歸現實生活。

德國賽車手麥可‧舒馬克（Michael Schumacher）出生於1969年1月3日。他曾七次拿下一級方程式世界車手冠軍（1994、1995、2000、2001、2002、2003、2004年），被公認為史上最偉大的車手之一。經歷了多場危機重重的比賽的他，卻在度假時遭遇變故，使他一生的軌跡都因此改變。**2013年12月29日**，舒馬克與他十四歲的兒子米克（Mick）在法國阿爾卑斯山的梅里貝爾滑雪時撞到了一塊岩石上，儘管他戴著頭盔，但頭部還是遭受重創。在很長的一段時間裡，他陷入昏迷狀態，令人遺憾的是，他的身體和精神始終沒能從那次創傷中完全恢復過來。

懷愛倫警告我們，「最顯著的勝利和最慘重的失敗，都是在短時間內決定的。」❷ 在一級方程式領獎臺上意氣風發的舒馬克，與在滑雪場深受重創的舒馬克，二者的對比是多麼巨大！遠離領獎臺和眾人掌聲的他，不得不學著面對孤獨寂寞。

人們天生喜歡被讚美，但掌聲過後又鬱鬱寡歡。先知以利亞和約拿都曾在大獲成功後受到抑鬱的影響（王上19：1-18；拿4）。重要的是要捫心自問：「當沒有人讚美我，或是有人取代了我並享受我曾有的榮譽時，我心裡作何感想？」記住，唯有上帝，才能在他人的掌聲不再、而你孤獨一人時，給你的生活帶來真正的安穩。

12月/30 被自己人拒絕

他到自己的地方來，自己的人倒不接待他。
約翰福音 1：11

　　維也納大學的阿道夫・洛倫茨醫生（Adolf Lorenz，1854-1946）是當代最著名的骨科醫生之一。由於他的無創技術，人們稱他為「維也納不流血的外科醫生」。1902年10月，應美國肉類加工業巨頭阿姆斯特（J. Ogden Armour）和他的妻子洛拉（Lola）的邀請，洛倫茨前往芝加哥為他們先天殘疾的女兒洛麗塔做手術。手術於10月13日進行，取得了圓滿成功。

　　事情傳開之後，許多父母紛紛寫信求見醫生，但他太忙只能接待其中幾位。有一封信是來自芝加哥東部的一位女士，她家境富裕，只要醫生能醫治她的孩子，無論要付多大代價她都願意。把信寄出後，她告訴自己的牧師，她和朋友們每天都會祈禱，請求上帝派洛倫茨醫生幫助她。她堅信祈禱一定會蒙上帝應允。

　　洛倫茨醫生每天午飯後都會出門散步。**1902年12月30日**下午，他正散步時天空突然下起了雨，於是他便來到附近一棟房子裡躲雨。他摘下帽子，略帶著外國口音禮貌地詢問女主人：「夫人，我可以坐在您的門廊這裡等雨停嗎？」 ❻❸ 這位急切想見醫生一面的女人並不認識他，於是冷冷地指了指椅子，進屋把門窗關上。不一會兒，一輛汽車停在門外，將醫生接走了。但女人完全沒有留意。

　　第二天，報紙刊登了洛倫茨博士的照片，報導了他在芝加哥待了三個月後，即將前往紐約返回歐洲的消息。女人這才認出他就是那個曾經向她尋求幫助的人，而她卻無比冷漠地對待他。她後悔莫及：「天哪，我要是早認出他就好了。上帝垂聽我的禱告，派他來幫助我，而我卻沒有接待他！」 ❻❹

　　福音書說耶穌來到了祂的子民中間，但他們卻不接受他（約1：11）。他們忽視祂，拒絕祂，是因為祂到來的方式並不符合他們的期望。時代雖改變，人們面臨的問題卻不變。耶穌也來到我們中間，我們卻常常忽視祂，忘記祂的教導，因為與我們個人的喜好和期待不符。

　　主啊，求祢擦亮我們的眼睛，讓我們能夠時時認出祢，永遠忠於祢！

12月/31 常在基督裡

還有末了的話：……願主耶穌基督的恩惠、
上帝的慈愛、聖靈的感動常與你們眾人同在！

哥林多後書 13：11-14

12月31日：我們又走到了一年的盡頭！回顧往昔，讓我們感恩上帝所賜下的祝福，並為新的一年立下新的屬靈標杆。

1890年，懷愛倫給一對失去屬靈熱情的夫婦寫了一封情真意切的信。不妨讀一讀，把它當作是寫給我們的：

「然而你們二人還有希望；你們若是願意，就可改變品格。你們現在就可以改變；使你們所蒙的恩召和揀選堅定不移還為時不晚。有一個泉源在耶路撒冷為猶大敞開。你們可在這裡洗乾淨。你們若是真誠悔改，耶穌就必洗淨你們一切的罪。只要你們願意看到和感受到保持與領袖耶穌基督同步的必要性。要背起十字架，捨己，在上帝面前謙卑你們的心，你們現在就能恢復自己，擺脫撒但的網羅。

「要將一種新的意義帶入你們的生活和工作中。在品格上表現耶穌。你們二人都需要先有這種改變才適合為上帝工作。你們若是願意充分利用天賜的能力，並且以主的精神行事為人和作工，你們的生活即使在現在也能取得光榮成功。主就會擁有你和你的家人，你們若是現在就有目的地作工，就可以領受那為所有愛慕祂顯現之人存留在天上的、永不衰殘的榮耀冠冕。」❻❺

也許你今年花了太多時間在那些沒有永恆意義的事上。請不要讓這時光白白流逝，快將自己全然交託給我們所愛的主和救主耶穌基督。你們都曉得，有美妙的天堂和榮耀的冠冕在等待著你們。「我必快來，你要持守你所有的，免得人奪去你的冠冕。」（啟3：11）要永保忠心，直到那有福的日子到來，屆時我們的盼望成為現實，得以與天家的親友團聚。願上帝護佑保守你直到那時！

原書註釋

致 讀者 A Word to the Reader

① George Santayana, The Life of Reason: Introduction and Reason in Common Sense, Common- Sense- ebook.pdf, 172, https://santayana.iupui.edu/wp-content/uploads/2019/01/Common- Sense- ebook. pdf.
② Ellen G. White, "The Light of the World," Signs of the Times, October 20, 1887.

一月 January

① Ansel Adams, "1948 Introduction to Portfolio One,"in Photographers on Photography (Englewood Cliffs, NJ: Prentice -Hall, 1966), 32.
② Ellen G. White, The Great Controversy (Mountain View, CA: Pacific PressR, 1911), 602; emphasis added.
③ Ellen G. White, The Publishing Ministry (Hagerstown,MD:Review and HeraldR,1983), 33-35.
④ Ellen G. White, Colporteur Ministry (Mountain View,CA: Pacific PressR, 1953), 5.
⑤ "Newton to Hooke,5 February 1675/6," in The Correspondence of Isaac Newton,vol.1,1661-1675, ed.H.W.Turnbull (Cambridge:University Press, 1959),416.
⑥ David Brewster, The Life of Sir Isaac Newton (New York: J & J Harper, 1833), 301.
⑦ Isaac Newton, The Mathematical Principles of Natural Philosophy (London: Benjamin Motte, 1729), 388.
⑧ Samuel Horsley, Isaaci Newtoni (London: Excudebat Joannes Nichols, 1782), 436, 437.
⑨ David Brewster, Memoirs of the Life, Writings, and Discoveries of Sir Isaac Newton, vol. 2 (Cambridge: Macmillan, 1860), 347.
⑩ Eva Moore, The Story of George Washington Carver (New York: Scholastic Book Services, n.d.), 87, 88.
⑪ Dennis Abrams, George Washington Carver: Scientist and Educator, Black Americans of Achievement Legacy Edition (New York: Chelsea House, 2008), 68, 69.
⑫ Michael Rougier,"The Little Boy Who Wouldn't Smile," Life magazine, July 23, 1951, 91.
⑬ Rougier, 92.
⑭ Rougier, 92.
⑮ Rougier, 92.
⑯ Halis Gozpinar, "The Role of Proverbs in Forming Intercultural Awareness (on the Basis of Teaching English, Georgian and Turkish Languages)" (PhD diss., Ivane Javakhishvili Tbilisi Sate University, 2014), 28.
⑰ Marissa Newhall, "Top 11 Things You Didn't Know About Nikola Tesla," Energy .gov, November 18, 2013, https://www .energy .gov /articles /top -11 -things -you -didnt-know -about -nikola -tesla.
⑱ "Examining the Theological Status of Geocentrism and Heliocentrism and the Devastating Problems This Creates for Baptism of Desire Arguments," VaticanCatholic.com, June 6, 2007, https:// vaticancatholic .com /geocentrism-heliocentrism -galileo/.
⑲ Ellen G. White, "To the Students at Battle Creek College," Advent Review and Sabbath Herald, January 9, 1894, 2.
⑳ Ellen G. White, Manuscript 40, 1895.
㉑ William Arthur Ward, comp. and ed., For This One Hour (Anderson, SC: Droke House, 1969), 5.
㉒ 101 Objects That Changed the World (Takoma Park,MD: JWM Productions, 2013).
㉓ Augustine, Kevin Knight, ed.,"The Confessions, book VI," New Advent, from, Nicene and Post-Nicene Fathers, vol. 1, ed. Philip Schaf, trans. J. G. Pilkington (Buffalo, NY: Christian Literature, 1887), accessed June 12, 2022,https://www.newadvent.org/fathers/110106.htm.
㉔ Ellen G. White, Messages to Young People (Washington,DC: Review and HeraldR, 1930), 30.
㉕ Encyclopaedia Britannica Online, s .v. "total war,"accessed May 11, 2022, https://www .britannica .com /topic/total -war.
㉖ Ellen G. White, Prophets and Kings, (Mountain View,CA: Pacific PressR, 1917), 175.
㉗ Ellen G. White, Great Controversy, 530.
㉘ Ellen G. White, Fundamentals of Christian Education (Nashville, TN: Southern Publishing Association, 1923),537.
㉙ Ellen G. White, Great Controversy, 560.
㉚ James Brooke, " 'Le Schweitzer' Still Inspires Deep Loyalty," New York Times, March 1, 1988, https://www.nytimes.com/1988/03/01/science/le-schweitzer-still-inspires-deep-loyalty.html.
㉛ Albert Schweitzer, Out of My Life and Thought: An Autobiography (Baltimore, MD: Johns Hopkins University Press, 1998), 92.
㉜ Ara Paul Barsam, Reverence for Life: Albert Schweitzer's Great Contribution to Ethical Thought (New York: Oxford University Press, 2008), 141.
㉝ Albert Schweitzer, Reverence for Life, trans. by Reginald H Fuller (New York: Harper & Row, 1969), 85.
㉞ Albert Schweitzer, Thoughts for Our Times, edited by Erica Anderson (New York: Pilgrim Press, 1975), 49.
㉟ Schwitzer Reverence for Life, 51.
㊱ Rick Newman, "How Sullenberger Really Saved US Airways Flight 1549," US News and World Report, February 3, 2009, https://money.usnews.com/money/blogs/flowchart/2009/02/03/how-sullenberger-really-saved-us-airways-flight-1549.
㊲ Joe Dorsey, "The Miracle on the Hudson-The Incredible Story of Captain 'Sully' and US Airways Flight 1549," Travel Thru History, February 6, 2014, http://www.travelthruhistory.tv/miracle-hudson/.
㊳ "US Airways Flight 1549 Crew Receive Prestigious Guild of Air Pilots and Air Navigators Award," Guild News,January 22, 2009, https://www.yumpu.com/en/document/view/3709270/us-airways-flight-1549-crew-receive-prestigious-guild-of-air-pilots-.
㊴ Ellen G. White, Great Controversy, 648.
㊵ Ittai Gradel, Emperor Worship and Roman Religion (New York: Oxford University Press, 2002), 148.
㊶ Bulletin of the Atomic Scientists. Records, Hanna Holborn Gray Special Collections Research Center,

University of Chicago Library abstract, University of Chicago Library,accessed May 11, 2022, https:// www .lib .uchicago .edu /e/scrc/findingaids /view .php?eadid=ICU .SPCL .BULLETIN.
㊷ "FAQ: What Is the Doomsday Clock?" Bulletin of the Atomic Scientists, accessed April 18, 2022, https:// thebulletin.org /doomsday -clock /faq/.
㊸ Bulletin of the Atomic Scientists, October 1949, cover.
㊹ Ellen G. White, Testimonies for the Church, vol. 5 (Mountain View, CA: Pacific PressR, 1948), 88.
㊺ E.g.,"God Bless Our Home,"Courier-Journal, December 2, 1970, 18-A. https:// www.nyshistoricnewspapers.org/lccn/ np00020004/1970-12-02/ed-1/seq-18.pdf.
㊻ Ellen G. White, Testimonies for the Church, vol. 6 (Mountain View, CA: Pacific PressR, 1948), 99; emphasis added.
㊼ Ellen G. White, "Disease and Its Causes," Adventist Review and Sabbath Herald, January 23, 1900.
㊽ Reuters Staff, "British Explorer Dies on Record Antarctica Solo Trip," Reuters, https://www.reuters. com/article/britain-explorer/british-explorer-dies-on-record-antarctica-solo-trip-idINKCN0V31ES.
㊾ Ellen G. White, Great Controversy, 160.
㊿ Ellen G. White, The Ministry of Healing (Mountain View, CA: Pacific PressR, 1905), 503; emphasis added.
(51) Karl Barth, Wolfgang Amadeus Mozart, trans. Theologischer Verlag Zurich (Eugene OR: Wipf and Stock, 2003),23.
(52) Ellen G. White, Messages to Young People, 143.
(53) Ellen G. White, Testimonies for the Church, vol. 1(Mountain View, CA: Pacific PressR, 1948), 504.
(54) Adolph Hitler, speech before the Nazi Reichstag, January 30, 1939, The History Place, https://www .historyplace.com /worldwar2 /holocaust /h -threat .htm.
(55) William Shakespeare, Winter's Tale, act 2, scene 3.
(56) Wikipedia, s .v. "Waldensians," last modified May 4, 2022, 1:20 (UTC), https://en .wikipedia .org /wiki/ Waldensians.
(57) Ellen G. White, "Duties and Dangers of Ministers,"Advent Review and Sabbath Heralds February 12, 1880, 1.

二月 February

① Julia Ward Howe, "Battle Hymn of the Republic,"1862, public domain.
② Quoted in Benjamin Woolley, Virtual Worlds: A Journey in Hyper and Hyperreality (London: Penguine Books, 1993), Kindle loc. 2655.
③ Kaushik Patowary, "Franz Reichelt's Fatal Jump," December 15, 2020, https://www.amusingplanet. com/2020/12/franz-reichelts-fatal-jump.html.
④ Stephanie A. Sarkis, "25 Quotes on Excellence," Psychology Today, November 19, 2012, https:// www.psychologytoday.com/us/blog/here-there-and-every where/201211/25-quotes-excellence.
⑤ D. T. Bourdeau, "Geology and the Bible," Advent Review and Sabbath Herald, February 5, 1867, 98.
⑥ George McCready Price quoted in Harold W. Clark, Crusader for Creation: The Life and Writings of George Mc-Cready Price (Mountain View, CA: Pacific Press, 1966), 82.
⑦ Ellen G. White, Letter 8, 1896.
⑧ Ellen G. White, The Desire of Ages (Oakland, CA: Pacific Press®, 1898), 671.
⑨ G. C. T., "To Correspondents," Advent Review and Sabbath Herald, June 9, 1896, 10.
⑩ Ellen G. White, Desire of Ages, 88, 131.
⑪ Ellen G. White, Selected Messages, book 1 (Washington, DC: Review and Herald®, 1958), 37.
⑫ Arthur L. White, The Later Elmshaven Years: 1905-1915 , Ellen G. White Biography, vol. 6, (Hagerstown, MD: Review and Herald®, 1982), 455.
⑬ "Global Positioning System," National Aeronautics and Space Administration Wiki, accessed May 11, 2022, https://nasa .fandom .com /wiki /Global_ Positioning_System.
⑭ Malachi Martin, The Keys of This Blood: The Struggle for World Domination between Pope John Paul II, Mikhail Gorbachev, and the Capitalist West (New York: Simon and Schuster, 1990).
⑮ "Decree on Ecumenism: Unitatis Redintegratio," par. 1, Documents of the Second Vatican Council, La Santa Sede, November 21, 1964, https://www .vatican .va/archive /hist_councils /ii_vatican_ council /documents /vat -ii_decree_19641121_ unitatis -redintegratio_en .html.
⑯ "Dominus Iesus: Declaration on the Unicity and Salvific Universality of Jesus Christ and the Church," Congregation for the Doctrine of the Faith, Boston College, August 6, 2000, par. 17, https://www .bc .edu /content /dam/files /research_sites /cjl /texts /cjrelations /resources/documents /catholic /cdf_ dominusiesus .htm.
⑰ Fanny Crosby, Fanny Crosby's Life-story (New York: Every Where, 1903), 27.
⑱ "Fanny Crosby: Prolific and Blind Hymn Writer," Christianity Today, accessed July 18, 2022, https:// www.christianitytoday.com/history/people/poets/ fanny-crosby.html.
⑲ Fanny J. Crosby, "Blessed Assurance," 1873, public domain.
⑳ Ellen G. White, Education (Oakland, CA: Pacific Press®, 1903), 168.
㉑ Ellen G. White, Letter 4, 1867.
㉒ "Why Did the Egyptians Mummify Their Dead," DailyHistory .org, last modified January 4, 2018, https://dailyhistory .org /Why_did_the_Egyptians_ Mummify_their_Dead.
㉓ Daniel Belvedere, sermon, Brazil Adventist College, São Paulo, Brazil, in the 1980s.
㉔ Ellen G. White, Selected Messages, book 2 (Washington, DC: Review and Herald®, 1958), 162, 166, 167.
㉕ Ellen G. White, Testimonies for the Church, vol. 1 (Mountain View, CA: Pacific Press®, 1948), 145.
㉖ Arthur L. White, Ellen White: Woman of Vision (Hagerstown, MD: Review and Herald®, 2000), 417.
㉗ Ellen G. White, Testimonies for the Church, vol. 8 (Mountain View, CA: Pacific Press®, 1948), 96.
㉘ Ellen G. White, Testimonies, vol. 8, 97.
㉙ Ernest R. Sandeen, "John Humphrey Noyes as the

New Adam," Church History 40, no. 1 (March 1971): 82, 83. https://doi.org/10.2307/3163109.
㉚ Letter published in " 'The Battle Axe Letter,' " The Witness 1, no 7 (January 23, 1839), 49.
㉛ Ellen G. White, Desire of Ages, 189.
㉜ Ellen G. White, Letter 61, 1891.
㉝ Ellen White quotes from Charles Beecher's sermon in The Great Controversy (Mountain View, CA: Pacific Press®,1911), 444, 445.
㉞ Charles Beecher, The Bible a Sufficient Creed: Being Two Discourses Delivered at the Dedication of the Second Presbyterian Church. Fort Wayne, Iowa, February 22, 1846 (Boston: Christian World, 1846), 7; emphasis in the original.
㉟ Beecher, 8–18.
㊱ Beecher, 13.
㊲ Beecher, 17.
㊳ W. W. Prescott, "Report of the Educational Secretary," Daily Bulletin of the General Conference, February 23, 1893, 350.
㊴ William Warren Prescott, Victory in Christ (Washington, DC: Review and Herald®, n .d.), 5, 6.
㊵ The authorship of the famous "Peace Prayer of St. Francis of Assisi," traditionally credited to Francis of Assisi, is currently being questioned. According to French scholar Christian Renoux, this prayer first appeared in 1912 in the religious magazine La Clochette.
㊶ S. N. Haskell, The Cross and Its Shadow (South Lancaster, MA: Bible Training School, 1914), 5.
㊷ Martin Hengel, Crucifixion (London: SCM Press, 1977).
㊸ Ellen G. White, Desire of Ages, 83.
㊹ William Miller, "Lecture on the Great Sabbath. Eze. Xx .12," in View of the Prophecies and Prophetic Chronology, Miller's Works, vol. 1, (Boston: Joshua V. Himes, 1842), 162.
㊺ Thomas Motherwell Preble, A Tract, Showing That the Seventh Day Should Be Observed as the Sabbath, Instead of the First Day According to the Commandment (Nashua, NH: Murray and Kimball, 1845), 3.
㊻ Preble, 9, 10; emphasis in the original.
㊼ Preble, 9, 10.
㊽ Preble, 3.
㊾ Preble, 11.

三月 March

① "Yellowstone National Park," UNESCO, World Heritage Convention, accessed May 12, 2022, https://whc .unesco .org /en /list /28.
② Annie Leibovitz, quoted in Mark DiOrio, "2017 in Pictures: Our Photographer Selects His Favorites," Colgate University, December 30, 2017, https:// www.colgate.edu/news/stories/2017-pictures-our-photographer-selects-his-favorites.
③ Academic Dictionaries and Encyclopedias, s.v. "geyser," accessed July 18, 2022, https://etymology.en-academic .com/16808/geyser.
④ Suraj Radhakrishnan, "Old Faithful's Plumbing Revealed for the First Time: Sesimograph Shows Geyer's Interior," International Business Times, October 9, 2017, https://www .ibtimes .com / old -faithfuls -plumbing -revealed-first -time -seismograph -shows -geysers -interior -2598901.
⑤ "Yellowstone National Park," slide 17 of 17, Christian Science Monitor, accessed May 12, 2022, https://www .csmonitor .com /Photo -Galleries /In -Pictures /Yellowstone -National -Park/ (photo)/239070.
⑥ Greg Laurie, Let God Change Your Life: How to Know and Follow Jesus (Colorado Springs, CO: David C. Cook, 2,012), 156.
⑦ Ellen G. White, The Acts of the Apostles (Mountain View, CA: Pacific Press®, 1911), 510.
⑧ Martin Buber, I and Thou, trans. Charles Scribner's Sons (New York: Charles Scribner's Sons, 1970), 56.
⑨ Emil Brunner, Eternal Hope, trans. Harold Knight (Philadelphia: Westminster Press, 1954), 7.
⑩ Ellen G. White, Testimonies for the Church, vol. 5 (Mountain View, CA: Pacific Press®, 1948), 512.
⑪ White, 512.
⑫ White, 512.
⑬ The Works of Ralph Emerson: Representative Men (Boston and New York: Fireside Edition, 1909), 186.
⑭ Ellen G. White, The Great Controversy (Mountain View, CA: Pacific Press®, 1911), vi.
⑮ Billy Graham quoted in Debbi Bryson, The One Year Wisdom for Women Devotional: 365 Devotion Through the Proverbs (Carol Stream, IL: Tyndale, 2013), 349.
⑯ Ellen G. White, An Appeal to the Youth (Battle Creek, MI: Seventh -day Adventist Publishing Association, 1864), 76, 77.
⑰ White, 77.
⑱ The disputed authorship of this quote is settled in Garson O'Toole, "The Only Thing Necessary for the Triumph of Evil Is That Good Men Do Nothing," Quote Investigator, accessed July 18, 2022, https:// quoteinvestigator .com/2010/12/04/good-m en-do/
⑲ United States Holocaust Memorial Museum, "Martin Niemöller: 'First They Came for the Socialists,' " Holocaust Encyclopedia, last edited March 30, 2012, https://encyclopedia .ushmm .org /content / en /article /martin-niemoeller -first -they -came -for -the -socialists.
⑳ Ellen G. White, Christ's Object Lessons (Battle Creek, MI: Review and Herald®, 1900), 362, 363.
㉑ Philip Schaff, History of the Christian Church, vol. 3: Nicene and Post -Nicene Christianity, ad 311 -600, n693, Christians Classics Ethereal Library, accessed May 12, 2022, https://www .ccel .org /ccel /schaff / hcc3 .iii .x.ii .html.
㉒ Hachi: A Dog's Tale, directed by Lass Hallström (Culver City, CA: Affirm Films et al., 2009).
㉓ Ellen G. White, Testimonies, vol. 5, 459.
㉔ Adam Clarke, The Preacher's Manual (n .p.: G. Lane & P. P. Stanford, 1842), 11.
㉕ Vladimir Lenin, "Socialism and Religion," Marxists Internet Archive, https://www.marxists.org/archive/lenin /works/1905/dec/03.htm.
㉖ J. R. Spangler, "Thousands Turn from Communism to Christ," Adventist Review, June 4, 1992, 27.
㉗ Ellen G. White, Prophets and Kings (Mountain View, CA: Pacific Press®, 1917), 631.

㉘ Jonathan Aitken, John Newton: From Disgrace to Amazing Grace (Wheaton, IL: Crossway Books, 2007),72-76.
㉙ John Newton, "Amazing Grace," 1799, public domain.
㉚ Ellen G. White, Spiritual Gifts, vol. 1 (Battle Creek, MI: James White, 1858).
㉛ Ellen G. White, Early Writings (Battle Creek, MI: Seventh -day Adventist Publishing Association, 1882).
㉜ Ellen G. White, Testimonies for the Church, vol. 8 (Mountain View, CA: Pacific Press®, 1948), 27.
㉝ Gail Giorgio, Footprints in the Sand: The Life Story of Mary Stevenson, Author of the Immortal Poem (Gold Leaf Press, 1995), 38-39.
㉞ Wikipedia, s .v. "Intelligent Design," last modified April 6, 2022, https://en .wikipedia .org /wiki /Intelligent_design.
㉟ Ellen G. White, Letter 63, [March 17], 1893.
㊱ Ellen G. White, Testimonies for the Church, vol. 6 (Mountain View, CA: Pacific Press®, 1948), 53, 54.
㊲ Ellen G. White, Testimonies to Ministers and Gospel Workers (Mountain View, CA: Pacific Press®, 1923), 155.
㊳ Ellen G. White, Testimonies for the Church, vol. 7 (Mountain View, CA: Pacific Press®, 1948), 46.
㊴ C. H. Spurgeon, Lectures to My Students: A Selection from Addresses Delivered to the Students of the Pastors' College, Metropolitan Tabernacle (New York: Sheldon, 1875), 112; emphases in the original.
㊵ Spurgeon, 127, 128.
㊶ Ellen G. White, The Ministry of Healing (Mountain View, CA: Pacific Press®, 1905), 481.
㊷ Albert C. Outler, ed., John Wesley (New York: Oxford University Press, 1964), 72; italics in the original.
㊸ "The Letters of John Wesley: 1777," Wesley Center Online, http://wesley.nnu.edu/john-wesley/the-letters-of-john-wesley /wesleys-letters-1777/.
㊹ J. N. Loughborough, The Great Second Advent Movement: Its Rise and Progress (Washington, DC: Review and Herald, 1909), 141, 142.

㊺ Ellen G. White, The Adventist Home (Washington, DC: Review and Herald®, 1952), 487.
㊻ "Global Tree Search," Botanic Gardens Conservation International, accessed May 12, 2022, https:// www .bgci .org/resources /bgci -databases /globaltreesearch/.
㊼ John Donne, Devotions Upon Emergent Occasions and Seuerall Steps in My Sicknes- Meditation XVII, 1624.
㊽ Jean Zurcher, « L'homme, sa nature et sa destinée. Essai sur le problème de l'union de l'âme et du corps » (Neuchatel: Delachaux & Niestlé, 1953).
㊾ Jean Zurcher, The Nature and Destiny of Man: Essay on the Problem of the Union of the Soul and the Body in Relation to the Christian Views of Man, trans. Mabel R. Bartlett (New York: Philosophical Library, 1969).
㊿ Zurcher, Nature and Destiny, 168, 169.
51 "The Vulture and the Little Girl," Rare Historical Photos, last modified November 18, 2021, https:// rare historicalphotos .com /vulture -little -girl/.
52 "The Vulture and the Little Girl."
53 "The Vulture and the Little Girl."
54 "The Vulture and the Little Girl."
55 "The Vulture and the Little Girl."
56 Some helpful principles and guidelines on this matter are found in sections 2-7 of Ellen G. White, The Adventist Home, 491-530.
57 "20 Forbidden Places You Can Never Visit," Travelden, accessed May 12, 2022, https://www .travelden .co .uk /20 -forbidden -destinations -you -can -never -visit /5.
58 Regina Brett, "Regina Brett's Forty-Five Life Lessons and Five to Grow On," Cleveland.com, May 28, 2006, https://www.cleveland.com/brett/blog/2006/05/regina _bretts_45_life_lessons.html.
59 Ellen G. White, Testimonies, vol. 5, 645.
60 Ellen G. White, The Desire of Ages (Oakland, CA: Pacific Press®, 1898), 746.
61 Ellen G. White, Early Writings, 59, 60, 87-92,262-266.

四月 April

① "World's Biggest Liar Championship," BBC,https:// www .bbc.com/storyworks/a-year-of-great-events/worlds-biggest -liar-championship
② Gerhard F. Hasel, "Foreword," in Hans K. LaRondelle,Chariots of Salvation: The Biblical Drama of Armageddon(Washington, DC: Review and Herald, 1987), 7.
③ Edward Heppenstall, The Man Who Is God (Washington,DC: Review and Herald®, 1977), 133.
④ Ellen G. White, The Desire of Ages (Oakland, CA: Pacific Press®, 1898), 329.
⑤ Dietrich Bonhoeffer, The Cost of Discipleship, trans. R.H. Fuller with some revision by Irmgard Booth (New York: Simon and Schuster, 1995), 43-45.
⑥ Bonhoeffer, 45; emphasis in the original.
⑦ "Constitution," World Health Organization, accessed May 3, 2022, https://www .who .int /about /governance/constitution.
⑧ Ellen G. White, The Ministry of Healing (Mountain View, CA: Pacific Press®, 1905), 128.
⑨ White, 127.
⑩ "The Path to Transform Your Health Begins Today,"

NEWSTART, accessed July 18, 2022, https://www .newstart.com/.
⑪ "Our Story," About Us, International Society for Human Rights," accessed May 12, 2022, https://ishr .org /about/.
⑫ "At a Glance," About Us, International Society for Human Rights, accessed May 12, 2022, https://ishr .org /about /ishr -at -a-glance/.
⑬ John L. Allen Jr., "The War on Christians," Spectator, October 5, 2013, https://www .spectator .co .uk /article /the-war -on -christians.
⑭ Ellen G. White, The Acts of the Apostles (Mountain View, CA: Pacific Press®, 1911), 49.
⑮ J. Evan Smith, Booth the Beloved: Personal Recollections of William Booth, Founder of the Salvation Army (Melbourne: Geoffrey Cumberlege, 1949), 123, 124.
⑯ June Knop, "Welcome," Mission and Ministry on Fire (Australia) 17, no. 7 (August 2016), 3. https://issuu.com /salvos/docs/onfire-aug-2016.
⑰ Ellen G. White, Ministry to the Cities (Hagerstown, MD: Review and Herald®, 2012), 137-139.

⑱ Leonard Mlodinow, "Psychology Today: On the Power of Appearance," LeonardMlodinow .com, accessed May 3, 2022, https://leonardmlodinow .com /leonard -mlodinow -article /psychology -today -on -the -power -of -appearance/.
⑲ Ellen G. White, The Great Controversy (Mountain View, CA: Pacific Press®, 1911), 666, 667.
⑳ Ellen G. White, Testimonies for the Church, vol. 1 (Mountain View, CA: Pacific Press®, 1948), 123.
㉑ Ellen G. White, Sons and Daughters of God (Washington, DC: Review and Herald®, 1955), 349.
㉒ "Human Brain Project: Ethics and Society," Linnaeus University, updated November 24, 2020, https://lnu .se /en /research /searchresearch /human -brain -project/.
㉓ "The Human Brain Is the Most Complex Structure in the Universe. Let's Do All We Can to Unravel Its Mysteries," Independent, April 2, 2014, https:// www .independent .co .uk /voices /editorials /the -human -brain -is -the -most -complex-structure -in -the -universe -let -s-do -all -we -can -to -unravel -its-mysteries -9233125 .html.
㉔ Ellen G. White, Testimonies for the Church, vol. 6 (Mountain View, CA: Pacific Press®, 1948), 380.
㉕ Encyclopaedia Britannica Online, s .v. "Demosthenes," by James J. Murphy, accessed May 12, 2022, https://www .britannica .com /biography /Demosthenes -Greek -statesman-and -orator.
㉖ Ellen G. White, Selected Messages, book 1 (Washington, DC: Review and Herald®, 1958), 122.
㉗ Ellen G. White, Steps to Christ (Oakland, CA: Pacific Press®, 1892), 91.
㉘ Ellen G. White, Testimonies, vol. 1, 504.
㉙ Ellen G. White, Daughters of God (Hagerstown, MD: Review and Herald®, 1998), 160.
㉚ Roland H. Bainton, Here I Stand: A Life of Martin Luther (New York: Meridian, 1995), 181-185.
㉛ Howard E. Gardner, Frames of Mind: The Theory of Multiple Intelligences (New York: Basic Books, 1983).
㉜ Ellen G. White, Testimonies, vol. 1, 124.
㉝ Jerry L. Walls, The Problem of Pluralism: Recovering United Methodist Identity (Wilmore, KY: Good News Books, 1986).
㉞ "The History of Earth Day," Earth Day, accessed May 12, 2022, https://www .earthday .org /history/.
㉟ "History of Earth Day."
㊱ "Stewardship of the Environment," Seventh -day Adventist Church, October 1996, https://www .adventist.org /official -statements /stewardship -of -the -environment/.
㊲ Thomas Edison quoted in J. E. Elkhorne, "Edison- the Fabulous Drone," Amateur Radio 73, no. 3 (March 1967), 52.
㊳ "The Man in the Arena," Theodore Roosevelt Center, accessed May 3, 2022, https://www .theodorerooseveltcenter .org /Learn -About -TR / TR -Encyclopedia /Culture -and -Society/Man -in -the -Arena .aspx.
㊴ Ellen G. White, Patriarchs and Prophets (Mountain View, CA: Pacific Press®, 1917), 509.
㊵ Ellen G. White, Great Controversy, 677, 678.
㊶ "Fundamental Beliefs of Seventh -day Adventists," Seventh -day Adventist Church Manual, 19th ed. (Hagerstown, MD: Review and Herald®, 2016), 162.
㊷ Oscar Cullman, "Immortality of the Soul and Resurrection of the Dead: The Witness of the New Testament" Harvard Divinity School Bulletin 21 (1955-1956).
㊸ Justin Martyr, Kevin Knight, ed. "Dialogue With Trypho: The Opinion of Justin With Regard to the Reign of a Thousand Years. Several Catholics Reject It," New Advent, from Ante-Nicene Fathers, vol 1, eds. Alexander Roberts, et al., trans. Marcus Dods and George Reith (Buffalo, NY: Christian Literature, 1885), accessed June 12, 2022, https://www .newadvent .org /fathers /01286 .htm.
㊹ Ellen G. White, Ministry of Healing, 376, 377.
㊺ Immanuel Kant, Critique of Practical Reason, trans. Mary Gregor (Cambridge: Cambridge University Press, 2015), 129.
㊻ Ellen G. White, Early Writings (Battle Creek, MI: Seventh -day Adventist Publishing Association, 1882), 16.
㊼ "Wedding Dress of Catherine Middleton," British Royal Family Wiki, accessed May 12, 2022, https:// british royalfamily .fandom.com/wiki/Wedding_ Dress_of_Catherine_Middleton.
㊽ Ellen G. White, Christ's Object Lessons (Battle Creek, MI: Review and Herald®, 1900), 309, 310.

五月 May

① Encyclopaedia Britannica Online, s .v. "David Livingstone," by George Albert Shepperson, last modified April 27, 2022, https://www .britannica .com /biography /David -Livingstone.
② Encyclopaedia Britannica Online, s .v. "David Livingstone."
③ Encyclopaedia Britannica Online, s .v. "David Livingstone."
④ William Garden Blaikie, The Personal Life of David Livingstone, LLD, DCL: Chiefly From His Unpublished Journals and Correspondence in the Possession of His Family (London: John Murray, 1880), 143.
⑤ Dr. Livingston's Cambridge Lectures, ed. by William Monk (London: Bell and Dalby, 1858), 23.
⑥ Roland H. Bainton, Here I Stand: A Life of Martin Luther (New York: Abingdon-Cokesbury, 1950), 185.
⑦ Bainton, 197.
⑧ Booton Herndon, The Unlikeliest Hero (Mountain View, CA: Pacific Press®, 1967). Frances M. Doss, Desmond Doss: Conscientious Objector (Nampa, ID: Pacific Press, 2005).
⑨ Sigmund Freud, "The Future of an Illusion" (1927), in The Standard Edition of the Complete Psychological Works of Sigmund Freud, vol. 21, trans. by James Strachey (London: Hogarth, 1961), 53.
⑩ Tony Campolo, "Religion After Freud," May 25, 2011, https://www.huffpost.com/entry/religion -after-freud_b_4007.
⑪ Henry van Dyke, "Joyful, Joyful, We Adore Thee," 1907, public domain.
⑫ Wikipedia, "The Prince and the Pauper (1937 film)," last modified June 23, 2022, https://en.wikipedia. org/wiki /The_Prince_and_the_Pauper_(1937_film).

⑬ Wikipedia, "The Prince and the Pauper."
⑭ Ellen G. White, Early Writings (Battle Creek, MI: Seventh-day Adventist Publishing Association, 1882), 179.
⑮ Ellen G. White, In Heavenly Places (Washington, DC: Review and Herald®, 1967), 78.
⑯ Michael Burlingame, Abraham Lincoln: A Life, online edition, 206n, https://www.knox.edu/documents/Lincoln Studies/BurlingameVol1Chap1.pdf.
⑰ "May 9, 1914, President Wilson Declares National Mother's Day," President Wilson House, November 13, 2020, https://www.woodrowwilsonhouse.org/wilson-mothers-day/
⑱ Ellen G. White, Patriarchs and Prophets (Battle Creek, MI: Seventh-day Adventist Publishing Association, 1890), 243, 344.
⑲ Ellen G. White, Counsels to Parents, Teachers, and Students, (Mountain View, CA:Pacific Press, 1943), 267.
⑳ Edward Cook, The Life of Florence Nightingale, 2 vols. (London: MacMillan, 1914), 1:506; italics in the original.
㉑ Cook, 2:406.
㉒ Cook, 2:257; italics in the original.
㉓ Catechism of the Catholic Church, 2nd ed. (Vatican City: Libreria Editrice Vaticana, 1997), 252.
㉔ Jean M. Heimann, Fatima: The Apparition that Changed the World (Charlotte, NC: TAN Books, 2017), 30.
㉕ Hans K. LaRondelle, Perfection and Perfectionism: A Dogmatic-Ethical Study of Biblical Perfection and Phenomenal Perfectionism (Andrews University Press, 1971), 327.
㉖ Ellen G. White, Steps to Christ, 64.
㉗ Will Durant, The Story of Philosophy, rev. ed. (Garden City, NY: Garden City Publishing Co., 1933), 87.
㉘ Emma Crichton-Miller, "Why Violin Makers' Choice of Wood Is the Key to Perfection" Financial Times, May 12, 2017, https://www.ft.com/content/73fb8ed0-3013-11e7-9555-23ef563ecf9a.
㉙ J. N. A., "The Tithing System," Advent Review and Sabbath Herald, May 18, 1869, 168.
㉚ Ellen G. White, Testimonies for the Church, vol. 2 (Mountain View, CA: Pacific Press®, 1948), 518.
㉛ Ellen G. White, Testimonies for the Church, vol. 9 (Mountain View, CA: Pacific Press, 1948), 247, 250.
㉜ Ellen G. White, The Great Controversy (Mountain View, CA: Pacific Press®, 1911), 306-309.
㉝ Jaroslav Pelikan and Valerie Hotchkiss, eds., Creeds and Confessions of Faith in the Christian Tradition, 3 vols. (New Haven: Yale University Press, 2003), 1:159.
㉞ Pelikan and Hotchkiss, 1:159.
㉟ Pelikan and Hotchkiss, 2:609.
㊱ Ellen G. White, The Desire of Ages (Oakland, CA: Pacific Press®, 1898), 530.
㊲ J. N. Loughborough, The Church, Its Organization, Order and Discipline (Washington, DC: Review and Herald®, 1907), 87; emphasis in original.
㊳ Ellen G. White, "Communication From Sister White: Organization," Advent Review and Sabbath Herald, August 27, 1861, 101.
㊴ Ellen G. White, Testimonies to Ministers and Gospel Workers (Mountain View, CA: Pacific Press®, 1923), 27, 28.
㊵ "Archives: Five Bulls of Pope Gregory XI Against Wycliffe," Christian History Institute, accessed July 19, 2022, https://christianhistoryinstitute.org/magazine/article/archives-five-bulls-of-pope-gregory-xi-against-wycliffe.
㊶ "Five Bulls of Pope Gregory XI."
㊷ William Antliff, The Protestant Reformers and the Reformation (London: Thomas Holliday, 1853), 15.
㊸ Thomas Fuller, The Church History of Britain (Oxford: Oxford University Press, 1845), 2:424.
㊹ Ellen G. White, Sons and Daughters of God (Washington, DC: Review and Herald®, 1955), 356.
㊺ Charles Wesley,The Journal of the Rev. Charles Wesley, M.A., 2 vols. (London: Wesleyan Methodist Book-Room, n.d.), 1:92.
㊻ Wesley., 94.
㊼ Charles Wesley, "And Can It Be, That I Should Gain?" 1738, public domain.
㊽ Roger Steer, George Müller: Delight in God! (Wheaton, IL: Harold Shaw, 1975), 243.
㊾ Nicolaus Zinzendorf, Sixteen Discourses on the Redemption of Man by the Death of Christ: Preached at Berlin (London: James Hutton, 1711), 119.
㊿ John Calvin, Commentary on the Book of Psalms, 5 vols. (Edinburgh: Calvin Translation Society, 1849), 5:178.
㉛ Mark Dever, "The Church Is the Gospel Made Visible (Session 1)" Together for the Gospel, 2010, video, 1:01:29, https://t4g.org/resources/mark-dever/the-church-is-the-gospel-made-visible-session-i-3/.
㉜ Patch Adams, Gesundheit! Bringing Good Health to You, the Medical System, and Society through Physician Service,Complementary Therapies, Humor, and Joy (Rochester, VT: Healing Arts Press, 1998), 82, 83.
㉝ Adams, 132.
㉞ Birmingham Live, "Tributes Pour in for Sir Edmund Hillary," Birmingham Mail, January 11, 2008, https://www.birminghammail.co.uk/news/local-news/tributes-pour-in-for-sir-edmund-hillary-56287.
㉟ "Symposium of Foreign National Representatives," General Conference Report- No. 5, Advent Review and Sabbath Herald, June 2, 1936, 106.
㊱ "Symposium of Foreign National Representatives," 107.
㊲ "Symposium of Foreign National Representatives," 107.
㊳ Ellen G. White, Testimonies to Ministers and Gospel Workers, 18

六月 June

① Marilyn Monroe, Fragments: Poems, Intimate Notes, Letters, eds. Stanley Buchthal and Bernard Comment (New York: Farrar, Straus and Giroux, 2010), 34, 35.
② Raimundo Correia, "Secret Evil," trans. Carlos Alberto Santos, accessed June 16, 2022, http://interlingua.wikia.com/wiki/Mal_secrete_en.
③ Ellen G. White, The Desire of Ages (Oakland, CA: Pacific Press®, 1898), 17.

④ Ellen G. White, Messages to Young People (Washington, DC: Review and Herald®, 1930), 432.
⑤ Ellen G. White, The Great Controversy (Mountain View, CA: Pacific Press®, 1911), 509.
⑥ Ellen G. White, "Gethsemane," Signs of the Times, June 3, 1897, 4, 5.
⑦ William Adams Simonds, Henry Ford: His Life, His Work, His Genius, rev. ed. (Los Angeles, CA: Floyd, Clymer, 1946), 321.
⑧ "A Talk with Henry Ford," The Guardian, November 16, 1940, 8.
⑨ Ellen G. White, Counsels on Diet and Foods (Washington, DC: Review and Herald®, 1938), 481.
⑩ Ellen G. White, Selected Messages, book 3 (Hagerstown, MD: Review and Herald®, 1930), 279, 280.
⑪ Ellen G. White, Testimonies for the Church, vol. 2 (Mountain View, CA: Pacific Press®, 1948), 371.
⑫ Ellen G. White, Manuscript 49, 1909.
⑬ Arthur L. White, The Later Elmshaven Years 1905-1915, Ellen G. White Biography, vol. 6, (Washington, DC: Review and Herald®, 1982), 197.
⑭ "Spurgeon's Sermons," vol. 31 (1885), 59, 60, http://mis.kp.ac.rw/admin/admin_panel/kp_lms/files/digital /SelectiveBooks/Theology/Spurgeons%20 Sermons%20 Volume%2031%201885.pdf.
⑮ J. Edwin Hartill, quoted by Douglas S. Huffman,"What Is the Christian Life About?" in Christian Contours: How a Biblical Worldview Shapes the Mind and Heart, ed. Douglas S. Huffman (Grand Rapids, MI: Kregal Academic & Professional, 2011), 144.
⑯ Aristotle, Politics, trans. by Ernest Baker, OxfordWorld's Classics (Oxford: Oxford University Press, 1995), 10 (1252b).
⑰ Xenophanes of Colophon, Fragments, trans. J. H.Lesher (Toronto: University of Toronto Press, 1992), Fragments 15, 16.
⑱ Karen Armstrong, A History of God: The 4000-Year Quest of Judaism, Christianity and Islam (New York: Ballantine Books, 1993), 397.
⑲ Robert Wright, The Evolution of God (New York: Little, Brown and Company, 2009), 11.
⑳ Ellen G. White, The Acts of the Apostles (Mountain View, CA: Pacific Press®, 1911), 492-513.
㉑ White, 507.
㉒ Diodorus of Sicily, 12 vols., trans. C. Bradford Welles (London: William Heinemann, 1963), 8:465, 467.
㉓ Ellen G. White, Counsels on Health (Mountain View, CA: Pacific Press®, 1923), 588.
㉔ Ellen G. White, Letter 20, 1883.
㉕ Walter Isaacson, Steve Jobs (London: Abacus, 2011), xx.
㉖ " 'You've Got to Find What You Love,' Jobs Says," Stanford News, June 14, 2005 https://news.stanford .edu/2005/06/14/jobs-061505/
㉗ " 'You've Got to Find What You Love.' "
㉘ Ellen G. White, Testimonies for the Church, vol. 5 (Mountain View, CA: Pacific Press®, 1948), 200.
㉙ Samuele Bacchiocchi, From Sabbath to Sunda (Rome: Pontifical Gregorian University Press, 1977), 2.
㉚ Ellen G. White, Great Controversy, 509.
㉛ Artur Weiser, " π ι σ τ ε ύ ω κ τ λ .," in Gerhard Friedrich, ed., Theological Dictionary of the New Testament, trans. by Geoffrey W. Bromiley (Grand Rapids, MI: Eerdmans, 1968), 6:182.
㉜ Ellen G. White, Patriarchs and Prophets (Oakland, CA: Pacific Press®, 1890), 431.
㉝ Martin Luther, Luther's Works, vol. 54, Table Talk, ed. and trans. Theodore G. Tappert (Philadelphia: Fortress, 1967), 359, 360.
㉞ "Distribution of Labor," Advent Review and Sabbath Herald, June 17, 1909, 24.
㉟ Ferdinand Anthony Stahl, In the Land of the Incas (Mountain View, CA: Pacific Press®, 1920), 198.
㊱ Stahl, 198.
㊲ Stahl, 198.
㊳ Stahl, 231.
㊴ F. A. Stahl, "Bolivia," Advent Review and Sabbath Herald, January 20, 1910, 17.
㊵ Michel Quoist, Prayers of Life, trans. Anne Marie de Commaile and Agnes Mitchell Forsyth (Dublin: Gill and Macmillan, 1963), 17.
㊶ Ellen G. White, The Adventist Home (Washington, DC: Review and Herald®, 1952), 179.
㊷ Ellen G. White, "Brethren Who Shall Assemble in General Conference," Letter 20, 1888.
㊸ Ellen G. White, Manuscript 5, 1889.
㊹ Arthur L. White, Later Elmshaven Years 18.
㊺ Ellen G. White, Letter 27, 1906.
㊻ Ellen G. White, Medical Ministry (Washington, DC: Review and Herald®, 1932), 57.
㊼ Ellen G. White, "Dear Brethren and Sisters," Present Truth, November 1850, 87.
㊽ Ellen G. White, Selected Messages, book 1 (Washington, DC: Review and Herald®, 1958), 188.
㊾ Pope Bl. Pius IX, "Ineffabilis Deus: The Immaculate Conception," Papal Encyclicals Online, 1854, https://www.papalencyclicals .net /pius09 /p9ineff .htm.
㊿ Pope Leo XIII, "Octobri Mense: On the Rosary," Papal Encyclicals Online, 1894, https://www .papalencyclicals .net /leo13 /l13ro5 .htm.
(51) James Harvey Robinson, "The Newer Ways of Historians," American Historical Review 35, no. 2 (January 1930): 254. https://doi.org/10.2307/1837436.
(52) Charles Haddon Spurgeon, Men With Two Faces (Philadelphia: Henry Altemus, 1896), 164.
(53) Spurgeon, 171.
(54) History .com Editors, "Formula One Champ Kidnapped," History, November 13, 2009, https://www .history .com /this -day -in -history /formula -one -champ -kidnapped.
(55) Gerald Donaldson, Fangio: The Life Behind the Legend (Kindle ed.).
(56) Chris Carter, "Lionel Messi: The world's most expensive football player who'd play for nothing," Money Week, January 7, 2015, https://moneyweek.com/372024 /lionel-messi-the-worlds-most-expensive-football-player -whod-play-for-nothing.
(57) Ellen G. White, Medical Ministry, 168.
(58) Ellen G. White, Desire of Ages, 523.
(59) "Cancer," World Health Organization Africa, accessed May 22, 2022, https://www.afro.who.int/health -topics/cancer.
(60) Billy Graham, How to Be Born Again (Nashville, TN: Thomas Nelson, 1989), 78.
(61) Helen Keller, Optimism: An Essay (New York: T. Y. Crowell & Co., 1903), 17.
(62) Helen Keller's Journal, 1936-1937 (Garden City, NY: Doubleday, Doran & Co., 1938), 60.
(63) Helen Keller, We Bereaved (New York: Leslie Fulenwider, 1929), 23.

㉔ Keller, Optimism, 18.
㉕ Helen Keller, The Story of My Life (New York: Doubleday, Doran & Co., 1903), 203.
㉖ "Clothing & Fashion," Victorian Age, November 18, 2014, https://victorian-age.weebly.com/victorian-clothing fashion.html.
㉗ Alison Lurie, The Language of Clothes (United Kingdom: Vintage Press, 1983), 3.
㉘ General Conference of Seventh-day Adventist Administrative Committee (ADCOM), "Religious Liberty, Evangelism, and Proselytism," Seventh-day Adventist Church, June/July 2000.
㉙ ADCOM, "Religious Liberty."
㉚ C. Mervyn Maxwell, Tell It to the World (Mountain View, CA: Pacific Press®, 1977), 113, 114.
㉛ This statement is usually attributed to Sir Isaac Newton, but is unconfirmed.
㉜ Ellen G. White, Education (Oakland, CA: Pacific Press®, 1903), 80.
㉝ Ellen G. White, Testimonies for the Church, vol. 9 (Mountain View, CA: Pacific Press®, 1948), 189.

七月 July

① Susi Hasel Mundy, A Thousand Shall Fall (Hagerstown, MD: Review and Herald®, 2001).
② Mundy, back cover.
③ Mundy, Thousand Shall Fall, 52.
④ D. Martin Luthers Werke: Tischreden (Weimar: Hermann Böhlaus Nachfolger, 1916), 4:440 (par. 4707).
⑤ Neale Donald Walsch, On Abundance and Right Livelihood (Charlottesville, VA: Hampton Roads, 1999), 116.
⑥ Hal Lindsey, The Late Great Planet Earth (Grand Rapids, MI: Zondervan, 1970), 48-54.
⑦ Ellen G. White, The Great Controversy (Mountain View, CA: Pacific Press®, 1911), 595.
⑧ "The Life of Dolly," The University of Edinburgh, accessed July 19, 2022, https://dolly.roslin.ed.ac.uk/facts/the-life-of-dolly/.
⑨ William J. Clinton, "President's Letter to Congress: Cloning Prohibition Act," The White House, June 9, 1997, https://clintonwhitehouse5.archives.gov/New/Remarks/Mon/19970609-15987.html.
⑩ "Universal Declaration on the Human Genome and Human Rights," Article 11, United Nations, November 11, 1997, https://www.ohchr.org/en/instruments-mechanisms/instruments/universal-declaration-human-genome-and-human-rights.
⑪ "European Ban on Human Cloning," BBC, January 12, 1998, http://news.bbc.co.uk/2/hi/uk_news/46862.stm.
⑫ Jonathan Edwards, "Sinners in the Hands of an Angry God," Blue Letter Bible, accessed May 12, 2022, https://www.blueletterbible.org/Comm/edwards_jonathan/Sermons/Sinners.cfm.
⑬ John Furniss, The Sight of Hell (Dublin: James Duffy and Co., 1874), 24.
⑭ Ellen G. White, Life Sketches of Ellen G. White (Mountain View, CA: Pacific Press®, 1915), 29-31, 48-50.
⑮ Ellen G. White, Great Controversy, 543.
⑯ "Chapter and Verse Divisions Keep You From Understanding Many of Words of the Bible," BHC Bible Studies (blog), June 17, 2020, https://bhcbiblestudies.blogspot.com/2020/06/.
⑰ Ellen G. White, Fundamentals of Christian Education (Nashville, TN: Southern Publishing Association, 1923), 195.
⑱ Ellen G. White, Counsels to Parents, Teachers, and Students (Mountain View, CA: Pacific Press®, 1913), 484.
⑲ G. B. Thompson, "The Sabbath-School and Young People's Convention," Advent Review and Sabbath Herald, August 8, 1907, 6.

⑳ Ellen G. White, Gospel Workers (Washington, DC: Review and Herald®, 1915), 67.
㉑ Ellen G. White, Daughters of God (Hagerstown, MD: Review and Herald®, 1998), 189.
㉒ Ellen G. White, The Ministry of Healing (Mountain View, CA: Pacific Press®, 1905), 397.
㉓ Ellen G. White, Manuscript 34, 1892.
㉔ Ellen G. White, Letter 40, 1892.
㉕ Olivier Vergnault, "Friday the 13th Superstitions and Legends Explained by Experts at the Museum of Witchcraft and Magic," CornwallLive, April 13, 2018, https://www.cornwalllive.com/whats-on/family-kids/friday-13th-superstition-witchcraft-museum-588243.
㉖ Nicole Pelletiere, " 'Forgotten Baby Syndrome': A Parent's Nightmare of Hot Car Death," ABC News, July 14, 2016, https://abcnews.go.com/Lifestyle/forgotten-baby-syndrome-parents-nightmare-hot-car-death/story?id=40431117.
㉗ Ellen G. White, Ministry of Healing, 229.
㉘ Martin Hengel, Crucifixion in the Ancient World and the Folly of the Message of the Cross, trans. John Bowden (Philadelphia: Fortress Press, 1977).
㉙ Ellen G. White, Selected Messages, book 1 (Washington, DC: Review and Herald®, 1958), 55.
㉚ Ellen G. White, Our Father Cares (Hagerstown, MD: Review and Herald®, 1991), 296.
㉛ Isaac Watts, "Never Part Again," 1707, public domain.
㉜ "Genesis 2:21-25," Matthew Henry's Commentary, Bible Gateway, accessed July 19, 2022, https://www.biblegateway.com/resources/matthew-henry/Gen.2.21-Gen.2.25.
㉝ Report of the Woman's Convention: Held at Seneca Falls, N. Y., July 19th and 20th, 1848 (Rochester, NY: John Dick, 1848), 5, 8.
㉞ John F. Kennedy, "Special Message to the Congress on Urgent National Needs," NASA.gov, May 25, 1961, https://www.nasa.gov/pdf/59595main_jfk.speech.pdf.
㉟ Natalie Wolchover, " 'One Small Step for Man': WasNeil Armstrong Misquoted?," Space.com, August 27, 2012, https://www.space.com/17307-neil-armstrong-one-small-step-quote.html.
㊱ Richard Nixon, "7.24.1969-Apollo 11 Astronauts Return From the Moon," Richard Nixon Foundation, July 24, 2011, https://www.nixonfoundation.org/2011/07/7-24-1969-apollo-11-astronauts-return-from-the-moon/.
㊲ Oscar Wilde, "Lady Windermere's Fan," Act 1, in Complete Works of Oscar Wilde, ed. Robert Ross (Boston, MA: Wyman-Fogg Co., n.d.), 15.

㊳ Mae West, in the film My Little Chickadee, directed by Edward F. Cline (Universal Pictures, 1940), 57:14. https://archive.org/details/mylittlechickadee1940minhadengosamonpetitpoussincheri.
㊴ Ellen G. White, Sermons and Talks, vol. 1 (Silver Spring, MD: Ellen G. White Estate, 1990), 154.
㊵ Ellen G. White, Spiritual Gifts, vol. 2 (Battle Creek, MI: James White, 1860), 277.
㊶ Randy Alcorn, The Purity Principle (Colorado Springs, CO: Multnomah Books, 2003), 55, italics in the original.
㊷ Ellen G. White, Education (Oakland, CA: Pacific Press®, 1903), 166.
㊸ J. W., "The Cause," Advent Review and Sabbath Herald, July 23, 1857, 93.
㊹ Ellen G. White, Testimonies for the Church, vol. 1 (Mountain View, CA: Pacific Press®, 1948), 504.
㊺ Ellen G. White, Christian Service (Washington, DC: Review and Herald®, 1925), 40.
㊻ Ellen G. White, Letter 1, 1855.
㊼ "Ellen G. White Notes" on Colossians 1:15, in Francis D. Nichol, ed., Seventh -day Adventist Bible Commentary, vol. 7 (Washington, DC: Review and Herald, 1957), 906.
㊽ Thomas à Kempis, The Imitation of Christ (Milwaukee: Bruce, 1940), 2.
㊾ Kempis, 27.
㊿ Kempis, 6.
(51) Wayne Hooper, "We Have This Hope," (Wayne Hooper, 1962, 1995).
(52) Ellen G. White, Testimonies for the Church, vol. 9 (Mountain View, CA: Pacific Press®, 1948), 27.
(53) Leo B. Halliwell, Light Bearer to the Amazon (Nashville, TN: Southern Publishing Association, 1945), 159.
(54) B. M. Preston, "Brazil Honors the Halliwells," Advent Review and Sabbath Herald, January 21, 1960, 21, 22.
(55) Ellen G. White, Testimonies for the Church, vol. 3 (Mountain View, CA: Pacific Press®, 1948), 542.
(56) Ellen G. White, Great Controversy, 482.
(57) "International Day of Friendship: July 30," https://www.un.org/en/observances/friendship-day.
(58) Clark B. McCall, "Why Not Use the Net Too?," Ministry, (December 1977): 2, 3.
(59) Ellen G. White, Testimonies, vol. 9, 189.
(60) Ellen G. White, Ministry of Healing, 143.
(61) Ruth E. Van Reken, Letters Never Sent (Indianapolis, IN: "Letters," 1988), 1.

八月 August

① Aldus Manutius, quoted in "Effects of Excessive Work on Health," Mirror Review, accessed July 19, 2022, https:// www.mirrorreview.com/excessive-work-injurious-health/.
② Ellen G. White, Testimonies for the Church, vol. 1 (Mountain View, CA: Pacific Press®, 1948), 103.
③ White, 106.
④ White, 109, 110.
⑤ Ellen G. White, Selected Messages, book 1 (Washington, DC: Review and Herald®, 1958), 104, 105.
⑥ Ellen G. White, Testimonies, vol. 1, 105.
⑦ Francis A. Schaeffer, Letters of Francis A. Schaeffer (Westchester, IL: Crossway Books, 1985), 170, 171.
⑧ Viktor E. Frankl, Man's Search for Meaning (New York: Simon and Schuster, 1984), 105.
⑨ David Hewitt, "From Bro. Hewitt," Advent Review and Sabbath Herald, August 4, 1853, 47.
⑩ J. N. Loughborough, The Great Second Advent Movement: Its Rise and Progress, (Washington, DC: Review and Herald®, 1992), 548, 549.
⑪ Ellen G. White, The Desire of Ages (Oakland, CA: Pacific Press®, 1898), 195.
⑫ Biblical Archaeology Society Staff, "The Tel Dan Inscription: The First Historical Evidence of King David From the Bible," Biblical Archaeology Society, June 11, 2021, https://www .biblicalarchaeology .org /daily /biblical -artifacts /the -tel -dan -inscription -the -first -historical -evidence -of -the -king -david -bible -story/.
⑬ Ellen G. White, Education (Oakland, CA: Pacific Press®, 1903), 173.
⑭ Frederick M. Lehman, "The Love of God," 1917, public domain.
⑮ Ellen G. White, Testimonies for the Church, vol. 5 (Mountain View, CA: Pacific Press®, 1948), 740.
⑯ Alvin Toffler, The Adaptive Corporation (Toronto: Bantam Books, 1985), xi. s.
⑰ Ellen G. White, Letter 24, 1892.
⑱ Seventh-day Adventist Encyclopedia, 2nd rev. ed.(Hagerstown, MD: Review and Herald, 1996), s.v. "Jones, Alonzo T."
⑲ Ellen G. White, Desire of Ages, 189.
⑳ Ellen G. White, Letter 123, 1893.
㉑ Ellen G. White, Letter 20, 1868.
㉒ White.
㉓ White.
㉔ White.
㉕ White.
㉖ "Quelle / Rede vom 14, September 1935 (Adolf Hitler)," Metapedia, last modified November 23, 2015, https://de.metapedia.org/wiki/Quelle_/_Rede_vom_14 ._September_1935_(Adolf_Hitler). The last sentence of Hitler's speech reads, "Ihr seid die Zukunft der Nation, die Zukunft des Deutschen Reiches!"
㉗ Adolf Hitler, Mein Kampf, complete and unabridged fully annotated (New York: Reynal & Hitchcock, 1941), 30.
㉘ "World Programme of Action for Youth," United Nations, December 18, 2007, 2, https://www .un .org /esa /socdev /unyin /documents /wpay_text_final .pdf.
㉙ Ellen G. White, Education, 271.
㉚ Associated Press, "Evangelist Billy Graham Who Reached Millions, Dies at 99," Snopes, February 21, 2018, https://www.snopes.com/ap/2018/02/21/evangelist -billy-graham-reached-millions-dies-99/.
㉛ Ted Olsen, "Ruth Graham 'Close to Going Home to Heaven,' " Christianity Today, June 13, 2007, https://www.christianitytoday .com /news /2007 /june /ruth -graham -close-to -going -home -to -heaven .html.
㉜ "Maximilian Kolbe- Biography," Society of Saint Pius X, March 16, 2015, https://fsspx .asia /en /news -events /news /maximilian -kolbe -biography.

㉝ Courtney Mares, "80 Years Ago St. Maximilian Kolbe Gave His Life in Auschwitz to Save a Father of a Family," Catholic News Agency, August 14, 2021, https://www.catholicnewsagency.com/news/248688/80-years-ago-st-maximilian-kolbe-gave-his-life-in-auschwitz-to-save-a-father-of-a-family.

㉞ Ellen G. White, "The Principles of Righteousness Revealed in the Life," Advent Review and Sabbath Herald, March 21, 1893, 177.

㉟ John Bryson, Evil Angels: The Case of Lindy Chamberlain(New York: Open Road Media, 1985).

㊱ Ellen G. White, "A Visit to the South- No. 2," Advent Review and Sabbath Herald, August 18, 1904, 7, 8.

㊲ Bulletin No. 1 of the Nashville Agricultural and Normal School, Madison, Tennessee, Near Nashville: Announcement (Nashville, TN: Southern Publishing Association, 1904), 5.

㊳ Ellen G. White, The Great Controversy (Mountain View, CA: Pacific Press®, 1911), 648.

㊴ John Lichfield, "The Moving of the Mona Lisa", The Independent, April 2, 2005.

㊵ Friedrich Nietzsche, The Gay Science, trans. by Thomas Common (Mineola, NY: Dover Publications, 2006), 90, 91 (par. 125).

㊶ Friedrich Nietzsche, Thus Spake Zarathustra, trans. by Thomas Common (New York: Modern Library, [1917]), 83.

㊷ Friedrich Nietzsche, Ecce Homo (Portland, ME: Smith & Sale, Printers, 1911), 35.

㊸ Ellen G. White, Education, 103.

㊹ White, 192.

㊺ Ellen G. White, Selected Messages, book 2 (Washington, DC: Review and Herald®, 1958), 109.

㊻ Martin Luther King Jr., "I Have a Dream," (1963), https://www.cbsd.org/cms/lib010/PA01916442/Centricity/Domain/2773/dream-speech.pdf.

㊼ Martin Luther King Jr., Strength to Love (Philadelphia: Fortress Press, 1981), 53.

㊽ Ellen G. White, Letter 135, 1899.

㊾ Tessa Harvey, "25 Wedding Dress Captions That'll Make You Stand Out From Every Other Bride," May 21 2018, https://www.elitedaily.com/p/25-captions-for-wedding-dress-pictures-thatll-make-you-stand-out-from-every-other-bride-9136276.

㊿ Arthur L. White, The Early Years: 1827-1862, Ellen G. White Biography, vol. 1, (Hagerstown, MD: Review and Herald, 1985), 112.

㉛ Ellen G. White, Life Sketches of Ellen G. White (Mountain View, CA: Pacific Press, 1915), 109.

㉜ White, 142.

㉝ Ellen G. White, Christ's Object Lessons (Battle Creek, MI: Review and Herald®, 1900), 202.

九月 September

① "Covenant of the Oberlin Colony," accessed April 20, 2022, https://www2.oberlin.edu/external/EOG/Documents/Oberlin_Covenant.html.

② James T. Burtchaell, The Dying of the Light: The Disengagement of Colleges and Universities From Their Christian Churches (Grand Rapids, MI: Eerdmans, 1998).

③ Ellen G. White, Testimonies for the Church, vol. 5 (Mountain View, CA: Pacific Press®, 1948), 25.

④ Catherine Wise, "Free- After 22 Years on Death Row," Beliefnet, accessed April 20, 2022, https://www.beliefnet.com/inspiration/2004/04/free-after-22-years-on-death-row.aspx.

⑤ Wise, "Free."

⑥ Edward Gibbon, The History of the Decline and Fall of the Roman Empire, vol. 2 (New York: Harper's Edition, 1831), 442.

⑦ Ellen G. White, Education (Oakland, CA: Pacific Press®, 1903), 176, 177.

⑧ Max Lucado, Grace for the Moment Daily Bible (Nashville, TN: Nelson Bibles, 2006), 858.

⑨ Flavius Josephus, War of the Jews, 6.5.3, accessed April 21, 2022, https://www.biblestudytools.com/history/flavius-josephus/war-of-the-jews/book-6/chapter-5.html.

⑩ Josephus, 6.5.3.

⑪ Josephus, 6.5.3.

⑫ Josephus, 6.5.3.

⑬ Josephus, 6.5.3.

⑭ Paul L. Maier, Eusebius- The Church History (Grand Rapids, MI: Kregel Publications, 2007), 82.

⑮ United Nations, "Secretary-General Stresses Need for Political Will and Resources to Meet Challenge of Fight Against Illiteracy," press release SG/SM/6316 OBV/9, September 4, 1997, https://press.un.org/en/1997/19970904.SGSM6316.html.

⑯ United Nations General Assembly, "Universal Declaration of Human Rights," United Nations, accessed April 19, 2022, https://www.un.org/en/about-us/universal-declaration-of-human-rights.

⑰ United Nations General Assembly, "Universal Declaration."

⑱ Sue Williams, "Literacy for All Remains an Elusive Goal, New UNESCO Data Shows," UNESCO, accessed April 21, 2022, https://en.unesco.org/news/literacy-all-remains-elusive-goal-new-unesco-data-shows.

⑲ "Out-of-School Children and Youth," UNESCO Institute for Statistics, accessed April 21, 2022, http://uis.unesco.org/en/topic/out-school-children-and-youth.

⑳ General Conference of Seventh-day Adventists Administrative Committee (ADCOM), "Literacy," Seventh-day Adventist Church, accessed April 21, 2022, https://www.adventist.org/official-statements/literacy-1/.

㉑ General Conference of Seventh-day Adventists ADCOM, "Literacy."

㉒ Max Ehrmann, "Desiderata," All Poetry, accessed April 21, 2022, https://allpoetry.com/desiderata---words-for-life.

㉓ Ellen G. White, Education, 57.

㉔ Richard Sisk, "The Story of Rick Rescorla, Vietnam Vet and 9/11 Hero," Military.com, September 13, 2019, https://www.military.com/daily-news/2019/09/13/story-rick-rescorla-vietnam-vet-and-9-11-hero.html.

㉕ 9/11 Memorial Staff, "Remembering the 'Man in the Red Bandana,'" 9/11 Memorial & Museum (blog), accessed April 21, 2022, https://www.911memorial.org/connect/blog/remembering-man-red-bandana.

26. 9/11 Memorial Staff, " 'Man in the Red Bandana.' "
27. This date is disputed, but for the purposes of this book, I've chosen to use the September 12, 490 bc, date.
28. History.com Editors, "Battle of Marathon," History, October 8, 2019, https://www.history.com/topics/ancient-history/battle-of-marathon.
29. Dean Karnazes, "The Real Pheidippides Story," Runner's World, December 6, 2016, https://www.runnersworld.com/runners-stories/a20836761/the-real-pheidippides-story/.
30. BGEA, "Official Obituary: Billy Graham 1918-2018," Billy Graham Evangelistic Association, February 21, 2018, https://memorial.billygraham.org/official-obituary/.
31. BGEA, "Billy Graham: Pastor to the Presidents," Billy Graham Evangelistic Association, February 21, 2022, https://billygraham.org/gallery/billy-graham-pastor-to-the-presidents/.
32. BGEA, "Families Come From Across the Region to Honor 'America's Pastor,' " Billy Graham Evangelistic Association, February 26, 2018, https://billygraham.org/gallery/families-come-from-across-region-to-honor-americas-pastor-billy-graham/.
33. "Billy Graham's First City-Wide Campaign Begins," This Date in History (blog), The Billy Graham Library, , September 13, 2012, https://billygrahamlibrary.org/billy-grahams-first-city-wide-campaign-begins/.
34. Billy Graham, "What's 'the Billy Graham Rule'?" Billy Graham Evangelistic Association, July 23, 2019, https://billygraham.org/story/the-modesto-manifesto-a-declaration-of-biblical-integrity/.
35. Billy Graham, "About: Biographies," Billy Graham Evangelistic Association, accessed April 21, 2022, https://billygraham.org/about/biographies/.
36. Billy Graham, Hope for Each Day (Nashville, TN: HarperCollins Publishers, 2017), 108.
37. Charlotte Elliott, "Just As I Am," 1835, public domain.
38. Ellen G. White, Counsels to Parents, Teachers, and Students (Mountain View, CA: Pacific Press®, 1913), 453.
39. Ellen G. White, Gospel Workers (Washington, DC: Review and Herald®, 1915), 156.
40. Ellen G. White, "Sermon: Becoming Like Little Children," Manuscript 230, September 14, 1902, Letters and Manuscripts- Volume 17 (1902).
41. White.
42. White.
43. White.
44. White.
45. Booton Herndon, The Seventh Day: The Story of the Seventh-day Adventists (New York: McGraw-Hill, 1960), 23.
46. Ellen G. White, "An Appeal for Self-Sacrificing Effort," Advent Review and Sabbath Herald, September 16, 1909, 8.
47. William O. Cushing, "Hiding in Thee," 1876, public domain.
48. Caleb K. Bell, "Poll: Americans Love the Bible But Don't Read It Much," RNS- Religion News Service, April 4, 2013, https://religionnews.com/2013/04/04/poll-americans-love-the-bible-but-dont-read-it-much/.
49. Bell, "Americans Love the Bible."
50. Ellen G. White, Gospel Workers, 279.
51. White, 281.
52. J. Hudson Taylor, China's Spiritual Need and Claims(London: Morgan & Scott, 1887), 12.
53. Ellen G. White, Spiritual Gifts, vol. 2 (Battle Creek, MI: James White, 1860), 296.
54. Ellen G. White, Selected Messages, book 3 (Washington, DC: Review and Herald®, 1980), 313.
55. White, 315.
56. "2021 Scripture Access Statistics," Wycliffe Global Alliance, September 1, 2021, https://www.wycliffe.net/resources/statistics/.
57. Martin Luther, Luther's Works, vol. 35 (Philadelphia: Muhlenberg, 1960), 189.
58. Harvey E. Solganick, "The Hard Knock at the Door of Christianity," C. S. Lewis, August 5, 2008, https://www.cslewis.com/the-hard-knock-at-the-door-of-christianity/.
59. A. N. Wilson, C. S. Lewis: A Biography (New York: W. W. Norton, 1990), 127.
60. Wilson, 110.
61. C. S. Lewis, The Business of Heaven (New York: HarperCollins, 1984), 97.
62. C. S. Lewis, The Great Divorce (New York: Harper-One, 2009), 90.
63. C. S. Lewis, Mere Christianity (San Francisco: Harper SanFrancisco, 2001), 134.
64. "Dedication of Union College," Advent Review and Sabbath Herald, October 6, 1891, 614, 615.
65. Pavel Aksenov, "Stanislav Petrov: The Man Who May Have Saved the World," BBC News, September 26, 2013, https://www.bbc.com/news/world-europe-24280831.
66. "Stanislav Petrov, Who Averted Possible Nuclear War, Dies at 77," BBC News, September 18, 2017, https://www.bbc.com/news/world-europe-41314948.
67. Ellen G. White, The Desire of Ages (Oakland, CA: Pacific Press®, 1898), 693.
68. Ellen G. White, Early Writings (Battle Creek, MI: Seventh-day Adventist Publishing Association, 1882), 75.
69. Ellen G. White, The Great Controversy (Mountain View, CA: Pacific Press®, 1911), 457.
70. Greg Daugherty, "Who Was Really the First American Billionaire?" Time, September 26, 2016, https://time.com/4480022/first-american-billionaire-dispute/.
71. Keith Poole, "Biography: John D. Rockefeller, Senior," PBS, accessed April 25, 2022, https://www.pbs.org/wgbh/americanexperience/features/rockefellers-john/.
72. Peter Baida, "The Business of America: Beasts in the Jungle," American Heritage 37, no. 3, (April/May 1986), https://www.americanheritage.com/beasts-jungle.
73. James White, The Early Life and Later Experience and Labors of Elder Joseph Bates (Battle Creek, MI: Steam Press Seventh-day Adventist Publishing Association, 1877),184-190.

十月 October

① On April 1, 1850, the Present Truth contained a letter on page 71 from Ellen G. White, addressed "To the 'Little Flock.' "
② Ellen G. White, A Sketch of the Christian Experience and Views of Ellen G. White (Saratoga Springs, NY: James White, 1851), 54.
③ Joseph Bates, A Vindication of the Seventh-day Sabbath and the Commandments of God (New Bedford, MA: Benjamin Lindsey, 1848), 86.
④ This was part of the name of a hymnbook published in 1849, Hymns for God's Peculiar People That Keep the Commandments of God, and the Faith of Jesus.
⑤ Arthur L. White, The Early Years: 1827-1862, Ellen G. White Biography, vol. 1, (Hagerstown, MD: Review and Herald®, 1985), 170.
⑥ Hiram Edson, "An Appeal to the Laodicean Church," Advent Review Extra, September 1850, 4.
⑦ Ellen G. White, "Our Duty in View of the Time of Trouble," Manuscript 3, 1849, published in The Ellen G. White Letters & Manuscripts With Annotations, Vol. 1 (Hagerstown, MD: Review and Herald, 2014), 146.
⑧ "Business Proceedings of B. C. Conference (Concluded)," Advent Review, and Sabbath Herald, October 23, 1860, 179; emphasis in the original.
⑨ Ellen G. White, Testimonies for the Church, vol. 1 (Mountain View, CA: Pacific Press®, 1948), 224.
⑩ "Mahatma Gandhi," Short Biography, October 2, 2021, https://short-biography.com/mahatma-gandhi.htm.
⑪ Mahatma Gandhi, " 'T'awards the Brotherhood of Man," Harijan, February 16, 1934, 5.
⑫ The Collected Works of Mahatma Gandhi, vol. 35 (New Delhi: Publications Division, Ministry of Information and Broadcasting, Government of India, n.d.), vi-vii.
⑬ E. Stanley Jones, Mahatma Gandhi: An Interpretation (New York: Abingdon-Cokesbury Press, 1948), 51.
⑭ Donald J. Ziegler, ed., Great Debates of the Reformation (New York: Random House, 1969), 105, 106.
⑮ A helpful discussion of the authorship of this saying is provided from Steve Perisho, "A Common Quotation from 'Augustine' ?" Georgetown.edu, https://faculty.georgetown.edu/jod/augustine/quote.html.
⑯ Christina Boyle, "Book That George Washington Borrowed From New York Library Is Returned- 221 Years Later," Daily News, May 19, 2010, https://www.nydailynews.com/new-york/book-george-washington-borrowed-new-york-library-returned-221-years-article-1.448238.
⑰ Ellen G. White, The Great Controversy (Mountain View, CA: Pacific Press®, 1911), 552.
⑱ Edward Young, Night Thoughts (London: C. Whittingham, 1798), 10 (line 393).
⑲ "100 Procrastination Quotes to Get You Through the Day," Vantage Circle (blog), last updated July 12, 2022, https://blog.vantagecircle.com/procrastination-quotes/.
⑳ Ellen G. White, Education (Oakland, CA: Pacific Press®, 1903), 271.
㉑ Ellen G. White, Patriarchs and Prophets (Battle Creek, MI: Seventh-day Adventist Publishing Association, 1890), 540.
㉒ John Calvin, Institutes 3 .21 .5, Christian Classics Ethereal Library, accessed May 25, 2022, https://ccel.org/ccel/calvin/institutes.v.xxii.html.
㉓ "66. The Remonstrance," Creeds of Christendom, vol. 1, Christian Classics Ethereal Library, accessed May 22, 2022, https://www.ccel.org/ccel/schaff/creeds1.ix.iii.v.html.
㉔ A. W. Tozer, The Knowledge of the Holy: The Attributes of God Their Meaning in the Christian Life (Cambridge: Lutterworth Press, 2022), 102.
㉕ Ellen G. White, Testimonies, vol. 1, 471.
㉖ Jack F. Matlock Jr., Reagan and Gorbachev: How the Cold War Ended (New York: Random House, 2004), 235.
㉗ General Conference Committee Annual Council, "Methods of Bible Study," October 12, 1986, https://www.adventistbiblicalresearch.org/materials/methods-of-bible-study/.
㉘ Gerhard Ebeling, The Word of God and Tradition (Philadelphia: Fortress, 1968), 11-31.
㉙ Ellen G. White, Great Controversy, 595.
㉚ Ellen G. White, The Acts of the Apostles (Mountain View, CA: Pacific Press®, 1911), 9.
㉛ "Evangelism and Finishing God's Work," Annual Council, October 14, 1976, 76-266.
㉜ "Evangelism and Finishing God's Work," 76-271, 76-272.
㉝ Robert H. Pierson, "An Earnest Appeal," Adventist World, February 28, 2021, https://www.adventistworld.org/an-earnest-appeal/.
㉞ Pierson, "An Earnest Appeal."
㉟ "Mother Teresa Acceptance Speech," The Nobel Prize, accessed April 13, 2022, https://www.nobelprize.org/prizes/peace/1979/teresa/acceptance-speech/.
㊱ Mother Teresa, "Nobel Lecture, Dec. 11, 1979," Iowa State University Archives of Women's Political Communication, accessed April 13, 2022, https://awpc.cattcenter.iastate.edu/2017/03/21/nobel-lecture-dec-11-1979/.
㊲ Myra Brooks Welch, "The Touch of the Master's Hand," Gospel Messenger, February 26, 1921, 130.
㊳ H. M. S. Richards quoted in Laurinda Keys, "Religion . . . In the News," Ludington Daily News, June 13, 1980, 6.
㊴ Ellen G. White, Testimonies for the Church, vol. 5 (Mountain View, CA: Pacific Press®, 1948), 732.
㊵ J. N. Andrews quoted in J. O. Corliss, "The Experiences of Former Days -- No. 8," Adventist Review and Sabbath Herald, September 15, 1904, 9.
㊶ Ellen G. White to "Dear Brethren in Switzerland," Letter 2a (August 29), 1878.
㊷ J. N. Andrews to Uriah Smith, April 24, 1883, in James R. Nix, " 'Faithful to His Service' : J. N. Andrews (1829-1883): Adventism's First Official Missionary," in Alberto R. Timm and James R. Nix, eds., Lessons From Battle Creek (Silver Spring, MD: Review and Herald, 2018), 213.
㊸ Ellen G. White, Christ in His Sanctuary (Mountain View, CA: Pacific Press®, 1969), 6.
㊹ White, 7.
㊺ Ellen G. White, Testimonies for the Church, vol. 8 (Mountain View, CA: Pacific Press®, 1948), 267.
㊻ Ellen G. White, Life Sketches of Ellen G. White

㊼ Ellen G. White, Manuscript Releases, vol. 15 (Silver Spring, MD: Ellen G. White Estate, 1990), 210.
㊽ Ellen G. White, Manuscript 5, Letters and Manuscripts, vol. 1, , 1859.
㊾ Alfie Kohn, Punished by Rewards (Boston: Houghton Mifflin, 1993).
㊿ Ellen G. White, Medical Ministry (Mountain View, CA: Pacific Press®, 1932), 168.
㉛ Ellen G. White, Testimonies for the Church, vol. 3 (Mountain View, CA: Pacific Press®, 1948), 474.
㉜ Ellen G. White, Thoughts From the Mount of Blessing (Oakland, CA: Pacific Press®, 1896), 23.
㉝ Ellen G. White, "Seek First the Kingdom of God," Advent Review and Sabbath Herald, October 27, 1885, 1.
㉞ Timothy Stenovec, "Facebook Is Now Bigger Than the Largest Country on Earth," HuffPost, updated December 6, 2017, https://www.huffpost.com/entry/facebook-biggest-country_n_6565428.
㉟ Stenovec, "Facebook Is Now Bigger."
㊱ History.com Editors, "Stock Market Crash of 1929,"History, April 21, 2021, https://www.history.com/topics/great-depression/1929-stock-market-crash.
㊲ History.com Editors, "Stock Market Crash."
㊳ Giles Slade, Made to Break: Technology and Obsolescence in America (Cambridge, MA: Harvard University Press, 2006).
㊴ Slade, 9.
㊵ Slade, 29.
㊶ Peter Clive, Schubert and His World: A Biographical Dictionary (Oxford: Clarendon Press, 1997), 11.
㊷ Phillip Huscher, "The Mystery of Schubert's 'Unfinished' Symphony,'" Experience, October 6, 2021, https://cso.org/experience/article/7349/the-mystery-of-schuberts-unfinished-symphony.
㊸ Roland Bainton, Here I Stand: A Life of Martin Luther (Nashville: Abingdon Press, 1978), 57.
㊹ Joshua J. Mark, "Martin Luther's 95 Theses," World History Encyclopedia, December 1, 2021, https://www.worldhistory.org/article/1891/martin-luthers-95-theses/.

十一月 November

① Otto Friedrich, The End of the World: A History (Madison, WI: Fromm International, 1986), 179.
② Voltaire quoted in James Parton, Life of Voltaire (Boston: Houghton, Mifflin and Co., 1881), 209.
③ Harry Fielding Reid, "The Lisbon Earthquake of November 1, 1755," Bulletin of the Seismological Society of America 4, no. 2 (June 1914): 80.
④ T. D. Kendrick, The Lisbon Earthquake (Philadelphia: J. B. Lippincott Co., n.d.), 185.
⑤ Ellen G. White, The Ministry of Healing (Mountain View, CA: Pacific Press®, 1905), 377.
⑥ Ellen G. White, Child Guidance (Washington, DC: Review and Herald®, 1954), 564.
⑦ Bryan Wolfmueller, "Martin Luther's Preface to Romans," World Wide Wolfmueller (blog), May 30, 2019, https://wolfmueller.co/martin-luthers-preface-to-romans/.
⑧ Wolfmueller, "Preface to Romans."
⑨ Wolfmueller, "Preface to Romans."
⑩ Wolfmueller, "Preface to Romans."
⑪ Wolfmueller, "Preface to Romans."
⑫ Moses Hull, "The Mission of Spiritualism," Advent Review and Sabbath Herald, March 25, 1862, 131.
⑬ Ellen G. White, Testimonies for the Church, vol. 1 (Mountain View, CA: Pacific Press®, 1948), 428.
⑭ White, 426.
⑮ White, 427.
⑯ Ellen G. White, Ministry of Healing, 149.
⑰ Ellen G. White, Christian Service (Hagerstown, MD: Review and Herald®, 2002), 83.
⑱ Auguste Comte, The Essential Comte, trans. Margaret Clarke (New York: Barnes & Noble Books, 1974), 211.
⑲ Leon Trotsky, The Revolution Betrayed: What Is the Soviet Union and Where Is It Going? trans. Max Eastman (London: Faber and Faber, n.d.), 103, 104.
⑳ Albert Einstein quoted in David Bodanis, E=mc2: A Biography of the World's Most Famous Equation (London: Macmillan, 2000), 258, 259.
㉑ Ellen G. White, The Great Controversy (Nampa, ID: Pacific Press®, 2005), 486, 487.
㉒ Martin Luther, "No. 439," Luther's Works, vol. 54, Table Talk, ed. and trans. Theodore G. Tappert (Philadelphia: Fortress, 1967), 71.
㉓ Luther, no. 353.
㉔ Eustace Carey, Memoir of William Carrey, D.D. (Hartford: Canfield and Robins, 1837), 467.
㉕ Ellen G. White, Selected Messages, book 1 (Washington, DC: Review and Herald®, 1958), 118.
㉖ Ellen G. White, Letters and Manuscripts, vol. 1 (1844-1868), Letter 8, 1851.
㉗ Arthur L. White, The Early Years: 1827-1862, Ellen G. White Biography, vol. 1, (Hagerstown, MD: Review and Herald®, 1985), 491.
㉘ White, 492.
㉙ Frederick Douglass, My Bondage and My Freedom (New York: Miller, Orton & Mulligan, 1855), 186.
㉚ Kyle Idleman, Gods at War (Grand Rapids, MI:Zondervan, 2013), 34.
㉛ Born Gertrude Annie Hobbs, she went by Gert or Biddy.
㉜ Oswald Chambers, My Utmost for His Highest (London: Marshall, Morgan and Scott, 1927).
㉝ Chambers, January 18; emphasis in the original.
㉞ Ellen G. White, The Desire of Ages (Oakland, CA: Pacific Press®, 1898), 362.
㉟ "'Loving Your Enemies,' Sermon Delivered at Dexter Avenue Baptist Church," The Martin Luther King Jr. Research and Education Institute, Stanford University, accessed July 20, 2022, https://kinginstitute.stanford.edu/king-papers/documents/loving-your-enemies-sermon-delivered-dexter-avenue-baptist-church.
㊱ Ellen G. White, Life Sketches of Ellen G. White (Mountain View, CA: Pacific Press®, 1915), 125.
㊲ White, 125.
㊳ White, 125.
㊴ Bonny Charlton quoted in David McDonnell, "Sir Bobby Charlton, Denis Law and Trevor Francis Pay Tribute to Pele on His 80th Birthday," Mirror, October 23, 2020, https://www.mirror.co.uk/sport/football/news/sir-bobby-charlton-denis-

law-22891743.
㊵ Wasi Manazir, "The Best Quotes on Pele," Footie Central, March 7, 2016, https://www.footiecentral.com/20160307/best-quotes-on-pele/.
㊶ Ellen G. White, Testimonies for the Church, vol. 1 (Mountain View, CA: Pacific Press®, 1948), 113.
㊷ Alexander Young, Chronicles of the Pilgrim Fathers of the Colony of Plymouth from 1602 to 1625 (Boston: Charles C. Little and James Brown, 1841), 396, 397.
㊸ Young, 397.
㊹ This motto appears in Edward A. Dowey, "Always to Be Reformed," in John C. Purdy, Always Being Reformed: The Future of Church Education (Philadelphia, PA: Geneva Press, 1985), 9, 10.
㊺ J. N. Andrews quoted in Ellen G. White, Spiritual Gifts, vol. 2 (Battle Creek, MI: James White, 1860), 117.
㊻ Uriah Smith, The 2300 Days and the Sanctuary: Advent and Sabbath Tracts, No. 5 (Rochester, NY: Advent Review Office, 1854?), 10, 11.
㊼ "The Great Central Subject," Advent Review and Sabbath Herald, November 22, 1881, 328.
㊽ Ellen G. White, Our High Calling (Washington, DC: Review and Herald®, 1961), 16.
㊾ Joseph Fielding Smith, comp., "Scriptural Teachings of the Prophet Joseph Smith," Brigham Young University, 10, https://scriptures.byu.edu/tpjs/STPJS.pdf.
㊿ Ellen G. White, Selected Messages, book 1, 18.
[51] Charles Darwin, On the Origin of Species by Means of Natural Selection, or the Preservation of Favored Races in the Struggle for Life (London: John Murray, 1859), 79, 244.
[52] Darwin, 490.
[53] Ellen G. White, Desire of Ages, 74.
[54] The Autobiography of Elder Joseph Bates (Battle Creek, MI: Steam Press of the Seventh-day Adventist PublishingAssociation, 1868), 314.
[55] Ellen G. White, Counsels on Diet and Foods (Washington, DC: Review and Herald®, 1938), 488.
[56] Denis Leary, "Meat," Last.fm, accessed July 20, 2022, https://www.last.fm/music/Denis+Leary/_/Meat/+lyrics.
[57] The Barna Group, "Survey Reveals the Books and Authors That Have Most Influenced Pastors," Barna, May 30, 2005, https://www.barna.com/research/survey-reveals-the-books-and-authors-that-have-most-influenced-pastors/.
[58] Ken Makovsky, "Nobel: How He Built His Reputation," Forbes, November 7, 2011, https://www.forbes.com/sites/kenmakovsky/2011/11/07/nobel-how-he-built-his-reputation/?sh=1ebbd49b2d36.
[59] Ellen G. White, Christ's Object Lessons (Battle Creek, MI: Review and Herald®, 1900), 411.
[60] Martin Luther, "Large Catechism," in Concordia: The Lutheran Confessions, 2nd ed. (Saint Louis, MO: Concordia Publishing House, 2006), 408.
[61] Martin Luther, Luther's Works, vol. 54, Table Talk edition, trans. Theodore G. Tappert (Philadelphia: Fortress, 1967), no. 17.
[62] Mary Jane Haemig and Eric Lund, Little Prayer Book,1522 and A Simple Way to Pray, 1535, Annotated LutherStudy edition, (Minneapolis: Fortress, 2017), 257.

十二月 December

① Lin Van Buren, "Horatio Spafford," RootsWeb, accessed May 26, 2022, https://sites.rootsweb.com/~nyrensse/bio220.htm
② Chris Field, "Horatio Gates Spafford Turns Tragedy Into Song," Chris Field (blog), October 20, 2008, https://chrisfieldblog.com/2008/10/20/horatio-gates-spafford-turns-tragedy-into-song.
③ Lin Van Buren, "Horaio Spafford."
④ Horatio Gates Spafford, "It Is Well With My Soul," 1873, public domain.
⑤ F. E. Belden, "Wholly Thine," (1886) in The Seventh-day Adventist Hymnal, 308.
⑥ F. E. Belden, "Cover With His Life," (1899) in The Seventh-day Adventist Hymnal, 412.
⑦ Vernon J. Charlesworth, "A Shelter in the Time of Storm," (1880) in The Seventh-day Adventist Hymnal, 528.
⑧ F. E. Belden, "The Judgment Has Set" (1886) in The Seventh-day Adventist Hymnal, 604.
⑨ F. E. Belden, "We Know Not the Hour," (1886) in The Seventh-day Adventist Hymnal, 604.
⑩ F. E. Belden, "Joy By and By," (1886) in The Seventh-day Adventist Hymnal, 430.
⑪ Ellen G. White, Letter 15, 1895.
⑫ Ellen G. White, Letter 29, 1897.
⑬ Ellen G. White, Steps to Christ (Oakland, CA: Pacific Press®, 1892), 18.
⑭ Nick Vujicic, Life Without Limits (New York: Doubleday, 2010), 12; emphasis in original.
⑮ "International Volunteer Day 5 December," United Nations, accessed May 23, 2022, https://www.un.org/en/observances/volunteer-day/background.
⑯ "The First Adventist Week of Prayer-Stewardship," Stewardship Ministries, accessed May 26, 2022, https://stewardship.adventist.org/the-first-adventist-week-of-prayer%E2%80%94stewardship.
⑰ H. L. Hastings, quoted in John W. Lea, The Book of Books and Its Wonderful Story (Philadelphia, PA: John W. Lea, 1922), 19.
⑱ Alison Ford, "Open the Book: Past, Present and Future," Diocese of St. Davids, accessed July 20, 2022, https://stdavids.churchinwales.org.uk/en/pobl-dewi/open-the-book-past-present-and-future/.
⑲ Ellen G. White, Life Sketches of James White and Ellen G. White (Battle Creek, MI: Seventh-day Adventist Publishing Association, 1888), 346.
⑳ White, 347, 348.
㉑ White, 349.
㉒ White, 349.
㉓ Arthur L. White, The Early Years: 1827-1862, Ellen G. White Biography, vol. 1, (Hagerstown, MD: Review and Herald®, 1985), 345.
㉔ White, 347.
㉕ White, 346.
㉖ Ellen G. White, Life Sketches, 330.
㉗ Arthur L. White, Early Years, 348, 349; emphasis in original.

28. United Nations General Assembly, "UniversalDeclaration of Human Rights," United Nations, accessed April 19, 2022, https://www.un.org/en/about-us/universal-declaration-of-human-rights.
29. There is some question whether Francisco Hermógenes Ramos Mexía was born on November 20 or December 11 in 1773. For the purposes of this book, I've chosen to use the December 11 date.
30. Milton S. Afonso, in Manuel Vásquez, Milton Afonso: Vida e Obra, trans. Beth Vollmer Chagas (Tatuí, SP, Brazil: Casa Publicadora Brasileira, 2004), 89.
31. Ellen G. White, Testimonies for the Church, vol. 4 (Mountain View, CA: Pacific Press®, 1948), 226, 227.
32. Samuel Johnson, The Lives of the English Poets, vol. 1 (Leipzig: Bernhard Tauchnitz, 1858), 42.
33. German original: "Es wird niemals so viel gelogen wie vor des Wahl, während des Krieges und nach der Jagd." For the authenticity of this statement, see Otto von Bismarck, Quotes of Famous People, accessed July 20, 2022, https://quotepark.com/quotes/1766970-otto-von-bismarck-at-no-time-there-is-more-lying-than-before-the-ele/.
34. Ellen G. White, The Desire of Ages (Oakland, CA: Pacific Press®, 1898), 323.
35. Henry C. Roberts, trans. and ed., The Complete Prophecies of Nostradamus (New York: Crown Publishers, 1947), 336.
36. Roberts, 25.
37. Joint Resolution of Congress, "The Bill of Rights: A Transcription," National Archives, accessed April 19, 2022, https://www.archives.gov/founding-docs/bill-of-rights-transcript.
38. Ellen G. White, Last Day Events (Nampa, ID: Pacific Press®, 1992), 133.
39. Ellen G. White, Early Writings (Battle Creek, MI: Seventh-day Adventist Publishing Association, 1882), 41.
40. Edwin R. Thiele, "The Chronology of the Kings of Judah and Israel," Journal of Near Eastern Studies 3, no. 3 (July 1944): 137-186.
41. Edwin R. Thiele, The Mysterious Numbers of the Hebrew Kings (Chicago: University of Chicago Press, 1951). Revised in 1966 and 1994.
42. Ellen G. White, Steps to Christ, 107.
43. Joe Wheeler, "Will Carleton's 'The First Settler's Story,' " Wednesdays With Dr. Joe, July 24, 2013, https://joewheeler.wordpress.com/2013/07/24/will-carletons-the-first-settlers-story/.
44. Wheeler.
45. Wheeler; emphasis in the original.
46. William A Spicer quoted in Daniel A. Ochs and Grace Lillian Ochs, The Past and the Presidents (Nashville, TN: Southern Publishing Association, 1974), 143, 144.
47. James White, Sketches of the Christian Life and Public Labors of William Miller (Battle Creek, MI: Steam Press, 1875), 300-304.
48. White, 315.
49. White, 394.
50. Michael G. Hasel, "The Power of Prayer," Adventist Review, North American Division edition, April 1997, 9.
51. Hasel, 9.
52. History.com Editors, "Pan Am Flight 103 Explodes Over Scotland- 1989," History, accessed May 26, 2022, https://www.history.com/this-day-in-history/pan-am-flight-103-explodes-over-scotland.
53. Ellen G. White, Desire of Ages, 224.
54. Melissa DePaiva, "God Helped Me Forgive," Southwestern Union Record, March 2012, 11.
55. Tertullian, Kevin Knight, ed., "Apology," trans. S. Thelwall, from Ante-Nicene Fathers, vol. 3, ed. Alexander Roberts, James Donaldson, and A. Cleveland Coxe (Buffalo, NY: Christian Literature Publishing, 1885), http://www.newadvent.org/fathers/0301.htm.
56. Ellen G. White, Experiences in Australia (1891), 10, accessed April 19, 2022, http://text.egwwritings.org/book/b12670.
57. Ellen G. White, Life Sketches of Ellen G. White (Mountain View, CA: Pacific Press®, 1915), 338, 339.
58. Ellen G. White, The Adventist Home (Washington, DC: Review and Herald®, 1952), 477.
59. Louis Cassels, "The Parable of the Birds" (United Press International, 1959).
60. Ellen G. White, Steps to Christ, 21.
61. Jennifer Rosenberg, "World War II Japanese Soldier Lt. Hiroo Onoda," ThoughtCo., updated February 24, 2019, https://www.thoughtco.com/war-is-over-please-come-out-1779995.
62. Ellen G. White, Testimonies for the Church, vol. 3 (Mountain View, CA: Pacific Press®, 1948), 497.
63. Herman Bauman, I Am Saved and, Yes, I Am Perfect (n.p.: Xlibris, 2011), 227; Robert W. Jackson and Fabian E. Pollo, "The legacy of Professor Adolf Lorenz, the 'bloodless surgeon of Vienna' " January 17, 2004, doi: 10.1080/08998280.2004.11927952.
64. Bauman, 228.
65. Ellen G. White, Letter 23, 1890.

國家圖書館出版品預行編目資料

每天,都是新的起點：365則跨越時空的啟示／艾爾貝托.R.提姆（Alberto R. Timm）著；張琛譯. -- 初版. -- 臺北市：時兆出版社, 2024.11
　面；　公分
譯自：Every day a new beginning
ISBN 978-626-97837-3-1（平裝）

1.CST: 基督徒 2.CST: 靈修 3.CST: 基督教史

244.93　　　　　　　　　113014104

每天，都是新的起點
Every Day A New Beginning

作　　者	艾爾貝托・R・提姆（Alberto R. Timm）
譯　　者	張琛
董 事 長	金堯漢
發 行 人	周英弼
出 版 者	時兆出版社
客服專線	0800-777-798
電　　話	886-2-27726420
傳　　真	886-2-27401448
地　　址	台灣台北市105松山區八德路2段410巷5弄1號2樓
網　　址	http://www.stpa.org
電　　郵	service@stpa.org
責　　編	林思慧
文字校對	吳惠蓮
封面設計	林俊良
美術編輯	李宛青
商業書店	總經銷　聯合發行股份有限公司 TEL：886-2-29178022
基督教書房	TEL：0800-777-798
網路商店	PChome商店街、Pubu電子書城
I S B N	978-626-97837-3-1（平裝）
定　　價	新台幣420元
出版日期	2024年11月　初版一刷
郵政劃撥	00129942
戶　　名	財團法人臺灣基督復臨安息日會

English edition copyright © by Pacific Press Publishing Association, Nampa, Idaho, USA. This Chinese edition is published under a licensing agreement with the copyright owner. All international rights reserved.

若有缺頁、破損、裝訂錯誤，請寄回本社更換。版權所有，未經許可，禁止翻印或轉載。
本書使用環保大豆油墨印刷